Elektronische Überwachung als Strafe?

Europäische Hochschulschriften Recht

European University Studies in Law
Publications Universitaires Européennes de Droit

Band/Volume 6841

Maximilian Thoma

Elektronische Überwachung als Strafe?

PETER LANG
Berlin · Bruxelles · Chennai · Lausanne · New York · Oxford

Bibliografische Information der Deutschen Nationalbibliothek
Die Deutsche Nationalbibliothek verzeichnet diese Publikation in der Deutschen Nationalbibliografie; detaillierte bibliografische Daten sind im Internet über http://dnb.d-nb.de abrufbar.

Zugl.: Frankfurt (Main), Univ., Diss., 2025

DE-30
ISSN 3052-8291 (Print)
ISSN 3052-8305 (eVersion)
ISBN 978-3-631-93851-5 (Print)
ISBN 978-3-631-93868-3 (E-PDF)
ISBN 978-3-631-93869-0 (E-PUB)
DOI 10.3726/b22957

Verlegt durch Peter Lang GmbH, Berlin (Deutschland)

info@peterlang.com

www.peterlang.com

Meinen Eltern

Inhaltsverzeichnis

Abbildungsverzeichnis

Anlagenverzeichnis

Vorwort

Die vorliegende Arbeit untersucht die elektronische Überwachung als strafrechtliche Sanktion und widmet sich insbesondere dem elektronisch überwachten Hausarrest, dem Bilateral Monitoring sowie dem Remote Alcohol Monitoring. Die Arbeit wurde im Juli 2024 vom Promotionsausschuss der Johann-Wolfgang Goethe Universität Frankfurt am Main als Dissertation angenommen. Die Disputation fand am 16. Januar 2025 statt.

Für elektronische Überwachung als Strafe, zumindest soweit es den elektronisch überwachten Hausarrest betrifft, plädiert auch *Kett-Straub* in ihrem im Januar 2024 veröffentlichten und in dieser Arbeit, weil erst nach Fertigstellung erschienen, nicht mehr berücksichtigten Aufsatz: „Elektronisch überwachter Hausarrest als neue Kriminalstrafe?" (NSW 2024, 52–66). In Übereinstimmung mit dem Ergebnis meiner Arbeit kommt auch sie zu dem Schluss, elektronisch überwachten Hausarrest als Hauptstrafe einführen zu wollen, um Straftäter vor negativen Haftfolgen zu schützen und zusätzlich durch optimale Behandlungsmöglichkeiten eine effiziente Resozialisierung zu ermöglichen, ohne diese Maßnahme auf lediglich leichte bis mittelschwere Kriminalität zu begrenzen.

Darüber hinaus konnte ein erster Anwendungsfall des sog. Bilateral Monitoring, also elektronischer Überwachung mobiler Ge- und Verbotszonen, erst kürzlich in Hessen verzeichnet werden, um Opfer häuslicher Gewalt besser schützen zu können. Es sind somit hoffnungsvolle Signale, die elektronische Überwachung auch noch nach Fertigstellung dieser Arbeit sendet.

Mein besonderer Dank gilt an dieser Stelle Prof. Dr. Helmut Fünfsinn, ohne dessen thematische Anregung diese Arbeit nicht entstanden wäre. Seiner

Hingabe für das Thema elektronischer Überwachung von Straftätern, welches er in Hessen selbst entscheidend mitprägte, verdanke ich die Grundlage dieser Arbeit. Zu meinem großen Bedauern verstarb Prof. Dr. Fünfsinn während der Anfangsphase dieser Arbeit. Ihm gilt meine aufrichtige Wertschätzung.

Mein herzlicher Dank gilt auch meinem Doktorvater, Professor Dr. Dr. h.c. Cornelius Prittwitz, der mir die Möglichkeit zur Anfertigung dieser Arbeit gegeben und diese unter kritischer Auseinandersetzung mit wertvollen Anregungen begleitet hat. Ebenso herzlich danke ich Professor Dr. Klaus Günther für die Bereitschaft, das Zweitgutachten zu dieser Arbeit zu übernehmen, sowie Prof. Dr. David von Mayenburg für dessen Vorsitz in der Prüfungskommission.

Ein besonderer Dank gebührt auch meiner Partnerin, Sina Hampl, die mich während der gesamten Entstehung dieser Arbeit mit unermüdlicher Geduld, Verständnis und Unterstützung begleitet hat. Sie hat mir nicht nur in herausfordernden Phasen den Rücken freigehalten, sondern mich auch stets motiviert und daran erinnert, den Blick für das Wesentliche nicht zu verlieren.

Mein tief empfundener Dank gilt meiner Familie, allen voran meinen Eltern, Jutta und Dr. Achim Thoma, denen ich alles zu verdanken habe. Sie haben mir nicht nur meine juristische Ausbildung ermöglicht, sondern mich stets bedingungslos unterstützt – mit Rat, Tat und unerschütterlichem Vertrauen in mich. Ihr Rückhalt und ihr unermüdlicher Glaube an meinen Weg haben diese Arbeit erst möglich gemacht. Ihnen ist diese Arbeit gewidmet.

Walluf, den 11. Februar 2025 *Maximilian Thoma*

Abkürzungsverzeichnis

a.A./A.A.	andere Ansicht
Abs.	Absatz
a.F.	alte Fassung
BEM	Bilateral Electronic Monitoring
Beschl.	Beschluss
BGBl	Bundesgesetzblatt
BKAG	Gesetz über das Bundeskriminalamt und die Zusammenarbeit des Bundes und der Länder in kriminalpolizeilichen Angelegenheiten
BMJ	Bundesministerium der Justiz
BR	Bundesrat
bspw.	beispielsweise
BT	Bundestag
bzw.	beziehungsweise
BZR	Bundeszentralregister
CCP	Community Control Program
Drucks.	Drucksache
EAÜ	Elektronische Aufenthaltsüberwachung
EGMR	Europäischer Gerichtshof für Menschenrechte
EMRK	Europäische Menschenrechtskonvention
EPK	Elektronische Präsenzkontrolle
EuGHMR	Europäischer Gerichtshof für Menschenrechte
eüH	elektronisch überwachter Hausarrest
FamFG	Gesetz über Verfahren in Familiensachen und in den Angelegenheiten der freiwilligen Gerichtsbarkeit

f.	folgende
ff.	fortfolgende
GBl	Gesetzblatt
GewSchG	Gewaltschutzgesetz
GG	Grundgesetz
GPS	Global-Positioning-System
GÜL	Gemeinsame elektronische Überwachungsstelle der Länder
HMdJ	Hessisches Ministerium der Justiz
HSOG	Hessisches Gesetz über die öffentliche Sicherheit und Ordnung
HZD	Hessische Zentralstelle für Datenverarbeitung
i. R. d.	im Rahmen der
i. S. d.	im Sinne des/der
i. V. m.	in Verbindung mit
JVA	Justizvollzugsanstalt
LG	Landgericht
m.w.N.	mit weiterem Nachweis / mit weiteren Nachweisen
n.F.	neue Fassung
NSW	New South Wales
o. ä.	oder ähnliche
OLG	Oberlandesgericht
PAG Bayern	Polizeiausführungsgesetz Bayern
PolG NRW	Polizeigesetz Nordrhein-Westfahlen
S.	Seite
s.	siehe
SCRAM	Secure Continuous Remote Alcohol Monitoring
sog.	sogenannte/r
StGB	Strafgesetzbuch
StPO	Strafprozessordnung
StVollzG	Strafvollzugsgesetz
SDG	Sustainable Development Goal
u.v.m.	und viel(es) mehr
vgl.	vergleiche

Einleitung

Digitalisierung. Ein Begriff, der unser gegenwärtiges Zeitalter offenkundig prägt. Sie ist in der heutigen Gesellschaft nicht mehr wegzudenken und zieht sich durch nahezu jeden Lebensbereich. Der damit einhergehende technische Fortschritt findet seinen Einschlag auch im juristischen Bereich, obschon die dortigen Anwendungsmöglichkeiten sich seit jeher einer kontrovers geführten Debatte gegenübersehen.[1] Zwar rühmt sich die Elektronische Überwachung – auch unter dem englischen Begriff Electronic Monitoring geläufig – bereits einiger Anwendungsbereiche auch im deutschen Strafrechtssystem. Anders jedoch als in Bereichen wie der Naturwissenschaft, der Medizin oder des Katastrophenschutzes, in welchen selten eine die elektronische Überwachung ablehnende Haltung aufzufinden ist, scheiden sich im Rahmen juristischer Einsatzmöglichkeiten oft die Geister.[2] Dabei könnte der Gedanke, einen Straftäter hinsichtlich dessen Standorts, Bewegungsradius oder Führung überwachen zu können, ohne diesen dem Strafvollzug zuführen zu müssen, auf den ersten Blick eine revolutionäre Errungenschaft darstellen.

Dass die – unbedingte – Freiheitsstrafe nicht lediglich positive Auswirkungen auf den einzelnen Delinquenten hat dürfte außer Frage stehen.[3] Umso mehr drängt sich der Gedanke auf, ob elektronische Überwachung hier Abhilfe zu leisten im Stande wäre. Doch könnte elektronische Überwachung, als

1 S. u. a. Haverkamp, 2002a, S. 182 ff.; Redlich, 2005, S. 28, 135 ff.; Harders, 2014, S. 165 ff.

2 Ebenda.

3 Vgl. u. a. Seelich, 2009, S. 77 ff.; Laubenthal, 2019, S. 150 ff.; *Hosser/Greve* in: Wirth, 2022, S. 97 ff.

neue Form der Sanktionierung, die (unbedingte) Freiheitsstrafe ersetzen? Ist es möglich, sich hierdurch von den negativen Folgen des Strafvollzuges loszusagen und die Gesellschaft dadurch nachhaltiger zu schützen? Oder verlagert möglicherweise die elektronische Überwachung die – bereits bestehenden – Negativfolgen lediglich von innerhalb der Justizvollzugsanstalten nach außen?

Dabei ist auch die elektronische Überwachung nicht frei von negativen Auswirkungen. Grundrechtsbeeinträchtigende Wirkungen sind nicht zu leugnen und waren bereits in der Vergangenheit Gegenstand wissenschaftlicher Untersuchungen in diesem Bereich.[4] Jedoch stellt sich die Frage, ob die elektronische Überwachung nicht eine verhältnismäßigere Sanktion zum Strafvollzug darstellen kann, durchaus grundrechtseinschränkend, im Ergebnis jedoch ohne die hieraus erwachsenden negativen Haftfolgen.

Als richtungsweisend kann in diesem Zuge die Entscheidung des Bundesverfassungsgerichts (BVerfG) vom 1.Dezember 2020[5] bezeichnet werden, in welchem dieses die elektronische Fußfessel für verfassungsgemäß erklärte. Zwar bezieht sich diese Entscheidung nur auf die elektronische Aufenthaltsüberwachung im Rahmen der Führungsaufsicht, also einem gegenwärtigen Anwendungsbereich elektronischer Überwachung. Da aber im Rahmen der Führungsaufsicht die elektronische Überwachung mittels eines GPS-basierten Systems vollzogen wird, wonach elektronisch der Aufenthalt des Delinquenten punktgenau überwacht werden kann, und diese im Vergleich zur weniger eingriffsintensiven Elektronischen Präsenzkontrolle die stärkste Form gegenwärtiger elektronischer Überwachung von Straftätern darstellt, kann diese höchstrichterliche Entscheidung als Wegweiser hin zur Etablierung elektronischer Überwachung im deutschen Rechtssystem angesehen werden.

Die vorliegende Arbeit untersucht hierbei die Frage der elektronischen Überwachung als Strafe im Bereich des elektronisch überwachten Hausarrestes, des Bilateral Monitoring (die elektronische Überwachung mobile Ge- und Verbotszonen) sowie des Remote (Transdermal) Alcohol Monitoring (ein ferngesteuertes Alkoholabstinenz-Überwachungssystem) vor

---

4 S. u. a. Haverkamp, 2002a, S. 182 ff.; Redlich, 2005, S. 28, 135 ff.; Harders, 2014, S. 165 ff.

5 BVerfG, Beschluss des Zweiten Senats vom 01. Dezember 2020 – 2 BvR 916/11, 2 BvR 636/12.

dem Hintergrund, ob elektronische Überwachung im Rahmen dieser erweiterten Sicherungsmöglichkeiten als Strafe dem Grunde nach in das deutsche Rechtssystem implementiert werden kann. Hierzu widmet sich die Arbeit den konkreten rechtlichen wie kriminologischen Aspekten dieser Technologie und fokussiert sich dabei auf die zuvor genannten Anwendungsalternativen.

Dabei stellt sich auch zwangsläufig die Frage nach der nötigen Effizienz solcher Maßnahmen, welche sich insbesondere bei der Betrachtung des bislang bestehenden Systems aufdrängt. Begutachtet man beispielsweise die gegenwärtige Vollstreckung der Freiheitsstrafe stellt man fest, dass gerade der Normalvollzug nicht dem gesetzlich verankerten Vollzugsziel gerecht wird.[6] Im Bereich der häuslichen und partnerschaftlichen Gewalt gilt ein ausreichender Opferschutz mit den gegenwärtigen Maßnahmen als nicht erreichbar, was aktuelle Strafstatistiken offenbaren.[7] Und im Bereich der alkoholbedingten Straftaten, allen voran solcher im Straßenverkehr, erweckt es den Anschein, als stellten die bestehenden Maßnahmen keine vollends geeigneten – präventivwirkenden – Repressalien dar. Diese Arbeit untersucht hierzu, ob die elektronische Überwachung in diesen Fällen als innovative Strafe dem Grunde nach Einsatz finden kann und stellt mögliche Vor- und Nachteile zum bestehenden System und potenziellen Anwendungsgebieten heraus.

Hierzu werden neben einem historischen Abriss und einer Darstellung bisheriger – nationaler wie internationaler – Anwendungsgebiete die Maßnahmen des elektronisch überwachten Hausarrestes als Strafe, des Bilateral Monitoring sowie des Remote (Transdermal) Alcohol Monitoring einer kriminologischen Untersuchung im Hinblick auf deren rechtliche Umsetzbarkeit im deutschen Rechtssystem unter Berücksichtigung der Zukunftsfähigkeit dieser Maßnahme unterzogen, vor der Fragestellung, ob elektronische Überwachung als Strafe eine nachhaltigere Sanktionierung etablieren könnte. Oder kurzum: Taugt die elektronische Überwachung als Strafe?

---

6 Vgl. z. B. Galli, 2020, S. 47 f.

7 Vgl. Bundeskriminalamt, Bundeslagebild Häusliche Gewalt 2022, 2023, S. 38.

Elektronische Überwachung von (Straf-)Tätern

I. Einführung und Begrifflichkeiten

Elektronische Überwachung wird gegenwärtig in unzähligen Bereichen eingesetzt. Um die Bedeutung, Wirkungsweise sowie tatsächlichen Anwendungsmöglichkeiten elektronischer Überwachung besser verstehen zu können ist zunächst eine Auseinandersetzung mit den Anfängen sowie den Begrifflichkeiten erforderlich, um die „elektronische" Überwachung im Gesamtgefüge der Überwachungsthematik verorten zu können.

1. Eine alte Tradition

Überwachung ist zweifellos kein Produkt unserer modernen Gesellschaft. Der Ursprung von Überwachung – soweit man einen solchen überhaupt belastbar ermitteln kann – geht mindestens bis in die Zeit des alten Roms zurück, möglicherweise sogar bis ins frühe Bronzezeitalter der Jahre 3000 bis 2400 vor Christus.[8] Bereits dem Zeitalter des alten römischen Reiches werden im Rahmen von Ausgrabungen südwestlich des Toten Meeres entdeckte Überwachungseinrichtungen zugeordnet, bei denen es sich um Einrichtungen im Rahmen von Sklavenlagern handelte, welche auf entsprechenden landschaftlich gegebenen Anhöhen eingerichtet wurden, um (unentdeckt) gefangene Sklaven im Lager am Fuße der Anhöhe beobachten zu können.[9] Diese Entdeckungen erinnern an das Modell des Panoptikums, dessen Idee erst etliche Jahrhunderte später entwickelt wurde.[10] Dabei handelt es sich um

---

[8] *Yekutieli*, Journal of Mediterranean Archaeology 1/2006, S. 65, 78.

[9] Vgl. *Yekutieli*, Journal of Mediterranean Archaeology 1/2006, S. 77.

[10] Vgl. Bentham, 1995, S. 29, 33.

ein Konstrukt einer (Haft-)Anstalt, bei welcher eine Vielzahl von Personen durch eine einzige Person überwacht werden kann, beispielsweise durch einen einzigen Vollzugsbeamten auf einem mittig gelegenen hohen Turm des Gefängnisses, dem Inspektoren- oder Überwachungsturm.[11] Die Häftlinge können aufgrund der Bauweise der Anlage neben einem Fenster nach außen einzig diesen Turm (nach innen) wahrnehmen, von welchem sie nicht wissen, ob er besetzt oder unbesetzt ist, wodurch ein ständiger Überwachungseffekt ausgelöst wird.[12] Foucault wird diesbezüglich später schreiben: „Das panoptische Schema ist dazu bestimmt, sich im Gesellschaftskörper auszubreiten, ohne irgendeine seiner Eigenschaften aufzugeben; es ist dazu berufen, im Gesellschaftskörper zu einer verallgemeinernden Funktion zu werden.“[13]

Betrachtet man hierbei die Kernaussage, nämlich die verallgemeinernde Funktion von Überwachung sowie deren Expansion insgesamt, so war sich Foucault bereits damals schon gewiss, dass sich die Überwachung, in welcher Form auch immer, ausbreiten würde.

2. Überwachung

Recherchiert man den Begriff der Überwachung, so stößt man zu Beginn häufig auf die Thematik staatlich durchgeführter und kontrollierter Überwachungsmaßnahmen. Dies dürfte auch die erste Assoziation sein, die die meisten Menschen mit dem Begriff der Überwachung verbinden, was nicht zuletzt auch an dem weltbekannten dystopischen Roman „1984“[14] von George Orwell liegen dürfte, worin dieser bereits den klassischen, zukünftigen Überwachungsstaat konstruierte. Da das Auftreten von Überwachung jedoch äußerst mannigfaltig ist und sein kann, sollen im Folgenden die Begrifflichkeiten näher erläutert und die bekanntesten Arten von Überwachung skizziert werden.

a) Definition

Eine einheitliche, allumfassende Definition des Begriffs der Überwachung existiert bislang nicht, was allein das breit gefächerte Spektrum der Anwendungsgebiete und Zweckrichtungen von Überwachung bedingen dürfte,

---

[11] Bentham, 1995, S. 35–37.
[12] Bentham, 1995, S. 43–45.
[13] Foucault, 2014, S. 267.
[14] Vgl. Orwell, 1983, S. 1 ff.

welches heutzutage in jedem alltäglichen aber auch nicht-alltäglichen Lebensbereich wahrnehmbar ist.[15] Vielmehr fällt auf, dass im Rahmen von Erklärungs- und Definitionsansätzen eher eine Zweck-Mittel-Darstellung verwendet wird, welche stets vom Einsatzgebiet entsprechender Überwachungsmaßnahmen abhängig ist. Gemein ist den Erklärungs- bzw. Definitionsansätzen jedoch, dass Überwachung stets die Erhebung von Daten oder Informationen umfasst, wodurch bestehende Zustände mit avisierten Zuständen verglichen werden, um im Bedarfsfall bei Abweichungen durch geeignete Intervention den gewollten Zustand aufrecht erhalten respektive wiederherstellen zu können.[16] Die Person oder Einrichtung des Überwachenden oder das Mittel der Überwachung ist demnach allein davon abhängig, in welchem Gebiet/Bereich die Überwachung stattfindet, kann also nicht pauschal festgelegt werden.

b) Arten

Ebenso verhält es sich mit den verschiedenen Arten von Überwachung, da die Art der Überwachung grundsätzlich damit korreliert, welches Ziel sie verfolgt. Insoweit können anhand der Ziele und Zwecke die verschiedenen Arten der Überwachung veranschaulicht werden.

Der wohl geläufigste Zweck dürfte die Überwachung zur Verhinderung von Straftaten oder Terrorismus sowie die Vermeidung von Gefährdungslagen jeglicher Art sein. Dass Überwachung nun aber auch in anderen Sektoren eingesetzt wird ist der stetigen Technologisierung zu verdanken. So bedienen sich beispielsweise neben der Naturwissenschaft auch die Medizin oder die Wirtschaftswissenschaft der Überwachung, um Informationen zu sammeln und Prozesse verschiedenster Art fortlaufend zu optimieren.[17] Insoweit ist Überwachung, welche wohl im Meinungsbild der breiteren Bevölkerung grundsätzlich eher mit Nachteilen konnotiert sein dürfte, in vielen Bereichen gerade nicht nachteilig, sondern durchaus gewinnbringend bis hin zu lebensrettend.[18]

Aufgrund der Vielfalt aller Arten von Überwachung und der diesen dienenden Zwecke dürfte es einerseits schwerfallen und andererseits den Rahmen

---

[15] *Zurawski* in: Zurawski, 2007, S. 7.

[16] Paetzmann, 2008, S. 103; *Zurawski* in: Zurawski, 2007, S. 9.

[17] Vgl. Paetzmann, 2008, S. 102 ff.

[18] *Zurawski* in: Zurawski, 2007, S. 7; Paetzmann, 2008, S. 3.

dieser Arbeit sprengen, alle diese in dezidierter Form darzustellen. Von verdeckter Überwachung, wie sie beispielsweise die Strafprozessordnung durch den Einsatz verdeckter Ermittler vorsieht,[19] bis hin zu offener Überwachung durch Videokameras an öffentlichen Einrichtungen, stationärer Überwachung von Patienten im Krankenhaus oder der Überwachung von Naturgefahren wie beispielsweise Überschwemmungen, ist wohl jeder denkbare Lebensbereich heutzutage einer Überwachung zugänglich.[20]

Allein im Rahmen der Strafverfolgung gestattet der Gesetzgeber den Strafverfolgungsbehörden durch die in der Strafprozessordnung normierten Ermittlungsbefugnisse[21] unzählige Methoden, um Daten und Informationen über Dritte zu erheben und somit – entsprechend dem Definitionsansatz – zu überwachen.

c) Die Observation

Als klassischste Form der Überwachung dürfte die Observation bezeichnet werden können. Gemäß der in § 163f StPO normierten Legaldefinition bezüglich der „Langfristigen Observation" handelt es sich dabei um eine planmäßig angelegte Beobachtung des Beschuldigten. Zwar stellt § 163f StPO demnach der kurzfristigen Observation keine Rechtsgrundlage – diese stützt sich auf die allgemeine Ermittlungsbefugnis der Staatsanwaltschaft und Polizei nach §§ 161 Abs. 1, 163 StPO –, die Definition diesbezüglich bleibt jedoch, bis auf die Dauer der Maßnahme, dieselbe.[22] Betrachtet man nun Intention und Zweck der Überwachung hinsichtlich der Erhebung von Daten oder Informationen fällt auf, dass sich diese in der Maßnahme der klassischen Observation eindeutig widerspiegeln, weshalb die Observation als Paradebeispiel der Überwachung bezeichnet werden kann. Aufgrund der hierbei häufig eingesetzten technischen Mittel[23] und der sich dadurch ergebenden Möglichkeiten verdeutlicht sie ebenso den Wandel der Überwachung, der sich im Rahmen der letzten Jahrzehnte stark in den elektronisch/digitalen Bereich verlagert hat.[24]

---

19 §§ 110a ff. StPO.
20 *Zurawski* in: Zurawski, 2007, S. 7–8; *Töpfer* in: Zurawski, 2007, S. 34.
21 Vgl. 94 ff. StPO.
22 *Wolter* in: SK-StPO, § 163f, Rn.: 5.
23 *Rieß* in: Löwe-Rosenberg, § 163f, Rn.: 7.
24 *Harnung* in: Zurawski, 2007, S. 149.

d) Das Monitoring

In wissenschaftlichen, insbesondere naturwissenschaftlichen, aber auch technischen, gesundheitlichen oder gesellschaftlichen Bereichen, ist der aus dem Englischen übersetzte Begriff der Überwachung, das „Monitoring", durchaus geläufiger,[25] was nicht zuletzt daran liegen dürfte, dass oftmals die entsprechenden Sektoren internationalen Einschlag genießen.[26] Monitoring beschreibt dabei als Grundbegriff Maßnahmen zur Beschaffung und Auswertung von Daten und Fakten im Rahmen stetig andauernder Prozesse, um dadurch, basierend auf diesen Daten und Fakten, ein potenziell erforderliches Handeln fundiert bestimmen und veranlassen zu können.[27] Das Monitoring umfasst dabei seinem Inhalt nach nicht nur die Überwachung als solche, sondern inkludiert zusätzlich die Beobachtung und Kontrolle.[28] Dies jedoch eint das Monitoring wiederum mit dem Begriff der Überwachung, da die Überwachung lediglich einen Oberbegriff darstellt, welcher für viele verschiedene Maßnahmen, z. B. also auch die Beobachtung (vgl. Observation), steht. Demnach stellt der englische Begriff des Monitorings im Grunde nicht ein Mehr im Vergleich zum deutschen Begriff der Überwachung dar,[29] sondern dürfte vielmehr den immer weiter verbreiteten anglizistischen Sprachgebrauch hierzulande untermauern.[30]

e) Zeitgenössische Exempel

Die stetige Weiterentwicklung und viele verschiedene Einsatzbereiche von Überwachung führen nicht zuletzt dazu, dass oftmals die technischen Mittel, durch welche Überwachung heutzutage betrieben werden kann, missbraucht werden. Die von Edward Snowden aufgedeckte globale Überwachungsaffäre war in der jüngeren Vergangenheit wohl die bekannteste Thematik in dieser Richtung. Als sogenannter Whistleblower offenbarte Snowden dabei, ehemals

---

25 Vgl. z. B. das „Demokratie Monitoring Baden-Württemberg 2016/2017" der Baden-Württemberg Stiftung, das „Journal of Health Monitoring des Robert Koch Institutes" u.v.m.; vgl. auch *Birkmann* in: Ritter, 2005, S. 670.

26 *Jacoby* in: Weick/Jacoby/Germer, 2007, S. 4.

27 *Birkmann* in: Ritter, 2005, S. 668; *Weick/Jacoby/Germer* in: Weick/Jacoby/Germer, 2007, S. 1.

28 *Jacoby* in: Weick/Jacoby/Germer, 2007, S. 5.

29 A.A.: *Jacoby* in: Weick/Jacoby/Germer, 2007, S. 4–5.

30 *Jacoby* in: Weick/Jacoby/Germer, 2007, S. 4.

selbst Mitarbeiter der National Security Agency (NSA), geheime Späh- und Überwachungsprogramme der NSA, mit welchen anlasslos umfangreiche Abhörmaßnahmen, Maßnahmen zur Abschöpfung digitaler Daten wie Kommunikationsdaten, Maßnahmen zur Abschöpfung von Telefon- und Internetverbindungsdaten sowie Spähmaßnahmen vorgenommen wurden, und dabei selbst vor ausländischen Regierungskreisen, bekanntestes Beispiel waren sowohl der französische Präsident Hollande als auch Bundeskanzlerin Angela Merkel, nicht Halt gemacht wurde.[31] Ein ebenfalls junges Exempel dürfte die Überwachungssoftware „Pegasus" darstellen, durch welche viele verschiedene Personen, darunter ebenfalls hochrangige Regierungsmitglieder und Journalisten, heimlich überwacht werden konnten, und zwar indem eine entsprechende Software unbemerkt auf den mobilen Endgeräten der Betroffenen installiert bzw. in diese infiltriert wurde.[32]

Verfolgte man generell solche Überwachungsthematiken der jüngeren Vergangenheit, so konnte man ebenso feststellen, dass Überwachung z. B. auch für Arbeitgeber eine Option – auch wenn nicht rechtlich zulässig – war, eigene Arbeitnehmer zu kontrollieren. Darüber hinaus findet elektronische Überwachung ebenfalls Eingang in wissenschaftlichen Bereichen wie der Medizin, der Naturwissenschaft oder beliebigen anderen Bereichen, da diese heutzutage aus unserem täglichen Leben nicht mehr wegzudenken ist. In Zeiten der Corona-Pandemie beispielsweise dürfte die ständige Überwachung im Rahmen der Behandlung von Coronapatienten auf Intensivstationen das jüngste Beispiel darstellen.

3. Elektronisch

a) Erläuterung

Abgeleitet von dem Schachtelwort der Elektronik, welches sich seinerseits aus dem griechischen Begriff Elektron und dem Begriff der Technik zusammensetzt, beschreibt das elektronische bzw. die Elektronik im Wesentlichen die Wissenschaft über die Elektronen-Technik, mithin also des elektrischen Stroms und dessen Steuerung.[33] Erwähnenswert hierbei ist, insbesondere

---

[31] Munzinger-Archiv, Snowden, Edward – amerikanischer Computerexperte und Systemoperator; „Whistleblower" der NSA-Abhörprogramme, 2020.

[32] *Baars/Flade/Mascolo*, Wie autoritäre Staaten ihre Gegner ausspähen, 2021.

[33] Winzker, 2023, S. 3, 4.

im Hinblick auf die vorliegende Arbeit, dass vom Begriff der Elektronik u.a. auch die Verarbeitung und Erzeugung und Verstärkung elektrischer Signale umfasst ist.[34] Elektronik stellt dabei ein Hauptanwendungsgebiet im Bereich des Oberbegriffs der Elektrotechnik dar.[35]

b) Hilfsmittel zur Überwachung

Die Elektronik, insbesondere auch deren Entwicklung und Fortschritt im letzten Jahrhundert, hat dazu geführt, dass Überwachung heutzutage in erheblichem Maße mit Hilfe elektronischer Einrichtungen praktiziert wird. Dies dürfte wohl auch zu einem Großteil aus der Bequemlichkeit und Effizienz resultieren, welche durch die Nutzung elektronischer Mittel erreicht werden kann. Nicht zuletzt dürften auch der Kostenfaktor und die Variabilität eine nicht zu unterschätzende Rolle spielen, weshalb in überwiegendem Maße auf elektronische Hilfsmittel zurückgegriffen wird. Darüber hinaus bietet die Elektronik auch Möglichkeiten der Überwachung, welche ohne diese überhaupt nicht zu realisieren wären, beispielsweise das Ausspähen von Daten auf mobilen Endgeräten wie Smartphones durch eigens für diesen Zweck entwickelter Software, wie es beispielsweise bei der Spy-Software „Pegasus" der Fall war. Insoweit stellt also die Elektronik ein probates Mittel in der heutigen technologisierten Welt dar, um Überwachung zu betreiben, gleich in welcher Form.

4. Zwischenergebnis

Foucault sollte im weitesten Sinne Recht behalten, wenn er schrieb, das panoptische Modell sei dazu bestimmt sich in der Gesellschaft auszubreiten,[36] denn Überwachung ist in der Tat in der heutigen Gesellschaft ein omnipräsenter Faktor, ungeachtet deren Erscheinungsform. In der Art und Weise ihrer Anwendung allerdings hat sich die Überwachung stark gewandelt. Diese Wandlung lässt sich dabei insbesondere auf die elektronische Komponente und die dadurch geschaffenen Möglichkeiten zurückführen. Denn das, was im alten Rom noch ein römischer Soldat übernehmen musste, übernimmt heutzutage längst eine Überwachungskamera. Dasselbe dürfte auch für den durch *Bentham* verfolgten Zweck der Disziplin durch Selbstdisziplin aufgrund

[34] Winzker, 2023, S. 4.
[35] Winzker, 2023, S. 4.
[36] Vgl. Fußnote 13.

des ständigen Gefühls des Überwachtseins gelten.[37] Aufgrund dessen ist es wohl nicht abwegig zu sagen, dass Überwachung durchaus eine über viele Jahrhunderte geprägte Tradition darstellt, die von unserer heutigen Gesellschaft auf eine neue – zweifelsohne nicht immer positive – Ebene gehoben wird.

II. Geschichtliche Entwicklung elektronischer Überwachung

Da Elektronische Überwachung international sowie national in der heutigen Zeit kein absolutes Novum mehr darstellt, vielmehr seit einiger Zeit praktiziert wird, soll im Folgenden ein historischer Abriss chronologisch die bisherige Entwicklung sowohl global als auch speziell für Deutschland aufzeigen.

1. Global

a) 1969 – Der Erfinder

Im Jahre 1969 ließ sich Ralph K. Schwitzgebel, Professor der Harvard University im Fachbereich Medizin, ein Gerät patentieren, welches den Rohdiamanten und Wegbereiter der heute sogenannten „elektronischen Fußfessel" darstellen sollte.[38] Schwitzgebels Überwachungsgerät bestand dabei aus zwei kleineren Komponenten, von denen eine als Energielieferant und die andere als mobile Sendeeinrichtung dienen sollte, welche der Proband stets bei sich zu tragen hatte und von welchem sodann, in einem entsprechenden Bereich von bis zu knapp 400 Metern, Signale an ein dazu korrespondierendes Empfangsgerät gesendet werden konnten.[39] Dabei sollte der Proband die Komponente, welche als Energielieferant diente, am Gürtel tragen können, wohingegen der Sender als Handgelenks-Armband geführt werden sollte.[40] Mit Hilfe dieses Überwachungssystems war Schwitzgebel in der Lage den Standort des Probanden bestimmen zu können.[41] Darüber hinaus, da Schwitzgebel dem medizinischen Sektor angehörte, konnte mittels des Handgelenksenders zusätzlich der Puls des Probanden gemessen und an eine entsprechende Empfängerstation übermittelt werden.[42]

---

37 Vgl. Bentham, 1995, S. 44.
38 Vgl. *Caldwell/Pitts*, United States Patent Office, 1969, S. 3.
39 *Schwitzgebel/Beck*, Law and Society Review 3/1969, S. 599.
40 *Caldwell/Pitts*, United States Patent Office, 1969, S. 3.
41 *Schwitzgebel/Beck*, Law and Society Review 3/1969, S. 599.
42 *Rau/Schwartz*, Harvard Law Review 80/1966, S. 404.

Bereits damals schon hatte Schwitzgebel die Vision, seine Erfindung könnte einen wesentlichen Beitrag gegen die seit jeher anhaltende US-amerikanische Tradition der Inhaftierungen darstellen und den Straftätern eine attraktive Möglichkeit bieten jener Inhaftierung zu entgehen.[43] Die technischen Möglichkeiten, welche mittels dieser elektronischen Hilfsmittel geschaffen werden konnten, sollten dabei – soweit es nach Schwitzgebel ging – die Rechte Inhaftierter, oder auch potenziell Inhaftierter, stärken, und der elektronischen Überwachung den Weg in die Zukunft ebnen.[44]

b) Vorreiter USA – Floridas Community Control Program (CCP)

Zwar wurde der Vorläufer elektronischer Überwachung bereits in den 1960er Jahren durch Prof. Dr. Schwitzgebel entwickelt. Der eigentliche Durchbruch gelang jedoch erst zu Beginn der 1980er Jahre, ebenfalls in den USA.[45] Denn der Bundesstaat Florida hatte im Jahre 1983 erstmals die Möglichkeit elektronischer Überwachung im Rahmen der Bewährungsaufsicht und -kontrolle (Intensive Probation Supervision)[46] im Wege einer Gesetzesnovelle[47] gesetzlich verankert, in welcher das sogenannte „Community Control Program“ (CCP) implementiert wurde.[48] Angetrieben von der Tatsache, dass die Haftanstalten in Florida an zu hoher Belegung litten, wurde das Modell eines „Hausarrestes“ entworfen, um die Häftlinge – kontrolliert und überwacht – aus den Haftanstalten herauszubringen und dadurch einer Überbelegung entgegenzuwirken.[49] In Folge dessen startete bereits im Dezember 1984 das erste Projekt elektronischer Überwachung in Florida.[50] Jedoch litt nicht nur Florida unter Belegungsproblemen seiner Haftanstalten, sondern ebenso viele weitere Bundesstaaten der USA was dazu führte, dass zu dieser Zeit viele Modelle der „Intensive Probation Supervision“ (der

---

43 *Schwitzgebel/Beck*, Law and Society Review 3/1969, S. 597, 598.

44 Vgl. *Schwitzgebel/Beck*, Law and Society Review 3/1969, S. 598.

45 Vgl. *Mainprize*, Elective Affinities in the Engineering of Social Control: The Evolution of Electronic Monitoring, 1996; *Papy/Nimer*, Federal Probation 55 1/1991, S. 31; *Payne/Gainey*, Journal of Offender Rehabilitation 31/2000, S. 94; *Hoshen/Sennott/Winkler*, IEEE Spectrum 2/1995, S. 26.

46 Vgl. *Byrne*, Federal Probation 50 2/1986, S. 6–8.

47 Im Zuge des sog. Sentencing Reform Act 1983.

48 *Brown-Waite*, The Florida Senate 29/2000, S. 1; Hudy, 1999, S. 86.

49 *Baird/Wagner*, Crime & Delinquency 1/1990, S. 114.

50 *Stewart*, National Institute of Justice/1987, S. 24.

intensiven Bewährungsüberwachung) eingeführt wurden.[51] Durch seine über 25.000 Probanden unterhielt Florida dabei das größte Projekt.[52] Dies und die Tatsache, dass sowohl rechtlich als auch faktisch nunmehr die Möglichkeit bestand und auch entsprechend genutzt wurde, Probanden (also Häftlinge) durch elektronische Überwachung kontinuierlich zu überwachen, dürfte das Florida CCP als das Vorreiter-Model elektronischer Überwachung erscheinen lassen.

Von da an sollte sich der Einsatz elektronischer Hilfsmittel zur Überwachung – zunächst im Rahmen der Bewährungsaufsicht – stetig ausbreiten.[53]

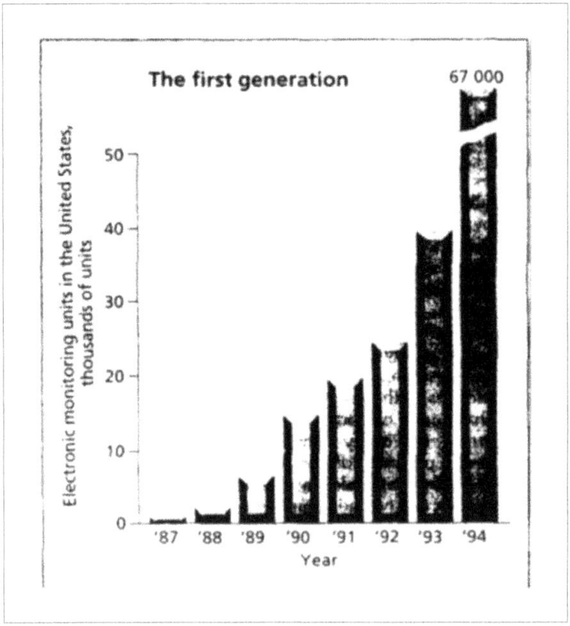

Abbildung 1: Ausbreitung elektronischer Überwachung in den Vereinigten Staaten von Amerika 1987–1994 (in Tausend)[54]

---

[51] Vgl. *Byrne*, Federal Probation 50 2/1986, S. 10, 11.

[52] *Baird/Wagner*, Crime & Delinquency 1/1990, S. 114.

[53] Vgl. Abbildung 1.

[54] *Hoshen/Sennott/Winkler*, IEEE Spectrum 2/1995, S. 26, nachgedruckt mit Genehmigung von IEEE.

Diese Entwicklung lässt sich auch anhand der Abbildung 1 erkennen, welche den quantitativen Einsatz entsprechender Überwachungsgeräte (sog. „units“) in den USA im Maßstab 1:1.000 darstellt, woraus ersichtlich wird, dass über den Zeitraum der Jahre 1987 bis 1994 ein kontinuierlicher Anstieg der Fallzahlen elektronischer Überwachung stattfand.

c) Über Nordamerika und das Vereinigte Königreich nach Europa

Nach den USA führte mit Kanada sodann auch die nächste nordamerikanische Nation die elektronische Überwachung ein.[55] Pionier hierbei war die Provinz British Columbia im westlichsten Teil Kanadas, welche beginnend im Jahre 1987 für zwei Jahre den Einsatz elektronischer Überwachung testweise praktizierte.[56] Mit Saskatchewan, Yukon und Neufundland zogen Anfang der 1990er Jahre weitere Provinzen nach, wobei anfangs überwiegend die Frage der Kostenersparnis im Fokus stand, da das Kosten-Nutzen-Verhältnis zuerst unrentabel erschien.[57]

Selbiges galt auch für das Vereinigte Königreich,[58] welches in seinem Criminal Justice Act aus dem Jahre 1991 elektronische Überwachung erstmals in einem Gesetz verankerte. So sah Abschnitt/Paragraf 13 des Criminal Justice Act 1991, Kapitel 53 vor, dass entsprechende Ausgangssperren im Rahmen der Bewährung mittels elektronischer Überwachung kontrolliert werden können. Gültigkeit sollte diese Regelung zum 9. Januar 1995 erhalten, die elektronische Überwachung – jedenfalls im ursprünglichen Bereich der Bewährungsüberwachung – begann sich allerdings erst ab 1996 im Vereinigten Königreich durchzusetzen.[59] Den vermeintlich schleppenden Beginn bedingte dabei schon die Ausgestaltung des Gesetzes, insbesondere Section 13 Absatz 2, welcher den Einsatz elektronischer Überwachung und deren Anordnung durch das Gericht davon abhängig machte, ob eine solche in dem genutzten Gebiet überhaupt verfügbar wäre und eine entsprechende

---

55 *Mainprize*, Canadian Journal of Criminology 4/1992, S. 170.

56 *Maidment*, Women & Criminal Justice 4/2002, S. 48; Bonta/Wallace-Capretta/Rooney, 1999, S. 19.

57 Vgl. *Mainprize*, Canadian Journal of Criminology 4/1992, S. 173; *Brüchert*, Neue Kriminalpolitik 1/2002, S. 33.

58 Vgl. *Nellis*, The British Journal of Criminology 2/1991, S. 174.

59 *Brüchert*, Neue Kriminalpolitik 1/2002, S. 33.

Bereitstellung überhaupt gewährleistet werden könnte. Zu bedenken ist hierbei selbstverständlich, da die Technisierung damals noch nicht derart fortgeschritten war, wie dies heutzutage der Fall ist, dass die elektronische Überwachung und deren Hilfsmittel noch in den Startlöchern stand, aber auch die erforderliche Infrastruktur zum damaligen Zeitpunkt wesentlich schwächer ausgebaut war.

Beispielnehmend an den USA haben sodann – genauso wie das Vereinigte Königreich, dort insbesondere England und Wales – auch die Schweden die elektronische Überwachung für sich entdeckt.[60] Auch dort begann im Jahre 1996 ein erster Feldversuch mit elektronischer Überwachung, wobei sich dieser – ebenso wie nahezu alle anderen Projekte bis dahin – auch auf die Bewährungsüberwachung bezog.[61] Diese sogenannte „Intensive supervision with electronic monitoring" (ISEM),[62] zu Deutsch: Intensive Aufsicht/Betreuung mittels elektronischer Überwachung, unterschied sich jedoch zum damaligen Zeitpunkt von den anderen Modellen dadurch, als Entscheidungsorgan über die Anordnung elektronischer Überwachung nicht das Gericht, sondern die zuständige Behörde für Gefängnis- respektive Bewährungsangelegenheiten war.[63] Da es England im Weiteren nicht vor dem Jahre 1997, trotz bereits eingeführter gesetzlicher Grundlage (Criminal Justice Act 1991), gelang, ein tragfähiges Modell zu etablieren, konnte Schweden durch seinen ersten Modellversuch aus dem Jahre 1996 sogar die Vorreiterrolle für ganz Europa einnehmen,[64] auch wenn England und Wales im Nachhinein die höchsten Fallzahlen elektronischer Überwachung für sich verbuchen konnten.[65]

---

60 Vgl. *Nellis/Bungerfeldt*, Probational Journal 3/2013, S. 279.

61 *Nellis/Bungerfeldt*, Probational Journal 3/2013, S. 283.

62 Ebenda.

63 *Fünfsinn/Seitz* in: Marks/Steffen, 2013, S. 459.

64 *Fünfsinn/Seitz* in: Marks/Steffen, 2013, S. 459; *Nellis/Bungerfeldt*, Probational Journal 3/2013, S. 278.

65 Vgl. Abbildung 2.

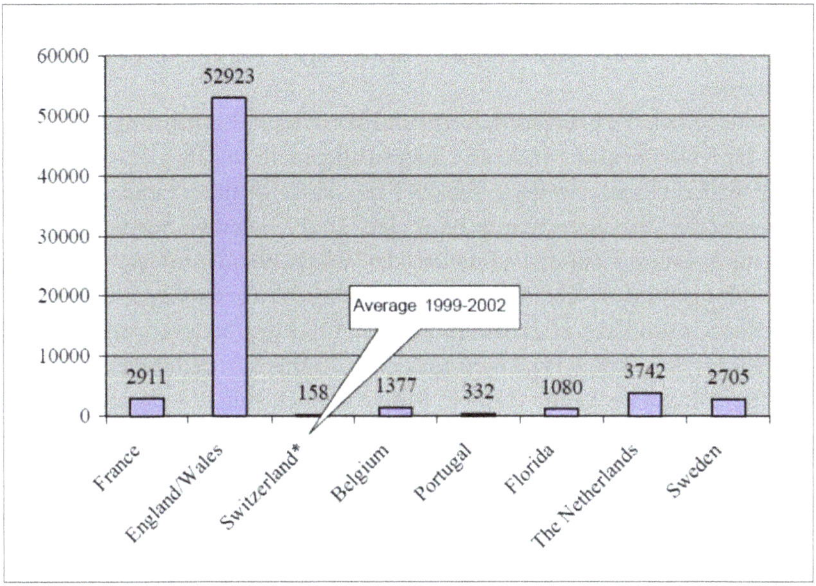

Abbildung 2: Länderspezifische Fallzahlen Elektronischer Überwachung (Stand 2004)[66]

d) Innereuropäische Ausbreitung

Mit Schweden und dem Vereinigten Königreich als Pioniere etablierte sich die elektronische Überwachung auch mehr und mehr im gesamten europäischen Raum. Nach einem zweijährigen Pilotprojekt in den Jahren 1995 bis 1997 führten zunächst die Niederlande die elektronische Überwachung im Bereich des Strafvollzuges für solche Fälle ein, in denen Straftäter vor dem regulären Ende ihrer Haftzeit entlassen wurden, was dort ein Jahr später auch gesetzlich normiert wurde.[67] Während Schottland ebenfalls die gesetzliche Grundlage im Jahre 1997 schuf, und anschließend ein Jahr später ein entsprechendes Pilotprojekt startete, begannen andere Länder wie die Schweiz[68], Deutschland[69],

---

66 *Albrecht*, Electronic Monitoring in Europe, 2005, S. 12.
67 *Bewährungshilfe* 3/2016, S. 1, 2.
68 Vgl. *Haverkamp*, Neue Kriminalpolitik 4/1999, S. 5.
69 *Fünfsinn* in: Müller/Sander/Válková, 2009, S. 693.

Österreich[70], Belgien[71] oder Frankreich[72] erst um die Jahrtausendwende sich mit dieser Thematik eindringlicher zu beschäftigen und diese Errungenschaft auszutesten.

Da hierdurch die Erfahrungswerte und Vorteile der Einführung elektronischer Überwachung aus anderen Ländern allgemein in den Fokus der Justiz und Politik rückten, erweiterte sich der Kreis der Teilnehmer rapide. So novellierten seit der Jahrtausendwende bis ins Jahr 2013 Länder wie Spanien, Italien, Dänemark, Polen, Tschechien, Litauen oder Griechenland ihre Gesetze, um die Anwendung elektronischer Überwachung rechtlich zu verankern und dadurch eine Rechtsgrundlage zu schaffen. Basierend auf den sodann vorhandenen gesetzlichen Regelungen wuchsen auch die Fallzahlen, in denen elektronische Überwachung angewandt wurde.[73] Mit Österreich führte sodann auch das direkte Nachbarland Deutschlands nach vorangegangenen Pilotprojekten im Jahre 2010 die elektronische Aufsicht in deren Rechtssystem ein.[74]

e) Außereuropäische Ausbreitung

Angetrieben von der stetigen Ausbreitung in Amerika und Europa nahmen dies auch Länder außerhalb Europas zum Anlass, den Einsatz elektronischer Überwachung zu prüfen, um von dieser partizipieren zu können.

Allen voran Australien und Neuseeland, welche seit jeher die Welle der Technologisierung im Blick hatten, starteten bereits noch in den 1990er Jahren ihre Projekte, wobei Australien schon Anfang der 1990er Jahre in vielen Gebieten die elektronische Überwachung implementierte, Neuseeland erstmalig im Jahre 1999.[75] Auch nahm Südkorea den seit Anfang der 2000er Jahre enormen Anstieg der Zahlen von Sexualstraftaten im eigenen Land zum Anlass, im Jahre 2007 ein Gesetz zur elektronischen Überwachung von Sexualstraftätern zu erlassen, welches zwei Jahre später auch begonnen wurde umzusetzen.[76]

---

70 Vgl. *Hochmayr*, Zeitschrift für Internationale Strafrechtsdogmatik ZIS 11/2012, S. 537.

71 Vgl. *Vanhaelemeesch/Vander Beken/Vandevelde*, European Journal of Criminology 3/2014, S. 275.

72 *Henneguelle/Monnery/Kensy*, Better at Home than in Prison? The Effects of Electronic Monitoring on Recidivism in France, 2016, S. 8 ff.

73 Vgl. *Stoorgard, Pitsela, Guido, Sakalauskas, Stando-Kawecka/Grzywa-Holten, Gimenez-Salinas/Rodriguez, Válková* in: Dünkel/Thiele/Treig, 2017, S. 316, 363, 381, 391, 414, 463, 469.

74 Vgl. österreichisches BGBl. I 64/2010.

75 *Smith/Gibbs* in: Nellis/Beyens/Kaminski, 2013, S. 82.

76 *Cho/Kim* in: Nellis/Beyens/Kaminski, 2013, S. 104.

Die jüngste Einführung elektronischer Überwachung dürfte allerdings im Mittleren Osten erfolgt sein, wo die Vereinigten Arabischen Emirate diese jüngst per Gesetz, nämlich im Jahre 2017, implementierten. Insoweit betraf dies wohl zunächst nur die Hauptstadt der Vereinigten Arabischen Emirate, Abu Dhabi, erlaubte dort aber eine elektronische Überwachung verurteilter Straftäter.[77]

f) Geisel ihrer Zeit

Betrachtet man den historischen Abriss der globalen Entwicklung elektronischer Überwachung, so wird man – nüchtern betrachtet – feststellen müssen, dass Prof. Dr. Schwitzgebel mit seiner Erfindung wohl der Zeit voraus war.[78] Zwar sollte diese, wie sich gezeigt hat, den Ausgangspunkt einer globalen Innovation darstellen. Die elektronische Überwachung dürfte aber, zumindest in den Zeiten ihrer Anfänge zwischen 1969 bis zum Anfang der 1980er Jahre, als Geisel ihrer Zeit bezeichnet werden können.

Bedingt dadurch, dass der Einsatz elektronischer Überwachung, bzw. der Vorteil eines solchen Einsatzes, sich zunehmend erst durch die Weiterentwicklung der Technik zu rentieren lohnte, war eine rasante Ausbreitung in den Anfangsjahren schlichtweg nicht realistisch. Dies dürfte auch dadurch bekräftigt werden, als erst Ende der 1990er und Anfang der 2000er Jahre, und damit mitten in Zeiten der digitalen Revolution,[79] eine deutliche Ausbreitung elektronischer Überwachung erkennbar stattgefunden hat. Insofern ist festzustellen, dass der Fortschritt der Technik sowie der digitalen Möglichkeiten mit dem Fortschritt elektronischer Überwachung korreliert.

2. Deutschland

a) Gesetzesantrag des Landes Berlin

Nachdem nunmehr auch Deutschland die Erfahrungsberichte über Chancen und Zweckmäßigkeit elektronischer Überwachung erreicht hatten, versuchte das Land Berlin über den Bundesrat am 16. September 1997 einen Gesetzentwurf in den Bundestag einzubringen, welcher erstmalig in Deutschland

---

77 Al-Wahedi, 2019, S. 8.

78 Vgl. Harders, 2014, S. 43.

79 *Vöpel* in: Straubhaar, 2021, S. 27, wonach die Digitalisierung als zweite große technische Revolution in der Wirtschaftsgeschichte verstanden werden kann (nach der industriellen Revolution).

elektronischer Überwachung die Tür in die deutsche Rechtsordnung öffnen sollte.[80] Beabsichtigt war dabei, durch die Schaffung eines sogenannten elektronisch überwachten Hausarrests, eine zweckmäßige Alternative zum herkömmlichen Strafvollzug zu schaffen, weshalb mit diesem Entwurf auch die Einführung eines neuen Paragrafen in das Strafvollzuggesetz forciert wurde.[81] Anders als in anderen Länder beabsichtigte dieser Gesetzentwurf dabei jedoch keine Ausgestaltung einer genauen Regelung, in welcher Form die elektronische Überwachung stattzufinden habe, sondern erschöpfte sich vielmehr in der Errichtung einer Ermächtigungsgrundlage, nach welcher die Länder selbst in die Position versetzt werden sollten eine Rechtsverordnung erlassen zu können, in der sie die individuelle (länderspezifische) Einführung eines elektronisch überwachten Hausarrestes normieren konnten.[82]

Grund für diese Gesetzesinitiative war u. a. die zu dieser Zeit auch in Deutschland zu beobachtende steigende Zahl inhaftierter Straftäter, was – wie bereits festgestellt – auch in anderen Ländern Hauptaspekt einer Einführung elektronischer Überwachung war.[83]

Durch mehrheitlichen Beschluss im Bundesrat im Rahmen dessen 741. Sitzung vom 9. Juli 1999 wurde sodann, nach vorheriger Fürsprache des zuständigen Rechtsausschusses, die Einbringung des Gesetzentwurfs in den Bundestag besiegelt.[84] Nachdem der Gesetzentwurf des Bundesrates durch den damaligen Bundeskanzler Gerhard Schröder dem Bundestag per Schreiben vom 25. August 1999 zugeleitet wurde,[85] war dieser umgehend auch Gegenstand der Bundestagssitzung vom 7. Oktober 1999, in welcher der Entwurf seiner ersten Beratung zugeführt wurde.[86] Hatten sich die Union und SPD damals jedoch eher verhalten gezeigt, so fand die Idee des elektronischen Hausarrests in der FDP mehr Zuspruch, stieß aber wiederum bei Bündnis 90 / DIE GRÜNEN zunächst auf Skepsis, da diese mit der Einführung einer solchen Maßnahme mehr negative als positive Erträge befürchteten.[87]

---

80 Vgl. BR-Drucks. 698/97, S. 1, 3.
81 BR-Drucks. 698/97, S. 1, 3, 4.
82 BR-Drucks. 698/97, S. 3.
83 BR-Drucks. 698/97, S. 2.
84 BR-Plenarprotokoll 741 v. 09.07.1999, S. 263; vgl. auch BR-Drucks. 401/99, S. 1, 3.
85 Vgl. Anschreiben BT-Drucks. 14/1519.
86 Vgl. BT-Plenarprotokoll 14/61 v. 07.10.1999, S. 5399.
87 BT-Plenarprotokoll 14/61 v. 07.10.1999, S. 5400, 5401, 5402, 5405.

Da jedoch ein weiterer Vorgang hinsichtlich dieses Gesetzentwurfs, insbesondere also eine zweite und dritte Beratung (Lesung) und somit eine Verabschiedung des Gesetzes, nicht stattfand muss angenommen werden, dass die Einführung elektronischer Überwachung im damaligen politischen Tagesgeschehen keine sonderlich hohe Priorität genoss, möglicherweise aber auch der Dissens zwischen den politischen Parteien zu groß war, wobei sich letzteres aus der Protokollierung einer entsprechenden Bundestagsdebatte hätte ergeben müssen.

b) Holpriger Beginn

In Erwartung der Verabschiedung der Änderung des Strafvollzuggesetzes aufgrund der Gesetzesinitiative des Landes Berlin befassten sich auch andere Bundesländer konkret mit dem Gedanken, basierend auf der neuen Ermächtigungsgrundlage, entsprechende Feldversuche durchzuführen.[88] So erwog das Land Baden-Württemberg im Jahre 1997 – noch bevor der eigentliche Gesetzesentwurf durch das Land Berlin in den Bundesrat eingebracht wurde – aufgrund dieser geplanten Gesetzesinitiative einen Modellversuch zu praktizieren.[89] Da jedoch in der Folgezeit auf Bundesebene eine solche rechtliche Ermächtigung nicht geschaffen wurde, teilte dieses Vorhaben das Schicksal der Initiative auf Bundesebene, da die Länder mangels Gesetzgebungskompetenz und entsprechender Ermächtigung schlichtweg nicht in der Lage waren, entsprechende Landesgesetze zu erlassen. Insoweit ließen Baden-Württemberg und auch Hamburg, welche beide gleichermaßen testweise ein Modellprojekt avisierten, diese Planungen gezwungenermaßen zunächst wieder fallen.[90]

c) Das hessische Vorreitermodell

In Hessen allerdings reifte die Idee, ein Modellprojekt zur elektronischen Überwachung durchzuführen, noch einige Jahre früher heran, nämlich bereits ab dem Jahre 1991.[91] Insoweit sollte die moderne Technologie dafür verwendet werden, eine Haftvermeidung für bestimmte Straftäter zu erreichen,

---

88 Vgl. *Brüchert*, Neue Kriminalpolitik 1/2002, S. 33.
89 Vgl. LT-BW-Plenarprotokoll 12/30 v. 16.07.1997, S. 2248.
90 Vgl. *Brüchert*, Neue Kriminalpolitik 1/2002, S. 33.
91 Vgl. Mayer, 2004, S. 28.

weshalb sich die ersten Überlegungen betreffend den Anwendungsbereich des Projekts in Richtung der elektronischen Fußfessel auf die §§ 56c, 57 StGB erstreckten, einer Weisung/Auflage im Rahmen einer Bewährungsstrafe respektive der Aussetzung des Strafrestes bei zeitiger Freiheitsstrafe.[92] Der Start des Modellprojekts in Hessen, zunächst begrenzt auf den Landgerichtsbezirk Frankfurt am Main, datierte schlussendlich auf den 2. Mai 2000, basierend auf einem durch den damaligen Justizminister unterzeichneten Einführungserlass.[93]

Dass in Hessen die Einführung und Umsetzung eines solchen Projekts, auch im Vergleich zu anderen Bundesländern wie bspw. Baden-Württemberg oder Hamburg, derart „unkompliziert“ möglich war, war insbesondere der Tatsache geschuldet, dass man in Hessen nicht darauf wartete, bis eine etwaige Änderung des Strafvollzuggesetzes durchgeführt wurde. Vielmehr nutzte man die vorhandenen gesetzlichen Möglichkeiten, indem man die elektronische Überwachung bzw. Fußfessel überwiegend als Bewährungsweisung im Bereich der schon bestehenden §§ 56c und 57 StGB etablierte.[94] Aber auch die Möglichkeit der Aussetzung des Vollzuges der Untersuchungshaft im Sinne des § 116 StPO durch elektronische Überwachung war nach der Konzeption des hessischen Modells angedacht, genauso wie der Einsatz als spezielle Weisung im Rahmen der Führungsaufsicht, §§ 68 ff. StGB.[95]

Bis zum Ende des Jahres 2007 war das Projekt bereits so weit fortgeschritten, dass es sich auf alle Landgerichtsbezirke Hessens erstreckte. Auffällig war dabei, dass sich der Anwendungsbereich unter den damaligen Probanden zu knapp drei Viertel in Bewährungsweisungen und knapp ein Viertel in Untersuchungshaft-Vermeidung bündelte, der Rest somit praktisch in den Anfangsjahren ungenutzt blieb, was schlichtweg an hierfür fehlenden Anwendungsfällen (gerade im Bereich der Führungsaufsicht) gelegen haben dürfte. Feststellen aber ließ sich darüber hinaus, dass mit fortschreitender Dauer des Projekts auch die Anwendungszahlen kontinuierlich anstiegen, was sich insgesamt auch in der tatsächlichen Ausbreitung des Projekts

---

92 Mayer, 2004, S. 30.

93 Mayer, 2004, S. 34.

94 Vgl. *Albrecht/Arnold/Schädler*, Zeitschrift für Rechtspolitik 11/2000, S. 467, s. auch bestätigend hierzu LG Frankfurt a.M, NJW 2001, 697 (697); *Albrecht*, Electronic Monitoring in Europe, 2005, S. 2, 3.

95 Mayer, 2004, S. 41, 42.

widerspiegelte und dem Land Hessen somit seine Vorreiterstellung in Sachen elektronischer Überwachung in Deutschland einbrachte.[96]

d) Änderung der Gesetzgebungskompetenz

Das hessische Modellprojekt elektronischer Überwachung ebnete in Deutschland zwar den Weg für deren dauerhafte Einführung. Aber auch die im Jahre 2006 durchgeführte Föderalismusreform[97] sollte die Expansion elektronischer Überwachung in Deutschland grundsätzlich fördern.

Sah das Grundgesetz vor der Föderalismusreform aus dem Jahre 2006 in Art. 74 Abs. 1 Nr. 1 GG a.F. noch vor, dass Teil der konkurrierenden Gesetzgebung nicht nur das Strafrecht, sondern auch der Strafvollzug waren, fiel mit der Reform eben jener Strafvollzug aus dem Katalog der konkurrierenden Gesetzgebungskompetenz heraus.[98] Zwar besteht auch im Rahmen der konkurrierenden Gesetzgebung für die Länder, denen ohnehin gemäß Art. 70 Abs. 1 GG das Recht zur Gesetzgebung zusteht, die Möglichkeit, auch in den enumerativ aufgeführten Bereichen des Katalogs aus Art. 74 Abs. 1 GG ihre Gesetzgebungskompetenz auszuüben. Dies jedoch gemäß Art. 72 Abs. 1 GG nur, soweit der Bund von seiner Gesetzgebungskompetenz nicht durch Gesetz Gebrauch macht.

Doch durch den Erlass des Strafvollzugsgesetzes des Bundes hatte dieser von eben jener Kompetenz aus Art. 74 Abs. 1 Nr. 1 GG a.F. Gebrauch gemacht, wodurch es den Ländern schlichtweg verwehrt war, eigene Strafvollzugsgesetze zu erlassen. Da jedoch auch Versuche, das bestehende Strafvollzuggesetz durch Einfügung einer Ermächtigungsgrundlage für die Länder im Hinblick auf die Ermöglichung elektronischer Überwachung zu ändern, scheiterten, leistete die Föderalismusreform hier insofern gewichtige Abhilfe. Durch die Tatsache nämlich, dass der Strafvollzug nunmehr aus dem Kompetenzkatalog der konkurrierenden Gesetzgebung (Art. 74 Abs. 1 Nr. 1 GG) herausgefallen war, verlor der Bund diesbezügliche seine Gesetzgebungskompetenz, was zur Anwendung von Art. 125a Abs. 1 GG führte. Danach galt und gilt zwar das bereits durch den Bund erlassene Recht aufgrund des nunmehr geänderten

---

96 *Fünfsinn/Seitz* in: Marks/Steffen, 2013, S. 449; *Fünfsinn* in: Müller/Sander/Válková, 2009, S. 693, 694; s. auch Tomasulo, 2021, S. 188 ff., m.w.N.

97 Gesetz zur Änderung des Grundgesetzes vom 28.08.2006, BGBl. I S. 2034.

98 Vgl. Gesetz zur Änderung des Grundgesetzes vom 28.08.2006, BGBl. I S. 2035.

Art. 74 Abs. 1 GG als Bundesrecht grundsätzlich fort, mithin also auch das seitens des Bundes erlassene Strafvollzuggesetz. Um jedoch der nunmehr den Ländern zustehenden Gesetzgebungskompetenz Rechnung zu tragen sind diese befugt, das Bundesrecht durch Landesrecht zu ersetzen, Art. 125a Abs. 1 GG.

Die Länder wurden somit ab diesem Zeitpunkt in die Lage versetzt, eigenständig landesspezifische Strafvollzuggesetze zu erlassen, durch welche es ihnen grundsätzlich möglich war, den schon teilweise favorisierten Einsatz elektronischer Überwachung im Rahmen des Strafvollzugs einzuführen.

e) Baden-Württembergs EAStVollzG

Aufgrund der Föderalismusreform und der in diesem Zuge auf die Länder verlagerten Kompetenz der Strafvollzug-Gesetzgebung nutzte sodann zwar jedes Bundesland seine Möglichkeit, ein eigenes Gesetz zur Regelung des Strafvollzugs zu erlassen.[99] In Baden-Württemberg jedoch galt, mangels eigener Gesetzesinitiative, zunächst das Strafvollzuggesetz des Bundes im Rahmen des Art. 125a Abs. 1 GG fort. Was hierbei zunächst aufgrund der Bemühungen des Landes um ein etwaiges Modellprojekt für elektronische Aufsicht bereits um die Jahrtausendwende merkwürdig erscheint, erklärt sich sodann im Jahre 2009, in welchem zum einen ein Justizvollzuggesetz (JVollzGB), welches den anderen Strafvollzuggesetzen der Länder in Form und Inhalt glich, und zum anderen ein Gesetz über elektronische Aufsicht im Vollzug der Freiheitsstrafe (EAStVollzG) erlassen wurde, welches durch Gesetzentwurf vom 23. Juni 2009 seitens der Landesregierung in den Landtag eingebracht wurde.[100] Hinsichtlich der elektronischen Aufsicht im Erwachsenenstrafvollzug war Baden-Württemberg dennoch das erste Bundesland nach Hessen, welches in Deutschland einen entsprechenden Feldversuch starten wollte und hierfür nun die ausreichende Rechtsgrundlage in Form des EAStVollzG geschaffen hatte.[101] Denn das JVollzGB, ähnlich wie die der meisten anderen Bundesländer, enthielt eine solche Rechtsgrundlage nicht. Das EAStVollzG sah dabei im Wesentlichen vor, im Rahmen bestimmter Anwendungsfälle den Vollzug

---

99 Zunächst nur Bayern 2007, es folgten Hamburg und Hessen 2009/10 und sodann allmählich alle weiteren Bundesländer, vornehmlich in den Jahre 2013–2015.

100 Vgl. LT-BW Drucks. 14/4670, S. 1, 3.

101 Vgl. LT-BW Plenarprotokoll 14/70 v. 08.07.2009, S. 5046.

einer Freiheitsstrafe unter elektronische Aufsicht zu stellen, zum einen in Form von Hausarrest mit elektronischer Aufsicht (Teil II Abschnitt 1), zum anderen durch elektronische Aufsicht ohne Hausarrest (Teil II Abschnitt 2).

Anwendungsfälle im Bereich des „Hausarrests mit elektronischer Aufsicht" waren dabei gemäß § 2 Abs. 2 EAStVollzG solche im Bereich des Vollzuges einer Ersatzfreiheitsstrafe sowie zur Vorbereitung der Entlassung. Im Bereich der „elektronischen Aufsicht ohne Hausarrest" wiederum sollte diese in Fällen der vollzugsöffnenden Maßnahmen angewendet werden, insbesondere also z. B. im Rahmen des Freigangs, § 9 Abs. 1 EAStVollzG.

Durch Beschluss des Landtags von Baden-Württemberg vom 29. Juli 2009 wurde das EAStVollzG sodann erlassen, welches zunächst auf vier Jahre befristet war und der elektronischen Aufsicht in Baden-Württemberg nun endlich die Tür öffnete.[102] Bereits knapp ein Jahr später, zum 1. Oktober 2010, startete sodann auch das entsprechende Modellprojekt im Rahmen der im Gesetz normierten Anwendungsfälle.[103] Dieses Gesetz jedoch sollte sich einer Verlängerung nicht gegenübersehen, weshalb es unrühmlich zum 6. August 2013, dem zuvor befristeten Auslaufdatum, auslief.[104]

f) Einführung im hessischen Strafvollzug

Da die elektronische Überwachung in Hessen wiederum bereits seit dem Jahre 2000 testweise praktiziert wurde, führte man dort im Nachgang der Föderalismusreform aus dem Jahre 2006 Regelungen im Rahmen des Strafvollzuges ein, was durch die ausschließliche Gesetzgebungskompetenz der Länder nunmehr möglich war.

So erließ der hessische Landtag am 19. November 2007 das Hessische Jugendstrafvollzuggesetz (HessJStVollzG), welches zum 1. Januar 2008 in Kraft trat.[105] Zwar war dies kein eigenständiges Gesetz zur elektronischen Aufsicht, wie es Baden-Württemberg vorsah, enthielt aber dennoch eine entsprechende Regelung im Hinblick auf den Einsatz elektronischer Überwachung. § 16 Abs. 3 HessJStVollzG nämlich sah im Rahmen der Freistellung zwecks Entlassungsvorbereitung vor, dass die im Hinblick auf

---

102 GBl. BW 2009, S. 360, 362.

103 *Wößner/Schwedler*, Neue Kriminalpolitik 1/2014, S. 64.

104 Vgl. *Dünkel/Thiele/Treig* in: Dünkel/Thiele/Treig, 2017, S. 13.

105 GVBl. I 2007, S. 758, 779.

die Freistellung von der Haft auferlegten und einzuhaltenden Weisungen gegenüber dem Gefangenen durch elektronische Überwachung, genauer elektronische Fußfessel, im Einverständnis mit dem Gefangenen überwacht werden können.[106]

Im Jahre 2010, durch Änderungsgesetz vom 28. Juni 2010, erließ der hessische Landtag erstmals auch im Rahmen des Erwachsenenstrafvollzugs eine entsprechende Normierung im Hessischen Strafvollzuggesetz (HStVollzG).[107] Die Regelung war ihrem Inhalt nach identisch zu der bereits zuvor erlassenen Regelung im Jugendstrafvollzug, demnach also der Überwachung von Weisungen im Rahmen der Haftfreistellung zur Entlassungsvorbereitung dienen sollte.[108]

Soweit Hessen dabei entsprechende Erfahrungen sammeln konnte und somit in der Lage war eine gesetzliche Implementierung, hier im Rahmen des Strafvollzugs, basierend auf den entsprechenden Erfahrungswerten vorzunehmen, waren andere Bundesländer nicht so weit. Dazu zählte u. a. auch das Bundesland Bayern, welches erstmals im Rahmen eines Pilotprojekts ein Jahr lang, von Mitte 2011 bis Mitte 2012, die elektronische Überwachung in der Justizvollzugsanstalt (JVA) Ebrach im Bereich der Freigänger erprobte.[109]

g) Gesetz zur Neuordnung des Rechts der Sicherungsverwahrung und zu begleitenden Regelungen

Im Gegensatz zu den bis dahin überwiegend auf den Strafvollzug oder auch die Untersuchungshaft unter dem Gesichtspunkt der Haftvermeidung bzw. -verschonung gerichteten Anwendungsbereichen elektronischer Überwachung, welche bis dato lediglich durch die Länder entwickelt, geregelt und praktiziert wurden, schuf nun auch der Bund erstmals im Jahre 2010 mit dem „Gesetz zur Neuordnung des Rechts der Sicherungsverwahrung und zu begleitenden Regelungen" eine bundeseinheitliche Regelung, die die Anwendung elektronischer Überwachung vorsah.[110]

---

[106] GVBl. I 2007, S. 762.
[107] GVBl. I 2010, S. 185.
[108] GVBl. I 2010, S. 190.
[109] *Breuer/Endres/Vornholt/Müller*, Bewährungshilfe – Soziales Strafrecht Kriminalpolitik 2/2013, S. 147.
[110] Vgl. BGBl. I 2010, S. 2300.

Primärer Grund hierfür war zum damaligen Zeitpunkt allerdings nicht der Wille, elektronische Überwachung auch auf Bundesebene zu etablieren. Vielmehr wollte der Bund damit auf die vorausgegangene Rechtsprechung des Europäischen Gerichtshofs für Menschenrechte (EGMR) vom 17. Dezember 2009[111] reagieren.

In diesem Urteil attestierte der EGMR der Bundesregierung eine Verletzung von Konventionsrecht (Europäische Menschenrechtskonvention, EMRK) im Rahmen der Konzeption eines bestimmten Falles, bei welchem die Vollstreckung von Sicherungsverwahrung über die Grenze von zehn Jahren hinaus vorgesehen war. Ein sich in Sicherungsverwahrung befindender Straftäter hatte seinerzeit eine Verletzung der EMRK (genauer Art. 5 und 7 EMRK) gerügt, da bei Anordnung der Sicherungsverwahrung gegen ihn das Gesetz eine maximale Höchstdauer für diese von zehn Jahren (für Erstverwahrte) normierte. Die Strafvollstreckungskammer des Landgerichts Marburg ordnete jedoch aufgrund einer nachträglichen Gesetzesänderung[112], welche sodann auch eine längere als nur im Höchstmaß zehnjährige Sicherungsverwahrung in besonderen Fällen für Erstverwahrte gestattete, eine über diese zehn Jahre hinausgehende Sicherungsverwahrung gegenüber dem Betroffenen an.[113]

Da sich derweilen einige solcher sogenannter „Altfälle“[114], welche die Zehnjahresgrenze des § 67d Abs. 1 StGB a.F. überschritten, ebenfalls in Vollstreckung der Sicherungsverwahrung befanden, Betroffene jedoch aufgrund des § 67d Abs. 3 StGB n.F. darüber hinaus auf Anordnung verwahrt blieben, hatte dies konsequenterweise veranlasste Freilassungen der Betroffenen zur Folge.[115]

Diese Tatsache trug maßgeblich dazu bei, dass die sodann per Gesetz unter Führungsaufsicht gestellten Freigelassenen im Rahmen der umgehenden

---

[111] EGMR Urt. v. 17.12.2009, Individualbeschwerde Nr. 19359/04.

[112] Vgl. BGBl. I 1998, S. 160, durch welches § 67d StGB a.F. insoweit geändert wurde, als ein entsprechender Absatz 3 eingefügt wurde, der in Ausnahmefällen, insbesondere bei der Gefahr der Begehung weiterer Straftaten, eine Sicherungsverwahrung über die grundsätzliche Grenze von zehn Jahren hinaus gestattete.

[113] EGMR Urt. v. 17.12.2009, Individualbeschwerde Nr. 19359/04, Rn.: 19, 52, 53, 105, 137.

[114] Vgl. z. B. BGH, Beschl. v. 21.07.2010 – 5 StrR 60/10; StV 2010, 576 ff.; s. auch *Brauneisen*, Strafverteidiger 5/2011, S. 311, 312.

[115] Vgl. u. a. OLG Karlsruhe, Beschl. v. 15.07.2010, 2 Ws 458/09, Rn.: 9.

Gesetzesänderung die Weisung erhalten konnten, „die für eine elektronische Überwachung ihres Aufenthaltsortes erforderlichen technischen Mittel ständig in betriebsbereitem Zustand bei sich zu führen und deren Funktionsfähigkeit nicht zu beeinträchtigen" (§ 68b Abs. 1, S. 1 Nr. 12 StGB n.F.).[116] Grund dafür war nicht zuletzt die seitens der Behörden drohende Befürchtung des nicht mehr Habhaftwerdens der entlassenen Sicherungsverwahrten und die damit einhergehende Gefährdungslage für die Gesellschaft,[117] aufgrund dessen somit die erste bundeseinheitliche Regelung den Eingang in die Rechtsordnung fand.

h) Terrorgefahr bedingt nicht nur die Ausweitung des Maßregelrechts

Mitte der 2010er Jahre wandelte sich sodann die außen- und sicherheitspolitische Lage in der Welt, aber auch speziell in Deutschland, stark. Grund dafür war insbesondere die Entwicklung und die Auswirkungen des sogenannten „Islamischen Staats", welcher im Juni 2014 das Kalifat ausrief. Die Folgen dieser sicherheitsgefährdenden Entwicklung erfuhr die westliche Welt in erschreckender Art und Weise, insbesondere anhand der Terroranschläge von Paris vom 13. November 2015, dem Terroranschlag in Nizza vom 14. Juli 2016 oder dem Terroranschlag in Deutschland auf dem Berliner Breitscheidplatz vom 19. Dezember 2016. Da insbesondere der Anschlag auf dem Breitscheidplatz von einem sogenannten „Gefährder" ausging, welcher durch die Behörden offiziell als solcher eingestuft wurde,[118] wurden im Nachgang zu dieser Tat erhebliche Anstrengungen angestellt, solche Gefährder zukünftig effektiv und praktikabel zu überwachen, um die von diesen ausgehenden Gefahren größtmöglich einzudämmen.[119]

Hierbei sollte die elektronische Überwachung dergestalt in den Fokus rücken, als durch Gesetzentwurf vom 14. Februar 2017 die Regierungsfraktionen CDU/CSU und SPD Änderungen des Strafgesetzbuches dergestalt anstrebten, als sie den Katalog der Anlasstaten betreffend die Führungsaufsicht nach § 68b Abs. 1 S. 3 Nr. 2 i. V. m. § 66 Abs. 3 S. 1 StGB a.F. auf

---

116 BGBl. I 2010, S. 2301, 2302.

117 Vgl. *Brauneisen*, Strafverteidiger 5/2011, S. 311, 312.

118 Vgl. BT Drucks. 18/11027, S. 2, 3.

119 Vgl. u. a. *Kretzschmann/Armenat*, JuS 7/2017, S. 648.

extremistische Straftaten, insbesondere auch bestimmte Vergehen, beispielsweise Terrorismusfinanzierung oder Vorbereitung einer schweren staatsgefährdenden Straftat, ausweiten wollten.[120] Hierdurch sollte die Möglichkeit geschaffen werden, solche verurteilten Straftäter im Rahmen der Führungsaufsicht ständig beobachten und überwachen zu können, wobei die Intention war, dass sich solche extremistischen Straftäter nach ihrer Haftentlassung nicht weiter radikalisieren respektive nicht erneut Straftaten begehen würden, auch wenn den Beteiligten dabei stets bewusst war, dass dies mitnichten ein vollständiger Schutz zur Vermeidung solcher „Anschläge" bedeuten würde.[121] Entgegen des Widerstandes der Opposition im 18. Deutschen Bundestag wurde der Gesetzentwurf der Regierungskoalition – mit kleinen Änderungen – am 27. April 2017 verabschiedet.[122] Die Oppositionsparteien DIE LINKE und Bündnis 90 / DIE GRÜNEN verwiesen dabei stets auf die Ineffektivität und Überflüssigkeit einer solchen Maßnahme.[123] Nichtsdestotrotz trat das Gesetz bereits zum 1. Juli 2017 in Kraft.[124]

Bereits zuvor beschloss der Bundestag in gleicher Sitzung vom 27. April 2017 zusätzlich die Einführung Elektronischer Aufenthaltsüberwachung im Rahmen der Neustrukturierung des BKA-Gesetzes, in welchem der sodann neu eingefügte § 56 BKAG eine elektronische Aufenthaltsüberwachung, jedoch in präventiver Hinsicht, beispielsweise bei der Gefahr der Begehung einer Straftat (vgl. z. B. § 56 Abs. 1 BKAG), gestattete.[125] Zu diesem Zeitpunkt stellte diese Gesetzesänderung ein absolutes Novum der deutschen Rechtsordnung dar.

Zwar verweigerten sich die Oppositionsparteien Bündnis 90 / DIE GRÜNEN sowie DIE LINKE diesem Gesetzesvorhaben aus denselben

---

120 BT-Drucks. 18/11162, S. 1.

121 BT-Drucks. 18/11162, S. 6, 7.

122 BT-Plenarprotokoll 18/231 v. 27.04.2017, S. 23322; Ablehnung erfuhr das Vorhaben ebenso im Vorfeld durch die Strafverteidigervereinigung, vgl. Stellungnahme zum Referentenentwurf für ein Gesetz zur Änderung des Strafgesetzbuches „Ausweitung des Maßregelrechts bei extremistischen Straftätern" v. 27.01.2017, S. 1, 2, ähnlich auch der Fachverband für Soziale Arbeit, Strafrecht und Kriminalpolitik DBH, Stellungnahme zum Entwurf eines Gesetzes zur Änderung des StGB – Ausweitung des Maßregelrechts bei extremistischen Straftätern v. 20.02.2017.

123 Vgl. BT-Plenarprotokoll 18/231 v. 27.04.2017, S. 23316, 23318, 23319.

124 BGBl. I 2017, S. 1612.

125 BT-Drucks. 18/11163, S. 49–51.

Motiven zuzustimmen, konnten aber die Verabschiedung auch dieses Gesetzes dadurch nicht verhindern.[126] Der Ausweitung elektronischer Überwachung abseits vom repressiven bzw. vollzugsrechtlichen Zweck und hin zu präventiven Zwecken war damit ebenfalls die Türe geöffnet.

Dies spiegelte sich auch darin wider, als der Bundestag noch im selben Jahr, nur knapp zwei Monate nach seiner Plenarsitzung vom 27. April 2017, eine weitere Regelung einführte, welche elektronische Aufenthaltsüberwachung zu präventiven Zwecken zum Gegenstand hatte. Im Rahmen des „Gesetzes zur besseren Durchsetzung der Ausreisepflicht" erhielt nämlich das Aufenthaltsgesetz (AufenthG) einen neuen Paragraphen, § 56a AufenthG, durch welchen einem Ausländer in bestimmten Fällen seitens eines Gerichts zur Überwachung entsprechender Auflagen oder Weisungen aufgegeben werden konnte, ein „technisches Mittel ständig in betriebsbereitem Zustand am Körper bei sich zu führen", sofern eine erhebliche Gefahr für die innere Sicherheit oder Leib und Leben eines Dritten besteht, vgl. § 56a Abs. 1 AufenthG.[127]

i) Überwiegend präventiv als repressiv

Während die bundeseinheitlichen Regelungen zu dieser Zeit – sowohl in präventiver als auch repressiver Art – erkennbar auf dem Vormarsch waren, taten sich die Länder jedoch mit der weiteren Umsetzung elektronischer Aufenthaltsüberwachung schwer. Betrachtet man lediglich die länderspezifischen Reglementierungen, hier in Form der Strafvollzuggesetze, so fällt auf, dass die Mehrheit in diesem Segment eine elektronische Überwachung selbst bis ins Jahr 2022 hinein (noch) nicht eingeführt hat. Einzig die Länder Nordrhein-Westfalen, Sachsen-Anhalt, Baden-Württemberg und Hessen haben bislang ihre Strafvollzuggesetze dahingehend modifiziert, dass eine elektronische Aufenthaltsüberwachung entweder im Rahmen der Vollzugslockerungen oder der Entlassungsvorbereitungen in Betracht kommen.[128] In den Strafvollzuggesetzen der übrigen Länder finden sich derartige Regelungen bis dato jedoch nicht. Davon differenziert zu

---

[126] Vgl. BT-Plenarprotokoll 18/231 v. 27.04.2017, S. 23249, 23252.

[127] BGBl. I 2017, S. 2780.

[128] Vgl. § 53 IV StVollzG NRW, § 47 I Nr. 10 StVollzG Sachsen-Anhalt, § 11a Abs. 1a JVollzG BW (3. Buch), § 16 Abs. 3 HStVollzG.

betrachten sind aber die bundeseinheitlichen Regelungen einschließlich solcher Maßnahmen, welche aufgrund Bundesrecht vorgenommen werden können. Diese werden zumindest in den übrigen Ländern praktiziert, insbesondere die elektronische Aufenthaltsüberwachung im Rahmen der Führungsaufsicht.

Geradezu gegensätzlich verhält es sich jedoch im Bereich der präventiven Maßnahmen mittels elektronischer Überwachung. So haben fast alle Länder ihre Polizeigesetze dahingehend geändert (oder sind gegenwärtig dabei sie zu ändern), als diese nun in weiten Teilen auch die „elektronische Fußfessel" bzw. die elektronische Aufenthaltsüberwachung als präventive Maßnahme normieren.[129] Bis auf die Länder Berlin, Bremen, Rheinland-Pfalz und Thüringen haben alle Länder entsprechende Regelungen in Angriff genommen, damit die Maßnahmen elektronischer Aufenthaltsüberwachung der Polizei zur Verfügung stehen.

j) Stellungnahme

Betrachtet man die Entwicklung elektronischer Überwachung der letzten 20 bis 25 Jahre in Deutschland, so wird man nicht leugnen können, dass diese moderne Überwachungstechnik Einzug in Deutschland gefunden hat. Ausgehend von Erfahrungsberichten des Auslandes, neben Amerika allen voran auch Großbritannien, Schweden und die Niederlande, war man auch in Deutschland (jedenfalls in Teilen) angetan von den zu erwartenden positiven Erträgen dieser Maßnahme wie beispielsweise Kostenersparnis, Reduzierung der Überbelegung der Haftanstalten oder Vermeidung negativer Auswirkungen auf den einzelnen Häftling, welche konventioneller Strafvollzug mit sich bringt.

Der verhaltene Start elektronischer Überwachung in Deutschland, insbesondere das Nicht-Vorhandensein einer tauglichen Rechtsgrundlage hierfür, kann retrospektiv nur dadurch erklärt werden, dass der politische Wille, solche Maßnahmen umzusetzen, zu dieser Zeit nicht stark genug ausgeprägt war. Dies lässt sich eindrucksvoll am Beispiel Baden-Württemberg belegen, wo das geplante Modellprojekt aufgrund des fehlenden Erlasses einer ebenfalls geplanten Verordnungsermächtigung auf Bundesebene wieder

129 Vgl. Amnesty International/Gesellschaft für Freiheitsrechte, Übersicht über die Änderungen der Polizeigesetze in den einzelnen Bundesländern, 2019.

fallengelassen wurde. Im Gegenzug dazu steht jedoch das – nunmehr zu Recht – als Vorreitermodell in Hessen betitelte Modellprojekt elektronischer Überwachung ab dem Jahre 2000, welches – ebenso eindrucksvoll – gezeigt hat, wie das Ergebnis aussehen kann, wenn entsprechende Maßnahmen schlichtweg politisch gewollt sind. Dies dürfte die These, dass zu Beginn der politische Wille in Deutschland nicht stark genug ausgeprägt war, stützen.

Der sodann durch die Föderalismusreform mögliche Umschwung, bei dem die Etablierung elektronischer Überwachung flächendeckend, wenn auch zunächst im Schwerpunkt Strafvollzug, hätte eingeführt werden können, blieb sodann jedoch größtenteils aus. Es erweckt vielmehr den Eindruck, als sah man in Deutschland, mit Ausnahme weniger Bundesländer wie bspw. Hessen, weniger die Chancen und Vorteile elektronischer Überwachung als dies mitunter im Ausland der Fall war, sondern überwiegend negative Aspekte, was eine Verbreitung schlichtweg hemmte. Darin fügt sich auch der bedeutende Zwischenschritt elektronischer Überwachung in Deutschland, nämlich die Einführung im Rahmen der Führungsaufsicht aus dem Jahre 2011, ein. Das Sprichwort „Aus der Not eine Tugend machen" dürfte hier überwiegend zutreffend sein und zeigt erneut, dass die Entwicklung elektronischer Überwachung in Deutschland weniger im Rahmen konstruktiver Debatten aus dem Sinn und Zweck einer solchen Maßnahme heraus diskutiert wurde, sondern vielmehr akuter politischer oder juristischer Situationen, die einer umgehenden Lösung bedurften, entsprang, wie dies exemplarisch im Rahmen des Urteils des EGMR vom 17. Dezember 2009 der Fall war.

Diese Annahme wird aus Sicht des Verfassers durch die Tatsache gestützt, dass dieselbe Art des Vorgehens auch nach den verheerenden Terroranschlägen aus den Jahren 2015 und 2016 praktiziert wurde, wobei damals insbesondere in Deutschland die vorherige „Überwachung", bzw. vielmehr fehlende Überwachung des sogenannten „Gefährders" Anis Amri, zum politischen Streitthema wurde.

Die Entwicklung elektronischer Überwachung in Deutschland zeigt somit einerseits, dass das Potential und die Akzeptanz, solche Maßnahmen zu ergreifen und umzusetzen, grundsätzlich vorhanden sind und diese auch ihren wertvollen Beitrag leisten können. Dies hat nicht zuletzt auch die bisherige Implementierung bestimmter Maßnahmen, wie die elektronische Überwachung im Rahmen der Führungsaufsicht samt deren Ausdehnung auf extremistische Straftäter, gezeigt.[130] Andererseits lässt sie auch erkennen, dass die Entwicklung elektronischer Überwachung in Deutschland zu einem gewissen Teil situationsbedingt (eher reagierend als agierend) stattfand, und, bis auf wenige Ausnahmen, zu selten einen Faktor politischer Prozesse darstellte. Dass, wie Winston Churchill einst sagte, man keine Probleme löse, indem man sie auf Eis legt, dürfte diese historische Entwicklung in Deutschland ebenso gut widerspiegeln wie das Sprichwort: „Vorsicht ist besser als Nachsicht".

Bundesland	**31.12.12**	**31.12.13**	**30.04.14**	**24.03.15**	**31.03.16**	**31.08.17**
Baden-Württemberg	0	3	3	4	6	10
Bayern	17	26	29	25	28	28
Berlin	0	5	4	4	0	1
Brandenburg	0	0	0	0	0	1
Bremen	0	0	0	0	0	0
Hamburg	1	1	1	2	2	2
Hessen	1	7	6	9	9	11
Mecklenburg-Vorpommern	5	6	6	9	10	12
Niedersachsen	0	2	2	2	3	5
Nordrhein-Westfalen	3	7	7	7	7	6
Rheinland-Pfalz	1	1	1	1	1	1
Saarland	0	1	1	1	1	1
Sachsen	0	1	1	3	3	10
Sachsen-Anhalt	0	1	0	1	0	1
Schleswig-Holstein	3	1	1	0	1	0
Thüringen	3	5	6	5	2	4
Gesamt	**34**	**67**	**68**	**73**	**73**	**93**

Abbildung 3: Fälle elektronischer Überwachung im Rahmen der Führungsaufsicht in Deutschland im Ländervergleich 2012–2017[131]

3. Gesamtbetrachtung Global und Deutschland

Konträr zu der rein deutschen Entwicklung elektronischer Überwachung steht aus Sicht des Verfassers die des Auslandes, unabhängig ob europäisch oder nicht-europäisch. Zwar basierten die Einführungen solcher Maßnahmen

[130] Vgl. u. a. auch Abbildung 3.
[131] BT-Drucks. 19/764, S. 3.

zu Beginn nahezu immer auf den Motiven Kosten zu sparen und die Haftanstalten zu „leeren". Sobald jedoch Erfahrungswerte vorlagen, kann man gerade bei der Betrachtung des Auslands feststellen, dass die weitere Entwicklung weniger davon angetrieben war auf situative Gegebenheiten adäquat reagieren zu wollen. Der historische Abriss zeigt vielmehr, dass elektronische Überwachung im Ausland deutlich vermehrter eingesetzt wurde und wird. Dies dürfte nicht nur an dem vorhandenen politischen Willen dortzulande gelegen haben, sondern auch an dem entsprechenden Pragmatismus. Jedenfalls ist gerade eine entsprechende „Reaktionspolitik", wie es in Deutschland bislang größtenteils der Fall war, erkennbar nicht das leitende Motiv gewesen, um elektronische Überwachung auszuweiten. Dabei darf jedoch nicht unbeachtet bleiben, dass bspw. die USA über eine weitaus größere Bevölkerungszahl verfügen als Deutschland. Selbst im europäischen Ausland aber kann eine durchaus schnellere Ausweitung festgestellt werden als in Deutschland,[132] betrachtet man schlichtweg die Tatsache, dass vor der bundeseinheitlichen Regelung 2010/2011 Hessen mehr oder weniger allein die Fahne elektronischer Überwachung in Deutschland hisste.

Gerade diese Divergenzen zwischen der Entwicklung elektronischer Überwachung in Deutschland und dem Ausland stellen aus Sicht des Verfassers die entsprechende Grundlage dar, mögliche erweiterte Sicherungsmöglichkeiten, auch anhand ausländischer Beispiele, im Hinblick auf eine Implementierung im deutschen Rechtssystem zu erforschen und auf eine Kompatibilität sowie Sinn und Zweckmäßigkeit hin zu untersuchen. Die Untersuchung des Status quo jedoch lässt den empfindlichen Eindruck aufkommen, elektronische Überwachung mache derzeit – mit wenigen Ausnahmen – eher einen Rückschritt als einen Fortschritt.[133]

III. Anwendung elektronischer Überwachung in Deutschland

Wie bereits der historische Abriss in Teilen zeigte, wird elektronische Überwachung in Deutschland bisweilen in verschiedenen Bereichen eingesetzt. Um jedoch die entsprechenden (auch rechtlichen) Anknüpfungspunkte für

[132] Vgl. z. B. Abbildung 3.
[133] Vgl. Tomasulo, 2021, S. 23.

die mit dieser Arbeit verfolgten Untersuchung zu erhalten, nämlich den aktuellen wissenschaftlichen Stand elektronischer Überwachung in Deutschland, ist es unausweichlich, sich zuvor über die Ausgestaltung der Technik und deren Anwendungsprinzipien, die bisherigen Einsatzgebiete und die rechtliche Ausgestaltung elektronischer Überwachung in Deutschland ein genaueres Bild zu verschaffen. Zwar sind diese Erläuterungen in den allermeisten wissenschaftlichen Publikationen Gegenstand deren – mehr oder minder ausführlichen – Darstellungen. Jedoch ist aus Sicht des Verfassers die Beschäftigung auch mit diesen Komponenten im Sinne eines Gesamtgefüges zu Beginn einer solchen Untersuchung erforderlich, beschäftigt man sich mit den verschiedenen Möglichkeiten elektronischer Überwachung und einer möglichen Erweiterung dieser, da die Technik und die derzeitigen rechtlichen Gegebenheiten, also der Ist-Zustand, unabdingbare Faktoren dieser Arbeit darstellen.

1. Technische Funktionsweise

Elektronische Überwachung bietet derzeit zwei verschiedene Erscheinungsformen in Deutschland, zum einen die Elektronische Aufenthaltsüberwachung (EAÜ) und zum anderen die Elektronische Präsenzkontrolle (EPK). Beide Formen bauen grundsätzlich auf derselben Grundlage auf, nämlich dem Tragen eines entsprechenden Senders bzw. Trackers, unterscheiden sich jedoch im Weiteren in ihrer Wirkungsweise.

a) Elektronische Aufenthaltsüberwachung

Die elektronische Aufenthaltsüberwachung, kurz EAÜ, überwacht, wie der Name bereits erkennen lässt, elektronisch den Aufenthalt des Probanden.

Im Rahmen dieser EAÜ existieren 1-Komponent- und 2-Komponenten-Geräte. Das einteilige Gerät besteht dabei aus lediglich einem GPS-Tracker, welcher in Form eines Bandes am Fuß (Knöchel) des Probanden befestigt wird. Das zweiteilige Gerät besteht neben einem GPS-Tracker am Fuß zusätzlich noch aus einer sogenannten Personal-Tracking-Unit (PTU), welche an der Hüfte zu tragen ist und für den Probanden (jedenfalls im Bereich seines Zuhauses) abnehmbar ist.[134]

[134] BVerfG, Beschl. v. 01.12.2020 – 2 BvR 916/11, 2 BvR 636/12, Rn.: 138; BT-Drucks. 17/3403, S. 35, 36.

Technisch ist dabei mittels des Global Positioning Systems, welches durch die USA entwickelt und ebenso von diesen betrieben wird, möglich, den Sender des Probanden an dessen Fuß (und somit den Probanden selbst) auf eine Genauigkeit von mittlerweile zwischen dreizehn und jedenfalls drei, aber auch bis hin zu einem Meter, zu orten.[135] Das aus mindestens 24 Satelliten bestehende Global-Positioning-System misst dabei im Rahmen einer sogenannten Triangulierung in Form von mindestens drei sich im Umkreis des Senders befindenden Satelliten die entsprechenden Winkel zum Signal-Tracker am Fuß des Probanden, wodurch der genaue Aufenthaltsort bis hin zu der zuvor genannten Entfernung bestimmt werden kann.[136]

Durch diese Technik wird es den Behörden ermöglicht, den nahezu exakten Aufenthaltsort des Probanden zu eruieren, was den gravierendsten Unterschied zum System der Radiofrequenztechnik darstellt, und deshalb der elektronischen Aufenthaltsüberwachung auch die Bezeichnung „große Fußfessel" einbrachte.[137] Da jedoch im Rahmen der großen Fußfessel die ausschließliche Nutzung der GPS-Technik alleine keine vollumfängliche Überwachung garantieren kann, beispielsweise aufgrund fehlender Ortungsmöglichkeiten in bestimmten, dem GPS-Signal nicht zugänglichen, Bereichen wie Tunneln o. ä., wird in Deutschland die elektronische Aufenthaltsüberwachung zusätzlich mit Ortungen über Mobilfunkzellen ergänzt.[138] Dies jedenfalls garantiert eine nahezu flächendeckende Überwachung des entsprechenden Probanden.

Das Fußband selbst, an welchem der GPS-Tracker befestigt ist, ist dabei in einer Art und Weise konzipiert, dass bei jedem Versuch einer Manipulation eine entsprechende Vorfallmitteilung an die überwachende Stelle gesendet wird, weshalb die Manipulation einer solchen elektronischen Fußfessel aufgrund dieses Mechanismus nur äußerst eingeschränkt möglich ist.[139] Die Beschaffenheit des Bandes stellt sich dabei so dar, dass sie für jeden Haut- sowie Körpertypus verträglich ist, ohne also entsprechende pathologische Zustände hervorzurufen.[140]

---

[135] Kaiser, 2015, S. 95; Dodel/Häupler, 2010, S. 178, 179, 191, 297.

[136] Dodel/Häupler, 2010, S. 180, 260.

[137] *Flade*, Was bringt die elektronische Fußfessel?, 2020; Bräuchle, 2016, S. 17.

[138] BVerfG, Beschl. v. 01.12.2020 – 2 BvR 916/11, 2 BvR 636/12, Rn.: 139, Bräuchle, 2016, S. 23; *Brauneisen*, Strafverteidiger 5/2011, S. 316.

[139] BVerfG, Beschl. v. 01.12.2020 – 2 BvR 916/11, 2 BvR 636/12, Rn.: 138.

[140] BVerfG, Beschl. v. 01.12.2020 – 2 BvR 916/11, 2 BvR 636/12, Rn.: 138.

b) Elektronische Präsenzkontrolle

Die Elektronische Präsenzkontrolle (kurz EPK) überwacht – im Gegensatz zur elektronischen Aufenthaltsüberwachung –nicht den genauen Aufenthaltsort der zu überwachenden Person. Diese überprüft vielmehr – wie der Name ebenso erkennen lässt – leidglich die Anwesenheit, also die Präsenz, des Probanden an bestimmten Orten.

Im Rahmen der elektronischen Präsenzkontrolle wird ein Proband dabei ausschließlich mittels sog. Radiofrequenztechnik überwacht.[141] Bei dieser Radiofrequenztechnologie, oder auch Radiofrequenz-Identifikation, korrespondiert ein entsprechender Sender mit dem dazugehörigen Empfänger, sobald sich der Sender im Einzugsbereich des Empfangsgeräts befindet.[142] Hierfür tauschen die Geräte Radiowellen dergestalt aus, dass das Empfangsgerät die Information erhält, dass sich der entsprechende Sender nunmehr in der Reichweite des Empfangsgeräts befindet, woraufhin dieses Empfangsgerät – vereinfacht gesagt – die entsprechenden Informationen verarbeitet und den zuständigen Stellen zur Verfügung stellt.[143]

Praktisch gestaltet sich dies insoweit, als der Proband mit dem hierfür vorgesehenen Sendegerät ausgestattet wird und das Empfangsgerät in dem für den Probanden zugewiesenen Bereich, beispielsweise dessen Zuhause oder Arbeitsstelle, aufgestellt wird. Das Sendegerät wird dabei dem Probanden angelegt, meistens indem es ihm in Form eines Fußbandes, daher umgangssprachlich der Name Fußfessel, um den Knöchel gelegt wird. Sobald sich der Proband im Radius des Empfangsgerätes befindet, beginnt der für die Überwachung notwendige Informationsaustausch mittels besagter Radiofrequenztechnik, wodurch die zuständige Stelle erfährt, dass der Proband sich in dem vorgeschriebenen Bereich aufhält.[144]

Im Gegensatz zur elektronischen Aufenthaltsüberwachung kann im Rahmen der elektronischen Präsenzkontrolle somit einzig die Präsenz der überwachten Person an verschiedenen, vorher festgelegten, Bereichen festgestellt werden. Eine genaue Bestimmung des Aufenthaltsortes, wie es die EAÜ ermöglicht, ist die elektronische Präsenzkontrolle daher nicht im Stande

---

141 Laubenthal, 2019, S. 6, 8; Bräuchle, 2016, S. 4.
142 Tamm/Tribowski, 2010, S. 14.
143 Tamm/Tribowski, 2010, S. 14, 17, 19.
144 Vgl. LT-BW Drucks. 14/4670, S. 17.

zu leisten. Dies ist auch der Grund, weswegen sie im Vergleich zur weitreichenderen EAÜ landläufig als „kleine Fußfessel“[145] bezeichnet wird.

Ebenso gestaltet sich auch die Hardware, allein bereits aufgrund des fehlenden GPS-Trackers am Band der „elektronischen Fußfessel“, um einiges zierlicher als bei der Methode der elektronischen Aufenthaltsüberwachung, da die „kleine Fußfessel“ in Form eines Fußbandes mit entsprechendem Tracker grundsätzlich unter einem Gewicht von 170 g liegt.[146]

c) HZD und GÜL

Die durch die elektronische Aufenthaltsüberwachung bzw. elektronische Präsenzkontrolle gesammelten Informationen und Daten werden sodann jeweils der zuständigen Stelle übermittelt und entsprechend (je nach Bedarfsfall) ausgewertet. Diese zuständigen Stellen sind zum einen die HZD, die Hessische Zentralstelle für Datenverarbeitung, und zum anderen die GÜL, die Gemeinsame elektronische Überwachungsstelle der Länder.

Als Landesbetrieb gemäß § 26 der Landeshaushaltsordnung Hessen übernimmt die Hessische Zentralstelle für Datenverarbeitung (HZD) im Grunde jegliche informationstechnologischen sowie kommunikationstechnischen Aufgabenbereiche für das Bundesland Hessen, was sich auf unterschiedliche Abteilungen wie bspw. Rechenzentrum, Produkte oder Verfahren der Justiz unterteilt.[147] Die Abteilung J, Verfahren der Justiz, widmet sich dabei im Rahmen eines Dezernats u. a. auch der Elektronischen Aufenthaltsüberwachung, EAÜ.[148] Hierbei unterstützt die HZD die von Seiten der Länder erschaffene Gemeinsame elektronische Überwachungsstelle der Länder (GÜL) insbesondere bei der Erhebung und Verarbeitung von entsprechenden, die elektronische Aufenthaltsüberwachung betreffenden, Daten.[149]

Die GÜL ihrerseits, also die Gemeinsame elektronische Überwachungsstelle der Länder mit derzeitigem Sitz in der Justizvollzugsanstalt Weiterstadt, wurde durch Staatsvertrag der Länder Baden-Württemberg, Bayern, Hessen und Nordrhein-Westfalen gegründet und ist mittlerweile von fast allen weiteren

---

[145] *Flade*, Was bringt die elektronische Fußfessel?, 2020.
[146] Vgl. BVerfG, Beschl. v. 01.12.2020 – 2 BvR 916/11, 2 BvR 636/12, Rn.: 138.
[147] Vgl. Hessische Zentrale für Datenverarbeitung, Organisationsplan HZD, 2021.
[148] Vgl. Hessische Zentrale für Datenverarbeitung, Organisationsplan HZD, 2021.
[149] Vgl. Art. 1 Abs. 2, Art. 3 Abs. 4 des Staatsvertrages über die Errichtung einer Gemeinsamen elektronischen Überwachungsstelle der Länder.

Bundesländern entsprechend ratifiziert worden. Mit dieser, vormals gemäß Staatsvertrag (Art. 1 Abs. 2) in Bad Vilbel ansässigen, Institution sollte eine gemeinsame Einrichtung geschaffen werden, in der alle Informationen gebündelt zusammenlaufen und die technisch in der Lage ist die entsprechenden Daten sachgerecht zu verarbeiten.[150] Gemäß Art. 1 Abs. 1 des Staatsvertrages nimmt die GÜL einzelne Aufgaben der elektronischen Aufenthaltsüberwachung, insbesondere im Rahmen der Führungsaufsicht, wahr. Jedoch erweitert Art. 4 des Staatsvertrages diesen Anwendungsbereich dahingehend, dass auch Fälle der elektronischen Präsenzkontrolle in den Zuständigkeitsbereich der Gemeinsamen elektronischen Überwachungsstelle der Länder fallen.

Die HZD wie auch die GÜL sind deshalb unentbehrliche Bestandteile für die entsprechende Handhabe der elektronischen Überwachung der Länder, da diese sonst schlicht nicht in der Lage wären diese technischen sowie praktischen Voraussetzungen für eine reibungslos funktionierende elektronische Überwachung zu bieten.[151]

2. Bisherige Einsatzgebiete

Elektronische Überwachung wird seit ihrer erstmaligen Einführung im Jahre 2000 im Rahmen des hessischen Modellprojekts in Deutschland mittlerweile in acht verschiedenen Bereichen eingesetzt, wobei eine nicht ausnahmslos repressive – und damit verbunden strafvollstreckungstechnische – Anwendung stattfindet, sondern bereits auch schon in Teilen präventive Einsatzgebiete umfasst sind. Dabei regelte zu Beginn der Staatsvertrag über die Einrichtung einer Gemeinsamen elektronischen Überwachungsstelle der Länder die ersten Anwendungsgebiete, in denen der Einsatz elektronischer Überwachung in Deutschland zunächst in Betracht kam. Auch die Wissenschaft hat sich bisweilen mit vielen dieser Anwendungsgebiete auseinandergesetzt, auch indem einige bereits sehr ausführlich aufgearbeitet wurden, allen voran beispielsweise die elektronische Aufenthaltsüberwachung im Rahmen der Führungsaufsicht.[152] Nichtsdestotrotz bedarf es aus Sicht des Verfassers im

---

150 Vgl. Präambel des Staatsvertrages über die Errichtung einer Gemeinsamen elektronischen Überwachungsstelle der Länder.

151 Vgl. Harders, 2014, S. 89.

152 U. a. Harders, 2014, S. 102, 104, 116, 119, 120; Bräuchle, 2016, S. 27 ff.; *Kinzig*, NStZ 8/2021, S. 467, 468; *Brauneisen*, Strafverteidiger 5/2011, S. 312 ff.; *Haverkamp/Schwedler/Wößner*, Neue Kriminalpolitik 2/2012, S. 62 ff.

Rahmen einer Gesamtkonzeption und der gegenständlichen Untersuchung einer vorangehenden Darstellung bisherige Einsatzgebiete elektronischer Überwachung, da diese die Ausgangs- und Anknüpfungspunkte dafür darstellen, um erweiterte Sicherungsmöglichkeiten, basierend auf den bereits Bestehenden, untersuchen zu können.

a) Weisung im Rahmen der Strafaussetzung und Strafrestaussetzung zur Bewährung, §§ 56c, 57, 57a StGB

Bereits zur Zeit der erstmaligen Einführung elektronischer Überwachung in Deutschland durch das Bundesland Hessen war es, wie auch heute noch, de lege lata möglich, elektronische Überwachung als Weisung im Rahmen der Strafaussetzung zur Bewährung gemäß § 56c StGB anzuordnen, insbesondere, da § 56c Abs. 2 Nr. 1 StGB dem Gericht gestattet Weisungen zu treffen, welche sich u. a. auf den Aufenthalt des Verurteilten beziehen.[153]

Dadurch, dass eine Änderung bzw. Neuschaffung einer gesetzlichen Grundlage für diese Form elektronischer Überwachung von Straffälligen nicht erforderlich war, stellte dieser Bereich im hessischen Modellprojekt die höchsten Anwendungszahlen.[154] Den Gerichten ist es somit, trotz in § 56c StGB fehlender ausdrücklicher Normierung elektronischer Überwachung als Weisung im Rahmen der Strafaussetzung zur Bewährung, grundsätzlich möglich, eine solche Weisung zu erteilen.[155] Jedoch besteht hierbei die Besonderheit, dass § 56c Abs. 1 StGB normiert, dass Weisungen nur erteilt werden dürfen, wenn der Verurteilte dieser Hilfe bedarf um keine Straftaten mehr zu begehen. Insoweit verlangt auch die elektronische Überwachung als Bewährungsweisung, jedenfalls bei Anordnung einer solchen Weisung, die Aussicht darauf, durch diese zur Resozialisierung des Verurteilten beizutragen.[156] Sofern dies nicht der Fall wäre oder nicht in Aussicht gestellt werden könnte, wäre eine entsprechende Weisung unzulässig und – insbesondere – verfassungswidrig.[157] Dies bedeutet wiederum für die elekt-

---

153 Vgl. *Groß/Kett-Straub* in: MüKo StGB, § 56c, Rn.: 36.

154 *Fünfsinn* in: Müller/Sander/Válková, 2009, S. 697; Harders, 2014, S. 109; *Albrecht/Arnold/Schädler*, Zeitschrift für Rechtspolitik 11/2000, S. 467.

155 Vgl. *Groß/Kett-Straub* in: MüKo StGB, § 56c, Rn.: 36.

156 *Fünfsinn* in: Müller/Sander/Válková, 2009, S. 697; Harders, 2014, S. 105; *Groß/Kett-Straub* in: MüKo StGB, § 56c, Rn.: 5–7, 36.

157 BVerfG, Beschl. v. 21.04.1993 – 2 BvR 930/92; NJW 1993, 3315 (3315).

ronische Überwachung als Weisung im Rahmen der Strafaussetzung zur Bewährung, dass die elektronische Fußfessel nicht lediglich zur „Sicherung oder Überwachung“[158] angeordnet werden kann, sondern stets eine dem § 56c Abs. 1, S. 1 StGB entsprechende Zwecksetzung verfolgen muss, was den Anwendungsbereich im Vergleich zu reinen Überwachungsmaßnahmen entsprechend eingrenzen dürfte.

Die Frage, ob sich eine Weisung im Hinblick auf deren Unzumutbarkeit (vgl. § 56c Abs. 1, S. 2 StGB) oder deren grundrechtsverletzenden Charakter noch im allgemein erträglichen Rahmen bewegt, wird dabei durch den Ausgleichsmechanismus der Einwilligung seitens des Verurteilten gesteuert.[159] Zwar spricht lediglich § 56c Abs. 3 StGB davon, dass die dort genannten Weisungen nur mit der Einwilligung des Verurteilten ergehen dürfen. Dies schließt jedoch im Rahmen einer Gesamtbewertung der Intensität anderer Weisungen, z. B. solcher des § 56c Abs. 2 StGB, nicht aus, dass diese nicht auch bei fraglicher Zumutbarkeit der Maßnahme einer solchen Einwilligung bedürfen.[160] Da aber die Zumutbarkeit sowie selbst die Verfassungsmäßigkeit der Fußfessel seit jeher einer Kontroverse unterliegen – vgl. allein den BVerfG-Beschluss vom 1. Dezember 2020 – wird auch im Fall der elektronischen Überwachung als Weisung im Rahmen der Strafaussetzung zur Bewährung eine solche Einwilligung als Voraussetzung angesehen.[161]

Im Rahmen der Strafrestaussetzung gemäß § 57 StGB bei zeitigen respektive § 57a StGB bei lebenslangen Freiheitsstrafen gelten indes aufgrund des jeweiligen Verweises auf § 56c StGB – vgl. § 57 Abs. 3 bzw. § 57a Abs. 3 StGB – die Ausführungen entsprechend, da durch den Verweis auch in diesen

158 *Groß/Kett-Straub* in: MüKo StGB, § 56c, Rn.: 7.

159 *Groß/Kett-Straub* in: MüKo StGB, § 56c, Rn.: 16.

160 *Groß/Kett-Straub* in: MüKo StGB, § 56c, Rn.: 16.

161 Haverkamp, 2002a, S. 196 ff.; Mayer, 2004, S. 35; *Fünfsinn* in: Müller/Sander/Válková, 2009, S. 697; a.A. *Groß/Kett-Straub* in: MüKo StGB, § 56c, Rn.: 36, wonach es einer formellen Einwilligung nicht bedürfe, was jedoch kritisch zu sehen ist, da hier insoweit argumentativ auf die Möglichkeit einer einwilligungsunabhängigen Weisung elektronischer Aufenthaltsüberwachung gemäß § 68b Abs. 1 Nr. 12 StGB verwiesen wird, welche jedoch aus Gefährlichkeitsgesichtspunkten reine Überwachungszwecke verfolgt, was im Rahmen einer Weisung aus § 56c StGB gerade nicht der Fall ist und es darüber hinaus § 68b StGB bereits einer dem § 56c Abs. 1, S. 1 StGB entsprechenden Begrenzung ermangelt.

Fällen die elektronische Überwachung im Rahmen der identischen Weisung nach § 56c StGB angeordnet werden kann.

b) Aussetzung des Vollzuges der Untersuchungshaft, § 116 StPO

Betrachtet man die Gesetzeslage, so bot, ebenso wie die Weisung im Rahmen der Strafaussetzung zur Bewährung, auch die Aussetzung des Vollzuges der Untersuchungshaft gemäß § 116 StPO von Beginn an – also wiederum de lege lata – die Möglichkeit, elektronische Überwachung anhand der bestehenden gesetzlichen Regelungen einzusetzen. Insoweit normiert nämlich § 116 StPO, in seiner heute wie zur Zeit der Einführung elektronischer Überwachung bestehenden Fassung, die Aussetzung des Vollzuges eines Untersuchungs-Haftbefehls und somit der daraus folgenden Untersuchungshaft im Rahmen der dort – zumindest im Hinblick auf § 116 Abs. 1 StPO nicht abschließend –[162] genannten Fälle. Zwar wird teilweise erwogen, im Falle des Einsatzes elektronischer Überwachung zur Aussetzung des Vollzuges der Untersuchungshaft, eine solche Maßnahme mit solchen des Katalogs aus § 116 Abs. 1 StPO zu kombinieren.[163] Jedoch wird die Maßnahme der elektronischen Überwachung nicht unter eine der Katalogmaßnahmen aus § 116 Abs. 1, Nr. 1–4 StPO gefasst, sondern vielmehr als unbenannte Maßnahme aufgrund des nicht abschließenden Charakters des Katalogs aus § 116 Abs. 1 StPO eingeordnet.[164] Die Tatsache aber, dass die Maßnahme der elektronischen Überwachung eine unbenannte Maßnahme i. S. d. § 116 Abs. 1 StPO darstellt, führt konsequenterweise auch dazu, dass deren Anwendung lediglich für den dort genannten Haftgrund der Fluchtgefahr gilt. Dies bedingt bereits die Plausibilität, da diese Maßnahme im Rahmen der restlichen Haftgründe unpraktikabel bzw. wirkungslos erschiene.[165]

Im Gegensatz aber zur elektronischen Überwachung im Rahmen einer Bewährungsweisung wird bei der Aussetzung des Vollzuges der Untersuchungshaft durch die Anwendung elektronischer Überwachung eine

---

[162] *Graf* in: KK-StPO, § 116, Rn.: 12.

[163] *Hilger* in: Löwe-Rosenberg, § 116, Rn.: 23.

[164] Vgl. *Paeffgen* in: SK-StPO, § 116, Rn.: 15, 15b; *Graf* in: KK-StPO, § 116, Rn.: 12; *Hilger* in: Löwe-Rosenberg, § 116, Rn.: 23; *Fünfsinn* in: Fahl/Müller/Satzger/Swoboda, 2015, S. 1131.

[165] Vgl. z. B. Harders, 2014, S. 116–119, welcher die Sinnhaftigkeit elektronischer Überwachung im Rahmen der Aussetzung des Vollzuges der Untersuchungshaft generell für nicht gegeben erachtet.

Einwilligung des dringend Tatverdächtigen nicht explizit erwähnt und auch in der Wissenschaft jedenfalls nicht explizit – bzw. nicht wie im Rahmen der Bewährungsweisung – gefordert. Dies ist insoweit nachvollziehbar, als § 116 StPO – anders als bspw. § 56c Abs. 3 StGB – zu keinem Zeitpunkt die Möglichkeit einer Einwilligung zur Disposition stellt. Auch Sinn und Zweck der Untersuchungshaft bzw. ihr gleichgearteter Alternativen im Hinblick auf die Verfahrenssicherung, also die Gewährleistung der Durchführung des staatlichen Strafverfahrens und Strafanspruchs,[166] dürften hier, im Gegensatz zum bereits Verurteilten, bei welchem es keiner Verfahrenssicherung mehr bedarf, ebenfalls eine explizite Einwilligung nicht zwingend erfordern. Dies wird auch dadurch untermauert, als eine Aussetzung des Vollzuges der Untersuchungshaft im Rahmen des § 116 Abs. 1 StPO grundsätzlich – insbesondere im Hinblick auf den immerwährenden Verhältnismäßigkeitsgrundsatz – für den Richter obligatorisch ist, was bereits anhand der Gesetzestextformulierung, auch im Vergleich zu § 116 Abs. 2 StPO („kann"), deutlich wird.[167]

Der Staatsvertrag über die Einrichtung einer Gemeinsamen elektronischen Überwachungsstelle der Länder (GÜL) formuliert hierzu in dessen Art. 2, S. 1 lediglich, dass eine solche Einwilligung gegebenenfalls erforderlich, mithin also einzuholen, wäre. Deshalb lässt sich ebenso fragen, ob eine Einwilligung, soweit eine solche bei einem Verurteilten vorausgesetzt wird, nicht erst recht auch bei einem Unschuldigen – denn bis zum rechtskräftigen Urteil gilt die Unschuldsvermutung gemäß Art. 6 Abs. 2 EMRK –[168] verlangt werden sollte. Die Sicherung des Strafverfahrens dürfte dabei nicht zur Begründung einer nicht erforderlichen Einwilligung ausreichen, denn die Alternative zur weniger einschneidenden Maßnahme der elektronischen Überwachung wäre die deutlich einschneidendere Maßnahme des Vollzuges der Untersuchungshaft, deren Zweck jedoch derselbe wäre.

Betrachtet man zusätzlich die im Rahmen der Aussetzung des Vollzuges der Untersuchungshaft eingesetzte Technik elektronischer Überwachung, so beschränkt sich diese lediglich bisweilen auf den Einsatz der elektronischen Präsenzkontrolle (EPK), mithin also der „kleinen" Fußfessel.[169]

---

[166] *Böhm/Werner* in: MüKo, § 112, Rn.: 2.

[167] *Graf* in: KK-StPO, § 116, Rn.: 1.

[168] Vgl. auch *Böhm/Werner* in: MüKo, § 112, Rn.: 4.

[169] *Fünfsinn* in: Fahl/Müller/Satzger/Swoboda, 2015, S. 1133–1135; vgl. ebenda, S. 1137–1139, wonach selbiger Verfasser sich gleichzeitig mit der Frage auseinandersetzt, ob

c) Gnadenerweise

Im Rahmen des Staatsvertrages über die Einrichtung einer gemeinsamen elektronischen Überwachungsstelle der Länder wurde darüber hinaus in dessen Art. 2 die Möglichkeit normiert, elektronische Überwachung in Fällen sogenannter Gnadenerweise anzuwenden. § 452 StPO räumt hierzu im Bereich von Verfahren des ersten Rechtszuges auf Bundesebene grundsätzlich dem Bund das Recht zur Begnadigung ein, in allen übrigen Fällen den Ländern. Da solche erstinstanzlichen Verfahren auf Bundesebene nur solche sind, bei denen Gerichte der Länder gemäß Art. 96 Abs. 5 GG aufgrund Bundesgesetzes die Gerichtsbarkeit des Bundes ausüben, beschränkt sich dies aufgrund des als Bundesgesetz erlassenen Gerichtsverfassungsgesetzes und dessen § 120 Abs. 6 GVG i. V. m. § 142a GVG nur auf Staatsschutzdelikte, vgl. Art. 96 Abs. 5, Nr. 5 GG. Im Übrigen obliegt die Zuständigkeit für das Gnadenwesen also den Ländern, welche dies grundsätzlich im Rahmen von Gnadenordnungen regeln.[170]

Die hessische Gnadenordnung verweist in dessen § 19 Abs. 1 HGnO dabei u. a. auf die §§ 56b, 56c und 56d Abs. 1 des Strafgesetzbuches, da auch in der sogenannten Bewährungszeit im Rahmen einer Gnadenentscheidung Auflagen und Weisungen durch die Gnadenbehörde erteilt werden können. Dies dürfte auch die Schnittstelle für elektronische Überwachung im Rahmen der Gnadenerweise darstellen.[171] Für die elektronische Überwachung im Rahmen des Gnadenerweises gelten somit dieselben Voraussetzungen wie für die elektronische Überwachung als Weisung im Rahmen der Strafaussetzung zur Bewährung.[172]

Betrachtet man jedoch die Anwendungszahlen solcher Gnadenerweise, gleich ob auf Bundes- oder Landesebene, so verwundert es nicht, dass

---

nicht die weitaus eingriffsintensivere Maßnahme der Elektronischen Aufenthaltsüberwachung (EAÜ) ebenfalls im Rahmen der Aussetzung des Vollzuges der Untersuchungshaft eingesetzt werden könne, was dieser im Ergebnis grundsätzlich bejaht (1139); a.A. Harders, 2014, S. 116, welcher bereits den Einsatz des „elektronisch überwachten Hausarrestes" (gemeint ist die elektronische Präsenzkontrolle) im Rahmen der Untersuchungshaftvermeidung für fraglich hält.

[170] Vgl. z. B. HGnO, GnO NW, BayGnO etc.

[171] Vgl. Mayer, 2004, S. 39, der insoweit auch mangels entsprechender wissenschaftlicher Quellen für elektronische Überwachung i. R. d. Gnadenerweisungen von ähnlichen Bedingungen ausgeht wie im Rahmen des § 56c StGB.

[172] Vgl. deshalb B.III.2.a).

elektronische Überwachung im Bereich solcher Gnadenerweise in wissenschaftlichen Quellen wenig bis keinen Eingang findet. So ist auf Bundesebene, gemessen an den Gnadenentscheidungen der Bundespräsidenten der Jahre 1974 bis 2017, ein deutlicher Rückgang dieser erkennbar, von nämlich 301 solcher Gnadenentscheidungen unter Bundespräsident Walter Scheel (1974–1979) hin zu lediglich elf unter Bundespräsident Joachim Gauck (2012–2017), wobei Gnadenentscheidungen in diesem Fall neben Stattgaben auch Zurückweisungen einschließen dürften.[173] Doch auch in Hessen, und damit auf Länderebene, stellen Gnadensachen eher die Ausnahme dar, wobei hier zwischen Entscheidungen des Ministerpräsidenten als Gnadenbehörde selbst[174] und anderen Stellen, auf welche die Befugnis, in Gnadensachen zu entscheiden, durch den Ministerpräsidenten übertragen werden kann, zu unterscheiden ist, vgl. § 1 Abs. 1 HGnO i. V. m. Art. 109 Abs. 1 und 2 HV. Grundsätzlich steht nämlich dem Ministerpräsidenten das Recht der Begnadigung zu (vgl. § 1 Abs. 1 HGnO), Gnadenbehörde ist jedoch gemäß § 3 Abs. 1 HGnO die Leiterin oder der Leiter der Staatsanwaltschaft des Bezirks, in dem die Entscheidung im ersten Rechtszug ergangen ist (Ausnahme bei Entscheidungen des OLG im ersten Rechtszug, dann ist es die Leiterin oder der Leiter der Generalstaatsanwaltschaft). Der Ministerpräsident hatte zwischen 2015 und 2019 in Hessen lediglich fünf gestellte Gnadenersuche zu entscheiden, wovon sich zwei erledigten und drei ablehnend beschieden wurden.[175] In deutlich höherer, aber dennoch überschaubarer und abnehmender Fallzahl, stellten sich die übrigen Entscheidungen über Gnadenerweise dar. Diese beliefen sich nach der durch das hessische Justizministerium (HMdJ) erfassten Fallzahlen solcher Gnadenentscheidungen zuletzt im Jahr 2020 auf 220.[176] Im Vergleich hierzu standen im Jahre 2007 noch 515 solcher Entscheidungen an, woraufhin jedoch ein stetiger Rückgang zu verzeichnen war, welcher sich auch in der

---

[173] Bundespräsidialamt, Statistik: Anzahl der Gnadenentscheidungen von Bundespräsidenten in den Jahren von 1974 bis 2017, 2021.

[174] Vgl. hierzu Erlass des Ministerpräsidenten über die Ausübung des Gnadenrechts vom 7. Dezember 2009, wonach dieser sich gemäß I. Nr. 1 und 2 Gnadenentscheidungen insbesondere bei lebenslangen Freiheitsstrafen sowie solcher über fünf Jahren, sofern diese durch das OLG im ersten Rechtszug verhängt wurden, vorbehält.

[175] Vgl. Hessen LT-Drucks.20/2563, S. 1.

[176] HJMBl. 2021, S. 219.

jüngsten Fallzahl widerspiegelt.[177] Zu beachten ist hierbei zusätzlich, dass die Erfassung dieser Zahlen durch das HMdJ sowohl stattgebende, als auch ablehnenden und erledigte Entscheidungen betrifft.

Dementsprechend stellt die elektronische Überwachung im Rahmen von Gnadenerweisen eine viel zu geringe bis fast nicht relevante Anwendungsmöglichkeit dar, da insoweit natürlich auch zu beachten ist, dass zwar die Möglichkeit des Einsatzes entsprechend dem Staatsvertrag der GÜL per se bestünde, allein die Anwendungszahlen von Begnadigungen aber derart gering sind, dass – bedenkt man, dass nicht jeder Gnadenerweis zwangsläufig auch mit einer elektronischen Überwachung einhergehen würde – dieses Anwendungsgebiet wohl eher unbedeutend ist.

d) Im Rahmen der Führungsaufsicht

Elektronische Überwachung im Rahmen der Führungsaufsicht dürfte bislang das meist untersuchteste Anwendungsgebiet elektronischer Überwachung darstellen, was überwiegend auf dessen Entstehungsgeschichte im Hinblick auf die Einführung des „Gesetzes zur Neuordnung des Rechts der Sicherungsverwahrung und zu begleitenden Regelungen" zurückzuführen sein dürfte. Anders als im Rahmen der Führungsaufsicht haben die übrigen Anwendungsgebiete einer solch „eiligen" und auch turbulenten Einführung jedenfalls nicht in gleichem Maße entgegengesehen.[178]

Elektronische Überwachung im Rahmen der Führungsaufsicht ist jedoch, ähnlich wie im Rahmen der Straf- bzw. Strafrestaussetzung zur Bewährung, ebenfalls als Weisung ausgestaltet, welche in § 68b Abs. 1, S. 1, Nr. 12 StGB normiert ist. Anders jedoch als im Rahmen des § 56c StGB oder des § 116 StPO, wo die Weisung eine unbenannte Weisung ist, findet sich in § 68b Abs. 1, S. 1, Nr. 12 StGB eine explizite Gesetzesformulierung, wonach das Gericht die verurteilte Person für die Dauer der Führungsaufsicht oder für eine kürzere Zeit anweisen kann, „die für eine elektronische Überwachung ihres Aufenthaltsortes erforderlichen technischen Mittel ständig in betriebsbereitem Zustand bei sich zu führen und deren Funktionsfähigkeit

177 HJMBl. 2010, S. 254, 2012, S. 282, 2013, S. 646, 2016, S. 445, 2018, S. 242, 2019, S. 442, 2020, S. 353, 2021, S. 219.

178 Vgl. zur Einführung B.II.2.g); vgl. auch *Brauneisen*, Strafverteidiger 5/2011, S. 311; Kaiser, 2015, S. 1; Mandera, 2014, S. 1.

nicht zu beeinträchtigen".[179] Wie bereits der Staatsvertrag über die GÜL in seiner Präambel vorsieht, handelt es sich bei der elektronischen Aufenthaltsüberwachung um eine Maßnahme der Führungsaufsicht, was bedeutet, dass die angewandte Technik im Rahmen der Führungsaufsicht diejenige der EAÜ ist, mithin also die GPS-basierte Aufenthaltsüberwachung mit der Möglichkeit, die unter Überwachung stehende Person punktgenau zu orten.[180] Auch wenn besagter Staatsvertrag die Möglichkeit vorsieht, die EAÜ auf andere Bereiche wie beispielsweise die U-Haft Vermeidung, die Bewährungsweisung oder den Gnadenerweis auszuweiten, so blieb die Praxis jedoch dabei die EAÜ zunächst nur, aber auch notwendigerweise,[181] im Bereich der Führungsaufsicht anzuwenden.[182] Dies insbesondere deshalb, da den im Rahmen der Führungsaufsicht avisierten Zweck der gewollten punktgenauen Standort-Ortung der entsprechenden Person nur die auf GPS basierende Überwachung erfüllen konnte, eine auf Radiofrequenztechnik ausgerichtete Überwachung demnach schon nicht sachdienlich gewesen wäre.[183]

Anders jedoch als die in § 68b Abs. 1, S. 1 Nr. 1–11 StGB normierten Weisungen kann eine Weisung nach § 68b Abs. 1, S. 1, Nr. 12 StGB nur unter den in § 68b Abs. 1, S. 3–5 StGB genannten Voraussetzungen erteilt werden, wobei die unter Satz 3 Nr. 1–4 genannten Voraussetzungen kumulativ („und") vorzuliegen haben. Danach darf die elektronische Aufenthaltsüberwachung nur angewiesen werden, wenn die Führungsaufsicht auf Grund der vollständigen Vollstreckung einer Freiheitsstrafe oder Gesamtfreiheitsstrafe von mindestens drei Jahren oder auf Grund einer erledigten Maßregel eingetreten ist (Nr. 1), die Freiheitsstrafe oder Gesamtfreiheitsstrafe oder die Unterbringung wegen einer oder mehrerer Straftaten der in § 66 Abs. 3, S. 1 StGB genannten Art verhängt oder angeordnet wurde (Nr. 2), die Gefahr besteht, dass die verurteilte Person weitere Straftaten der in § 66

---

179 Vgl. Kaiser, 2015, S. 1, wonach § 68b Abs. 1, S. 1, Nr. 12 StGB die erste explizite Normierung einer Art von elektronischer Überwachung war.

180 Vgl. B.III.1.a).

181 Notwendigerweise, da die unüberwachte Freilassung sicherungsverwahrter und meist akut gefährlicher bzw. rückfallgefährdeter Häftlinge unter allen Umständen vermieden werden sollte, vgl. z. B. Mandera, 2014, S. 1.

182 Vgl. Bräuchle, 2016, S. 23.

183 BT-Drucks. 17/3403.

Abs. 3, S. 1 StGB genannten Art begehen wird (Nr. 3) und die Weisung erforderlich erscheint, um die verurteilte Person durch die Möglichkeit der Datenverwendung nach § 463a Abs. 4, S. 2 StPO, insbesondere durch die Überwachung der Erfüllung einer nach Satz 1 Nummer 1 oder 12 auferlegten Weisung, von der Begehung weiterer Straftaten der in §§ 66 Abs. 3, S. 1 StGB genannten Art abzuhalten (Nr. 4). Insoweit beschränkt sich diese Weisungserteilung also zunächst auf Staatsschutzdelikte sowie Sexual- und Gewaltstraftaten und unterliegt zudem den geschilderten formellen respektive materiellen Voraussetzungen.[184] Per Gesetzentwurf[185] vom 14. Februar 2017 wurde sodann angeregt, den Anwendungskatalog des § 68b Abs. 1, S. 1 Nr. 12 StGB dergestalt zu erweitern, dass nunmehr auch staatsgefährdende Straftaten in Form von schweren Vergehen – nicht mehr nur wie zuvor Verbrechen – als Anlasstat ausreichen, um die Weisung elektronischer Aufenthaltsüberwachung anzuordnen. Der durch Änderungsgesetz[186] vom 11. Juni 2017 u. a. eingefügte § 68b Abs. 1, S. 5 StGB regelt nunmehr genau dies.

Eine Einwilligung des Probanden ist im Falle der Anwendung einer solchen Weisung im Rahmen des § 68b Abs. 1, S. 1, Nr. 12 StGB jedoch nicht erforderlich, sodass eine solche Weisung also auch gegen den Willen des Betroffenen ergehen kann, anders als bspw. im Rahmen einer Bewährungsweisung.[187] Begründet wird dies insbesondere mit dem fehlenden freiheitsbeschränkenden Charakter oder dem fehlenden Eingriff in die persönliche Lebensführung aber auch körperliche Unversehrtheit durch eine solche Weisung.[188]

---

184 Vgl. hierzu Kaiser, 2015, S. 99 ff., welche die normierten Voraussetzungen noch einmal genau darlegt.

185 BT-Drucks. 18/11162, S. 1 ff.

186 BGBl. I, 37/2017.

187 *Kinzig* in: Schönke/Schröder, § 68b, Rn.: 14c.

188 BT-Drucks. 17/3403, S. 39; Vgl. auch *Groß/Ruderich* in: MüKo StGB, § 68b, Rn.: 25d, wonach die elektronische Aufenthaltsüberwachung keine freiheitsentziehende Weisung sowie keinen Eingriff in die körperliche Integrität darstellt und deshalb eine solche Weisung keiner Einwilligung bedarf. Aus Sicht des Verfassers dürfte diese Argumentation jedoch zu kurz greifen, da diese sich insbesondere nur auf die im Gesetzentwurf (BT-Drucks. 17/3403) angeführte Begründung zurückzieht, ohne sich mit gegenteiligen Positionen auseinanderzusetzen; vgl. auch Harders, 2014, S. 119, 78–80, welcher (in diesem Fall beim „elektronisch überwachten Hausarrest") einen freiheitsentziehenden Charakter bejaht.

Des Weiteren gibt es Fälle elektronischer Aufenthaltsüberwachung im Rahmen der Führungsaufsicht, welche nicht unter § 68b Abs. 1, S. 1, Nr. 12 StGB fallen. So sieht der Staatsvertrag über die GÜL ebenso vor, elektronische Aufenthaltsüberwachung in Fällen jenseits solcher Weisungen im Rahmen des § 68b Abs. 1, S. 1, Nr. 12 StGB einsetzen zu können.[189] Da es sich hierbei bereits systematisch nicht um andere Deliktsarten handeln kann – da die §§ 68 ff. StGB die allgemeinen Vorschriften im Rahmen der Führungsaufsicht darstellen – können damit lediglich solche anderen Fälle als die des § 68b Abs. 1, S. 1, Nr. 12 StGB gemeint sein, welche nicht bereits durch selbige Vorschrift erfasst werden. In Betracht kämen hier im Umkehrschluss lediglich solche, die nicht mit einer genauen Ortung des Aufenthaltsortes verbunden sind. Insoweit handelt es sich konsequenterweise um das Anwendungsgebiet der Elektronischen Präsenzkontrolle, was aber mit der Formulierung im Staatsvertrag nicht kongruent wäre. Vielmehr ist deshalb davon auszugehen, dass die Formulierung der „Elektronischen Aufenthaltsüberwachung" als Synonym für die Elektronische Überwachung per se verstanden werden soll und die begriffliche (und auch technische) Abgrenzung[190] nicht entsprechend genau ausdifferenziert wurde, was im Ergebnis dazu führen würde, dass mit Fällen der elektronischen Aufenthaltsüberwachung außerhalb des Anwendungsgebietes des § 68b Abs. 1, S. 1, Nr. 12 StGB nur noch solche Fälle der Elektronischen Präsenzkontrolle gemeint sein können.

e) Vollzugslockerung bzw. Entlassungsvorbereitung im (Jugend-) Strafvollzug

Wie bereits in Kapitel B.II.2.f) angerissen, besteht ein weiteres Anwendungsgebiet Elektronischer Überwachung im Rahmen des Strafvollzugs,[191] konkret im Hinblick auf Lockerungsmöglichkeiten im Bereich der Entlassungsvorbereitung[192] sowie vollzugsöffnender Maßnahmen.[193] Zur Vermeidung von Wiederholungen sei an dieser Stelle zunächst auf diesen Abschnitt verwiesen. Die Entlassungsvorbereitung spielte hierbei jedoch die entscheidende Rolle,

---

[189] Vgl. II. der Präambel zum Staatsvertrag über die Einrichtung einer gemeinsamen elektronischen Überwachungsstelle der Länder.

[190] S. hier B.III.1 a) und b).

[191] *Dünkel/Thiele/Treig* in: Dünkel/Thiele/Treig, 2017, S. 16, 17.

[192] Vgl. z. B. § 16 Abs. 3 HJStVollzG oder § 16 Abs. 3 HStVollzG.

[193] Vgl. z. B. § 53 Abs. 4 StVollzG NRW.

konnte in Hessen nämlich aufgrund von § 16 Abs. 3, S. 3 HJStVollzG, bzw. später in selbigem Paragraph im HStVollzG, die Gewährung einer Freistellung aus der Haft zur Entlassungsvorbereitung durch den Einsatz elektronischer Überwachungssysteme unterstützt werden. Anders als in den bisherigen Anwendungsgebieten wurde dort von Beginn an explizit mitgeregelt, dass eine Anwendung der „elektronischen Fußfessel" (vgl. § 16 Abs. 3, S. 3 H(J) StVollzG) ausschließlich mit Einwilligung des Häftlings durchgeführt werden darf. Praktische Bedeutung kam diesem Anwendungsgebiet aber bis zum Jahre 2015 so gut wie nicht zu, waren die Anwendungszahlen anfänglich äußerst gering.[194] Dies lag nicht zuletzt daran, dass neben Hessen anfangs lediglich Sachsen-Anhalt eine Regelung zur elektronischen Überwachung in dessen StVollzG aufnahm,[195] diese Möglichkeit im Ergebnis jedoch unausgeschöpft blieb.[196] Bis zum gegenwärtigen Zeitpunkt hat sich diese Situation auch weitestgehend nicht verändert, da nunmehr neben Hessen und Sachsen-Anhalt lediglich Nordrhein-Westfalen per Änderungsgesetz[197] vom 7. April 2017, in Kraft getreten zum 1. September 2017, im Rahmen dessen § 53 Abs. 4 bzw. § 55 Abs. 2 i. V. m. § 53 Abs. 4 StVollzG NRW die Möglichkeit geschaffen hat, im Bereich von vollzugsöffnenden Maßnahmen elektronische Überwachung aufzugeben um einer möglichen Flucht des sich im offenen Vollzug befindenden Häftlings vorzubeugen. Indes dürfte diese Entwicklung aber auch widerspiegeln, dass die bereits durch *Dünkel/Thiele/Treig* angenommene fehlende Relevanz dieses Anwendungsgebietes bis heute fortdauert, da andernfalls grundsätzlich davon auszugehen sein dürfte, dass weitaus mehr Bundesländer von der Möglichkeit, elektronische Überwachung in ihren Strafvollzugsgesetzen zu verankern, Gebrauch gemacht hätten und machen würden.[198]

---

194 *Dünkel/Thiele/Treig* in: Dünkel/Thiele/Treig, 2017, S. 66, wobei anzumerken ist, dass die Verfasser hier von nur zwei Fällen seit dem Jahre 2000 bis zum Jahre 2015 berichten, indes jedoch unbeachtet lassen, dass die erste gesetzlich normierte Grundlage für solch eine Anwendung erst zum 01.01.2008 (vgl. B.II.2.f)) in Kraft trat, und auch Hessen zu Beginn (neben dem Modellprojekt aus BW) das einzige Bundesland war, welches eine solche Anwendung forcierte, wie die Verfasser zu Recht feststellten (vgl. ebenda S. 20).

195 § 45 Abs. 9 JVollzGB I LSA, welcher sich sogar auf die Vollzugslockerung bezieht.

196 *Dünkel/Thiele/Treig* in: Dünkel/Thiele/Treig, 2017, S. 45.

197 GV NRW 2017, S. 511.

198 Dies insbesondere auch vor dem Hintergrund, dass ihnen hierfür die nötige Gesetzgebungskompetenz zukommt, vgl. B.II.2.d).

f) Zur Abwehr von Gefahren des internationalen Terrorismus, § 56 BKAG

Als erste präventive Regelung im Rahmen der deutschen Rechtsordnung erlaubt der zum 1. Juni 2017 neu eingeführte § 56 BKAG die Anwendung elektronischer Überwachung auch im Rahmen des Gefahrenabwehrrechts.[199] Dieser räumt dem Bundeskriminalamt die Möglichkeit ein, eine Person dazu verpflichten zu können, ein technisches Mittel, mit dem der Aufenthaltsort dieser Person elektronisch überwacht werden kann, ständig in betriebsbereitem Zustand am Körper bei sich zu führen und dessen Funktionsfähigkeit nicht zu beeinträchtigen, § 56 Abs. 1, S. 1 BKAG. Hierbei normiert das Gesetz zwei Anwendungsfälle, zum einen, wenn bestimmte Tatsachen die Annahme rechtfertigen, dass diese Person innerhalb eines übersehbaren Zeitraums auf eine zumindest ihrer Art nach konkretisierten Weise eine Straftat nach § 5 Abs. 1, S. 2 begehen wird (§ 56 Abs. 1, Nr. 1 BKAG), oder wenn deren individuelles Verhalten eine konkrete Wahrscheinlichkeit dafür begründet, dass sie innerhalb eines übersehbaren Zeitraums eine Straftat nach § 5 Abs. 1, S. 2 BKAG begehen wird (§ 56 Abs. 1, Nr. 2 BKAG). Ziel dieser Maßnahme muss dabei stets die Abhaltung der Person von der Begehung dieser Straftaten durch die Anwendung entsprechender elektronischer Überwachungsmaßnahmen sein. Gemäß § 56 Abs. 5 BKAG kann die Maßnahme dabei nur auf Antrag durch das Gericht angeordnet werden, bei Gefahr in Verzug jedoch auch durch die zuständige Abteilungsleitung selbst, bedarf aber sodann einer umgehenden Nachholung der gerichtlichen Entscheidung. Was zunächst an das Verfahren bei Beschlagnahme und Durchsuchung gemäß der §§ 98 Abs. 1 bzw. 105 Abs. 1 StPO erinnert, unterscheidet sich jedoch durchaus in der Anwendung und Wirkungsweise. Handelt es sich nämlich bei gerichtlich (oder unter Gefahr im Verzug bspw. durch die Staatsanwaltschaft) angeordneten Beschlagnahme- oder Durchsuchungsanordnungen stets um repressive Maßnahmen, so stellt die Verpflichtung einer Person seitens des BKA zur elektronischen Aufenthaltsüberwachung eine Maßnahme im Rahmen der Prävention, mithin also der Gefahrenabwehr, dar, was nicht zuletzt dem Gesetzestext selbst entnommen werden kann, da dieser die Definitionsmerkmale des polizeirechtlichen Gefahrenbegriffs aufführt.[200] Im Weiteren muss die Maßnahme auch

---

[199] Vgl. bereits B.II.2.h).

[200] Erbguth/Mann/Schubert, 2015, S. 206 ff.

gemäß § 56 Abs. 8 BKAG befristet werden. Die Höchstfrist stellen hierbei drei Monate, jeweils verlängerbar um weitere drei Monate, dar, da es sich indes um eine Maßnahme des besonderen Verwaltungsrechts handelt, welche gemäß der (nicht nur) dort immer durchzuführenden Verhältnismäßigkeitsprüfung den Grundsätzen des legitimen Zwecks, der Geeignetheit sowie Erforderlichkeit und insbesondere auch Angemessenheit zu entsprechen hat.[201]

g) Im Rahmen der Ausreisepflicht gefährlicher Ausländer, § 56a AufenthG

Lediglich knapp einen Monat nach der Änderung des BKAG wurde auch das Aufenthaltsgesetz dahingehend geändert, als darin § 56a AufenthG neu eingefügt wurde, welcher ebenfalls, ähnlich zu der Regelung des § 56 BKAG, die elektronische Aufenthaltsüberwachung, in diesem Fall nun von gefährlichen Ausländern, ermöglicht.[202]

Auch bei dieser Regelung, welche ihrem Inhalt nach der des § 56 BKAG ähnelt, handelt es sich um eine solche des Gefahrenabwehrrechts, mithin also eine präventive Regelung. Anlass der Maßnahme ist hierbei die Verhinderung einer Gefahr für die innere Sicherheit oder für Leib oder Leben Dritter, § 56a Abs. 1 AufenthG. Sofern eine solche nach der Bewertung der Sachlage vorliegt, kann grundsätzlich die elektronische Aufenthaltsüberwachung angeordnet werden. Hierbei unterliegt diese Anordnung jedoch ebenso engen Voraussetzungen, welche § 56a AufenthG entsprechend normiert.[203] In Betracht für diese Maßnahme kommen nämlich lediglich ausgewiesene (vgl. § 56 Abs. 1 AufenthG) Ausländer, welche gemäß § 56 Abs. 2 und 3 AufenthG einer räumlichen Beschränkung des Aufenthaltes oder nach § 56 Abs. 4 AufenthG einem Kontaktverbot unterliegen, vgl. § 56a Abs. 1 AufenthG. Hierdurch soll eine willkürliche Anordnung dieser Maßnahme verhindert werden, da es sich bei den entsprechenden Personen aufgrund der erforderlichen Voraussetzungen regelmäßig um sogenannte Gefährder handelt, mithin also Personen, von denen eine hohe abstrakte Gefährlichkeit für die freiheitliche demokratische Grundordnung ausgeht.[204] Die Maßnahme ist

---

[201] *Sachs* in: Sachs, Art. 20, Rn.: 145, 149.

[202] Vgl. BGBl. I 2017, S. 2780; s. auch B.II.2.h).

[203] *Dollinger* in: Bergmann/Dienelt, § 56a, Rn.: 3.

[204] *Dollinger* in: Bergmann/Dienelt, § 56a, Rn.: 3, 5.

stets zu befristen, wobei hier – parallel zu § 56 BKAG – eine Befristung von maximal drei Monaten, jeweils verlängerbar um bis zu weitere drei Monate, angeordnet werden darf, § 56a Abs. 2 AufenthG. Darüber hinaus ist auch in diesem Fall die Anordnung durch ein Gericht erforderlich (§ 56a Abs. 1 AufenthG), welches hier gemäß § 56a Abs. 9 AufenthG das Amtsgericht ist, in dessen Bezirk die zuständige Stelle (Ausländerbehörde) ihren Sitz hat.

3. Gegenwärtige rechtliche, gesetzliche und tatsächliche Betrachtung

a) Vielfalt potenzieller gesetzlicher Implementierungen

Bereits die Darstellung der bisherigen Anwendungsgebiete hat – ungeachtet des Volumens deren tatsächlicher Einsätze – gezeigt, dass es Möglichkeiten gibt, wie elektronische Überwachung in rechtlicher (auch gesetzlicher) und tatsächlicher Weise implementiert werden kann.[205] Interessant ist dabei, dass es darüber hinaus weitere Anwendungsmöglichkeiten gibt, die zwar in der Vergangenheit bereits Gegenstand wissenschaftlicher Arbeiten waren, jedoch augenscheinlich nicht dazu geführt haben diese entsprechend in der deutschen Rechtsordnung respektive dem Rechtssystem zu etablieren.

Wie aus Kapitel B.I.2.a) und b) bereits erkennbar wird bedingen die verschiedenen Einsatzgebiete elektronischer Überwachung zum einen die Art der Maßnahme und zum anderen den damit verfolgten Zweck. Der für die Art der Maßnahme ausschlaggebende Faktor ist hierbei, ob diese präventiv oder repressiv erfolgen soll, wodurch sich bisweilen die Anwendungsgebiete selektieren lassen. Innerhalb dieser Arten wird man sodann die Ausgestaltung und im Hinblick darauf den Zweck der Maßnahme betrachten müssen. Dabei ergibt sich insbesondere auf repressiver Seite eine differenzierende Betrachtung, nämlich einerseits im Rahmen der Rechtsfolgen einer Verurteilung und andererseits im Rahmen des Strafvollzugs.[206]

Hinsichtlich der Rechtsfolgen ergeben sich deshalb de lege lata Einsatzgebiete im Rahmen der (bedingten) Freiheitsstrafe, der Jugendstrafe sowie aber auch der Maßregeln der Besserung und Sicherung. Im Rahmen des

---

[205] Dies spiegelt auch den Stand der Wissenschaft wider, welche sich grundsätzlich auch schon mit den meisten Anwendungsgebieten auseinandergesetzt hat.

[206] Dies lässt sich bereits auch an den in Deutschland gegenwärtigen Anwendungsgebieten feststellen.

Strafvollzuges dagegen im Bereich der Vollzugsöffnung (offener Vollzug/Freigang) oder der Entlassungsvorbereitung. Soweit dabei die Entscheidung für elektronische Überwachung „im Vorhinein" getroffen wird, gemeint ist hierbei vor der Vollstreckung der (Freiheits-)Strafe und somit noch im Rahmen des Strafverfahrens und der durch das Gericht zu treffenden Entscheidung, wird eine solche in der wissenschaftlichen Praxis als „Front-Door"-Variante bezeichnet.[207] Front-Door-Variante insoweit, als elektronische Überwachung hierbei das Mittel ist, durch die „Vordertür" eine etwaige Inhaftierung, also die Vollstreckung einer Freiheitsstrafe, zu umgehen.[208] Zwar kann hier, je nach spezifischer Ausgestaltung, die Zuständigkeit für die Anordnung der elektronischen Überwachung variieren.[209] Gemein ist diesen Varianten jedoch, dass der Verurteilte von Beginn an von der Haft im Rahmen einer Vollzugsanstalt verschont bleiben soll.[210] Nach dieser Einordnung sind somit die gegenwärtigen Anwendungsgebiete elektronischer Überwachung im Rahmen der Bewährungsweisung (bei von Beginn an bedingter Freiheitsstrafe) sowie der Untersuchungshaftvermeidung als sogenannte Front-Door Maßnahmen zu qualifizieren. Jedoch bestehen noch weitere potenzielle Anwendungsgebiete bzw. Anwendungsarten, welche nicht der gegenwärtigen Anwendungspraxis in Deutschland unterliegen, ebenfalls jedoch in den Bereich der Front-Door-Varianten einzugliedern sind. Zu nennen ist hier insbesondere der elektronisch überwachte Hausarrest als eigenständige Strafe und somit Alternative zum klassischen Strafvollzug, was insoweit ein Paradebeispiel einer Front-Door-Variante darstellen würde, da diese in erster Linie darauf abzielt, durch Erschaffung einer neuen Strafe die Freiheitsstrafe

---

[207] Vgl. u. a. *Wößner/Schwedler*, Neue Kriminalpolitik 1/2014, S. 62; *Albrecht/Arnold/Schädler*, Zeitschrift für Rechtspolitik 11/2000, S. 469; *Henneguelle/Monnery/Kensy*, Better at Home than in Prison? The Effects of Electronic Monitoring on Recidivism in France, 2016, S. 1, 2; *Hammerschick* in: Dünkel/Thiele/Treig, 2017, S. 403 ff.

[208] *Vanhaelemeesch/Vander Beken/Vandevelde*, European Journal of Criminology 3/2014, S. 275; *Hammerschick* in: Dünkel/Thiele/Treig, 2017, S. 403; *Albrecht/Arnold/Schädler*, Zeitschrift für Rechtspolitik 11/2000, S. 469.

[209] Vgl. *Hammerschick* in: Dünkel/Thiele/Treig, 2017, S. 404, wonach im Rahmen des österreichischen Modells die Leiter der Haftanstalten für die Entscheidung über die elektronische Überwachung (dort: elektronisch überwachter Hausarrest) im Rahmen des Front-Door-Modells zuständig sind, die Gerichte aber die Möglichkeit haben, zuvor im Rahmen der Verurteilung elektronische Überwachung auszuschließen.

[210] Haverkamp, 2002b, S. 10.

(bzw. deren Vollstreckung) zu vermeiden.[211] In diesem Fall obliegt nämlich dem Gericht die Entscheidung, ob die Haftvermeidung „durch die Vordertür" (Front-Door) erfolgen soll oder nicht.

Im Gegenteil zur sog. Front-Door-Variante richtet sich die sog. Back-Door-Variante an bereits dem Strafvollzug zugeführte Probanden, also solche, die schon eine Inhaftierung erfahren haben.[212] Die Möglichkeit elektronischer Überwachung durch die – zu deutsch – „Hintertür" erlaubt es dabei, eine nachträgliche Haftverschonung durch den Einsatz elektronischer Überwachung zu erreichen, weshalb als Back-Door-Variante alle Anwendungsgebiete zu betrachten sind, durch welche Inhaftierten per elektronischer Überwachung ein milderes Mittel als die weitere Inhaftierung ermöglicht werden kann.[213] Back-Door-Varianten sind somit typischerweise solche im Rahmen der vorzeitigen Haftentlassung (Strafrestausaussetzung zur Bewährung), der Entlassungsvorbereitung, von Gnadenerweisen oder auch der Führungsaufsicht.

Wie aber noch festzustellen sein wird ist das Spektrum elektronischer Überwachung in Deutschland durch die bisherigen Anwendungsgebiete noch längst nicht ausgereizt, was nicht zuletzt am technischen Fortschritt liegt. Dies ist insbesondere im Vergleich mit dem Ausland feststellbar.

b) Istzustand im deutschen Strafsystem

Resümiert man zunächst die bisherigen Anwendungsbereiche in Deutschland, so lässt sich unschwer feststellen, wie diese ausgestaltet sind. Bis auf wenige

211 Vgl. Hudy, 1999, S. 30.

212 Die Differenzierung zwischen der Front-Door und Back-Door-Variante bereitet dabei selbst in der Wissenschaft teilweise Probleme, vgl. bspw. Önel, 2012, S. 11, 12, wonach diese die Untersuchungshaftvermeidung, die typischerweise im Vorhinein durch den Haftrichter angeordnet wird (Front-Door), sowie pauschal die Anordnung der elektronischen Fußfessel als Bewährungsauflage als Varianten des Back-Door-Modells deklariert; vgl. auch *Hucklesby, Beyens, Boone, Dünkel, Graham* in: Dünkel/Thiele/Treig, 2017, S. 249, wonach die „Front-Door-Strategie" damit definiert wird, dass sie die Anzahl an Inhaftierungen generell senkt, dadurch jedoch Zweck und Mittel derart verflochten werden, dass eine eindeutige Unterscheidung der beiden Varianten nicht mehr gegeben ist, da auch grundsätzlicher Zweck der „Back-Door-Strategie" (vgl. ebenda) ist, die Anzahl der Inhaftierungen zu senken, nur eben nachträglich, mit dem „Mittel" durch die Hintertüre; s. hierzu auch Harders, 2014, S. 16.

213 Illert, 2005, S. 44; Harders, 2014, S. 102; *Albrecht/Arnold/Schädler*, Zeitschrift für Rechtspolitik 11/2000, S. 469.

Ausnahmen wurde bislang versucht, elektronische Überwachung anhand der bestehenden Gesetze zu implementieren. Die Systeme der Strafen sowie Maßregeln der Besserung und Sicherung wurden hierbei unangetastet gelassen, insbesondere wenn man bedenkt, dass nicht einmal im Rahmen der Bewährungsweisung der Einsatz elektronischer Überwachung gesetzlich verankert wurde, auch wenn dies wohl nur einen klarstellenden Charakter gehabt hätte. Die deutsche Anwendungspraxis ist also hauptsächlich geprägt von Nutzung, teilweise aber auch Erweiterung (vgl. z. B. § 68b Abs. 1, S. 1, Nr. 12 StGB) bestehender Gesetze. Die Einführung aber einer gänzlich neuen Art einer Strafe, bspw. des „elektronisch überwachten Hausarrests", hat bislang keinen Einschlag in das deutsche Recht gefunden, obwohl sich die Wissenschaft mit dieser Thematik bisweilen, insbesondere in den Anfängen elektronischer Überwachung, – mehr oder minder intensiv – auseinandergesetzt hat.[214] Ebenso finden sich Maßnahmen elektronischer Überwachung auch nicht im Bereich der Maßregeln der Besserung und Sicherung, also einem Bereich, in dem elektronische Überwachung möglicherweise ebenfalls positive Beiträge leisten könnte.

c) Entscheidungskompetenzen

Abhängig von der rechtlichen bzw. gesetzlichen Art und Ausgestaltung elektronischer Überwachung variieren auch die Entscheidungskompetenzen, mithin also die Kompetenzen, eine solche Maßnahme anzuordnen. Jedoch ist das Gericht der hauptsächliche Entscheidungsträger, indem es damit betraut ist elektronische Überwachung anzuordnen. So ist gemäß §§ 56c, 57, 57a, 57b StGB für Bewährungsweisungen, ungeachtet ob im Rahmen der Strafaussetzung oder Strafrestaussetzung zur Bewährung, das Gericht das zuständige Organ. Entsprechend verhält es sich bei Anordnungen zum Zwecke der Untersuchungshaftvermeidung, wonach gemäß § 126 Abs. 1 und 2 StPO entweder das Gericht, welches den Haftbefehl erlassen hat (vor Anklageerhebung somit der Haftrichter) oder welches nach Anklageerhebung mit der Sache betraut ist (also Strafrichter, Schöffengericht, Strafkammer, Senat), zuständig ist. Auch im Rahmen der Führungsaufsicht obliegt dem Gericht gemäß § 68b Abs. 1, S. 1, 2 StGB dem Wortlaut entsprechend die Entscheidungskompetenz elektronische Überwachung (Nr. 12) anzuordnen,

---

[214] Haverkamp, 2002a, S. 1 ff.; Wittstamm, 1999, S. 14, 15; Hudy, 1999, S. 126 ff.

genauso wie bei den präventiven Einsatzbereichen nach § 56 Abs. 5 BKAG und § 56a Abs. 1 AufenthG, wobei im Falle des § 56 BKAG gemäß dessen Abs. 5 im Falle der Gefahr im Verzug die erste Entscheidung auch durch die zuständige Abteilungsleitung (oder deren Vertretung) getroffen werden kann, was wiederum einer unverzüglichen Bestätigung durch das Gericht bedarf.

Einzig also im Rahmen von Gnadenerweisen, Vollzugslockerungen sowie Entlassungsvorbereitungen im (Jugend-)Strafvollzug ist das Gericht nicht mit der Anordnungskompetenz elektronischer Überwachung betraut. Denn im ersteren Fall entscheidet der Bundespräsident respektive Ministerpräsident,[215] in letzteren die mit der Vollstreckung betraute Vollzugsanstalt[216].

Die Komponente der Zuständigkeit entscheidet jedoch nicht darüber, ob es sich um eine sogenannte Front-Door- oder Back-Door-Variante handelt, da das diesbezügliche Differenzierungskriterium vielmehr der Zeitpunkt der Maßnahme ist, mithin also eine Anordnung durch die Vorder- oder Hintertür, sprich vor einem potenziellen Haftantritt oder nach einem solchen. Nichtsdestotrotz lässt die Anordnungskompetenz hier erkennen, dass in den meisten Fällen eine Anordnung durch das Gericht erfolgt respektive zu erfolgen hat, ausgenommen solche Fällen, in denen möglicherweise die Anordnung elektronischer Überwachung einen weniger schweren Eingriff in die Rechte des Betroffenen darstellt als der gegenwärtige Zustand, wie dies bspw. bei einer Inhaftierung der Fall sein könnte. Diese Anordnungskompetenz zeigt aber auch, dass der Gesetzgeber der Maßnahme einschneidende Relevanz in die Rechte des Betroffenen unterstellt, weshalb hierüber grundsätzlich ein Gericht zu entscheiden hat.

d) Verfassungsmäßigkeit elektronischer Überwachung

Bereits vor der eigentlichen Einführung bzw. erstmaligen Inbetriebnahme elektronischer Überwachung in Deutschland, federführend durch das hessische Modellprojekt, setzten sich bereits *Schlömer* und *Hudy* mit der verfassungsrechtlichen Thematik, die elektronische Überwachung mit sich bringt, auseinander.[217] Anschließend knüpften hieran auch weitere wissenschaftliche Arbeiten

---

215 S. B.III.2.c).

216 Vgl. § 16 Abs. 3 i. V. m. Abs. 1 HStVollzG, wonach die „Anstalt" für die Entlassungsvorbereitung zuständig ist.

217 Schlömer, 1998, S. 197 ff.; Hudy, 1999, S. 191 ff.

an, so auch *Haverkamp* oder *Redlich* im Rahmen deren Untersuchungen des elektronisch überwachten Hausarrest(-vollzugs.)[218] Demnach ist das Thema der verfassungsrechtlichen Problematik im Hinblick auf die elektronische Überwachung von Straffälligen kein neues, sondern gleicht vielmehr einer seit Beginn der Thematik stetig vor sich hin lodernden Glut. Konsequenterweise soll diesbezüglich eine wiederholte Auseinandersetzung verfassungsrechtlicher Anstoßpunkte samt Begutachtung im Rahmen der bereits kontrovers aufgearbeiteten wissenschaftlichen Debatte nicht erfolgen. Dies auch, da das Bundesverfassungsgericht durch seine Entscheidung vom 1. Dezember 2020[219] der Maßnahme der elektronischen Aufenthaltsüberwachung ihre Verfassungskonformität attestierte. Davon ausgehend drängt sich aber nunmehr die Frage auf, da die Entscheidung des BVerfG sich lediglich auf die elektronische Aufenthaltsüberwachung im Rahmen der Führungsaufsicht erstreckt, ob nicht elektronische Überwachung einer neuen – auch verfassungsrechtlichen – Bewertung unterzogen werden kann, und dabei insbesondere auch die Einführung solcher Einsatzbereiche, die nun möglicherweise unterhalb der Eingriffsschwelle elektronischer Überwachung im Rahmen der Führungsaufsicht lägen, möglich und sinnvoll wären.

aa) Ausgangslage

Die Entscheidung des Bundesverfassungsgerichts ist das Ergebnis der sich über Jahre entwickelten Problemstellung im Hinblick auf den Umgang mit der sich aus den §§ 66 ff. StGB ergebenden Möglichkeit der (nachträglichen) Anordnung der Sicherungsverwahrung. Problematisch hierbei war insbesondere die Fragestellung, ob nicht in bestimmten Fällen mildere Mittel für die Anordnung der Sicherungsverwahrung in Betracht kämen, was nicht zuletzt auch seitens des Bundesgerichtshofs und des Bundesverfassungsgerichts bereits im Jahre 2006 angemerkt wurde.[220] Im Jahre 2009 nahm der EGMR sodann dem deutschen Gesetzgeber die Entscheidung ab, solche etwaigen milderen Mittel zu normieren, woraus sich die Anwendung elektronischer Aufenthaltsüberwachung im Rahmen

---

218 Haverkamp, 2002a, S. 182 ff.; Redlich, 2005, S. 135 ff.; vgl. auch noch: Önel, 2012, S. 26 ff.; Harders, 2014, S. 165 ff.; Kaiser, 2015, S. 131 ff.; Chang, 2019, S. 183 ff.

219 BVerfG, Beschl. v. 01.12.2020 – 2 BvR 916/11, 2 BvR 636/12.

220 BGH NJW 2006, 1442 (1446); BVerfG NJW 2006, 3483 (3485).

der Führungsaufsicht entwickelte.[221] Hierdurch wurde nicht zuletzt die ständig schwelende Debatte über die Verfassungsmäßigkeit elektronischer Überwachung erneut angefacht, insbesondere auch aufgrund der Tatsache, dass die Betroffenen im Rahmen dieses Anwendungsgebietes nicht selbst darüber entscheiden konnten, ob sie sich einer solchen elektronischen Überwachung unterziehen möchten oder nicht (vgl. Kapitel B.III.2.d)). Dies mündete sodann in zwei durch Betroffene einer solchen EAÜ im Rahmen der Führungsaufsicht erhobenen Verfassungsbeschwerden, in welchen das BVerfG zum einen über die konkreten Maßnahmen einer angeordneten EAÜ und zum anderen über die diesen zugrundeliegenden Rechtsgrundlage zu entscheiden hatte.[222]

bb) Beschluss des BVerfG vom 1. Dezember 2020

(1) DIE ENTSCHEIDUNG

Der Beschluss des Bundesverfassungsgerichts vom 1. Dezember 2020 ließ zwar lange auf sich warten, immerhin knapp neun Jahre, jedoch deutete bereits die lange Wartezeit auf diese Entscheidung deren voraussichtliches Ergebnis an. Diesbezüglich stellte das BVerfG nämlich auf seinem 86 Seiten starken Beschluss insbesondere die materielle Verfassungsmäßigkeit der Rechtsgrundlage elektronischer Aufenthaltsüberwachung im Rahmen der Führungsaufsicht, also des § 68b Abs. 1, S. 1, Nr. 12, S. 3 StGB, fest. Im Übrigen sah es auch die konkret gegen die Betroffenen ergangenen Anordnungen elektronischer Aufenthaltsüberwachung als verfassungsrechtlich unbedenklich an,[223] wobei dies selbstredend von der konkreten Ausgestaltung des Einzelfalls abhängt, weshalb die Tatsache, dass das höchste deutsche Gericht die Rechtsgrundlage als materiell verfassungsgemäß ansieht, den Hauptaspekt dieser Entscheidung darstellt. Hierdurch bestätigt das Gericht zum einen die gesetzliche Regelung und räumt zum anderen durch eine nunmehr höchstrichterliche Entscheidung die Zweifel an der Verfassungsmäßigkeit der sogenannten „elektronischen Fußfessel", jedenfalls im Rahmen der elektronischen Aufenthaltsüberwachung, insofern aus, als diese nunmehr verbindlich festgestellt ist.

---

221 Vgl. B.II.2.g).

222 BVerfG, Beschl. v. 01.12.2020 – 2 BvR 916/11, 2 BvR 636/12, Rn.: 1.

223 BVerfG, Beschl. v. 01.12.2020 – 2 BvR 916/11, 2 BvR 636/12, Rn.: 355 ff.

(2) ZUGRUNDELIEGENDE FÄLLE

Die Entscheidung betraf in der Sache zwei Verfassungsbeschwerden zweier Beschwerdeführer, welche beide der gerichtlichen Weisung der Anordnung elektronischer Aufenthaltsüberwachung im Rahmen der Führungsaufsicht unterlagen.

Der Beschwerdeführer zu I.[224] wurde zunächst wegen Mordes und gefährlicher Körperverletzung, begangen im Zustand verminderter Schuldfähigkeit, zu einer Freiheitsstrafe von 14 Jahren und sechs Monaten verurteilt, ehe er sodann während seiner Haftzeit wegen Gefangenenmeuterei sowie nochmaliger Gefangenenmeuterei in Tateinheit mit Geiselnahme verurteilt wurde, bei letzterem zu einer weiteren Freiheitsstrafe von fünf Jahren.[225] Eine nachträgliche Anordnung der Sicherungsverwahrung nach vollständiger Verbüßung der Freiheitsstrafen des Beschwerdeführers zu I. erfolgte seitens des zuständigen Gerichts zum damaligen Zeitpunkt, dem 27. Oktober 2010, aufgrund des 2009 ergangenen EGMR-Urteils[226] nicht, weshalb sodann im Weiteren die Führungsaufsicht samt Anordnung elektronischer Aufenthaltsüberwachung seitens des zuständigen Gerichts verhängt wurde.[227] Das zuständige Landgericht begründete seine Entscheidung dabei insbesondere mit der weiterhin bestehenden Gefährlichkeit des Beschwerdeführers samt der Notwendigkeit, durch die elektronische Aufenthaltsüberwachung auch die übrigen erteilten Weisungen kontrollieren zu können sowie gleichzeitig auch durch die angeordnete EAÜ das persönliche Unrechtsbewusstsein des Beschwerdeführers zu stärken und dadurch letztlich für den Schutz der Allgemeinheit zu sorgen.[228] Im Rahmen der gegen die Anordnung der EAÜ eingelegte Beschwerde des Beschwerdeführers zu I. verwarf das zuständige OLG diese und bestätigte überwiegend die Entscheidung der Vorinstanz, woraufhin sich dieser mit der gegenständlichen Verfassungsbeschwerde zum einen direkt gegen die konkrete Anordnung der elektronischen Aufenthaltsüberwachung und

---

[224] Vgl. hierzu auch Kaiser, 2015, S. 132 ff., welche im Hinblick auf den Beschwerdeführer zu I. den Verfahrensgang bis hin zur Verfassungsbeschwerde detaillierter darlegt.

[225] Ebenda, Rn.: 13, 17, 18; vgl. auch Chang, 2019, S. 136, 137.

[226] Vgl. B.II.2.g).

[227] BVerfG, Beschl. v. 01.12.2020 – 2 BvR 916/11, 2 BvR 636/12, Rn.: 19–21.

[228] Ebenda, Rn.: 22–27.

zum anderen gegen die der Anordnung der EAÜ zugrundeliegenden Rechtsgrundlage richtete.[229]

Dasselbe Rechtschutzziel verfolgte auch der Beschwerdeführer zu II. mit seiner Verfassungsbeschwerde, welcher nach einer zuvor im Ausland abgeurteilten Sexualstraftat auch in Deutschland mehrere Sexualstraftaten beging, wodurch er im Jahre 2004 zu einer Gesamtfreiheitsstrafe von zehn Jahren verurteilt wurde. Nach ebenfalls vollständig vollstreckter Freiheitsstrafe wurde im Rahmen der gemäß § 68f Abs. 1 StGB eingetretenen Führungsaufsicht neben einer Vielzahl anderer Weisungen auch die Weisung der elektronischen Aufenthaltsüberwachung erteilt. Auch hierbei ging das anordnende Gericht von der weiterhin bestehenden enormen Gefährlichkeit des Beschwerdeführers sowie des Risikos zur Begehung weiterer Straftaten aus, weshalb die EAÜ zur Kontrolle der übrigen Weisungen sowie auch zur Prävention vor weiteren Straftaten angeordnet wurde. Die daraufhin eingelegte Beschwerde des Beschwerdeführers zu II. wurde im Folgenden zunächst durch das zuständige Landgericht und im Weiteren durch das zuständige OLG zurückgewiesen.[230]

(3) GERÜGTE VERLETZUNG VON GRUNDRECHTEN BZW. GRUNDRECHTSGLEICHEN RECHTEN

Die Beschwerdeführer rügten im Rahmen ihrer Verfassungsbeschwerden im Wesentlichen dieselben Verletzungen von Grundrechten respektive grundrechtsgleichen Rechten durch die angeordnete elektronische Aufenthaltsüberwachung sowie der dieser zugrundeliegenden Rechtsgrundlage.[231]

Teils mit selbiger, teils mit etwas abweichender Begründung – abhängig vom entsprechenden Einzelfall – sahen die Beschwerdeführer insbesondere Art. 1 Abs. 1 GG, Art. 2 Abs. 2 GG, Art. 2 Abs. 1 i. V. m. Art. 1 Abs. 1 GG in Ausgestaltung sowohl des Rechts auf informationelle Selbstbestimmung sowie des Resozialisierungsgebotes, Art. 12 GG, Art. 103 Abs. 2 GG (Rückwirkungsverbot, korrespondierend mit der aus Art. 7 EMRK normierten Garantie) sowie Art. 19 Abs. 1, S. 2 GG (Zitiergebot) durch die Maßnahme der EAÜ als verletzt an. Des Weiteren wurde auch übereinstimmend die fehlende Gesetzgebungskompetenz des Bundes gerügt. Aus Sicht

---

229 Ebenda, Rn.: 1, 34 ff., 45.
230 BVerfG, Beschl. v. 01.12.2020 – 2 BvR 916/11, 2 BvR 636/12, Rn.: 46 ff., 55 ff., 61, 62, 65.
231 Ebenda, Rn.: 79, 99.

des Beschwerdeführers zu II. verletzte die Anordnung darüber hinaus dessen Recht auf Freizügigkeit gemäß Art. 11 GG (übereinstimmend auch mit dem durch die EMRK geschützten Freizügigkeitsgebot).[232]

Im Hinblick auf eine Verletzung der Menschenwürde aus Art. 1 Abs. 1 GG, die Bewegungsfreiheit aus Art. 2 Abs. 2 GG sowie Art. 2 Abs. 1 i. V. m. Art. 1 Abs. 1 GG in Ausgestaltung des Rechts auf informationelle Selbstbestimmung sowie des Rechts auf Resozialisierung führten die Beschwerdeführer hierbei insbesondere an, die elektronische Fußfessel (hier in Form der elektronischen Aufenthaltsüberwachung) tangiere sie in ihrer Willensbetätigungsfreiheit und objektiviere sie in einem System vollkommener Überwachung, dem man nicht auf normalem oder legalem Wege entkommen könne. Durch die Vollverbüßung seien indes die rechtskräftig festgestellten Strafen vollständig getilgt, wodurch deren Freiheit nicht mit der lediglich pauschalen Begründung des erforderlichen Sicherungsinteresses der Allgemeinheit begründet werden könne. Die im Rahmen der EAÜ erfolgende permanente Überwachung mache auch nicht vor der privaten Wohnung halt, was unzulässig sei. Darüber hinaus desavouiere die elektronische Fußfessel sie und sorge insbesondere auch im engeren sozialen Bereich bis hin in die Intimsphäre für ein erheblich eingeschränktes Leben, insbesondere aufgrund der durch die Fußfessel immerwährenden sozialen Stigmatisierung.[233]

Ebenso verstieße die Anordnung der elektronischen Aufenthaltsüberwachung gegen das rechtsstaatliche Resozialisierungsgebot, was dadurch bestärkt würde, dass die Beschwerdeführer keine geeigneten Therapien während ihres Vollzuges erhalten hätten respektive aktuelle Begutachtungen durchgeführt wurden, weshalb die auf einem etwaigen Rückfallrisiko beruhende Anordnung der EAÜ keine hinreichende Begründung für eine solche Maßnahme darstelle.[234]

Soweit der Beschwerdeführer zu II. auch eine Verletzung seiner Freizügigkeit aus Art. 11 GG rügte führte er hierzu an, durch die elektronische Fußfessel seine ihm grundsätzlich garantierte Freizügigkeit nicht mehr wahrnehmen zu können, da es nicht möglich wäre, aufgrund der technischen Sicherheitskontrollen sowie Sicherheitsvorschriften mit der elektronischen Fußfessel ein

---

232 Ebenda.

233 BVerfG, Beschl. v. 01.12.2020 – 2 BvR 916/11, 2 BvR 636/12, Rn.: 80, 81, 82, 96, 101.

234 Ebenda, Rn.: 83, 103.

Flugzeug zu besteigen und ungehindert an einen anderen Ort seiner Wahl reisen zu können. Dieser Zustand tangiere ihn gleichfalls in seiner durch Art. 2 des Protokolls Nr. 4 zur Konvention zum Schutz der Menschenrechte und Grundfreiheiten garantierten Freizügigkeit.[235]

Im Hinblick auf eine Verletzung von Art. 12 GG, der Berufsfreiheit, monierten die Beschwerdeführer simultan in erster Linie die ungenügende Akkulaufzeit von maximal 12–14 Stunden, teilweise aber auch noch deutlich weniger, was eine Jobausübung, beispielsweise in einem 24 Stunden Schichtbetrieb, nicht möglich mache. Auch tangiere die geringe Akkulaufzeit teilweise Arbeitstage samt Arbeitsweg, bei welchen man sich länger als die durch die Akkulaufzeit mögliche vorgegebene Stundenanzahl unterwegs befände. Insbesondere dadurch seien an die Vollverbüßung der Strafen angeschlossene Arbeitsbestrebungen schwer bis erfolglos gewesen.[236]

Durch die Tatsache, dass die Weisung elektronischer Aufenthaltsüberwachung im Rahmen der Führungsaufsicht erst nach den durch die Beschwerdeführer begangenen Anlasstaten gesetzlich normiert wurde, verstoße dies darüber hinaus auch gegen das Rückwirkungs- respektive Vertrauensschutzgebot aus Art. 103 Abs. 2 GG sowie gegen das EGMR-Urteil aus dem Jahre 2009 und Art. 7 Abs. 1 EMRK, welcher ebenfalls das Rückwirkungsverbot normiert. Soweit Art. 103 Abs. 2 GG sodann die Bestimmtheit gesetzlicher Normierungen gewährleistet, verstoße auch bereits die Rechtsgrundlage der EAÜ, konkret § 68b Abs. 1, S. 3, Nr. 4 StGB, aufgrund dessen Formulierung gegen diesen verfassungsrechtlich normierten Grundsatz. Denn diese lege aufgrund ihrer wörtlichen Ausgestaltung mit dem Wort „insbesondere" bereits keine konkreten erforderlichen Anwendungsfälle fest, sondern eröffne vielmehr deren mögliche Anordnung im Rahmen eines nicht zu bestimmenden Spielraums.[237]

Da darüber hinaus die Rechtsgrundlage auch in keinem Punkt solche durch diese Maßnahme eingeschränkten Grundrechte zitiere, läge auch ein Verstoß gegen das Zitiergebot aus Art. 19 Abs. 1, S. 2 GG vor, wonach ein Gesetz die Angabe der durch dieses eingeschränkten Grundrechte enthalten müsse. Ebenso besäße der Bund nicht die Kompetenz solche Gesetze

---

[235] Ebenda, Rn.: 107.

[236] BVerfG, Beschl. v. 01.12.2020 – 2 BvR 916/11, 2 BvR 636/12, Rn.: 86, 89.

[237] Ebenda, Rn.: 90, 91.

zu erlassen, da es sich bei der Führungsaufsicht gerade nicht um originäres Strafrecht handele, da keine Strafe, sondern lediglich eine Maßnahme der Prävention in Form von Betreuung und Überwachung zur Verhinderung von erneuten Straftaten vorläge.[238]

(4) GRÜNDE

Das Bundesverfassungsgericht, welches die beiden zulässigen Verfassungsbeschwerden der beiden Beschwerdeführer als unbegründet abwies, stellte zu Beginn seiner Gründe die formelle Verfassungsmäßigkeit der der elektronischen Aufenthaltsüberwachung zugrundeliegenden Rechtsgrundlage, § 68b Abs. 1 S. 1 Nr. 12, S. 3 StGB i. V. m. § 463a Abs. 4 StPO, fest. Hierzu führte es zunächst aus, dass die elektronische Aufenthaltsüberwachung als Maßnahme der Führungsaufsicht dem Strafrecht und somit der konkurrierenden Gesetzgebung des Bundes aus Art. 74 Abs. 1, Nr. 1 GG unterläge, da gerade auch die Weisung der EAÜ eine staatliche Reaktion auf eine Straftat darstelle und an eine solche auch anknüpfe, was dem System der Führungsaufsicht entspräche.[239]

Weiter sah es auch durch diese Rechtsgrundlage eine Verletzung der seitens der Beschwerdeführer gerügten Grundrechte und grundrechtsgleichen Rechte nicht als gegeben an und ging im Rahmen seiner Entscheidung sogar über die seitens der Beschwerdeführer gerügten Rechte hinaus, indem es auch die Unverletzlichkeit der Wohnung aus Art. 13 GG in die Prüfung einstellte, eine Verletzung dieses Grundrechts jedoch ebenfalls verneinte.[240]

Zur Begründung führte das Bundesverfassungsgericht in seiner Entscheidung dabei im Wesentlichen folgende Erwägungen ins Feld:

Hinsichtlich einer möglichen Verletzung des durch Art. 1 Abs. 1 GG geschützten Kernbereichs privater Lebensgestaltung liege aus Sicht des Gerichts bereits kein Eingriff in dessen Schutzbereich vor und verwies dabei auf die gesetzliche Ausgestaltung des Instituts der EAÜ im Rahmen der Führungsaufsicht, welche durch dessen Verweis auf § 463a Abs. 4 StPO eine rein anlassbezogene Überwachung erlaube und nicht zuletzt dadurch auch den Kernbereich privater Lebensgestaltung entsprechend berücksichtige und schütze, sodass weder

---

[238] Ebenda, Rn.: 92, 94.

[239] BVerfG, Beschl. v. 01.12.2020 – 2 BvR 916/11, 2 BvR 636/12, Rn.: 186.

[240] BVerfG, Beschl. v. 01.12.2020 – 2 BvR 916/11, 2 BvR 636/12, Rn.: 237.

eine von den Beschwerdeführern gerügte Verletzung des privaten Wohn- und Lebensbereichs noch eine nicht erlaubte Rundumüberwachung durch die elektronische Aufenthaltsüberwachung vorläge. Auch aus diesen Gründen objektiviere die EAÜ nicht die Beschwerdeführer, da eine hierfür erforderliche totale Überwachung gerade nicht vorliege, die Beschwerdeführer also noch entsprechend selbstbestimmt blieben.[241]

Zwar nimmt das BVerfG im Weiteren einen Eingriff in den Schutzbereich des allgemeinen Persönlichkeitsrechts der Beschwerdeführer an, sieht diesen jedoch in der Folge als verfassungsrechtlich gerechtfertigt an, da die der EAÜ zugrundeliegende Rechtsgrundlage eine genaue Ausgestaltung der das Grundrecht einschränkenden Schranke[242] der verfassungsmäßigen Ordnung aus Art. 2 Abs. 1 GG darstelle. Insoweit trage diese den Anforderungen der Normenklarheit und Verhältnismäßigkeit Rechnung und verletze weder die gerügte Ausgestaltung des allgemeinen Persönlichkeitsrechts in Form des Resozialisierungsgebots noch des Rechts auf informationelle Selbstbestimmung. Die Rechtsgrundlage, genauer die seitens der Beschwerdeführer gerügte Formulierung „insbesondere" aus § 68b Abs. 1, S. 3, Nr. 4 StGB, sei schon deshalb nicht unbestimmt, da es sich bei der gewählten Formulierung lediglich um eine nicht abschließende Aufzählung handele, also „insbesondere" eine Weisung nach § 68b Abs. 1, S. 1, Nr. 1 und 2 StGB keine zwingende Wirksamkeitsvoraussetzung für die Anordnung der EAÜ sei. Dies richte sich vielmehr nur nach dem übrigen Gesetzeswortlaut aus § 68b Abs. 1, S. 3 Nr. 4 StGB, wonach die Weisung erforderlich erscheinen muss, um die verurteilte Person durch die Möglichkeit der Datenverwendung nach § 463a Abs. 4, S. 2 StPO von der Begehung weiterer Straftaten der in § 66 Abs. 3, S. 1 StGB genannten Art abzuhalten. Eine weiter befürchtete uferlose Anwendung der elektronischen Aufenthaltsüberwachung würde bereits durch die aus § 68b Abs. 1, S. 3 StGB normierten einschränkenden Bestimmungen, in welchen Fällen eine solche Weisung nach Nr. 12 StGB nur in Betracht käme, verhindert werden. Dagegen spräche auch nicht die im Rahmen des § 68b Abs. 1, S. 1, Nr. 12 StGB gewählte Formulierung der „technischen Mittel", welche

[241] Ebenda, Rn.: 246–251.
[242] Epping/Lenz/Leydecker, 2021, S. 308.

einzig bezwecke, eine Anwendung der EAÜ aufgrund des immerwährenden technischen Wandels nicht zu blockieren.[243]

Ebenso steht auch die Schranken-Schranke[244] der Verhältnismäßigkeit der der EAÜ im Rahmen der Führungsaufsicht zugrundeliegenden Rechtsgrundlage nicht entgegen, da auch deren Voraussetzungen allesamt erfüllt seien. Dadurch, dass die elektronische Aufenthaltsüberwachung in erster Linie eine Ausgestaltung der Spezialprävention und auch insoweit anzuwenden sei, was sich bereits aus dessen Anwendungsvoraussetzungen und dem Wortlaut selbst ergibt,[245] verfolge die Regelung bereits einen legitimen Zweck, nämlich den Betroffenen zum einen an einer Rückfälligkeit zu hindern und zum anderen die Gesellschaft vor einer solchen zu schützen. Soweit seit der Einführung der EAÜ bislang auch (noch) nicht aussagekräftig die Rückfallprävention der Maßnahme erhoben werden konnte, so kann diese Tatsache keine Zweifel an der Ungeeignetheit dieser Maßnahme schüren, sondern stelle vielmehr den Gesetzgeber vor die Aufgabe, diese Umstände ständig unter Beobachtung zu halten. Gleiches gelte auch bezüglich der Technik, die aus Sicht des Gerichts keiner Beanstandung unterliege und im Grunde problemlos funktioniere. Auch dürfe die Maßnahme entsprechend dem Gesetzeswortlaut aus § 68b Abs. 1, S. 3, Nr. 4 StGB nur angewandt werden, wenn die Weisung erforderlich erscheint, um die verurteilte Person von der Begehung weiterer Straftaten der in § 66 Abs. 3, S. 1 StGB genannten Art abzuhalten, wodurch auch dem im Rahmen der Verhältnismäßigkeit zwingenden Grundsatz der Erforderlichkeit der Maßnahme im Hinblick auf die Erreichung des Zwecks entsprochen würde. Dass für jeden einzelnen Fall der Anordnung der EAÜ die Erforderlichkeitsprüfung durch die zuständige Stelle durchzuführen ist, sei insofern sachgerecht. Ebenfalls sei die Regelung auch angemessen, da sie zwar – und das betont das Gericht mehrmals – durch die Möglichkeit der Anordnung der EAÜ einen schweren Eingriff in das allgemeine Persönlichkeitsrecht darstelle,[246] dieser jedoch im Rahmen der Angemessenheit und der diesbezüglich in die Abwägung einzustellenden Rechte der Betroffenen einerseits sowie der Allgemeinheit andererseits gerechtfertigt sei. Bereits die sich aus

[243] BVerfG, Beschl. v. 01.12.2020 – 2 BvR 916/11, 2 BvR 636/12, Rn.: 253–258.
[244] Epping/Lenz/Leydecker, 2021, S. 311.
[245] Anmerkung des Verfassers.
[246] Jedoch nach der Begründung des Gerichts nur in die Privatsphäre des Betroffenen.

den Anlasstaten für die Anordnung der EAÜ ergebenden Rechtsgüter stellen solche mit höchstem Verfassungsrang dar. Mit dem Schutz des Lebens, der körperlichen Unversehrtheit, der sexuellen Selbstbestimmung, der Freiheit des Einzelnen sowie der Sicherheit des Staates und seiner Einrichtungen seien bereits diese Rechte aufgrund deren verfassungsrechtlichen Bedeutung von ausreichendem Gewicht, um diese in der vorzunehmenden Abwägung als überwiegend anzusehen. Dies in Kombination damit, dass der Anwendungsbereich aufgrund seiner engen gesetzlichen Voraussetzungen im Rahmen der Rechtsgrundlage durchaus limitiert ist und sich im Zweifel auf die wirklich gefährlichen Straftäter erstrecke, welche auch als solche festgestellt werden müssten, mache die gerügte Regelung auch verhältnismäßig im engeren Sinne.[247]

Soweit die Beschwerdeführer sodann vortragen, die Maßnahme der EAÜ verletze auch Ihr Recht auf Resozialisierung aus Art. 2 Abs. 1 i. V. m. Art. 1 Abs. 1 GG, so vermochte das Gericht auch eine Verletzung dieses Rechts nicht zu erkennen. Eine umfassende soziale Stigmatisierung finde insoweit schon nicht statt, als sich die elektronische Fußfessel im alltäglichen Leben grundsätzlich verstecken ließe, beispielsweise unter einer Hose, die Beschwerdeführer somit durch die Existenz der Fußfessel grundsätzlich nicht unvermeidbar desavouiert würden. Das BVerfG verkennt hierbei nicht – und gibt den Beschwerdeführer insofern Recht –, dass es auch Bereiche gäbe, in denen die elektronische Fußfessel tatsächlich nicht mehr zu verstecken sei. Dies sei tatsächlich im Rahmen des Intimkontakts der Fall. Doch diesbezüglich rechtfertigen die schutzwürdigen Rechtsgüter (der Allgemeinheit) den Eingriff in das den Betroffenen zustehende Recht auf Resozialisierung, ebenfalls wie im Rahmen des durch die Beschwerdeführer gerügten eingeschränkten (Alltags-)Lebens, was nach Auffassung des Gerichts in weitesten Teilen aus einem durch Scheu und Meidung geprägten Verhalten der Betroffenen resultiere.[248]

Dasselbe gelte auch für das als Ausgestaltung des allgemeinen Persönlichkeitsrechts gerügte Recht auf informationelle Selbstbestimmung, denn auch insoweit stelle sich die Rechtsgrundlage aus Sicht des Gerichts als verhältnismäßig dar. Durch die im Rahmen der elektronischen Aufenthaltsüberwachung

[247] BVerfG, Beschl. v. 01.12.2020 – 2 BvR 916/11, 2 BvR 636/12, Rn.: 259–261, 264–281.

[248] Ebenda, Rn.: 292–294.

permanent stattfindende Datenerhebung sei zwar der Schutzbereich entsprechend tangiert. Indes regele aber § 463a Abs. 4 StPO den Maßstäben der Verhältnismäßigkeit entsprechend konkret das Ob und Wie einer solchen Erhebung, was für die Verfassungsmäßigkeit genüge und auch datenschutzrechtlichen Gesichtspunkten nicht entgegenstehe.[249]

Im Hinblick auf die seitens der Beschwerdeführer gerügten Einschränkungen deren Rechte auf Freiheit nach Art. 2 Abs. 2 GG sowie Freizügigkeit nach Art. 11 GG sieht der Senat ebenfalls keine Verletzung dieser Grundrechte durch die streitgegenständliche Weisung zur elektronischen Aufenthaltsüberwachung. Soweit die Beschwerdeführer zunächst eine Verletzung von Art. 2 Abs. 2 GG, also deren Recht auf Fortbewegungsfreiheit,[250] rügten, sah das Gericht in der bloßen Weisung gemäß § 68b Abs. 1, S. 1, Nr. 12 StGB keine Beschränkung dieser Freiheit, da es den Betroffenen dabei grundsätzlich weiterhin möglich sei, sich an jeden erlaubten Standort zu begeben der ihnen beliebe, sodass hier bereits kein Eingriff – da keine Einschränkung dieses Rechts – vorläge. Zwar weist das Gericht im Folgenden auch darauf hin, dass zwar die Weisung möglicher Ge- oder Verbotszonen einen solchen Eingriff darstellen würde. Dieser Eingriff trete jedoch nicht durch die seitens der Beschwerdeführer gerügte elektronische Aufenthaltsüberwachung auf, da diese – ausweislich des Gesetzestextes gemäß § 68b Abs. 1, S. 1, Nr. 12 StGB – lediglich der Überwachung einer solchen Weisung diene. Auch insoweit verneint das Gericht also bereits das Vorliegen eines Eingriffs in dieses Grundrecht. Ebenso verhalte es sich auch mit der Maßgabe, die Akkus der Überwachungsgeräte immer aufgeladen zu halten, da dies höchstens einen Eingriff in Art. 2 Abs. 1 GG – welcher gerechtfertigt wäre – darstellen würde, nicht jedoch einen solchen in das Recht der Fortbewegungsfreiheit. Diese nämlich sei dadurch nicht tangiert. Auch die seitens des Beschwerdeführers zu II. gerügte Verletzung dessen Rechts auf Freizügigkeit aus Art. 11 Abs. 1 GG verfange nicht. Diesbezüglich fehle es an einem entsprechenden Eingriff, da es dem Beschwerdeführer unbenommen sei, seine Freizügigkeit im Sinne des Grundgesetzes auszuleben. Die Tatsache, dass dieser aufgrund der elektronischen Fußfessel ein Flugzeug aufgrund etwaiger Sicherheitskontrollen nicht mehr besteigen könne, ändere hieran ebenfalls nichts, da der

249 Ebenda, Rn.: 295, 297, 298–307.
250 Epping/Lenz/Leydecker, 2021, S. 392.

Schutzbereich des Rechts auf Freizügigkeit nicht auch die Benutzung einer bestimmten Transportmethode schütze.[251]

Der Senat sah im Vortrag der Beschwerdeführer auch keine Beeinträchtigung deren Berufsfreiheit aus Art. 12 Abs. 1 GG und verneinte hierzu ebenfalls das Vorliegen eines Eingriffs. Da die Maßnahme aus § 68b Abs. 1, S. 1, Nr. 12 StGB nicht unmittelbar im Sinne des klassischen Eingriffsbegriffs den Beruf betrifft,[252] wäre für das Vorliegen eines solchen Eingriffs erforderlich, dass die Maßnahme eine „objektiv berufsregelnde Tendenz"[253] beinhalte. Hierfür hätte sie jedoch einen konkreten Bezug zu beruflichen Handlungen oder dem Beruf selbst haben müssen,[254] was der Senat bei der lediglich die elektronische Überwachung anordnenden Weisung aus § 68b Abs. 1, S. 1, Nr. 12 StGB gänzlich verneint. Insoweit beträfe diese Weisung schon nicht die in Art. 12 Abs. 1 GG formulierte Berufswahl respektive dessen Ausübung. Der Senat führte darüber hinaus hypothetisch aus, dass, ginge man dennoch von einem Eingriff aus, ein solcher jedenfalls aufgrund des überragenden Gemeingutes der zu schützenden Gesellschaft verfassungsrechtlich nicht zu beanstanden, da auch insbesondere verhältnismäßig, wäre.[255]

Die sodann durch das Gericht eigeninitiativ vorgenommene Prüfung einer Verletzung des Art. 13 Abs. 1 GG, der Unverletzlichkeit der Wohnung, verneinte dieses ebenfalls. Hierbei wies es insbesondere darauf hin, dass bereits die genaue Ausgestaltung und die Vorgaben im Hinblick auf die Anwendung der Weisung der elektronischen Aufenthaltsüberwachung durch § 463a Abs. 4, S. 1, Hs. 2 StPO genau geregelt seien, um gerade die Unverletzlichkeit der Wohnung so weit wie möglich zu schützen. Denn insoweit schreibe dieser ausweislich seiner Formulierung bereits vor, dass innerhalb der Wohnung der verurteilten Person keine über den Umstand ihrer Anwesenheit hinausgehenden Aufenthaltsdaten erhoben werden dürfen. Dies allein sorge bereits dafür, dass ein tauglicher Eingriff in den Schutzbereich des Art. 13 Abs. 1 GG durch die gesetzliche Grundlage der elektronischen Aufenthaltsüberwachung nicht vorliege.[256]

---

[251] BVerfG, Beschl. v. 01.12.2020 – 2 BvR 916/11, 2 BvR 636/12, Rn.: 320–324.
[252] Vgl. hierzu Epping/Lenz/Leydecker, 2021, S. 214, 215.
[253] BVerfGE 95, 267 (302).
[254] Epping/Lenz/Leydecker, 2021, S. 214, 215.
[255] BVerfG, Beschl. v. 01.12.2020 – 2 BvR 916/11, 2 BvR 636/12, Rn.: 326–329.
[256] BVerfG, Beschl. v. 01.12.2020 – 2 BvR 916/11, 2 BvR 636/12, Rn.: 330–323.

Aus verfassungsrechtlicher Sicht sei zuletzt auch weder das Rückwirkungsverbot noch das Vertrauensschutz- sowie Zitiergebot durch die in Rede stehende Normierung betroffen. Da es sich bei der Anordnung der EAÜ gerade nur um Maßregeln der Besserung und Sicherung handele, nicht jedoch um die aus Art. 103 Abs. 2 GG anknüpfende Strafe im rechtlichen Sinne, sei eine Verletzung des Verbots der Rückwirkung schon nicht gegeben, eine unechte Rückwirkung aufgrund der in die Abwägung einzustellenden überwiegenden Interessen der Allgemeinheit, allen voran der Verhütung weiterer Straftaten, zumindest aber gerechtfertigt. Hinsichtlich des Zitiergebots betont das Gericht, dass dieses, trotz fehlenden Verweises auf die durch die Maßnahme eingeschränkten Grundrechte, bereits deshalb nicht verletzt sei, da ein Grundrechtseingriff, insbesondere in das Recht auf informationelle Selbstbestimmung, evident sei, es dadurch einer Zitation nicht bedarf, und verweist hierbei auf seine ständige Rechtsprechung.[257]

Soweit der Senat sodann über die Vereinbarkeit mit dem Konventionsrecht der Europäischen Menschenrechtskonvention (EMRK) zu entscheiden hatte, sah er auch dieses nicht durch die angegriffene Regelung als verletzt an, und zwar weder in Form des Art. 8 EMRK, des Rechts auf Achtung des Privat- und Familienlebens, noch des Art. 7 EMRK, des Grundsatzes keine Strafe ohne Gesetz. Im Hinblick auf Art. 8 EMRK liege hierbei zwar, ähnlich wie im Bereich des Rechts auf informationelle Selbstbestimmung, ein Eingriff vor. Dieser sei jedoch im Hinblick auf Art. 8 Abs. 2 EMRK, wonach ein solcher Eingriff zulässig ist, wenn er gesetzlich vorgesehen und in einer demokratischen Gesellschaft notwendig ist zur Verhütung von Straftaten oder zum Schutz der Rechte und Freiheiten anderer, entsprechend gerechtfertigt. Etwas mehr Argumentationsaufwand brachte das Gericht sodann bei der Frage, ob die Maßnahme der elektronischen Aufenthaltsüberwachung als Strafe im Sinne der Norm des Art. 7 Abs. 1 EMRK zu qualifizieren sei, auf, und verwies hierbei zunächst auf den Umstand, dass die nationale Beurteilung nicht mit der des EGMR gleichbedeutend sei, geschweige denn gleichliefe. Soweit nämlich der EGMR die Führungsaufsicht als Strafe qualifiziere,[258] so unterscheide sich der Begriff der Strafe von dem des BVerfG. Jedoch vergleichend mit dem französischen Sexualstraftäterregister, bei welchem selbst der

[257] Ebenda, Rn.: 334, 339, 341.

[258] Vgl. EGMR Urt. v. 17.12.2009, Individualbeschwerde Nr. 19359/04, Rn.: 124 ff. (133).

EGMR mehr den präventiven als repressiven Charakter in den Vordergrund stellt und dabei den Strafcharakter verneint, sieht der Senat auch in der Anordnung der elektronischen Aufenthaltsüberwachung dieses und verneint diesbezüglich ebenfalls den Strafcharakter im Sinne des Art. 7 Abs. 1 EMRK, da der strafrechtliche Charakter der Maßnahme in den Hintergrund trete.[259]

cc) Bedeutung der festgestellten Verfassungsmäßigkeit

Kinzig trifft den Kern der Entscheidung wohl genau, wenn er resümiert, die elektronische Aufenthaltsüberwachung sei „verfassungsgemäß, aber unter Beobachtung“[260]. Das BVerfG nämlich verpflichtete den Gesetzgeber gleichsam dazu, die spezialpräventiven Wirkungen sowie technischen Rahmenbedingungen empirisch zu beobachten, um notfalls Anpassungen vornehmen zu können respektive zu müssen.[261] Insoweit überrascht diese Maßgabe aber nicht, da gerade eingriffsintensive Maßnahmen naturgemäß ständig einer dauernden Evaluation unterliegen sollten.[262] Im Rahmen der elektronischen (Aufenthalts-)Überwachung bedingt dies aber allein schon die Tatsache der sich immer – basierend auf dem technischen Fortschritt – weiterentwickelnden Umstände. Dass auch vor diesem Hintergrund immer wieder die Verhältnismäßigkeit solcher Maßnahmen zu prüfen ist leuchtet also ein. Gleiches dürfte auch für die verfassungsrechtliche Bewertung gelten, was zwangsläufig damit korreliert, dass neue Maßnahmen auch neue Beeinträchtigungen hervorrufen können. Diesem Umstand hat jedoch die Entscheidung des BVerfG insoweit die Brisanz genommen, als zunächst, jedenfalls im Rahmen der der Entscheidung zugrundeliegenden Grundrechtsbeeinträchtigungen, die elektronische Fußfessel für verfassungsgemäß erklärt wurde.

Ohne aber dieser Entscheidung eine unbedingte und generalisierende Wirkung zu attestieren, dürften dadurch zunächst etwaige Zweifel an der Verfassungsmäßigkeit der elektronischen Fußfessel ausgeräumt worden sein. Insoweit spiegelt diese Entscheidung aber auch das in der wissenschaftlichen

---

[259] BVerfG, Beschl. v. 01.12.2020 – 2 BvR 916/11, 2 BvR 636/12, Rn.: 342, 345–348, 349–351, 353, 354.

[260] *Kinzig*, NStZ 8/2021, S. 467.

[261] BVerfG, Beschl. v. 01.12.2020 – 2 BvR 916/11, 2 BvR 636/12, Rn.: 219, 258, 265.

[262] Hierzu auch BVerfGE 112, 304 (316).

Praxis überwiegend erkennbare Meinungsbild wider.[263] Zwar hat der Senat nicht jede bereits in der Wissenschaft thematisierte Grundrechtsbeeinträchtigung aufgegriffen, jedoch aber erkennbar mit dieser Entscheidung einen Richtungsweiser herbeiführen wollen, was allein die detaillierte Aufarbeitung innerhalb der Entscheidung zeigt. Zwar sind auch Präzedenzwirkungen oder -entscheidungen immer dahingehend zu überprüfen, ob deren Überzeugungskraft für zukünftige Entscheidungen auch auf andere Fälle anwendbar wäre. Jedoch lässt diese Entscheidung aus Sicht des Verfassers im Hinblick auf die generelle Betrachtung elektronischer Überwachung grundsätzlich eine neue Bewertung zu.

Betrachtet man nämlich die dieser Entscheidung zugrundeliegende Art elektronischer Überwachung, die elektronische Aufenthaltsüberwachung, so handelt es sich hierbei aufgrund deren Ausgestaltung und technischer Anwendung um die bislang den Betroffenen zweifelsohne am stärksten beeinträchtigende Maßnahme. Dies bedingt bereits die Tatsache, dass diese Form der elektronischen Überwachung durch die nahezu punktgenaue Ortungsmöglichkeit des Betroffenen einen teils deutlichen Einschnitt (Eingriff) in dessen Freiheitsrecht(e) darstellt, was auch das BVerfG festgestellt hat. Sofern aber das BVerfG hier dennoch der „elektronischen Fußfessel" die Verfassungsmäßigkeit attestiert, so dürfte man grundsätzlich annehmen, dass dies bei den milderen Maßnahmen, wie beispielsweise der elektronischen Präsenzkontrolle, „erst recht" der Fall sein könnte. Natürlich verbietet sich grundsätzlich eine solch pauschalierende Betrachtungsweise, finden die milderen Maßnahmen konsequenterweise auch nur in „milderen" Fällen Anwendung, weshalb dies eine Betrachtung des konkreten Einzelfalls selbstredend nicht entfallen lassen kann. Jedoch liefert das Gericht aufgrund seiner Entscheidung einige Anhaltspunkte, insbesondere auch im Hinblick auf die Sicherheit der Allgemeinheit und der Gesellschaft, die bei der Frage, ob erweiterte Sicherungsmöglichkeiten in Form von elektronischer Überwachung einen positiven Beitrag nachhaltiger Sanktionierung leisten können, einbezogen werden können. So spricht aus Sicht des Senates beispielsweise die Tatsache, dass zum Zeitpunkt

---

263 Vgl. Schlömer, 1998, S. 254, 255; Redlich, 2005, S. 224; Bernsmann, 2000, S. 197; vgl. auch Chang, 2019, S. 232, wonach auch die Mehrheitsmeinungen in den USA und Südkorea die Verfassungsmäßigkeit der EAÜ annehmen.

der Entscheidung respektive deren Ausarbeitung noch keine aussagekräftige Statistik zur Rückfallprävention vorgelegen habe, nicht bereits für die Ungeeignetheit der Maßnahme, sondern führe vielmehr zur Pflicht, diese zu beobachten. Der Senat räumt also mit einem bis dahin in der Wissenschaft häufig angeklungenen Kritikpunkt auf, indem er dessen Erheblichkeit dahingehend relativiert. Auch dies dürfte deshalb in die Untersuchung mit einzustellen sein. Doch die erkennbar den Senat bei seiner Entscheidung leitende Rechtsauffassung der Verfassungsmäßigkeit in Form des zwingenden Überwiegens der Schutzgüter der Allgemeinheit stößt auch in manchen Teilen an seine Grenzen. So verkennt dieser beispielsweise aus Sicht des Verfassers im Rahmen seiner Argumentation, die Beeinträchtigungen des Rechts der Beschwerdeführer auf Resozialisierung gehen in weitesten Teilen auf eigenes Verhalten dieser zurück, dass gerade die Ursache eines solchen Verhaltens die dabei in Rede stehende elektronische Fußfessel ist. Diese bescheidene Begründung dürfte wohl zu kurz greifen, monieren die Beschwerdeführer doch gerade, dass sie mehr oder minder zu einem solchen „passiven" Verhalten durch die Fußfessel gezwungen würden, dies also auch nicht zwingend einen inneren, sondern vielmehr einen äußeren Reflex darstellt, welcher sich lediglich innerlich, beispielsweise in Form psychischen Drucks, auswirkt. Die ansonsten aber grundsätzlich lehrbuchartige Subsumtion des Gerichts dürfte nichtsdestotrotz Signalwirkung entfalten, obwohl das Ende der verfassungsrechtlichen Diskussion damit nicht erreicht sein dürfte, bedenkt man vor dem Hintergrund der bisherigen Entwicklung jedenfalls die vielfältigen Möglichkeiten, welche elektronische Überwachung zukünftig noch bieten können wird.

e) Ausweitung sozialer Kontrolle (net-widening)

Im Rahmen nahezu jeglichen Bereichs von Überwachung besteht grundsätzlich auch die wesensimmanente Gefahr, eine solche zu missbrauchen. Unter anderem auch deswegen taucht seit Beginn der wissenschaftlichen Auseinandersetzungen mit dem Thema der elektronischen Überwachung fortwährend die Besonderheit der sich ausweitenden Sozialkontrolle, oder jedenfalls die Befürchtung derselben, auf. Dabei muss es sich jedoch nicht zwangsläufig um einen bewussten Missbrauch dieser Maßnahme handeln, da sich soziale Kontrolle auch unbewusst bzw. schleichend ausbreiten kann. Diese Besonderheit wurde erstmals in den USA entdeckt und beschäftigte seitdem auch die deutsche Wissenschaft.[264] Das sich unter dem überlieferten Begriff des „net-widening", zu Deutsch Netzerweiterung, verbergende Phänomen beschreibt dabei jenen Umstand, wonach sich durch die Möglichkeit elektronischer Überwachung der Radius deren Anwendung auch auf solche Personen ausdehnt, die bislang noch nicht im Überwachungssystem Berücksichtigung gefunden haben, jedenfalls nicht in dieser Art und Weise.[265] Hierbei ist anzumerken, dass dieses Phänomen, jedenfalls im Bereich der elektronischen Überwachung, bislang weitestgehend im Bereich des elektronisch überwachten Hausarrests thematisiert wurde, wobei sich die Argumentation dabei zumeist darauf zurückzog, dass durch die Möglichkeit des elektronisch überwachten Hausarrests leichtfertiger mit einer solchen Sanktionsmöglichkeit umgegangen würde.[266] In Anbetracht der bereits intensiven kritischen wissenschaftlichen Auseinandersetzung mit dieser Thematik bedarf es im Rahmen dieser Arbeit hierzu keiner ausgedehnten wiederholten Aufarbeitung. Nichtsdestotrotz stellt die Befürchtung der Ausweitung sozialer Kontrolle im Rahmen des wissenschaftlichen Exkurses den populärsten Kritikpunkt dar, obwohl ein solcher net-widening-Effekt bislang überwiegend aus amerikanischen Erfahrungen bekannt ist.[267] Hierbei darf jedoch nicht aus den Augen verloren werden, was *Schlömer* bereits im Jahre 1998 im Rahmen seiner Untersuchung des elektronisch überwachten Hausarrests erkannte, nämlich, dass Reformbestrebungen ansonsten, gerade auch im Bereich der Diversion, nahezu komplett torpediert würden.[268] Die dabei treffende – und auch aktuellste – Aufbereitung der Problematik des net-widening durch *Tomasulo* knüpft dabei an die Einschätzung *Schlömers* an, dass der Thematik des net-widening weitaus mehr Beachtung geschenkt würde als dies möglicherweise erforderlich sei.[269] Aus Sicht des Verfassers darf dieses, unter anderen Grundvoraussetzungen

---

[264] S. u. a. Hudy, 1999, S. 80; Haverkamp, 2002a, S. 10; Redlich, 2005, S. 81; Tomasulo, 2021, S. 105.

[265] Vgl. *Austin/Krisberg*, Journal of Research in Crime and Delinquency 1/1981, S. 169, welche bereits im Jahre 1981 diesen Effekt in seinen verschiedenen Facetten untersuchten; Hudy, 1999, S. 80, 81; Mayer, 2004, S. 151; s. auch Tomasulo, 2021, S. 105, m.w.N.

[266] Vgl. Schlömer, 1998, S. 140; Lindenberg, 1997, S. 189; Haverkamp, 2002a, S. 11.

[267] Hudy, 1999, S. 88; s. auch Tomasulo, 2021, S. 108, 109, m.w.N.

[268] Schlömer, 1998, S. 141.

[269] Tomasulo, 2021, S. 111, 112.

entstandene, Phänomen, wie es beispielsweise in den USA der Fall war, nicht dazu führen, dass das Vertrauen in das Justizsystem, insbesondere in die Gerichte, erschüttert wird. Dadurch unterstelle man den Gerichten hierzulande, dass diese sodann nicht mehr in der Lage wären, weiterhin unabhängige und objektive Einzelfallentscheidungen zu treffen.[270] Bedenkt man dabei auch, dass die Erfahrungen aus den USA vor dem Hintergrund einer immensen Gefangenenüberpopulation und der damit verbundenen angestrebten Kostensenkung entstanden sind, so dürfte aus Sicht des Verfassers die Problematik eines möglichen net-widening-Effekts vor dem Hintergrund dieser Untersuchung, durch elektronische Überwachung einen positiven Beitrag für nachhaltige Sanktionierung zu schaffen, anders zu bewerten sein, wenn – wie im Rahmen dieser Untersuchung – die Motivationslage bereits eine andere ist. Insofern wird aber auch diesbezüglich zu untersuchen sein, inwieweit dennoch das Risiko eines solchen im Rahmen der hier gegenständlichen erweiterten Sicherungsmöglichkeiten bestünde, und wie bejahendenfalls eine entsprechende Vermeidung aussehen könnte.

4. Stellungnahme

Die Darlegung des Standes der Wissenschaft und der derzeitigen Anwendungspraxis elektronischer Überwachung in Deutschland ist – wie dies auch bei anderen einschlägigen Arbeiten der Fall ist – aufgrund der Aktualität und der sich ständig weiterentwickelnden Maßnahmen im Wege der Gesamtkonzeption dieser Arbeit, auch vor dem Hintergrund der Untersuchung erweiterter Sicherungsmöglichkeiten, unerlässlich. Im Hinblick auf die Art und Anwendung elektronischer Überwachung fällt dabei zunächst auf, dass sich diese grundsätzlich mit dem Fortschreiten der Zeit und dementsprechend auch der technischen Möglichkeiten weiterentwickelt, oder jedenfalls weiterentwickeln kann. War zu Beginn lediglich die elektronische Präsenzkontrolle (EPK) – insbesondere im Rahmen des hessischen Modellprojekts – das technische Mittel der Überwachung, so wurde dieses, ausgehend von der Einführung elektronischer Überwachung im Rahmen der Führungsaufsicht im Jahre 2011, durch den Einsatz der sogenannten großen Fußfessel und der damit verbundenen Technik der elektronischen Aufenthaltsüberwachung (EAÜ) erweitert. Vor dem Hintergrund der bisherigen

[270] Vgl. auch Redlich, 2005, S. 122.

Entwicklung elektronischer Überwachung, welche erkennbar auch von der technischen Weiterentwicklung der Gesellschaft abhängt, erscheint es also durchaus sinnvoll, stetig erweiterte Sicherungsmöglichkeiten durch elektronische Überwachung ins Auge zu fassen und einer dahingehenden Untersuchung zu unterziehen.

Anhand einer Gesamtschau der bisherigen Einsatzgebiete, auch bezüglich deren rechtlicher Normierungen bzw. Anknüpfungspunkte innerhalb der (bestehenden) Gesetze ist dabei auffällig, dass zu Beginn lediglich solche Arten elektronischer Überwachung angewandt wurden, die mit den bestehenden Gesetzen – de lege lata – vereinbar waren. Versuche, solche Gesetze neu zu implementieren, wie bspw. Baden-Württembergs EAStVollzG, hingen dabei regelmäßig davon ab, inwieweit eine solche Maßnahme politisch, aber auch gesellschaftlich und tatsächlich, gewollt oder gar erforderlich war. Diese Beobachtung korreliert mit der Anwendung elektronischer Überwachung im Rahmen der Führungsaufsicht, da hierbei der sicherheitspolitische wie auch gesellschaftspolitische Druck entsprechend präsent war, was die Umstände deren Einführung deutlich erkennen lassen.

Bereiche, die weder eine hohe gesellschaftliche als auch politische Relevanz genießen, wiesen dabei häufig niedrigere Anwendungszahlen, sowie auch konsequenterweise weniger wissenschaftliche Auseinandersetzungen mit dieser Thematik, auf. Zu nennen sei hier bspw. die Möglichkeit, elektronische Überwachung im Rahmen von Gnadenerweisen oder im Bereich der Vollzugslockerungen anordnen zu können. Erinnert man sich an die ursprünglichen Gründe der Einführung elektronischer Überwachung, insbesondere die Kostenersparnis im Vergleich zum herkömmlichen Vollzug der Haft sowie die Reduzierung der Überbelegung der Haftanstalten,[271] so wäre es jedenfalls denkbar, dass die Anwendungszahlen zumindest im Rahmen der Vollzugslockerung, also im Rahmen des Strafvollzugs, deutlich höher wären, bestünden gegenwärtig so akute Probleme der Überbelegung von Haftanstalten wie dies beispielsweise in den USA im Rahmen der dortigen Einführung elektronischer Überwachung der Fall war. Dasselbe zeigt auch die Einführung elektronischer Überwachung im Rahmen der Gefahrenabwehr. Ungeachtet der bis dato wenig bis gar nicht erfassten Anwendungszahlen – im Bereich des § 56 BKAG belaufen sich diese beispielsweise nach

[271] Hudy, 1999, S. 29.

knapp fünf Jahren seit dessen Einführung auf null –[272] fällt ebenso auf, dass die Einführung dieser Maßnahmen in eine schwierige sicherheitspolitische Zeit fiel. Dies zeigt aber auch, dass die Einführung elektronischer Überwachung, und auch die Weiterentwicklung und Ausdehnung auf bereits bekannte oder neue Einsatzbereiche, durchaus möglich und gewollt sein kann. Dabei darf jedoch eine strenge Reglementierung, was die Betrachtung bei allen bisher normierten Fällen elektronischer Überwachung gezeigt hat,[273] nicht fehlen. Dies allein schon aus dem Grund, um der Befürchtung der sich durch neue Maßnahmen ausweitende Sozialkontrolle (net-widening) vorzubeugen.

Es ist daher angezeigt, anknüpfend an die bisherigen Einsatzgebiete elektronischer Überwachung, über erweiterte Sicherungsmöglichkeiten nachzudenken. Dies sowohl vor dem Hintergrund der Entscheidung des Bundesverfassungsgerichts vom 1. Dezember 2020[274] welche die Verfassungsmäßigkeit der „großen Fußfessel" bestätigte, als auch der Intention des Verfassers, durch neue, erweiterte Sicherungsmöglichkeiten mittels elektronischer Überwachung einen positiven Beitrag zu nachhaltiger Sanktionierung erzielen zu können. Allen voran dürfte der diesbezüglich populäre Gedanke der Haftvermeidung eine wesentliche Rolle spielen.[275] Insgesamt aber zeigt die bisherige Anwendungspraxis, dass, sofern ein gesellschafts- und/oder sicherheitspolitischer Konsens vorliegt, der Einsatz elektronischer Überwachung durchaus implementiert werden kann. Im Weiteren soll daher, insbesondere auch unter Betrachtung des Auslandes und deren Formen elektronischer Überwachung im Vergleich zur bisherigen deutschen Anwendungspraxis untersucht werden, inwieweit solche erweiterten Sicherungsmöglichkeiten realisierbar wären.

---

[272] Stellungnahme des BKA vom 05.01.2022 auf Anfrage des Verfassers vom 03.01.2022 (Anlage 1).

[273] Vgl. § 68b Abs. 1, S. 1 Nr. 12, S. 3–5 StGB, § 56 BKAG, § 56a AufenthG.

[274] BVerfG, Beschl. v. 01.12.2020 – 2 BvR 916/11, 2 BvR 636/12.

[275] Vgl. z. B. Seebode, 1985, S. 56 ff., der sich bereits im Jahre 1985 schon mit der Möglichkeit eines überwachten Hausarrestes als Alternative zur Untersuchungshaft beschaftigte; s. auch Harders, 2014, S. 263, 264, welcher zwar den Nutzen eines elektronisch überwachten Hausarrestes verneint, dennoch aber die Vermeidung von Inhaftierungen als oberste Priorität ansieht.

IV. Erweiterung der Sicherungsmöglichkeiten elektronischer Überwachung in Deutschland

Nachdem der Stand der Wissenschaft im Hinblick auf elektronische Überwachung in seinen grundlegendsten, und für diese Arbeit relevantesten, Zügen und Ausprägungen dargestellt wurde, soll nachfolgend die Frage erörtert werden, welche erweiterten Sicherungsmöglichkeiten, aufbauend auf der bisherigen Ausgestaltungspraxis, möglich und sinnvoll wären, um eine nachhaltigere Sanktionierung zu erreichen. Hierbei ist insbesondere der Blick über die Grenzen Deutschlands hinaus von entscheidender Bedeutung. Leitendes Motiv soll stets sein, durch potenziell erweiterte Anwendungsbereiche oder Anwendungsalternativen durch das Mittel der elektronischen Überwachung im Vergleich zu den klassischen, bisherigen Alternativen, einen nachhaltigeren Schutz der Gesellschaft zu etablieren.

1. Bestandsaufnahme

Ausgangspunkt für diese Betrachtung sind hierfür zunächst die bislang in Deutschland eingesetzten Varianten elektronischer Überwachung, wobei der Begriff Varianten suggeriert, dass sich die konkreten technischen Maßnahmen in vielerlei Hinsicht unterscheiden. Das Gegenteil ist jedoch der Fall. Denn technische Maßnahmen in diesem Sinne gibt es in Deutschland bislang grundsätzlich nur in zwei verschiedenen Ausprägungen, der elektronischen Präsenzkontrolle sowie der elektronischen Aufenthaltsüberwachung, welche ihrerseits jeweils Spezifikationen aufweisen können. Die eigentliche Differenzierung also, welche hier angestellt wird, betrifft somit die verschiedenen Anwendungsbereiche, womit nicht nur die rechtlichen, sondern auch die tatsächlichen Umstände gemeint sind. Diese beschränken sich jedoch auf die zuvor unter Kapitel B.III.2.a)–g) dargestellten Gebiete.

2. Zusätzliche Sicherungsmöglichkeiten im Rahmen internationaler Betrachtung

a) Überblick

Vergleichend mit den gegenwärtigen deutschen Anwendungsmöglichkeiten finden sich sowohl im europäischen als auch im nicht-europäischen Ausland alternative Sicherungsmöglichkeiten, welche elektronische Überwachung bieten kann. Dies verwundert grundsätzlich nicht, war Deutschland, jedenfalls im Vergleich zum nicht-europäischen Ausland, in Sachen elektronischer

Überwachung vielmehr ein Nachzügler als ein Vorreiter. Zwar etablierte Hessen durch sein Modellprojekt im Rahmen seiner innerdeutschen Vorreiterrolle elektronische Überwachung auch in Deutschland. Der historische Abriss zeigt aber auch, dass Deutschland in der internationalen Betrachtung nicht die Speerspitze darstellt. So verhielt es sich beispielsweise auch mit der elektronischen Aufenthaltsüberwachung im Rahmen der Führungsaufsicht, welche erst als Reaktion auf das EGMR-Urteil aus dem Jahre 2009 im Jahre 2011 eingeführt wurde. Insoweit waren die USA mit ihrer Einführung im vergangenen Jahrhundert, aber auch beispielsweise Südkorea (vier Jahre vor Deutschland), sichtbar schneller.[276]

Die Tatsache jedoch, dass andere Länder in Sachen elektronischer Überwachung voranschreiten respektive diese auch in anderen Formen einsetzen als dies bislang in Deutschland der Fall ist, birgt zum einen die Möglichkeit, eine entsprechende Anwendung solcher Techniken und Maßnahmen innerhalb der eigenen Rechtsordnung zu untersuchen, gleichzeitig zum andren aber auch die Frage, wie eine solche Implementierung aussehen könnte. Hierbei soll das Augenmerk insbesondere auf den bereits einleitend angerissenen (erweiterten) Sicherungsmöglichkeiten, dem elektronisch überwachten Hausarrest als eigene Strafe, dem Bilateral Monitoring (mobile Ge- und Verbotszonen) sowie einem ferngesteuerten Alkoholabstinenz-Überwachungssystem, dem Remote (Transdermal) Alcohol Monitoring liegen. Diese Maßnahmen haben grundsätzlich gemein, dass sie im Ausland bereits – in Teilen – eingesetzt werden, wobei insbesondere die Maßnahme des elektronisch überwachten Hausarrestes rechtlich wie tatsächlich unterschiedlich implementiert ist. Im Folgenden sollen diese drei alternativen Maßnahmen zunächst in ihrer abstrakten Art dargelegt und aufgrund des bereits bestehenden Vollzuges der Maßnahmen in anderen Ländern anhand dieser eingeordnet werden.

b) Die erweiterten Sicherungsmöglichkeiten

aa) Elektronisch überwachter Hausarrest als eigenständige Strafe

Die wissenschaftliche Auseinandersetzung mit der Maßnahme des „elektronisch überwachten Hausarrestes" ist keineswegs eine gänzlich neue. Bereits in den Anfängen elektronischer Überwachung, insbesondere in den Zeiten

[276] Vgl. Chang, 2019, S. 229.

des Aufkeimens aufgrund ausländischer Erfahrungen, wurde der elektronisch überwachte Hausarrest,[277] bzw. der elektronische Hausarrest,[278] untersucht. Seitdem war der elektronisch überwachte Hausarrest immer wieder Gegenstand wissenschaftlicher Auseinandersetzungen im Bereich elektronischer Überwachung. Dabei wurde der Begriff oftmals pauschalisierend für jegliche Arten der elektronischen Überwachung verwandt, sowohl im Hinblick auf die Anwendungsbereiche als auch die technische Anwendungsart.[279] Eine erste genauere Differenzierung nahm jüngst aber *Tomasulo* vor, wonach diese genauestens zwischen elektronischer Aufenthaltsüberwachung und elektronischer Präsenzkontrolle unterschied, und ihre Untersuchung ausschließlich letzterer widmete.[280] Eine solche Differenzierung ist aus Sicht des Verfassers zu begrüßen, da, untersucht man den elektronisch überwachten Hausarrest als eigenständige Strafe, dieser nicht mit jeder anderen Anwendung elektronischer Überwachung gleichzusetzen wäre, was Anlass dazu gibt, nachfolgend zunächst nochmal die – oftmals zu pauschal verwandten – Begrifflichkeiten zu betrachten. Die hiesige Untersuchung des elektronisch überwachten Hausarrestes jedoch erfolgt nicht – wie in den meisten bisherigen Untersuchungen – aufgrund des Motives Kosten einzusparen oder eine Überbelegung von Haftanstalten zu vermeiden, sondern vielmehr vor dem Hintergrund, eine neue, nachhaltige Sanktionsalternative zu schaffen, welche gleichzeitig einen positiven Beitrag für die Gesellschaft leistet. Denn die bisherigen Untersuchungen, speziell mit Blick auf den elektronisch überwachten Hausarrest, begrenzten sich zumeist nur auf die Frage, ob eine Strafe des elektronisch überwachten Hausarrestes andere Strafen, wie beispielsweise die kurze Freiheitsstrafe oder die Ersatzfreiheitsstrafe, ersetzen könne,[281] nicht aber beispielsweise, ob dieser grundsätzlich eine generelle Alternative zum klassischen Strafvollzug darstellen könnte.

(1) BEGRIFFLICHKEIT

Mit dem Begriff des elektronisch überwachten Hausarrestes dürfte man zunächst – sinnlogischerweise – solche Sanktionen verbinden, die sich

---

[277] Hudy, 1999, S. 19 ff., 36 ff.
[278] Wittstamm, 1999, S. 81 ff.
[279] Vgl. u. a. Haverkamp, 2002a, S. 543 ff.; Harders, 2014, S. 99 ff.
[280] Tomasulo, 2021, S. 51 ff.
[281] Vgl. bspw. Harders, 2014, S. 150 ff.

auf das häusliche Umfeld beschränken und entsprechender elektronischer Überwachung unterliegen. Dass dies insbesondere in den Anfängen elektronischer Überwachung in Deutschland so formuliert wurde verwundert dabei insoweit nicht, als es früher eine entsprechende Differenzierung zwischen elektronischer Präsenzkontrolle einerseits und elektronischer Aufenthaltsüberwachung andererseits noch nicht gab, da letztere erst mit der Einführung elektronischer Überwachung im Rahmen der Führungsaufsicht praktische Anwendung fand, zumindest in Deutschland.[282] Soweit in der (deutschen) Wissenschaft also von elektronisch überwachtem Hausarrest die Rede ist, konnte hier im Zweifel bislang immer angenommen werden, dass es sich dabei um Anwendungen der elektronischen Präsenzkontrolle handelte. Aus Sicht des Verfassers ist jedoch, auch aufgrund der Differenzierung und Klarheit bezüglich der verschiedenen Anwendungsalternativen, eine differenziertere Betrachtungsweise geboten. Dies insbesondere vor dem Hintergrund der hier gegenständlichen Untersuchung eines elektronisch überwachten Hausarrests als eigenständige Strafe, wonach diese sodann schon nicht mehr mit übrigen „Hausarrestvarianten" gleichgesetzt werden könnte. Die Differenzierung von *Tomasulo* zeigt dabei ebenfalls, dass in neueren wissenschaftlichen Werken eine solche durchaus erforderlich erscheint. Denn selbst das Bundesverfassungsgericht führt in der Begründung seiner hier gegenständlichen Entscheidung aus: „Die elektronische Aufenthaltsüberwachung sei bisher primär für die Überwachung von Hausarresten eingesetzt worden. Da es hierbei nur um die Kontrolle der Anwesenheit gehe, komme eine auf Radiofrequenz basierende Technik zum Einsatz."[283] Diese Ausführung ist, will man eine saubere Differenzierung erreichen, in zweierlei Hinsicht unpräzise. Zum einen wird die elektronische Aufenthaltsüberwachung schon nicht zur Überwachung von Hausarresten eingesetzt, da diese lediglich – jedenfalls in Deutschland – bislang nur im Rahmen der Führungsaufsicht zum Einsatz kam, bei welcher keine Hausarreste zu überwachen waren, sondern aufgrund der Gefährlichkeit der Betroffenen deren konkrete Aufenthaltsorte, weswegen die EAÜ, also die GPS-basierte Aufenthaltsüberwachung, dort angewendet wird. Zum anderen wird bislang eine reine Kontrolle der Anwesenheit richtigerweise durch Radiofrequenztechnik praktiziert. Dies jedoch im Rahmen

---

[282] S. B.III.2.d).

[283] BVerfG, Beschl. v. 01.12.2020 – 2 BvR 916/11, 2 BvR 636/12, Rn.: 169.

der elektronischen Präsenzkontrolle und nicht, wie das BVerfG aus der Stellungnahme des Max-Planck-Institutes übernommen hat, im Rahmen der elektronischen Aufenthaltsüberwachung.[284] Somit trägt eine begriffliche Differenzierung nicht nur zur präziseren Auseinandersetzung mit der Thematik bei, sondern vermeidet auch, dass die beiden (bislang) relevanten Techniken, die EPK und die EAÜ, miteinander vermengt werden.[285] Dies dürfte insbesondere auch vor dem Hintergrund, dass das BVerfG in seiner Entscheidung die eingriffsintensivere Alternative von beiden, nämlich die elektronische Aufenthaltsüberwachung, als verfassungsgemäß beurteilt hat, gelten.

(2) ELEKTRONISCH ÜBERWACHTER HAUSARREST

Die Maßnahme, den elektronisch überwachten Hausarrest als Strafe zu untersuchen, bedingt hier, neben einer kurzen Betrachtung des Begriffs des Hausarrestes per se,[286] zusätzlich eine Betrachtung der diesen bereits anwendenden Länder und deren dortige Ausgestaltung, wobei die Arbeit sich im Folgenden vor dem Hintergrund des Untersuchungszwecks auf solche Länder beschränkt, welche den elektronisch überwachten Hausarrest als Strafe, oder jedenfalls als Substitut einer solchen, entsprechend anwenden.

(a) Hausarrest

Der Begriff des Hausarrestes stellt ein Kompositum aus den beiden Wörtern „Haus" und „Arrest" dar, und wird durch den Duden als Strafe beschrieben, bei der dem Bestraften verboten ist, das Haus zu verlassen.[287] Soweit der erste Wortteil bezüglich der Bedeutung als „Heim" selbsterklärend sein dürfte,[288] existieren im Hinblick auf den zweiten Wortteil verschiedene Ausgestaltungen

---

[284] Zur Differenzierung s. B.III.1.a)–b).

[285] Vgl. hierzu auch Harders, 2014, S. 43, welcher ebenfalls die entsprechende grundsätzliche Differenzierung vornimmt.

[286] Insoweit beschränkt sich die Arbeit diesbezüglich jedoch auf eine minimale Darstellung, da dies im Rahmen anderer wissenschaftlicher Untersuchungen (vgl. z. B. Haverkamp 2002a (S. 5 ff., 25 ff.), Illert 2005 (S. 3 ff.) oder Schlömer 1998 (S. 28 ff.)) bereits entsprechend aufgearbeitet wurde.

[287] Duden, Hausarrest, 2022.

[288] Haus symbolisiert in diesem Fall sinnlogisch das Heim des Betroffenen, da nicht zwangsläufig ein Haus, sondern bspw. auch eine Wohnung gegenständlich sein kann.

des Arrestes im Rahmen der deutschen Rechtsordnung.[289] So finden sich dort über den strafrechtlichen Arrest hinaus, vor allem den klassischen Jugendarrest gemäß § 16 JGG, auch Formen des zivilprozessualen Arrestes zur Sicherung einer Geldforderung gemäß §§ 916 ff. ZPO. Ebenso verfügt auch das öffentliche Recht über solche Arrestvorschriften, wie beispielsweise in Form des § 26 der Wehrdisziplinarordnung, wonach bei Dienstvergehen u. a. ein Disziplinararrest verhängt werden kann. Die Bedeutung des Arrestes ist deshalb grundsätzlich vielfältig, wird im Rahmen des Hausarrestes durch den örtlichen Bezug zum Haus bzw. Heim jedoch eingegrenzt.[290] Der Hausarrest ist dabei mitnichten ein Produkt der Neuzeit, sondern findet seine Wurzeln weit im römischen Reich und damit im römischen Recht. Die dortige „custodia libera", zu Deutsch „freie Haft", sah beispielsweise vor, dass ein Beschuldigter, anstatt in einem staatlichen Gefängnis in einem privaten Haus festgehalten werden könne.[291] Ähnlich verhielt es sich mit der „custodia militaris", der Militärhaft, welche bereits durch die biblische Apostelgeschichte des Lukas (Apg. 28, 16) überliefert wurde, wonach es dem verhafteten Apostel Paulus erlaubt war, „für sich allein zu wohnen mit dem Soldaten, der ihn bewachte"[292]. Dies zeigt also, dass der Gedanke des Hausarrestes abseits der staatlichen Gefängnisse bereits damals praktiziert und sogar teilweise auch als verhältnismäßigere Sanktion angesehen wurde.[293]

(b) Betrachtung der Länder

Dass elektronische Überwachung bereits in unzähligen Ländern der Welt genutzt und praktiziert wird hat bereits der historische Abriss gezeigt. Diese wird hierbei grundsätzlich in den unterschiedlichsten Ausgestaltungen angewandt. Elektronische Überwachung in Form eines elektronisch überwachten Hausarrests als eigenständige Strafe kommt dabei jedoch nur selten zum Einsatz bzw. stellt sich oftmals auch nur als Substitut einer solchen

---

[289] Vgl. z. B. Haverkamp, 2002a, S. 5–6, m.w.N.

[290] Vgl. Haverkamp, 2002a, S. 6; vgl. auch Lindenberg, 1992, S. 118–120, welcher entgegen dem allgemeinen Sprachgebrauch des Arrestes vielmehr von Haushaft spricht, um nicht für die bereits existierenden Formen des Arrestes den Eindruck zu erwecken, diese würden ebenfalls zuhause verbüßt werden müssen, wie beispielsweise der Jugendarrest.

[291] Mommsen, 1899, S. 305.

[292] Bibel, Apg. 28, 16.

[293] Mommsen, 1899, S. 305.

Strafe dar. Nichtsdestotrotz gibt es einige Länder, die sich diesem Institut, auch wenn nicht immer unter der Bezeichnung als elektronisch überwachter Hausarrest, angenommen haben. Dazu zählen beispielsweise in ihrer ständigen Vorreiterrolle die USA, aber auch Belgien, Finnland, Tschechien, Neuseeland oder Australien. Die Umsetzung des elektronisch überwachten Hausarrestes ist hierbei jedoch teilweise unterschiedlich, weshalb im Folgenden die einzelnen Länder und die dortigen Anwendungspraktiken sowie die jeweilige rechtliche Ausgestaltung dargestellt werden sollen. Dies nämlich ist vor dem Hintergrund der hiesigen Untersuchung, ob solche praktizierten Modelle im deutschen Rechtssystem implementiert werden könnten, notwendige Voraussetzung. Gemein ist den im Folgenden dargestellten Ländern dabei, dass es sich, bereits aufgrund des Charakters des (elektronisch) überwachten Hausarrestes als Strafe, jeweils um eine sog. Front-Door-Maßnahme handelt.[294]

(aa) USA

Elektronisch überwachter Hausarrest, oder jedenfalls eine diesem gleichgelagerte Sanktion, wird in den USA – als Strafe im Sinne des Gesetzes – bislang nicht flächendeckend praktiziert, sondern vielmehr nur in einigen Bundesstaaten angewandt. Exemplarisch hierfür seien die Bundesstaaten Florida, Texas, Delaware und Colorado erwähnt, für welche im Folgenden die gesetzlichen Ausgestaltungen und Anwendungsmethoden erläutert werden.

(α) Florida

Es überrascht zunächst nicht, dass sich Florida in die Anwenderstaaten einer Strafe des elektronisch überwachten Hausarrestes, oder jedenfalls eines diesem gleich gelagerten Instituts, einreiht, kam dem Florida Community Control Program doch bereits historisch schon eine entsprechende Vorreiterrolle zu.[295] Gegenwärtig normiert das Florida Statute die Möglichkeit, den Angeklagten, anstelle einer Inhaftierung, durch das sogenannte „Community Control Program" zu bestrafen. Abschnitt 948.001 des Florida Statute 2021 definiert „community control" – zu Deutsch Gemeinschaftskontrolle – als eine Form des intensiven, überwachten Gewahrsams in der Gemeinschaft, einschließlich

[294] Vgl. zur Ausgestaltung der Front-Door-Maßnahmen Kapitel B.III.3.a).

[295] Vgl. Kapitel B.II.1.b).

der Überwachung an Wochenenden und Feiertagen, die von Beamten mit eingeschränkter Fallzahl durchgeführt wird. Weiter definiert es Community Control als individuelles Programm, in welchem die Freiheit eines Straftäters innerhalb der Gemeinde/Gemeinschaft, dem Zuhause oder einer nicht-institutionellen Wohneinrichtung eingeschränkt wird und spezifische Sanktionen verhängt und durchgesetzt werden. Abschnitt 948.10 Florida Statute, welcher die nähere Ausgestaltung dieses Programmes beinhaltet, normiert im dritten Satz des ersten Absatzes, dass dieses Programm den Gerichten eine alternative, gemeindebasierte Methode zur Bestrafung[296] eines Straftäters anstelle einer Inhaftierung anbietet und dabei eine intensive Überwachung vorsieht, um die Einhaltung von Beschränkungen und Sonderauflagen, einschließlich, aber nicht beschränkt auf, Behandlungs- oder Rehabilitationsprogramme, zu überwachen.

Das Gericht kann hierbei gemäß Abschnitt 948.01 (3) des Florida Statute 2021, insbesondere nach Betrachtung aller Umstände des konkreten Falls und der Person des Angeklagten, diesen in ein solches Community Control Program im Rahmen seiner Verurteilung einweisen. Gemäß dem Gesetzeswortlaut handelt es sich hierbei um eine „Bestrafungs-Alternative zur Inhaftierung“[297], mithin also eine Form der Strafe. Das Gericht ist jedoch nur befugt die alternative Strafe des Community Control Programs zu verhängen, wenn es im Hinblick auf den zu entscheidenden Einzelfall gemäß Abschnitt 948.01 (3) Florida Statute die Verhängung einer Bewährungsstrafe für ungeeignet („unsuitable“) hält. Des Weiteren besteht die Möglichkeit, dass das Gericht die Strafe teilen kann („split sentence“), mithin entsprechend Abschnitt 948.012 (2) Florida Statute eine Bewährungsstrafe („Probation“) verhängen kann, welcher das Gericht entweder eine Inhaftierung oder aber die Einweisung in die Community Control im Rahmen der Ausurteilung des Strafmaßes anschließt.

Der Hauptzweck des Instituts der Community Control liegt hierbei, wie sich aus dessen gesetzlich normierter Definition ergibt, auf der Überwachung des Straftäters. Dies lassen auch die nicht abschließend aufgelisteten

[296] Die Formulierung „zur Bestrafung“ zeigt hierbei ihrem Wortlaut nach deutlich, dass es sich bei dem normierten Community Control Program um eine andere Form der Bestrafung, abseits der (bedingt oder unbedingten) Freiheitsstrafe.

[297] Abschnitt 948.01 (3): „sentencing alternative to incarceration“; vgl. auch Abschnitt 948.10 Florida Statute.

möglichen Auflagen bzw. Weisungen im Rahmen des Abschnitt 948.101 Florida Statute erkennen. Das Gericht kann gemäß Abschnitt 948.101 (1) Florida Statute die Kontrolle und Überwachung des Straftäters durch die Strafvollzugsanstalt verlangen, und ordnet hierzu auch nach Abschnitt 948.101 (1) (d) Florida Statute die Überwachung mittels eines elektronischen Überwachungsgeräts oder -systems an. Es ist sodann an den Strafvollzugsanstalten, die Überwachung der Straftäter mittels elektronischer Überwachung auszuführen, Abschnitt 948.11 (1) Florida Statute.

(β) Texas

Auch in Texas wird das Institut des elektronisch überwachten Hausarrestes praktiziert. Im Gegensatz jedoch zum Bundesstaat Florida, in welchem das Community Control Program mit der (zwingenden) Auflage der elektronischen Überwachung explizit als Strafe gehandhabt wird, gleicht der elektronisch überwachte Hausarrest in Texas eher einem Substitut einer solchen Strafe. Der Texas Code of Criminal Procedure (CRIM P) sieht hierzu nämlich vor, dass gemäß Art. 42.035 (a) CRIM P das Gericht von einem Angeklagten verlangen kann, dass er die gesamte oder einen Teil einer Haftstrafe dergestalt im Bezirksgefängnis verbüßt, indem er an einem elektronischen Überwachungsprogramm teilnimmt, anstatt im Bezirksgefängnis eingesperrt zu sein. Hierzu kann das Gericht dem Angeklagten gemäß Art. 42.035 (b) CRIM P bei Verkündung einer Freiheitsstrafe oder jederzeit während der Verbüßung derselbigen eigenständig oder auf Antrag des Angeklagten gestatten, die Strafe unter Hausarrest zu verbüßen, einschließlich elektronischer Überwachung und sonstiger Bedingungen, die das Gericht für die arbeitsfreie Zeit des Angeklagten festlegen kann. Das Gesetz regelt hierbei ebenfalls, dass die Verbüßung der Freiheitsstrafe im Rahmen des Hausarrestprogramms unter elektronischer Überwachung die Freiheitsstrafe auf dieselbe Weise erfüllt, als wäre der Angeklagte im Gefängnis inhaftiert, Art. 42.035 (d) CRIM P.

Das entsprechende Hausarrestprogramm samt elektronischer Überwachung darf dabei lediglich von einer Abteilung für kommunale Aufsicht und Strafvollzug, Art. 42.035 (a) (1) CRIM P, oder vom Bezirksgericht oder einem privaten Anbieter, welcher mit dem Bezirksgericht einen entsprechenden Vertrag abgeschlossen hat, betrieben werden, Art. 42.035 (a) (2) CRIM P. Die genaueren Modalitäten regelt hierzu Abschnitt 351.904 Texas Local Government Code (LOC GOV'T), auf welchen Art. 42.035 (2) CRIM P entsprechend verweist. Insbesondere regelt dieser nochmals die Zuständigkeit für die Überwachung per se sowie den Umgang mit Kosten oder der Art der Überwachungstechnologie bis hin zu einer solchen zur kontinuierlichen Positionsbestimmung des Verurteilten, Abschnitt 351.904 (b)–(f) LOC GOV'T.

(γ) Delaware

Mit Delaware normiert ein weiterer US-Bundesstaat ebenfalls die gesetzliche Möglichkeit, ähnlich wie der Texas Code of Criminal Procedure, einen Verurteilen unter Hausarrest zu stellen bzw. diesen in ein entsprechendes Hausarrestprogramm einzuweisen. Gemäß § 4392 (c) Delaware Code (DE Code) kann der Richter im Rahmen seiner Verurteilung eines Straftäters anstelle einer Freiheitsstrafe eine Hausarrest-Strafe („house arrest sentence") verhängen. Nach der gesetzlichen Definition stellt Hausarrest oder das Hausarrestprogramm hierbei eine intensive Form des Freiheitsentzuges in der Gesellschaft, einschließlich der Überwachung an Wochenenden, dar, welche von Beamten der Intensivüberwachung verwaltet bzw. durchgeführt wird, 11 DE Code § 4392 (11. Titel des Delaware Code, § 4392). Soweit einem Verurteilten die Strafe des Hausarrestes zuteilwird ist die Vollzugsabteilung befugt, elektronische Überwachungssysteme sowie jegliche neuen und zukünftigen Technologien zur Überwachung von Straftätern zu benutzen, welche die Überwachung von unter Hausarrest gestellten Verurteilten unterstützen, 11 DE Code § 4332 (c). Dabei regelt das Gesetz nach 11 DE Code § 4393 (b) direkt auch den territorialen Anwendungsbereich einer solchen elektronischen Überwachung, welcher auf die Grenzen des Staates, soweit nichts anderweitiges bestimmt ist, beschränkt ist.

(δ) Colorado

Auch Colorado nutzt die Möglichkeit des Instituts des Hausarrestes als Alternative zur Freiheitsstrafe. Das Colorado Revised Statute (CRS) sieht dafür in § 18-1.3-106 vor, dass jeder Bezirk ein Programm anbietet, wonach ein zu einer Freiheitsstrafe verurteilter Straftäter seitens des Gerichts das Privileg erhalten kann, das Gefängnis – u. a. – zur Absolvierung eines Hausarrestes zu verlassen, § 18-1.3-106 (1) (a) VI. CRS. Was zunächst wie eine Back-Door-Variante anmutet, wird jedoch insoweit relativiert, als gemäß § 18-1.3-106 (1) (b) CRS dem Gericht die Zuständigkeit auferlegt anzuordnen, dass eine Person, die bei einer Verurteilung wegen einer Straftat sonst in das Bezirksgefängnis eingewiesen würde, direkt in ein verfügbares Tagesaufenthaltsprogramm eingewiesen werden kann, wenn das Gericht eine solche Strafe für den Straftäter als angemessen erachtet. Dem Gericht obliegt also im Sinne einer Front-Door-Maßnahme[298] die Zuständigkeit, solch eine Maßnahme anzuordnen.

Die Legaldefinition definiert in § 18-1.3-106 (1.1) CRS Hausarrest („home detention") im Sinne des Gesetzes als eine alternative Strafvollzugsmaßnahme[299], bei der ein Angeklagter, der wegen eines Vergehens, eines Verbrechens, der Nichtzahlung einer Geldstrafe oder der Missachtung des Gerichts angeklagt oder verurteilt wurde, seine Strafe oder einen Teil davon in seiner Wohnung oder einem anderen genehmigten Wohnsitz verbüßen darf, wobei der Angeklagte jederzeit an seinem genehmigten Wohnsitz verbleiben muss, mit Ausnahme einer genehmigten Beschäftigung, gerichtlich angeordneter Aktivitäten und medizinischer Bedürfnisse. Die Überwachung des Angeklagten umfasst hierbei die persönliche Überwachung durch einen Bediensteten oder Beauftragten der überweisenden Regierungseinheit sowie die Überwachung durch elektronische oder globale Ortungsgeräte, die in der Lage sind, die Abwesenheit oder Anwesenheit des Angeklagten in der genehmigten Wohnung festzustellen und zu melden.

(bb) Zwischenergebnis

Anhand dieser Betrachtung der Anwendung des elektronisch überwachten Hausarrestes in den USA, bzw. exemplarisch in einigen dieser Bundesstaaten, zeigt sich, dass das Institut des elektronisch überwachten Hausarrestes bis heute Eingang in die entsprechenden Rechtsordnungen gefunden hat. Die vorstehenden Bundesstaaten stellen dabei die einigen Wenigen dar, welche den elektronisch überwachten Hausarrest – in unterschiedlichen Ausgestaltungen – als Strafe oder entsprechendes Substitut einer solchen in ihren Rechtssystemen in den USA implementiert haben. Mitnichten aber stellen sie die einzigen Bundesstaaten dar, welche einen elektronisch überwachten Hausarrest praktizieren. Auch in den Rechtsordnungen anderer Bundesstaaten, beispielsweise Wisconsin oder auch Iowa, findet sich die

---

[298] Vgl. Kapitel B.III.3.a).

[299] Zwar wird Hausarrest hier per Gesetz als alternative Strafvollzugsmaßnahme („alternative correctional sentence") definiert, stellt aber dennoch eine Front-Door-Maßnahme dar, da die Zuständigkeit darüber zu entscheiden dem Gericht im Rahmen seiner Urteilsfindung obliegt.

Maßnahme des elektronisch überwachten Hausarrestes wieder, allerdings im Rahmen einer Back-Door-Variante, bei welcher nicht das Gericht die Maßnahme anordnet, sondern vielmehr die vollstreckenden Behörden, meistens also die Vollzugsabteilung oder dieser gleichgelagerte Stellen.[300] Die Betrachtung zeigt aber auch, dass selbst die Ausgestaltung als Strafe zwischen den Bundesstaaten variiert. Teilweise normieren die Gesetze explizit den (elektronisch) überwachten Hausarrest als Strafe (vgl. Florida, wobei hier die Bezeichnung „Community Control Program" verwendet wird), teilweise auch nur den Hausarrest als Strafalternative zur Freiheitsstrafe, welcher durch die gleichzeitige Auflage der elektronischen Überwachung des Verurteilten der selbständigen Strafe des (elektronisch) überwachten Hausarrestes gleichgestellt wird. Da es sich jedoch stets um eine Front-Door-Maßnahme handelt, bei welcher dem Gericht die Zuständigkeit der Entscheidung obliegt, dürfte dies im Ergebnis nichts an der Art der Maßnahme ändern.

Auffällig ist darüber hinaus, betrachtet man sich die gesetzlichen Ausgestaltungen, dass die alternative Sanktion bzw. Strafe des elektronisch überwachten Hausarrestes zum Teil mit deutlich strengeren Auflagen und Weisungen begleitet werden kann als die einfache Bewährungsstrafe. Exemplarisch zeigt dies Abschnitt 948.101 (1) Florida Statute, wonach, im Gegensatz zu den Standard-Bewährungsauflagen aus Abschnitt 948.03 Florida Statute, neben diesen weitere Auflagen wie ein spezifizierter Kontakt mit dem Bewährungshelfer, der Aufenthalt an einem vereinbarten Wohnsitz, verpflichtender öffentlicher Dienst oder die Überwachung durch die Strafvollzugsbehörde mit Hilfe eines elektronischen Überwachungsgerätes oder -systems hinzutreten können. Dies spiegelt zwar nicht alle Rechtsordnungen wider, lässt jedoch erkennen, dass der elektronisch überwachte Hausarrest unterschiedlich im Strafgefüge eingeordnet wird. So stellt in Florida die Strafe des Community Control Program mit Hilfe elektronischer Überwachung aufgrund deren Ausgestaltung zwar ein Weniger als die unbedingte Freiheitsstrafe dar, jedoch ein deutliches Mehr im Vergleich zur Sanktionsmöglichkeit der bedingten Freiheitsstrafe, also der Freiheitsstrafe auf Bewährung.

Die gesetzlichen Ausgestaltungen sehen ebenfalls vor, dass das Institut des elektronisch überwachten Hausarrestes, oder auch das entsprechende

[300] Vgl. hierzu §§ 901B.1 1. c. (4) i. V. m. 901B.1 2. Iowa Code bzw. § 302.425 (3m) Wisconsin Statute.

begriffliche Pendant, nicht jedem verurteilten Straftäter zuteilwerden kann. So bestimmen beispielsweise die Rechtsordnungen von Florida und Delaware gesetzlich bestimmte Zielgruppen dieser Maßnahme, wohingegen Colorado und Texas grundsätzlich jeder Person bzw. jedem Angeklagten die Möglichkeit einräumen, von dieser Maßnahme zu partizipieren.[301] Genauso wie im Rahmen der eigentlichen Ausgestaltung der Maßnahme, bestehen also auch für die Frage der Zielgruppe entsprechende Unterschiede.

Grundsätzlich jedoch bewegen sich die Bundesstaaten im Konsens, wenn es um die Frage der Kosten dieser Maßnahme geht. So sollen prinzipiell die Gefangenen selbst für die angefallenen Kosten einstehen, um von der entsprechenden Maßnahme partizipieren zu können. Hierzu regeln der Texas Code of Criminal Procedure in Art. 542.035 (c) CRIM P, das Florida Statute in Abschnitt 948.09 (2) sowie das CRS in § 18-1.3-106 (1.3) 4. CRS, dass der Proband die Kosten für die Maßnahme selbständig zu tragen hat. In Florida wird dem Gefangenen noch eine zusätzliche Gebühr zu den Kosten der Überwachung auferlegt, welcher aber die vollen Kosten des Überwachungsdienstes nicht übersteigen darf. Im Delaware Code findet sich zwar eine entsprechende Regelung nicht, jedoch beispielsweise im Wisconsin Statute in § 302.425 (3), sodass die Kostentragungspflicht nicht lediglich im Bereich des elektronisch überwachten Hausarrestes als Strafe, also der Front-Door-Variante, auftritt, sondern der Gedanke, dass der Gefangene die Kosten für seine Überwachung selbst zu tragen hat, generell die amerikanischen Rechtsordnungen prägt. Dies bestätigt auch eine Untersuchung der George Washington Law School, wonach Personen, die unter entsprechender Überwachung stehen, überwiegend eine Gebühr zu leisten haben, damit sie die Möglichkeit der elektronischen Überwachung nutzen können, wobei diese Gebühren sowohl täglich als auch wöchentlich oder monatlich festgesetzt werden können.[302]

Elektronisch überwachter Hausarrest bzw. ein diesem gleichgelagertes Institut, ist somit innerhalb der USA nicht für jeden Gefangenen eine mögliche Option. Die Betrachtung zeigt jedoch, dass diese Maßnahme weiterhin

---

301 Vgl. Abschnitt 948.10 (1) Florida Statute bzw. § 4392 DE CODE oder Art. 43.035 (a) CRIM P bzw. § 18-1.3-106 (1) (a) CRS.

302 *Weisburd/Bhadha/Clauson/Elican/Kahn/Lawrenz/Pemberton/Ringler/Schaer/Sherman/Wohlsdorf*, ELECTRONIC PRISONS: The Operation of Ankle Monitoring in the Criminal Legal System, 2021, S. 15–17.

ein gängiges Mittel der Straf- bzw. Vollzugspraktiken in den Vereinigten Staaten darstellt. Auch wenn die Ausgestaltung dabei nicht zwangsläufig als Strafe ausfällt, so wendet doch mittlerweile jeder der 50 Bundesstaaten von Amerika in irgendeiner Form elektronische Überwachung an, wodurch die Anwendungszahlen in jüngster Vergangenheit prozentual stark anstiegen.[303]

(cc) Belgien

Auch in die belgische Rechtsordnung hat die „Strafe unter elektronischer Überwachung", wie sie das landeseigene Strafgesetzbuch unter dessen Abschnitt „5bis" betitelt, Eingang gefunden. Die hierbei zum 1. Mai 2016 in Kraft getretene Sanktion wurde bereits durch Gesetz vom 7. Februar 2014 in das belgische Strafgesetzbuch (BelStGB) eingefügt.[304] Danach kann das Gericht gemäß Art. 37ter § 1, S. 1 BelStGB als Hauptstrafe eine Strafe unter elektronischer Überwachung auferlegen, wenn eine Tat mit einer Gefängnisstrafe von höchstens einem Jahr zu ahnden ist und die der Dauer der Gefängnisstrafe entspricht, die es andernfalls ausgesprochen hätte, und die im Fall der Nichtvollstreckung der Strafe unter elektronischer Überwachung zur Anwendung kommen kann. Im Rahmen dieser Strafe besteht dabei die Verpflichtung, während eines vom Gericht gemäß Art. 37ter § 2 BelStGB festgelegten Zeitraums an einer bestimmten Adresse anwesend zu sein, wobei die Anwesenheit insbesondere durch elektronische Mittel kontrolliert wird, Art. 37ter § 1, Abs. 2 BelStGB.

Das Gesetz bezeichnet die „Strafe unter elektronischer Überwachung", welche aufgrund der Bindung an eine entsprechende Adresse dem elektronisch überwachten Hausarrest gleichkommt, selbst als „Ersatzgefängnisstrafe" (vgl. Art. 37ter § 1, S. 2 BelStGB) bzw. „autonome Strafe" (Art. 37ter § 2, S. 2 BelStGB), was bedeutet, dass dies eine alternative Sanktionsform zu der Gefängnisstrafe im Sinne des belgischen Strafgesetzbuches darstellt.[305] Ähnlich wie die vergleichbaren US-amerikanischen Regelungen normiert das Gesetz in Belgien bestimmte Zielgruppen, dies jedoch in umgekehrter Weise indem es darlegt, wem die Strafe elektronischer Überwachung nicht

---

303 Ebenda, S. 3.

304 Vgl. Gesetzeschronologie in Vorbemerkung zu „Abschnitt 5bis – Strafe unter elektronischer Überwachung" des belgischen Strafgesetzbuches.

305 Vgl. auch *Beyens/Roosen* in: Dünkel/Thiele/Treig, 2017, S. 158.

zuteilwerden dürfe. Dies betrifft gemäß Art. 37ter § 1 Nr. 1–3 BelStGB Sexualstraftaten, Straftaten im Zusammenhang mit der Prostitution Minderjähriger sowie solcher bezüglich Totschlags. Bei allen übrigen Straftaten kann, sollten die übrigen Voraussetzungen wie u. a. die Ahndung der Tat mit einer Gefängnisstrafe von höchstens einem Jahr erfüllt sein, die elektronisch überwachte Strafe als alternative Strafsanktion in Betracht kommen. Das Gesetz sieht hierbei vor, dass diese nicht länger als ein Jahr andauern darf, Art. 37ter § 2 BelStGB. Auch ist das Gericht befugt, im Rahmen der Strafe der elektronischen Überwachung dem Verurteilten individuelle Bedingungen aufzuerlegen, und zwar zusätzlich zu denen, die ein jeder unter dieser Strafe sowieso einzuhalten hätte, wie bspw. keine weiteren Straftaten zu begehen, einen festen Wohnsitz zu haben sowie den Aufforderungen des überwachenden Dienstes Folge zu leisten, Art. 37ter § 5 BelStGB. Weitere Voraussetzung ist darüber hinaus gemäß Art. 37ter § 4 BelStGB das Einverständnis des Angeklagten bzw. dessen Beistandes, da ohne ein solches das Gericht die Strafe der elektronischen Überwachung schon nicht verhängen darf. Die Kontrolle des Verurteilten selbst erfolgt aber durch die Staatsanwaltschaft und deren Beamte des für die elektronische Überwachung zuständigen Dienstes, Art. 37quater § 2 BelStGB.

(dd) Finnland

Auch im finnischen Strafgesetzbuch (FinStGB) existieren sechs grundlegende Strafarten, von denen eine die sogenannte Überwachungsstrafe darstellt.[306] Diese wird in Kapitel 6, § 11a FinStGB als solche Strafe normiert und regelt dort auch entsprechend ihre Voraussetzungen. Entgegen jedoch der Normierung in Belgien ist in Finnland zunächst die Verurteilung zu einer unbedingten Freiheitsstrafe von nicht länger als sechs Monaten erforderlich, da erst im Nachgang an eine solche das Gericht die sog. Überwachungsstrafe verhängen kann, Kapitel 6, § 11a Abs. 1 FinStGB. Was zunächst wie eine Option im Rahmen des freien Ermessens des Gerichts erscheint, wird sodann durch die gesetzliche Formulierung dahingehend eingeschränkt, als diese einer Ermessensreduktion auf Null gleichkommt, wonach im Falle einer verhängten Freiheitsstrafe von bis zu sechs Monaten das Gericht eine

[306] S. englische Übersetzung des Criminal Code of Finland, Kapitel 6, § 1 Abs. 1 „Die Strafarten“.

Überwachungsstrafe derselben Länge verhängen „soll“ bzw. verhängt, wenn die unter Kapitel 6, § 11a Abs. 1 Nr. 1–3 FinStGB normierten Voraussetzungen vorliegen.[307] Dies ist dann der Fall, wenn der Angeklagte nicht durch das Institut der gemeinnützigen Arbeit bestraft werden kann, keine Hindernisse im Hinblick auf die Verhängung der Überwachungsstrafe bestehen aufgrund früherer Überwachungs- oder unbedingter Freiheitsstrafen oder aufgrund der Art der in Rede stehenden Straftat selbst bestehen und die Verhängung der Strafe dazu dient, die soziale Anpassung des Verurteilten aufrechtzuerhalten oder zu fördern, Kapitel 6, § 11a Abs. 1 Nr. 1–3 FinStGB. Ähnlich wie in den übrigen Anwenderstaaten ist darüber hinaus die Verhängung der Überwachungsstrafe davon abhängig, dass der Angeklagte hierzu seine Einwilligung erteilt, ebenfalls wie die in dessen Haushalt lebenden erwachsenen Mitbewohner, Kapitel 6 § 11a Abs. 2 FinStGB. Dieser Umstand beinhaltet sogleich eine regelnde Komponente, wonach bspw. in Fällen häuslicher Gewalt die Partner die Möglichkeit haben, sich einer Überwachungsstrafe für den Verurteilten entgegenzustellen.[308]

Die Ausgestaltung der Überwachung regelt sodann das Gesetz über die Vollstreckung von Gemeinschaftssanktionen[309], welches in dessen Kapitel 9, §§ 41 ff., detailliert den Inhalt und die Anwendung dieser Strafe beschreibt. § 41 regelt hierbei zuvorderst, dass die der Überwachungsstrafe zugeführte Person während dieser insbesondere mit technischen, aber auch anderen in diesem Gesetz benannten, Mitteln überwacht wird, und sich dabei an seinem Wohnort oder einem anderen geeigneten Ort aufhält. Verlassen darf sie diesen lediglich gemäß dem für sie individuell erstellten Strafplan, dessen Voraussetzungen durch § 44 des Gesetzes über die Vollstreckung von Gemeinschaftssanktionen geregelt sind und einem Vorschriftenplan gleicht. Zuständig für den Vollzug und die Organisation ist hierbei die Strafverfolgungsbehörde[310] gemäß § 43.

---

[307] Wortlaut der englischen Übersetzung des Criminal Code of Finland, Kapitel 6, § 11a Abs. 1 „[…] shall instead have a monitoring sentence imposed […]“.

[308] *Lappi-Seppälä/Lähteenmäki* in: Dünkel/Thiele/Treig, 2017, S. 330.

[309] Gemäß der englischen Übersetzung des finnischen Justizministeriums: „Act on the Enforcement of Community Sanctions“.

[310] Entsprechend der englischen Übersetzung des Gesetzes über die Vollstreckung von Gemeinschaftssanktionen „The Criminal Sanctions Agency“.

(ee) Tschechien

In Tschechien existiert eine Überwachungsstrafe in diesem Sinne nicht. Jedoch besteht hier die Möglichkeit für die Gerichte, gegen den Angeklagten die Alternativstrafe des Hausarrestes zu verhängen, welcher insbesondere in § 60 des tschechischen Strafgesetzbuches (TschechStGB) normiert ist. Nach dessen Absatz eins kann ein Gericht diese Strafe verhängen, wenn der Angeklagte ein Vergehen begangen hat, was im tschechischen Strafrecht nach § 14 Abs. 2 TschechStGB eine Fahrlässigkeitstat oder eine vorsätzliche Straftat umfasst, die jedoch mit nicht mehr als fünf Jahren Freiheitsstrafe bedroht ist.[311] Auch hier sieht die Strafe vor, dass sich der Verurteilte in bestimmten Zeiträumen an einem festgelegten Ort bzw. Heim aufhält und dieses nur aus bestimmten Gründen verlassen darf, beispielsweise zum Arbeiten oder aufgrund medizinischer Behandlungen, § 60 Abs. 3 TschechStGB. Die Strafe darf hierbei gemäß § 60 Abs. 1 TschechStGB für eine maximale Dauer von zwei Jahren verhängt werden und ist davon abhängig, dass die Art der Strafe im Lichte der begangenen Straftat und der Person des Straftäters ausreichend bzw. angemessen ist und sich der Betroffene im Rahmen einer schriftlichen Zustimmung mit dem Hausarrest einverstanden erklärt und seine Kooperationsbereitschaft diesbezüglich verspricht. Wichtig ist hierbei, dass der Angeklagte vor seiner Einwilligung über alle Umstände der Strafe aufgeklärt ist, auch über die Überwachung dessen Vollzuges.[312]

Denn § 334b der tschechischen Strafprozessordnung (TschechStPO) bestimmt, dass die Kontrolle des Vollzuges des Hausarrestes durch den Bewährungs- und Mediationsdienst in Zusammenarbeit mit dem Betreiber des elektronischen Überwachungssystems, durch welches die Bewegungen des Verurteilten überwacht werden können, oder aber durch zufällige Kontrollen eines Bewährungshelfers durchgeführt wird. Entgegen jedoch der Rechtsordnungen anderer Staaten, die einen elektronisch überwachten Hausarrest ermöglichen bzw. ein diesem gleichgelagertes Substitut, findet sich in der tschechischen Rechtsordnung keine Vorschrift dahingehend, wer für die Anordnung elektronischer Überwachung zuständig ist. Lediglich die Tatsache, dass die Kontrolle des Vollzuges durch elektronische Überwachung

---

[311] Vgl. auch *Válková* in: Dünkel/Thiele/Treig, 2017, S. 470.

[312] Stellungnahme des tschechischen Justizministeriums v. 17.08.2022 auf Anfrage des Verfassers v. 15.07.2022 (Anlage 2).

stattfinden kann ist in § 334b TschechStPO normiert. Rechtlich existiert daher im Grunde genommen keine Ermächtigungsgrundlage, faktisch jedoch obliegt dem Gericht die Verhängung der Strafe des Hausarrestes, nicht aber auch die Verhängung und damit korrespondierend die Wahl des Kontrollmittels zur Überwachung des Vollzuges dieser Strafe.[313] Dies obliegt dem Bewährungshelfer, der dafür zuständig ist die Art und Weise der Überwachung in jedem Einzelfall zu bestimmen.[314] Gemäß § 60 Abs. 5 i. V. m. § 48 Abs. 4 TschechStGB kann das Gericht jedoch noch weitere Bedingungen und Auflagen anordnen, beispielsweise ein Verbot des Konsums alkoholischer Getränke oder anderer Drogen, was ebenfalls durch die seitens des Bewährungshelfers angeordnete Überwachungsmethode kontrolliert wird.[315] Möglich ist hierbei in bestimmten Fällen, dass die elektronische Überwachung mit den Kontrollen durch einen Bewährungshelfer kombiniert wird.[316]

Überdies gestattet das tschechische Recht gemäß § 314e Abs. 2, 4 TschechStPO grundsätzlich auch die Verhängung des Hausarrestes im Rahmen eines Strafbefehls, dann unter Umständen auch in Kombination mit elektronischer Überwachung, wobei sich im Rahmen dieser Verfahrensart die maximale Anordnungsdauer des Hausarrestes auf ein Jahr reduziert und das Gericht im Vorhinein einen Bericht beim zuständigen Bewährungshelfer einzuholen hat, ob die Möglichkeit des Vollzuges dieser Strafe überhaupt gegeben ist, auch vor dem Hintergrund der medizinischen Eignung des Beschuldigten und dessen Meinung.[317]

(ff) Neuseeland

Die neuseeländische Rechtsordnung sieht ebenfalls die Möglichkeit einer Strafe des Hausarrestes mit der Option der elektronischen Überwachung

---

313 Stellungnahme des tschechischen Justizministeriums v. 17.08.2022 auf Anfrage des Verfassers v. 15.07.2022 (Anlage 2).

314 Stellungnahme des tschechischen Justizministeriums v. 17.08.2022 auf Anfrage des Verfassers v. 15.07.2022 (Anlage 2).

315 Ebenda.

316 Ebenda.

317 Vgl. Stellungnahme des tschechischen Justizministeriums v. 17.08.2022 auf Anfrage des Verfassers v. 15.07.2022 (Anlage 2), allerdings verweist der Verfasser dort auf § 314e Abs. 4 TschechStPO, was wohl ein redaktionelles Versehen darstellt, denn die Pflicht für den im Vorhinein einzuholenden Eignungsbericht ergibt sich aus § 314e Abs. 3 TschechStPO.

vor. Die Strafe des Hausarrestes wurde hierbei erstmals im Jahre 2007 durch den „Sentencing Amendment Act 2007“ in das eigentliche Strafgesetz, den Sentencing Act 2002, mit Wirkung zum 1. Oktober 2007 eingeführt.[318] Das Gericht hat hier, vergleichbar mit der rechtlichen Ausgestaltung in Delaware (US), gemäß § 80A Sentencing Act 2002 die Möglichkeit, den Angeklagten zur Strafe des Hausarrestes zu verurteilen.[319] Im Rahmen dieser Strafe ermöglicht § 80C (2) (d) Sentencing Act 2002 die Anordnung der Auflage, dass der Angeklagte sich auf Verlangen der elektronischen Überwachung zur Kontrolle seiner Hausarrestbedingungen unterziehen muss. Die Zuständigkeit für die Anordnung der Maßnahme kommt hier allerdings dem Bewährungshelfer zu, der in diesem Zuge gleichsam den Aufenthaltsbereich des Angeklagten festlegen kann. Zwar obliegt dem Gericht hier de lege lata nicht die Zuständigkeit der Anordnung der elektronischen Überwachung des Hausarrestes des Verurteilten. Jedoch wird in Neuseeland elektronische Überwachung bei allen Verurteilungen zur Strafe des Hausarrestes angewandt,[320] weshalb die Verurteilung zur Strafe des Hausarrestes durch die Gerichte in dem Wissen erfolgt, dass dabei elektronische Überwachung zum Einsatz kommt, sodass zumindest mittelbar von einer Strafe des elektronisch überwachten Hausarrestes gesprochen werden kann. In § 80E Sentencing Act 2002 wird hierzu der genaue Zweck der Maßnahme festgelegt. Hiernach dient die elektronische Überwachung der Überwachung der Einhaltung solcher Bedingungen, die sich auf den Aufenthalt beziehen und die der Verurteilte im Rahmen seiner Hausarreststrafe auferlegt bekommen hat, § 80E (1) Sentencing Act 2002. Dabei ist genau geregelt, zu welchen Zwecken darüber hinaus die durch die elektronische Überwachung erhobenen Daten verwendet werden dürfen, § 80E (2) Sentencing Act 2002. Hierunter fallen enumerativ die Einhaltung sowie Nichteinhaltung von Haftbedingungen und die Begehung von Straftaten sowie die Erbringung hierfür erforderlicher Beweise und die Überprüfung einer etwaigen Manipulation des Überwachungsgeräts durch den Verurteilten.

---

[318] Vgl. § 44 des Sentencing Amendment Act 2007; vgl. auch *Smith/Gibbs* in: Nellis/Beyens/Kaminski, 2013, S. 91.

[319] Vgl. auch Department of Corrections, Corrections News 11/2007, S. 4.

[320] New Zealand Government, Electronic-Monitoring: Evidence Brief December 2018, 2018, S. 3–4.

Trotz der Entscheidungsbefugnis des Bewährungshelfers für die Anordnung elektronischer Überwachung handelt es sich aber auch in Neuseeland in solchen Fällen, in denen eine Hausarreststrafe mittels elektronischer Überwachung überwacht wird, um eine Front-Door-Maßnahme, da bereits im Vorhinein eine Haftvermeidung stattfindet, welche durch das Gericht angeordnet wird. Die bei Verhängung dieser Maßnahme eingesetzte Technologie erstreckt sich dabei im Rahmen des Hausarrestes auf die GPS-Technologie,[321] ermöglicht demnach eine punktgenaue Ortung des zum Hausarrest verurteilten Straftäters.

(gg) Australien

Die rechtliche Ausgestaltung des elektronisch überwachten Hausarrestes in Australien ist, bedingt durch die föderale Staatstruktur, abhängig von dem jeweiligen Bundesstaat bzw. Territorium, da in jedem dieser eine eigene Legislative besteht. Dies bezieht sich hierbei, anders als beispielsweise in Deutschland, auch auf die Formen und Arten der Bestrafung, welche in Deutschland durch das Strafgesetzbuch einheitlich national geregelt sind.

So obliegt es jedem Bundesstaat bzw. Territorium, ob, und wenn ja wie, die Strafe des elektronisch überwachten Hausarrestes – mittelbar oder unmittelbar – gesetzlich verankert ist. Hinsichtlich der elektronischen Überwachung dürfte dies weniger ausschlaggebend sein als bzgl. der Möglichkeit, Angeklagte zur Strafe eines Hausarrestes zu verurteilen. So verfügten beispielsweise die Rechtsordnungen der Bundesstaaten Victoria und New South Wales einige Zeit lang über eine originäre Hausarreststrafe, bisweilen wurden diese aber wieder abgeschafft und im Rahmen von anderweitigen – bestehenden oder neu erlassenen – Überwachungsstrafen integriert.[322] Auch der Bundesstaat Western Australia verfügt nicht über die Strafe des Hausarrestes, sondern nur über die klassische bedingte Freiheitsstrafe auf Bewährung. Lediglich das Northern Territory und der Bundesstaat South Australia weisen innerhalb ihrer Gesetze die originäre Möglichkeit

[321] New Zealand Government, Electronic-Monitoring: Evidence Brief December 2018, 2018, S. 7.

[322] Vgl. Victorian Sentencing Legislation Amendment (Abolition of home detention) Act 2011 (NO. 48 of 2011) bzw. Crimes (Sentencing Procedure) Amendment (Sentencing Options) Act 2017 No. 53 (NSW).

auf, im Rahmen der Verurteilung des Angeklagten zu einer Freiheitsstrafe, diese durch die Strafe des Hausarrestes zu ersetzen. Gegensätzlich dazu verhält es sich allerdings mit der elektronischen Überwachung, welche mittlerweile in all diesen Rechtsordnungen Eingang gefunden hat. Mit Ausnahme des Staates Victoria ist diese dabei auch regelmäßig in Verbindung mit Hausarrest möglich, wenn auch nicht immer unmittelbar als Strafe, zumindest aber als Substitut einer solchen.

Für das Northern Territory normiert der Northern Territory Sentencing Act 1995 (Sentencing Act 1995) in dessen §§ 44–48 das Institut des Hausarrestes (home detention). Gemäß § 44 (1) Sentencing Act 1995 kann hierbei das Gericht, welches einen Angeklagten zu einer Freiheitsstrafe verurteilt hat, diese Strafe aussetzen und Hausarrest anordnen, sofern es die Umstände erlauben. Dabei kann es dem Verurteilten nach § 44 (3) (b) Sentencing Act 1995 auferlegen, ein Gerät zur Überwachung zu tragen bzw. anzulegen sowie die entsprechenden Hilfsmittel oder Maschinen, die für eine ordnungsgemäße Überwachung erforderlich sind, in den Räumlichkeiten oder dem Ort, welcher im Rahmen der Anordnung des Hausarrestes durch das Gericht bestimmt wurde, aufzustellen bzw. zu installieren, § 44 (2) Sentencing Act 1995. Die Dauer der Maßnahme darf hierbei zwölf Monate nicht überschreiten. Dabei regelt das Gesetz auch weitere zwingende Voraussetzungen, ohne deren Vorliegen das Gericht einen solchen Hausarrest nicht anordnen darf. Hierbei muss insbesondere festgestellt sein, dass die entsprechende Örtlichkeit für die Maßnahme geeignet ist und nicht zu Belästigungen oder Gefahren für im Haushalt lebende Personen oder die Allgemeinheit führt, sowie, dass der Verurteilte seine Zustimmung zu der Maßnahme des Hausarrestes erteilt hat, § 45 (1) Sentencing Act 1995.

In New South Wales (NSW) wurde 2018 durch den Crimes (Sentencing Procedure) Amendment (Sentencing Options) Act 2017 No. 53 das Institut des Hausarrestes als eigenständige Strafe durch die Einführung sogenannter „Intensive Correction Orders“ (ICO) (zu Deutsch: intensive Vollstreckungsanordnung) abgelöst. Die im Rahmen dieses Änderungsgesetzes abgeschaffte ursprüngliche Bewährungsstrafe können die Gerichte seitdem – u. a. – über das Institut der Intensive Correction Order als alternative freiheitsentziehende Sanktion zur unbedingten Inhaftierung ersetzen, vgl. § 64 ff. Crimes (Sentencing Procedure) Act 1999. Im Rahmen dieser Alternativstrafe kann bzw. muss das Gericht Standard- oder Zusatzbedingungen auferlegen,[323] § 72 Crimes (Sentencing Procedure) Act 1999. Hierbei räumt das Gesetz gemäß § 73A (2) (a) und (b) Crimes (Sentencing Procedure) Act 1999 die Möglichkeit ein, Hausarreste und/oder elektronische Überwachung gegenüber dem Verurteilten als Bedingung anzuordnen, wobei die generelle Überwachung dabei ohnehin obligatorisch ist, § 72 (2) (b) Crimes (Sentencing Procedure) Act 1999. Somit können die Gerichte auch im Rahmen dieser alternativen Freiheitsstrafe einen elektronisch überwachten Hausarrest verhängen, wobei hier die eigentliche Strafe die der Intensive Correction Order ist, welche mit entsprechenden Bedingungen ergänzt werden kann bzw. muss, sodass vielmehr von einem Substitut der originären Strafe des elektronisch überwachten Hausarrestes zu sprechen wäre. Die Verhängung bzw. Ersetzung der Strafe des ICO ist gesetzlich jedoch nur gestattet, soweit im Vorhinein eine unbedingte Freiheitsstrafe durch das Gericht verhängt wurde, welche ein Höchstmaß von zwei Jahren, bei einer Gesamtfreiheitsstrafe ausnahmsweise drei Jahre, nicht überschreiten darf, § 68 (1) und (2) Crimes (Sentencing Procedure) Act 1999. Dabei schließt das Gesetz die Verhängung dieser Strafe bei bestimmten Straftaten, u. a. bei schweren Straftaten wie Mord oder bestimmten terroristischen Straftaten sowie Sexualstraftaten, aus, da gemäß § 66 (1) Crimes (Sentencing Procedure) Act 1999 der Schutz der Allgemeinheit oberste Priorität hat, was das entsprechende Gericht in seiner Entscheidung, auch in Abwägung zu den mit der Verhängung der Strafe verfolgten Zielen, zu berücksichtigen hat.

Dagegen sieht die Gesetzeslage in South Australia wiederum den Hausarrest im Rahmen der dort gesetzlich konzipierten freiheitsentziehenden Strafen als eigenständige Strafe vor, die als sog. „Community based custodial sentences" (gemeindebasierte freiheitsentziehende Strafen) gemäß §§ 69 ff. Sentencing Act 2017 den Gerichten als Alternative zur Inhaftierung an die Hand gegeben wird. Die im Rahmen dieses Kataloges implementierte Sanktion der besagten gemeindebasierten, freiheitsentziehenden Strafen kann dabei durch das Gericht als sog. „Home detention order" (Hausarrestanordnung) erlassen werden, sofern das zuständige Gericht eine Inhaftierung, mithin eine

---

[323] Vgl. hierzu § 73A (1) Crimes (Sentencing Procedure) Act 1999, wonach zusätzlich zu den Standardbedingungen/-auflagen aus § 73 noch mindestens eine der Zusatzbedingungen aus § 73A (2) hinzutreten muss.

unbedingte Freiheitsstrafe, verhängt hat, vgl. §§ 71 (1), 69 (1) Sentencing Act 2017. Danach soll dem Gericht grundsätzlich die Möglichkeit eröffnet werden eine freiheitsentziehende Strafe zu verhängen, sodann jedoch die Verbüßung im Rahmen des Hausarrestes anordnen zu können. Auch in South Australia ist, ähnlich wie in New South Wales, gesetzlich explizit geregelt, dass bei der Frage der Verhängung des Hausarrestes der Schutz der Allgemeinheit, sowohl im Hinblick auf ein Individuum als auch die Allgemeinheit als Ganzes, oberste Priorität genießt. Dementsprechend ist die Verhängung der Maßnahme des Hausarrestes für einige bestimmte Straftaten wie Mord, Hochverrat oder terroristische sowie sexuell motivierte Straftaten nicht möglich, §§ 70 (1) (b), 71 (2) Sentencing Act 2017. Der Hausarrest selbst ist ebenfalls an bestimmte Bedingungen geknüpft, deren Einhaltung für den Verurteilten obligatorisch sind, will dieser nicht den Widerruf des Hausarrestes riskieren, § 73 (1) Sentencing Act 2017. Eine Bedingung neben dem obligatorischen Nichtverlassen des entsprechenden Wohnsitzes stellt insbesondere auch gemäß § 72 (1) (h) Sentencing Act 2017 die Überwachung der betroffenen Person mittels eines elektronischen Gerätes dar. Da das Gesetz dem Gericht hierbei keine Wahlmöglichkeit der Bedingungen stellt, sondern vielmehr im Rahmen eines enumerativen Katalogs Bedingungen aufzählt, denen der Hausarrest und der Verurteilte unterliegen, kann auch in diesem Fall vom elektronisch überwachten Hausarrest gesprochen werden, welcher in dieser Form als eigenständige Strafe verhängt werden kann. Dem Gericht ist es insbesondere nicht möglich, die Bedingung der elektronischen Überwachung zu widerrufen, solange dies nicht aus medizinischen Gründen angezeigt wäre, § 72 (4) (b) Sentencing Act 2017.

Variabler gestaltet sich die Rechtslage in Western Australia, wo per se weder die Strafe noch die Anordnung des (elektronisch überwachten) Hausarrestes existieren. Vielmehr sieht die gesetzliche Konzeption hier die Möglichkeit eines sog. „conditional suspended imprisonment" vor, was im Deutschen mit einer bedingten Freiheitsstrafe auf Bewährung übersetzt und entsprechend verglichen werden kann. Auch hierbei erlaubt das Gesetz allerdings die Aussetzung der Inhaftierung, welche im Vorhinein zwingend verhängt worden sein muss, § 81 (1) Sentencing Act 1995. Im Rahmen dieser Strafe des conditional suspended imprisonment schreibt das Gesetz gemäß § 84 Sentencing Act 1995 vor, dass die Strafe mit mindestens einer von drei Voraussetzungen, also ähnlich einer Auflage, begleitet werden muss. Eine dieser Voraussetzungen ist das „curfew requirement", also eine Auflage für die Ausgangssperre, bei welcher sich der Verurteilte einer Überwachung oder Kontrolle zu unterziehen hat, im Rahmen dieser das Gericht zum Zwecke der Überwachung dem Verurteilten zusätzlich auferlegen kann, ein elektronisches Überwachungsgerät zu tragen bzw. ein solches in seinem Heim installieren zu lassen, § 84C (2) (b), (10) Sentencing Act 1995. Bereits der Begriff „curfew", was im Deutschen mit Ausgangssperre oder Sperrzeit übersetzt werden kann, signalisiert hierbei, dass es sich bei dieser Auflage um ein ähnliches Institut wie den Hausarrest handelt, welcher elektronisch überwacht werden kann. Dies ergibt sich auch aus dem gesetzlich definierten Zweck dieses Instituts, wonach sich gemäß § 84C (1), (2) Sentencing Act 1995 neben Vermeidung der Begehung erneuter Straftaten der Verurteilte insbesondere an dessen Wohnort bzw. einem bestimmten Ort für gewisse Zeiten aufhalten muss, was mittels der elektronischen Überwachungsgeräte überwacht wird. Verlassen darf er diesen nur aus gesetzlich explizit normierten Gründen, welche beispielsweise in der Ableistung gemeinnütziger Arbeit, der Wahrnehmung medizinischer Behandlungen oder spezieller Weisungen des Betreuers bestehen, § 84C (8) Sentencing Act 1995. Auch hierbei ist oberstes Ziel des Gesetzgebers, durch die Maßnahme der elektronischen Überwachung Risiken für die Bevölkerung, beispielsweise wenn der Verurteilte ein solches Risiko für einzelne Personen, bestimmte Personengruppen oder auch die Gesellschaft im Gesamten darstellt, durch die Ermöglichung der Ortung zu vermeiden, § 84CA (1) Sentencing Act 1995.

(hh) Stellungnahme

Die Betrachtung der Länder hat zunächst verdeutlicht, dass der elektronisch überwachte Hausarrest als Strafe häufiger rechtlich implementiert ist als dies womöglich angenommen wird. Die Tatsache, dass es sich bei den dargestellten Maßnahmen jeweils um Front-Door-Maßnahmen handelt, da durch eine gerichtliche Entscheidung im Vorhinein eine potenzielle Haft im eigentlichen Sinne vermieden wird, stellt allerdings kein Alleinstellungsmerkmal dar. Denn ebenso gibt es Maßnahmen des elektronisch überwachten Hausarrestes, die zwar von vornherein verhängt werden können, dadurch also die Haft ersetzen, jedoch als Vollzugsform und gerade nicht als Strafe ausgestaltet sind. Eine solche Form existiert beispielsweise in Österreich, auf welche im Rahmen dieser Arbeit noch einzugehen sein wird.

Auffällig ist im Weiteren, dass sich die rechtlichen Ausgestaltungen auf die ein oder andere Weise ähneln, wobei Unterschiede oftmals nur in der Anordnungskompetenz hinsichtlich der elektronischen Überwachung existieren, nicht jedoch bezüglich der Strafe per se, bei welcher die Anordnungskompetenz grundsätzlich dem Gericht obliegt. Daraus resultiert, dass sich der „elektronisch überwachte Hausarrest" als eigenständiges Institut lediglich in wenigen Fällen in den Rechtsordnungen wiederfindet, sondern vielmehr die Strafe des Hausarrestes die dominierende Komponente hierbei ist und die elektronische Überwachung zusätzlich, teils obligatorisch teils wahlweise, auferlegt wird bzw. werden kann. Dies tut der Maßnahme jedoch insofern keinen Abbruch, als dies nichtsdestotrotz im Ergebnis einen „elektronisch überwachten Hausarrest" darstellt. Die eigentliche Ausgestaltung dabei variiert allerdings stark zwischen den verschiedenen Ländern. So finden sich einerseits sehr detaillierte Normierungen, die die Anwendungsvoraussetzungen eines Hausarrestes samt elektronischer Überwachung dezidiert vorgeben. Andererseits finden sich auch solche Regelungen, beispielsweise in der tschechischen Rechtsordnung, bei welchen teilweise das Faktische vorherrschender zu sein scheint als das Rechtliche, was bei einer potenziellen Übertragung in die deutsche Rechtsordnung aus rechtsstaatlichen Gesichtspunkten unzureichend wäre.

Überwiegend flächendeckend fordern die unterschiedlichen Rechtsordnungen aber die Zustimmung oder das Einverständnis des Verurteilten in diese Art der Strafe. Auch die Mitbewohner müssen zuweilen in diese Maßnahme einwilligen, was insbesondere in Fällen häuslicher Gewalt einen restriktiven Anwendungsbereich verspricht und insbesondere auch mit der in Australien obersten Intention, dem Schutz der Allgemeinheit sowie jeglicher anderer Personen, einhergeht.[324] Dass dies ein prägendes Motiv dieser Strafe sein sollte, dürfte, auch vor dem Hintergrund des hiesigen Arbeitstitels, außer Frage stehen.

Die Rechtsordnungen überschneiden sich in Teilen auch dahingehend, dass die Strafe des (elektronisch) überwachten Hausarrestes oftmals erst dann verhängt werden kann, wenn der Angeklagte zuvor zu einer unbedingten Freiheitsstrafe verurteilt worden ist oder worden wäre. Die hierbei implizierte Logik, nämlich dass die Gerichte in der Strafe des Hausarrestes mehr eine

---

[324] Vgl. auch *Lappi-Seppälä/Lähteenmäki* in: Dünkel/Thiele/Treig, 2017, S. 330.

Alternative zur Freiheitsstrafe als eine neue, möglicherweise mildere, Strafart sehen, derer sie sich umso häufiger bedienen würden, soll maßgeblich den sogenannten net-widening Effekt verhindern.[325]

Die Frage der Finanzierung dieser Maßnahme wird jedoch überwiegend nur in den USA explizit mitgeregelt, da es dort grundsätzlich dem Verurteilten obliegt die Nutzungsgebühren für die Ausführung dieser Sanktion eigenständig zu tragen, was je nach Bundesstaat hohe Kosten bedeuten kann.[326] Die anderen Länder sehen eine solche zusätzliche[327] Kostenverlagerung auf den Verurteilten gerade nicht explizit vor, wodurch der elektronisch überwachte Hausarrest in den USA wohl eher als Privileg derjenigen angesehen werden muss, die sich diese Sanktion „leisten" können. Daraus dürfte sich konsequenterweise die Frage stellen, welche Zielsetzung dort mit der Strafe des elektronisch überwachten Hausarrestes erreicht werden soll, da die Kostenlast bei Entscheidungen über diese Sanktion im Rahmen der Zustimmung (durch den Verurteilten) oder der Verhängung (durch das Gericht) unter Umständen eine größere Rolle spielen könnte als die Frage, ob diese Sanktion die geeignetere Strafalternative wäre.

Auch die Möglichkeit der Verhängung des elektronisch überwachten Hausarrestes oder eines entsprechenden Substitutes im Rahmen des Strafbefehlsverfahren, wie dies die tschechische Rechtsordnung vorsieht, stellt unter Zugrundelegung des deutschen Strafbefehlsverfahrens eine sinnlogische Konsequenz dar. Denn gegenwärtig sieht auch die deutsche Strafprozessordnung in § 407 Abs. 2 S. 2 StPO vor, dass eine Freiheitsstrafe bis zu einem Jahr, deren Vollstreckung zur Bewährung ausgesetzt wird, verhängt werden darf, sofern der Angeklagte einen Verteidiger hat. Ähnlich könnte eine solche Regelung auch für eine Strafe des elektronisch überwachten Hausarrestes ausgestaltet sein.

Soweit sich diese Arbeit im Weiteren mit den erweiterten Sicherungsmöglichkeiten als positivem Beitrag zu nachhaltiger Sanktionierung im deutschen Rechtssystem befassen wird, dürfte abschließend auch dem besonders

---

325 Vgl. *Lappi-Seppälä/Lähteenmäki* in: Dünkel/Thiele/Treig, 2017, S. 328.

326 *Weisburd/Bhadha/Clauson/Elican/Kahn/Lawrenz/Pemberton/Ringler/Schaer/Sherman/Wohlsdorf*, ELECTRONIC PRISONS. The Operation of Ankle Monitoring in the Criminal Legal System, 2021, S. 15, 16.

327 Zusätzlich zu den eigentlichen Haftkosten oder Haftkostenbeiträgen, wie sie in Deutschland existieren.

im australischen Raum oftmals normierten Schutz der Gesellschaft bzw. der Allgemeinheit eine gewichtige Rolle zukommen. Elektronisch überwachter Hausarrest, insbesondere die elektronische Überwachung, die oftmals nur präventiv für den Zweck, die Gesellschaft zu schützen, auferlegt wird, sollte dabei immer in Korrelation mit den Belangen des Verurteilten stehen. Dabei darf der Hauptzweck nicht nur auf dem strikten Schutz der Gesellschaft liegen, sondern sei vielmehr auch mit der Entkriminalisierung und der Eindämmung der Rückfallwahrscheinlichkeit zu verbinden. Denn ersteres wird im Zweifel nur mit letzterem harmonisieren, weshalb die Frage, ob diese erweiterte Sicherungsmöglichkeit einen positiven Beitrag zu nachhaltiger Sanktionierung darstellt, vor diesem Hintergrund zu untersuchen ist. Dies insbesondere auch, da sich die bisherigen Darstellungen des elektronisch überwachten Hausarrestes oftmals in der Darstellung als Alternative zur kurzen Freiheitsstrafe oder Ersatzfreiheitsstrafe erschöpfen, überwiegend also nur als Ersatz dieser angesehen wurden. Ein Blickpunkt dürfte daher auch darauf zu legen sein, durch eine solche „neue" Strafe auch die soziale Situation des Verurteilten, außerhalb der Freiheitsstrafe, zu verbessern.

bb) Bilateral Monitoring

Das Bilateral Monitoring – zu Deutsch bilaterale Überwachung – ist ein weiteres Anwendungsgebiet elektronischer Überwachung, welches bisweilen ebenfalls in anderen Ländern praktiziert wird. Die im Wesentlichen im Bereich der Delikte häuslicher Gewalt anzutreffende Anwendungsmethode zielt zuvorderst auf den Opferschutz ab und stellt daher gleichsam ein in Betracht zu ziehendes Anwendungsgebiet für die deutsche Rechtsordnung dar, was nicht zuletzt auch durch die aus jüngerer Vergangenheit erwachsende Tatsache steigender Zahlen häuslicher Gewaltdelikte oder gar Femizide beeinflusst werden könnte.[328] Dementsprechend soll im Folgenden zunächst der Stand der Wissenschaft dargestellt werden, um in der Konsequenz eine mögliche Implementierung in das deutsche Rechtssystem untersuchen zu können.

---

[328] Bundeskriminalamt, Partnerschaftsgewalt: Kriminalistische Auswertung – Berichtsjahr 2021, 2022, S. 33.

(1) BEGRIFF UND BEDEUTUNG

Bilaterale Überwachung bedeutet zunächst eine „zweiseitige“ Überwachung bzw. eine solche, die von zwei Seiten ausgeht.[329] In der praktischen Anwendung bedeutet dies, dass sowohl Täter als auch Opfer an der Überwachung beteiligt sind und nicht – wie gewohnt – nur der Täter bzw. der Verurteilte.[330] Die Idee ist mitnichten eine gänzlich neue, sondern wurde vermehrt Anfang der 2000er Jahre Gegenstand wissenschaftlicher Betrachtungen.[331] Grund hierfür war im Wesentlichen die Beschäftigung mit der Frage, wie Opfer häuslicher, oder aber auch sexualisierter, Gewalt besser geschützt werden könnten.[332] Zwar verordnen Gerichte bereits jetzt entsprechende Schutzanordnungen für solche Opfer, für eine Vielzahl weiblicher Opfer bietet dies dennoch keinen ausreichenden Schutz, entweder z. B. aufgrund emotionaler Verstrickung, die eine Wirkungslosigkeit entsprechender Schutzanordnungen nach sich zieht, oder aber, weil sie von den Tätern schlichtweg übergangen werden.[333] Das Bilateral Monitoring setzt an diesem Punkt an und soll dazu beitragen, den Schutz von Opfern häuslicher Gewalt in stärkerem Maße zu gewährleisten, weshalb durch diese Maßnahme versucht wird, die entsprechenden Schutzanordnungen eines Gerichts, beispielsweise Näherungsverbote, angemessen durchzusetzen.[334]

Die hierfür in Rede stehende zweiseitige Überwachung bedient sich dabei sogenannter mobiler Ge- und Verbotszonen, welche jenen Schutz für die Opfer gewährleisten sollen. Dem deutschen Recht sind solche Ge- bzw. Verbotszonen nicht unbekannt, existieren solche bisweilen im Bereich der Maßnahme der elektronischen Aufenthaltsüberwachung im Rahmen der Führungsaufsicht. Gemäß § 68b Abs. 1 Nr. 1, 2, Nr. 12 StGB kann das Gericht hier Mobilitäts- bzw. Ortsverbote anordnen.[335] Allerdings handelt es sich im Rahmen der hiesigen Untersuchung des Bilateral Monitoring um „dynamische Sicherheitszonen“[336], welche hier im Vordergrund stehen

---

[329] Duden, bilateral, 2018.
[330] *Eilzer/Mair* in: Marks/Steffen, 2013, S. 463.
[331] Vgl. z. B. *Erez/Ibarra/Lurie*, Federal Probation 1/2004, S. 15.
[332] Ebenda.
[333] *Fischer/Rose*, Crime & Delinquency 4/1995, S. 417, 418.
[334] *Erez/Ibarra/Lurie*, Federal Probation 1/2004, S. 15, 16.
[335] *Groß/Ruderich* in: MüKo StGB, § 68b, Rn.: 12, 14.
[336] *Eilzer/Mair* in: Marks/Steffen, 2013, S. 463.

sollen. Denn unter den Begriff des Bilateral Monitoring sind grundsätzlich auch solche Anwendungsfälle zu zählen, in denen ein Täter auf Basis von Radiofrequenztechnik durch einen am Wohnort des Opfers platzierten Empfänger gehindert werden soll, sich diesem zu nähern, was einer statischen Ge- respektive Verbotszone entspricht.[337] Eine solche Anwendungspraxis erfahren die mobilen Ge- und Verbotszonen bereits in Spanien, Portugal oder der Türkei.

(2) PRAKTISCHE AUSGESTALTUNG

Aufgrund der Zweiseitigkeit dieser Anwendungsvariante sind sowohl Opfer als auch Täter involviert. Neben der – bereits bekannten – Überwachung des Täters durch ein entsprechendes elektronisches Hilfsmittel, meist in Form der sogenannten elektronischen Fußfessel, erhält in diesem Fall auch das Opfer ein elektronisches Überwachungsmittel.[338] Allerdings handelt es sich bei dem für das Opfer bestimmten Gerät nicht um ein solches elektronisches Überwachungsgerät wie es ein Täter erhält, soll dieses also nicht in diesem Sinne kontrollieren. Vielmehr handelt es sich um ein Empfangsgerät, welches einen entsprechenden Alarm auslöst, sollte der Täter mit seinem elektronischen Überwachungsgerät eine bestimmte Zone betreten, in der sich das Opfer zu diesem Zeitpunkt aufhält.[339] Es handelt sich im Rahmen des dem Opfer überlassenen Empfangsgerätes dabei nicht um eine verpflichtende Maßnahme, sondern ist ausschließlich vom Willen und der Mitwirkung des Opfers abhängig.[340] Die Zonen können hierbei zum einen statisch ausgerichtet sein, beispielsweise rund um das Heim des Opfers, oder aber mobil außerhalb der Wohnung des Opfers um dieses herum, wodurch das Opfer in seinen alltäglichen Handlungsweisen ebenfalls vor dem Einfluss und der Gegenwart des Täters geschützt werden soll.[341] Diese mobilen Ge- und Verbotszonen werden durch einen ständigen Austausch von Daten der

---

[337] *Erez/Ibarra/Lurie*, Federal Probation 1/2004, S. 16.

[338] *Graham/McIvor*, SCCJR The Scottish Centre for Crime & Justice Research 8/2015, S. 81.

[339] *Kordaczuk-Was/Putka*, Integrated System of Monitoring Cases of Domestic Violence, 2011/2012, S. 45.

[340] *Erez/Ibarra/Lurie*, Federal Probation 1/2004, S. 15.

[341] *Winter/Birgerson/Julian/Frey/Lucas/Norris/Matthewson*, Evaluation of Project Vigilance: Electronic Monitoring of Family Violence Offenders, 2021, S. 7.

Überwachungsgeräte von Täter und Opfer gleichermaßen erstellt und kontrolliert, damit der Täter sich im Rahmen der ihm auferlegten Auflagen, in diesen Fällen meist Näherungsverbote, bewegt.[342] Sobald der Täter die ihm auferlegten Mindestabstände unterschreitet, sei es bewusst oder unbewusst, reagiert das System und meldet dies der zuständigen Kontrollstelle, wodurch sich diese mit dem Täter in Verbindung setzt um die Situation entweder zu regeln oder aber ihn des Platzes zu verweisen.[343] Darüber hinaus nimmt die zuständige Kontrollstelle gleichzeitig Kontakt mit dem Opfer auf, um mit diesem die Sachlage zu eruieren.[344] Überdies ist das Überwachungsgerät des Opfers, sollte dennoch eine Gefahrensituation entstehen, mit einem entsprechenden Alarmknopf ausgestattet, durch dessen Betätigung entweder die überwachende Stelle oder aber die Polizei alarmiert werden und diese das Opfer so unmittelbar unterstützen können.[345] Das Bilateral Monitoring hat daher sinnlogisch zwei Funktionen, einerseits die Überwachung des Straftäters, andererseits die Gewährleistung des Opferschutzes, wobei letzterer durch diese Überwachungsmaßnahme in den Vordergrund rückt.

(3) PRAKTIZIERENDE LÄNDER

Im Rahmen elektronischer Überwachung stellt das Bilateral Monitoring grundsätzlich eine neuere Anwendungsalternative dar. Nichtsdestotrotz wird diese seit einiger Zeit in verschiedenen Ländern praktiziert, zumindest jedoch im Wege von Pilotprojekten erprobt. Das Interesse an einer breiteren Anwendung elektronischer Überwachung durch eine bilaterale Überwachungstechnik ist hierbei auch in Europa vorhanden,[346] wobei bislang lediglich Spanien und Portugal solche mobilen Ge- und Verbotszonen nutzen. Darüber hinaus findet sich diese Überwachungsmaßnahme noch

---

342 Vgl. *Eilzer/Mair* in: Marks/Steffen, 2013, S. 463.

343 *Kordaczuk-Was/Putka*, Integrated System of Monitoring Cases of Domestic Violence, 2011/2012, S. 47.

344 Ebenda.

345 *Winter/Birgerson/Julian/Frey/Lucas/Norris/Matthewson*, Evaluation of Project Vigilance: Electronic Monitoring of Family Violence Offenders, 2021, S. 6; vgl. hierzu auch *Kordaczuk-Was/Putka*, Integrated System of Monitoring Cases of Domestic Violence, 2011/2012, S. 47, wonach die Polizei nicht unmittelbar kontaktiert wird, sondern lediglich die überwachende Stelle.

346 Vgl. *Hucklesby/Beyens/Boone/Dünkel/McIvor/Graham*, Creativity and Effectiveness in the use of electronic monitoring: a case study of five jurisdictions, 2016, S. 12.

in der Türkei und den USA. Nachfolgend sollen deshalb entsprechende – auch rechtliche – Ausgestaltungen dargelegt werden, ebenso aber auch von anderen Ländern, bei denen bislang nur ein entsprechendes Pilotprojekt durchgeführt wurde.

(a) **Spanien**

Die erste europäische Anwendung des Bilateral Monitoring, also mobiler Ge- und Verbotszonen, ist in Spanien zu verorten. Die Erprobung wurde hier im Rahmen eines Pilotprojekts vorgenommen, welches in der spanischen Hauptstadt Madrid und auf den Balearen durchgeführt wurde. Dies dürfte vermutlich ein Resultat eines im Jahre 2004 erlassenen Gesetzes bezüglich umfassender Schutzmaßnahmen gegen geschlechtsspezifische Gewalt gewesen sein.[347] Durch dieses Gesetz wurde die Einrichtung spezieller Gerichte, die sich mit Gewalt gegen Frauen befassen, normiert. Entsprechend der Präambel dieses Gesetztes fällt dem Gericht hierbei die Zuständigkeit sowohl für die strafrechtlichen als auch die zivilrechtlichen Angelegenheiten zu, was den Zweck des umfassenden Opferschutzes fördern sollte.

Neben entsprechenden Schutzanordnungen in Art. 64 normiert dieses Gesetz unter dortigem Absatz drei ebenfalls, dass durch das Gericht entsprechende technologische Mittel zur Überwachung dieser Anordnungen eingesetzt werden können. Eine genaue Anordnung, wie diese Überwachung stattzufinden hat, findet sich darin jedoch nicht. Vielmehr ist diese durch nicht verbindliche Übereinkünfte bzw. Leitlinien, also sogenannte soft-law Regelungen, festgelegt.[348] Das hierbei angewandte System, genannt COMETA, dessen Ausgestaltung und Anwendung im Rahmen des „Aktionsprotokolls für das System der Überwachung mit telematischen Mitteln zur Vollstreckung von einstweiligen Verfügungen und Urteilen in Sachen geschlechtsspezifische Gewalt“[349] vom 11. Oktober 2013 näher dargelegt sind, wird dabei von dem gleichnamigen Kontrollzentrum durch- bzw. ausgeführt. Im Rahmen des

---

[347] Gesetz 1/2004 v. 28.12.2004 zu umfassenden Schutzmaßnahmen gegen geschlechtsspezifische Gewalt, Boletin Oficial del Estado (Staatsanzeiger) No. 313, 42166 ff.

[348] *Andujar/Velado/Rojas*, SOCIOLOGÍA Y TECNOCIENCIA 1/2022, S. 59.

[349] Aktionsprotokoll für das System der Überwachung von einstweiligen Verfügungen und Urteilen in Sachen geschlechtsspezifischer Gewalt vom 13.10.2013 des Justizministeriums, des Sicherheitsministeriums, des Staatssekretärs für soziale Dienste und Gleichstellung, des Generalrats der Richterschaft sowie der Staatsanwaltschaft.

Aktionsprotokolls werden neben den Komponenten des Systems auch dessen Funktionsweise erläutert. Danach besteht das Überwachungssystem hier ebenfalls aus einem täterseitigen und einem opferseitigen Gerät. Der Verurteilte wird hierbei mit zwei Geräten ausgestattet, einem am Körper zu tragenden Hochfrequenz-Sender (Radiofrequenz) und einem GPS-Ortungsgerät. Der Hochfrequenz-Sender wird dabei mit einem manipulationssicheren Gurt am Hand- oder Fußgelenk befestigt. Der Sender sendet sodann dauerhaft Radiofrequenzsignale in Richtung des GPS-Trackers, welcher über einen entsprechenden RF-Empfänger verfügt. Hierdurch soll sichergestellt werden, dass der Verurteilte sein GPS-Ortungsgerät dauerhaft mit sich führt, mit dem jederzeit dessen Standort verfolgt werden kann. Das Opfer erhält seinerseits einen GPS-Bewegungsmelder, durch welchen eine Annäherung des Täters, und somit dessen GPS-Trackers, festgestellt werden kann. Darüber hinaus besitzt das Opfer zusätzlich die Möglichkeit einen Alarm auszulösen, sollte eine Gefahrensituation entstehen, wodurch das Kontrollzentrum benachrichtigt wird. Das Kontrollzentrum übernimmt hierbei rund um die Uhr die Überwachung.

Das Aktionsprotokoll führt überdies in den Ziffern 1. und 2. ausführlich aus, wie die entsprechenden Systeme zu installieren sind und wie im Falle von Warnungen und Alarmen verfahren wird, insbesondere auch im Hinblick auf die Maßnahmen der mit der Überwachung betrauten Einrichtung und die erfolgenden Konsequenzen im Rahmen von Verstößen gegen die dem Verurteilten auferlegten Weisungen.

(b) **Portugal**

Portugal legte hinsichtlich des Einsatzes von Bilateral Monitoring im Wesentlichen mit den Gesetzen Nr. 112/2009 sowie 33/2010 den Grundstein für eine solche Anwendungspraxis im Rahmen elektronischer Überwachung. Ersteres Gesetz stellt dabei den rechtlichen Rahmen für die Prävention von häuslicher Gewalt, den Schutz sowie die Unterstützung der Opfer fest und normiert dabei bereits in dessen Art. 35 die Möglichkeit, technische Mittel zur Fernüberwachung einzusetzen. Konkretisiert wird dies durch das Gesetz Nr. 33/2010, welches die Verwendung von technischen Mitteln zur Fernüberwachung (elektronische Überwachung) regelt und dabei gemäß Art. 1 e) den Anwendungsbereich u. a. auf Maßnahmen und Strafen des Gesetzes 112/2009 erstreckt.

Die portugiesische Rechtsordnung enthält, worauf Art. 35 Abs. 1 des Gesetzes Nr. 112/2009 konkret verweist, mit den Art. 52 und 152 des Strafgesetzbuches sowie Art. 281 der Strafprozessordnung, aber auch Art. 31 des Gesetzes Nr. 112/2009 selbst, verschiedene Maßnahmen, für welche das Gesetz dem zuständigen Gericht die Kompetenz zuschreibt, diese im Rahmen eines erforderlichen Opferschutzes elektronisch überwachen zu lassen. § 152 des Strafgesetzbuches normiert dabei die Strafbarkeit „häuslicher Gewalt" und eröffnet in dessen Abs. 4 dem Gericht u. a. die Möglichkeit, zusätzlich zur gesetzlich vorgeschriebenen Freiheitsstrafe, dem Angeklagten ein Kontaktverbot zum Opfer für einen Zeitraum von sechs Monaten bis zu fünf Jahren aufzuerlegen. Dieses Kontaktverbot, welches per Gesetz insbesondere auch den Wohn- oder Arbeitssitz des Opfers umfasst, kann dabei explizit mit technischen Mitteln überwacht werden, Art. 152 Abs. 5 Strafgesetzbuch. Überdies normiert das Gesetz Nr. 112/2009 in dessen Art. 31 sogenannte „dringende Zwangsmaßnahmen". Hierbei ist das Gericht im Falle einer Anklage wegen häuslicher Gewalt, in bestimmten Fällen genügt auch bereits die Androhung einer solchen Straftat, verpflichtet, innerhalb von 48 Stunden zu prüfen, ob eine dringende Maßnahme, worunter gemäß Art. 31 Abs. 1 c) und d) Strafgesetzbuch auch Aufenthalts- und Kontaktverbote zu zählen sind, zu verhängen ist. Deren Einhaltung kann sodann ebenfalls durch den Einsatz technischer Mittel elektronisch überwacht werden.

Die genauen Modalitäten im Rahmen elektronischer Überwachung werden durch das Gesetz Nr. 33/2010 festgelegt. Bezüglich eines konkreten Einsatzes einer bilateralen Überwachung findet sich darin jedoch keine Bestimmung. Allerdings normiert Art. 2 Abs. 2, dass eine nähere Ausgestaltung, auch im Hinblick auf die für die Überwachung zu verwendenden Geräte, durch Verwaltungsbeschluss des Justizministeriums festgelegt wird. Die praktische Ausgestaltung gleicht hierbei der oben bereits niedergelegten allgemeinen Anwendungsweise. Danach werden entsprechende Schutz- respektive Ge- und Verbotszonen durch die Justizbehörde bestimmt, welche von den für die Überwachung verantwortlichen Akteuren im Bedarfsfall jederzeit angepasst werden können.[350] Der Täter erhält ein persönliches Identifikationsgerät

[350] Direção-Geral de Reinserção e Serviços Prisionais, Um instrumento para controlo dos agressores de violência doméstica e um contributo para melhor proteção das vítimas, 2018.

sowie eine portable Ortungseinheit, welche miteinander verknüpft sind, um das Beisichführen durch den Täter überprüfen zu können.[351] Ebenso erhält das Opfer ein mobiles Ortungsgerät, wonach mögliche Annäherungen des Täters an das Opfer entsprechend überwacht, lokalisiert und im Bedarfsfalle aufgeklärt werden können, was bei dieser Anwendungsvariante durch die GPS-basierte Ortung erfolgt.[352] Auch hier ist das Opfer nicht verpflichtet das entsprechende Ortungsgerät mit sich zu führen, es handelt sich vielmehr um eine Empfehlung.

(c) **Türkei**

In der Türkei wurde mit dem Gesetz Nr. 6284, dem Gesetz zum Schutz von Familien und zur Vorbeugung von Gewalt gegen Frauen,[353] im Jahre 2012 die Weiche gestellt, um elektronische Überwachung im Bereich der häuslichen Gewalt zu etablieren. Dessen Art. 12 stellt zugleich die Ermächtigungsgrundlage für die durch ein Gericht anzuordnenden Überwachungsmaßnahmen dar, ausgenommen audiovisuelle Überwachungsmaßnahmen, und bestimmt die Ausgestaltung durch eine entsprechende Ausführungsverordnung. Überdies statuiert Art. 14 dieses Gesetzes die Einsetzung entsprechender Präventions- und Überwachungszentren zur Gewährleistung des Schutzes der Opfer.

Soweit aber Art. 12 Abs. 2 des Gesetzes Nr. 6248 vorsieht, dass die Verfahren und Grundsätze für die Überwachung mit technischen Mitteln und Methoden durch eine Verordnung festgelegt werden, hier die Ausführungsverordnung zu besagtem Gesetz, so findet sich eine konkrete Normierung der Anwendung und Ausgestaltung elektronischer Überwachungsmaßnahmen in dieser nicht wieder. Vielmehr impliziert das Gesetz lediglich, konkret in Art. 14 und 15, dass elektronische Überwachung eingesetzt werden kann.[354] Weiter normiert dieses Schutzanordnungen, welche durch Gerichte zu Gunsten von Opfern häuslicher Gewalt auferlegt werden können, wie beispielsweise auch das klassische Näherungsverbot in Art. 17 der Verordnung. Lediglich in Art. 37 der Verordnung gestattet diese dem Gericht technische Mittel und Methoden anzuordnen, weshalb gemäß Art. 39 durch das Ministerium eine Einrichtung

351 Ebenda.

352 Ebenda.

353 Law No. 6284: Law to protect family and prevent violence against women, 08.03.2012.

354 *Koç*, Ankara Barosu Dergisi 2/2013, S. 186.

erschaffen werden sollte, in der u. a. auch Überwachungsdienste zur Verhütung von Gewalt und zur wirksamen Durchführung der Schutzanordnungen für das Opfer sowie Präventivmaßnahmen für den Gewalttäter angeboten werden sollen. Zwar ist die rechtliche Ausgestaltung im Hinblick auf die bilaterale Überwachungsmaßnahme im türkischen Recht nicht explizit ausgestaltet. In der Anwendungspraxis wird diese jedoch gegenwärtig entsprechend der unter B.IV.2.b).bb).(2) dargestellten Anwendungsweise praktiziert.[355]

(d) USA

In den Vereinigten Staaten von Amerika wurde bereits Anfang der 2000er Jahre Bilateral Monitoring erprobt und eingesetzt. Allerdings handelte es sich dabei nicht um dynamische Ge- und Verbotszonen, sondern lediglich um statische Verbotszonen, zumeist im Hinblick auf die Wohnung des Opfers, deren sich der Täter aufgrund gerichtlich erlassener Schutzanordnungen nicht nähern durfte.[356] Der Einsatz des Bilateral Monitoring, wie er beispielsweise in Spanien oder Portugal zur Anwendung kommt, findet sich in den USA bislang in solchem Maße nicht wieder. Vielmehr stößt man nur vereinzelt auf (geplante) Pilotprojekte, so beispielsweise in New Jersey. Per Gesetzentwurf vom 11. Januar 2022[357] nämlich wurde ein Vorschlag in das Parlament von New Jersey eingebracht, welcher sich mit einem Pilotprojekt elektronischer Überwachung bestimmter Täter häuslicher Gewalt beschäftigt. Dieser Gesetzentwurf, genannt Lisas Gesetz,[358] erwägt ein Bilateral Monitoring, bei welchem Täter und Opfer gleichermaßen überwacht werden. Das Opfer solle entsprechende Mitteilungen über Annäherungen des Täters erhalten, insbesondere wenn dieser entsprechende Unterlassungsanordnungen missachtet.

---

[355] Vgl. *Koçoğlu*, Sosyoloji Araştırmaları Dergisi / Journal of Sociological Research 2/2019, S. 82.

[356] *Erez/Ibarra*, The British Journal of Criminology 1/2007, S. 102.

[357] Dem Gesetzesentwurf S327 gingen bereits weitere Entwürfe, angefangen mit Gesetzesentwurf A4310 v. 03.12.2009, vorweg, welche jedoch allesamt nicht weiterverfolgt wurden, insbesondere auch aufgrund der Frage, ob es überhaupt eine geeignete Technologie für dieses Gesetzesvorhaben gebe. Vor dem Hintergrund ist es überdies nicht verwunderlich, dass der Gesetzesentwurf eine genaue Normierung der Anwendung technischer Mittel nicht beinhaltet.

[358] Der Name dieses Gesetzentwurfs basiert auf der Ermordung von Letizi „Lisa" Zindell aus Toms River, New Jersey, welche durch ihren Ex-Verlobten erschlagen und erwürgt wurde, nachdem dieser wiederholt die Unterlassungsanordnungen verletzte.

Selbst dieses geplante Pilotprojekt ist bis dato jedoch nicht aktiv. Auch lässt sich eine generelle aktive Anwendung des Bilateral Monitoring in Form einer elektronischen Überwachung dynamischer Ge- und Verbotszonen in den USA gegenwärtig nicht wiederfinden.[359]

(e) Weitere Pilotprojekte

Ähnlich verhält es sich auch mit anderen Ländern, in denen Bilateral Monitoring zu finden ist. Auch hier sind – wenn überhaupt – Pilotprojekte oder Testphasen absolviert worden, teilweise gar erst in Planung, um die Maßnahme der mobilen Ge- und Verbotszonen zu erproben. Im Vereinigten Königreich beispielsweise wurde durch die Northumbria Police, welche zuständig ist für das nordöstliche Gebiet des Königreichs, im Zeitraum von 2014 bis 2017 das bis dato einzige ersichtliche Pilotprojekt absolviert, in welchem der Einsatz elektronisch überwachter mobiler Ge- und Verbotszonen erprobt wurde.[360] Neben einer GPS-basierten Überwachung des Täters einer Straftat häuslicher Gewalt – unter Anwendung der obligatorischen Fußfessel – erhielt das Opfer gleichsam ein GPS-Gerät (jedoch keine Fußfessel), wodurch neben statischen Ge- und Verbotszonen auch entsprechende mobile Zonen überwacht werden konnten.[361] Ursprünglich sollten hiermit – u. a. – gerichtliche Schutzanordnungen im Rahmen häuslicher Gewalt überwacht werden, wozu jedoch das Einverständnis des Justizministeriums erforderlich war, welches nicht vorlag.[362] Da das Projekt daraufhin auf freiwilliger Basis durchgeführt wurde, die überwiegende Zahl der in Betracht gezogenen Täter jedoch, im Gegensatz zu den Opfern, zurückhaltend agierte, lief das Pilotprojekt insgesamt nur mit geringer Beteiligung ab.[363] Mit Ausnahme aber dieses Pilotprojektes wird im Vereinigten Königreich, genauso wie in

---

[359] Zwar wird des Öfteren eine Anwendung von Bilateral Electronic Monitoring (BEM) in der Literatur auch mit den Vereinigten Staaten von Amerika in Verbindung gebracht. Hierbei handelt es sich jedoch ausschließlich um die Anwendungsform statischer Ge- und Verbotszonen; vgl. auch *Allaband*, Richmond Journal of Law & Technology 3/2018, S. 17 ff., 28 ff.

[360] *Hucklesby/Beyens/Boone/Dünkel/McIvor/Graham*, Creativity and Effectiveness in the use of electronic monitoring: a case study of five jurisdictions, 2016, S. 18.

[361] The Scottish Government, 2019, S. 62.

[362] The Scottish Government, 2019, S. 61.

[363] *Hucklesby/Beyens/Boone/Dünkel/McIvor/Graham*, Creativity and Effectiveness in the use of electronic monitoring: a case study of five jurisdictions, 2016, S. 18.

den USA, die elektronische Überwachung mobiler Ge- und Verbotszonen nicht praktiziert.[364]

Etwas anders stellt sich die Anwendung des Bilateral Monitoring in Australien dar. Auch dort wurde durch mindestens zwei Pilotprojekte, eines in New South Wales und eines in Tasmanien, Bilateral Monitoring zunächst im Hinblick auf mobile Ge- und Verbotszonen im Rahmen häuslicher bzw. familiärer Gewalt erprobt.[365] In New South Wales wurden 2017 in einem dreijährigen Pilotversuch Straftäter häuslicher Gewalt, die eine Bewährungsstrafe verbüßten, mit einem elektronischen Überwachungsgerät ausgestattet, wobei das Opfer seinerseits ein GPS-Gerät erhalten konnte, um Annäherungen des Täters zu überwachen.[366] Überwacht wurde hierbei eine gegen den Täter und für das Opfer/die Familie erlassene Schutzanordnung, wobei Voraussetzung war, dass bereits eine Anklage oder Verurteilung gegen den Täter in diesem Bereich vorlag.[367] Angeordnet werden konnte das Bilateral Monitoring durch Gerichte, die Bewährungsbehörde oder auch die Vollzugsanstalt, insbesondere wenn die Anordnung durch diese als erforderlich angesehen wurde.[368] Eine gesetzliche Verankerung jedoch, wie dies bspw. in New Jersey vorgesehen ist, blieb allerdings aus.

In Tasmanien wurde von November 2018 bis Juli 2020 ebenfalls ein Pilotprojekt[369] zur Anwendung des Bilateral Monitoring absolviert, um gerichtlich verhängte Schutzanordnungen, die im Rahmen familiär begangener Gewalttaten verhängt wurden, elektronisch zu überwachen.[370] Das 2004 für familiäre Gewalt eigens erlassene Gesetz, der Family Violence Act 2004, welches mit dessen §§ 15 ff. entsprechende Schutzanordnungen (Family Violence Order) bei familiärer Gewalt gestattet, wurde dahingehend erweitert, dass gemäß § 16 Abs. 3 c) das zuständige Gericht gegenüber demjenigen,

---

[364] *Hucklesby/Holdsworth*, Her Majesty's Inspectorate of Probation Academic Insights 8/2020, S. 5.

[365] Vgl. *Nancarrow/Modini*, Electronic Monitoring in the Context of Domestic and Family Violence, 2018, S. 94, 97.

[366] *Nancarrow/Modini*, Electronic Monitoring in the Context of Domestic and Family Violence, 2018, S. 94.

[367] Ebenda.

[368] Ebenda.

[369] Project Vigilance – zu Deutsch: Projekt Wachsamkeit.

[370] *Winter/Birgerson/Julian/Frey/Lucas/Norris/Matthewson*, Evaluation of Project Vigilance: Electronic Monitoring of Family Violence Offenders, 2021, S. 1.

gegen den die „Family Violence Order“ ergangen ist, die Unterwerfung unter die elektronische Überwachung anordnen kann, um den geographischen Aufenthaltsort der Person zu ermitteln oder zu überwachen. Gleichsam konnte auch hier durch freiwilliges Tragen eines GPS-Empfängers durch das Opfer eine korrespondierende Überwachung zwischen Täter und Opfer stattfinden, um die Sicherheit des Opfers zu erweitern, indem u. a. ein schnelleres behördliches Einschreiten aufgrund der Echtzeit-Überwachung ermöglicht wurde.[371] Zuständig für die Anordnung dieser Maßnahme waren hierbei die Gerichte auf Antrag der Polizei,[372] alternativ gemäß § 15 Family Violence Act 2004 aber auch auf entsprechenden Antrag der verletzten Person selbst, welche den Erlass einer solchen Family Violence Order gegen einen solchen Täter ersuchen konnte. Entgegen nämlich dem Pilotprojekt in New South Wales war hier nicht erforderlich, dass bereits eine Anklage oder Verurteilung wegen einer häuslichen/familiären Gewalttat vorlag, da diese Maßnahme[373] bereits dann durch ein Gericht angeordnet werden konnte, sofern dieses der Tatsache überzeugt war, dass eine Person eine familiäre Gewalttat begangen hat und eine entsprechende Wiederholungsgefahr bestand, § 16 Abs. 1 Family Violence Act 2004. Dieses vorrangig dem Opferschutz dienende Pilotprojekt lief Ende Juni 2020 aus, die elektronische Überwachung wurde jedoch fortgesetzt,[374] was auch die bereits zu Beginn des Projekts implementierte gesetzliche Ermächtigung zur Anordnung elektronischer Überwachung begünstigt haben dürfte.

Auch in der Schweiz rückte jüngst das Thema der elektronischen Überwachung im Rahmen häuslicher Gewalt näher in den Mittelpunkt. Im Gegensatz jedoch zu den anderen hier dargestellten Ländern wurde in der Schweiz ein entsprechendes Pilotprojekt bislang nicht durchgeführt. Allerdings wurde aufgrund des Postulates 19.4369 durch das Bundesamt für Justiz eine „Prüfung wirksamerer Maßnahmen zum Opferschutz in Hochrisikofällen bei häuslicher

---

371 *Winter/Birgerson/Julian/Frey/Lucas/Norris/Matthewson*, Evaluation of Project Vigilance: Electronic Monitoring of Family Violence Offenders, 2021, S. 2, 3, 6.

372 *Nancarrow/Modini*, Electronic Monitoring in the Context of Domestic and Family Violence, 2018, S. 97.

373 Gemeint ist hier aufgrund der Systematik des Gesetzes eine Family Violence Order, welche sodann durch die Anordnung der elektronischen Überwachung ergänzt werden kann.

374 *Winter/Birgerson/Julian/Frey/Lucas/Norris/Matthewson*, Evaluation of Project Vigilance: Electronic Monitoring of Family Violence Offenders, 2021, S. 1.

Gewalt"[375] beauftragt, welche durch die Universität Bern durchgeführt wurde. Ziel dieser Untersuchung sollte u. a. die Darstellung und Bewertung gegenwärtig (auch international) genutzter technischer Mittel elektronischer Überwachung sein, um insbesondere anderweitige Instrumente für einen effektiveren Opferschutz im Rahmen häuslicher Gewalt einzuführen, bei welchem auch die elektronische Überwachung mobiler Ge- und Verbotszonen im Vordergrund stand.[376] Eine Darstellung der Art und Weise der Anwendung ist zwar aufgrund eines fehlenden Pilotprojekts nicht möglich. Allerdings stellt der Untersuchungsbericht eine Anwendungsvariante aufgrund technischer Möglichkeiten dar, welche seitens der Untersuchungskommission als Maßnahme eingeführt werden könnte. Danach soll der Täter häuslicher Gewalt ein Radiofrequenzgerät erhalten, welches, entsprechend einer Fußfessel, am Körper des Täters angebracht wird und mit dem ebenfalls am Körper zu tragenden GPS-Überwachungsgerät des Täters in Verbindung steht.[377] Das GPS-Überwachungsgerät ist dabei derart programmiert, dass dort Ge- und Verbotszonen hinterlegt sind, sowohl statisch als auch mobil, sowie ein Plan für dessen Arrest, sodass durch die GPS-Überwachung und dem stetigen Abgleich mit den auf dem GPS-Gerät befindlichen Daten das Verhalten des Täters überwacht werden kann.[378] Das Opfer erhält ebenfalls ein GPS-Überwachungsgerät, durch welches das Opfer über Annäherungen des Täters in Kenntnis gesetzt wird und diesem notfalls die Möglichkeit eröffnet, zuständige Behörden zu alarmieren.[379] Ob jedoch aufgrund dieser Untersuchung ein entsprechendes Pilotprojekt gestartet werden wird bleibt abzuwarten.

(4) STELLUNGNAHME

Im Gegensatz zum elektronisch überwachten Hausarrest befindet sich das Bilateral Monitoring, jedenfalls im Hinblick auf mobile Ge- und Verbotszonen,

---

[375] Postulat 19.4369 der Nationalrätin Arslan Sibel v. 27.09.2019.

[376] *Brechbühl/Hostettler/Manetsch-Imholz/Schaub/Scheidegger/Weber*, Electronic Monitoring im Kontext von häuslicher Gewalt, 2021, S. 4, 57 ff.

[377] *Brechbühl/Hostettler/Manetsch-Imholz/Schaub/Scheidegger/Weber*, Electronic Monitoring im Kontext von häuslicher Gewalt, 2021, S. 57.

[378] *Brechbühl/Hostettler/Manetsch-Imholz/Schaub/Scheidegger/Weber*, Electronic Monitoring im Kontext von häuslicher Gewalt, 2021, S. 57, 58.

[379] *Brechbühl/Hostettler/Manetsch-Imholz/Schaub/Scheidegger/Weber*, Electronic Monitoring im Kontext von häuslicher Gewalt, 2021, S. 58.

gegenwärtig erst im Aufkommen.[380] Dies dürfte, neben der immerwährenden Komponente des technologischen Fortschritts, auch an der gesellschaftspolitischen und kriminalpolitischen Erforderlichkeit liegen. Hauptintention dieser Maßnahme und deren Einführung ist, dass Opfer, vorwiegend häuslicher, familiärer oder auch sexualisierter Gewalt, besseren Schutz erfahren. Dies bedingt allen voran die Tatsache, dass dieser spezielle Opferkreis, ungeachtet welchen Geschlechts, durch die bestehenden rechtlichen Maßnahmen bislang keinen ausreichenden Schutz erhält. Zwar gibt es gerade im Bereich häuslicher oder geschlechtsspezifischer Gewalt flächendeckend sogenannte gerichtlich verhängte Schutzanordnungen, beispielsweise solche, dass der Täter sich der Wohnung des Opfers oder der Person des Opfers nicht nähern darf. Insofern also ähnlich, wie dies auch das deutsche Gewaltschutzgesetz in dessen § 1 Abs. 1 im Bereich des bürgerlichen Rechts normiert. Lücken offenbart die Durchsetzung solcher Maßnahmen jedoch dann, wenn deren Einhaltung keine ausreichende Kontrolle zukommt, sodass Sinn und Zweck des Opferschutzes nicht ausreichend erfüllt werden können.[381] Bilateral Monitoring, insbesondere in seiner Ausgestaltung mobiler Ge- und Verbotszonen, widmet sich eben jener Lücken und will versuchen, diese zu schließen.

Die Betrachtung zeigt, dass diese Anwendungsmethode bereits in einigen – derzeit noch wenigen – Ländern konstruktiv eingesetzt wird, wobei auffällig ist, dass die USA ihre Rolle als Vorreiter in diesem Bereich der elektronischen Überwachung bislang nicht etablieren konnten. Diese Rolle dürfte vielmehr Spanien und Portugal zukommen. Insbesondere dort wird Bilateral Monitoring bereits seit einiger Zeit landesweit eingesetzt. Zwar sind, aufgrund der bislang noch beschaulichen Anwendungspraxis, fundierte Untersuchungen über die Effektivität solcher mobilen Ge- und Verbotszonen in der wissenschaftlichen Praxis weiterhin eher rar. Dennoch präsentieren einige bislang vorhandene Evaluationsberichte positive Ergebnisse im Hinblick auf Opferschutz und Reduzierung von Rückfallwahrscheinlichkeiten der Täter.[382]

---

[380] Vgl. *Dünkel/Thiele/Treig* in: Dünkel/Thiele/Treig, 2017, S. 482.

[381] Vgl. hierzu *Erez/Ibarra/Lurie*, Federal Probation 1/2004, S. 18.

[382] Vgl. hierzu *Winter/Birgerson/Julian/Frey/Lucas/Norris/Matthewson*, Evaluation of Project Vigilance: Electronic Monitoring of Family Violence Offenders, 2021, S. 38; *Nancarrow/Modini*, Electronic Monitoring in the Context of Domestic and Family Violence, 2018, S. 3; *Erez/Ibarra/Bales/Gur*, GPS Monitoring Technologies and Domestic Violence: An Evaluation Study, 2012, S. XVI; *Arenas*, The Journal of Offender Monitoring 1/2019,

Die generellen Implementierungen, auch teils in Form von Pilotprojekten, fußen dabei auf der Intention, Opfer solcher Gewalttaten besser zu schützen. Hierdurch wird das Opfer allerdings – neben dem Täter – ebenfalls zum zentralen Subjekt dieser Überwachungsmaßnahme, denn diese ist maßgeblich davon abhängig, ob das Opfer der opferseitigen Überwachungsmöglichkeit, bzw. vielmehr -notwendigkeit, dieser Maßnahme zustimmt. Daher dürfte es aus Transparenzgesichtspunkten umso wichtiger sein, wie dies bspw. die Ausgestaltungen in Spanien oder Portugal zeigen, dass die Art und Weise der Durchführung dieser Maßnahme umfassend gesetzlich normiert, zumindest jedoch durch Verwaltungsvorschriften festgelegt ist. Dies dürfte eine essenzielle Komponente für ausreichende Rechtssicherheit darstellen.

Die Betrachtung zeigt auch, dass diese Art der elektronischen Überwachung länderübergreifend nahezu denselben Täterkreis fokussiert, was ein Indikator dafür sein dürfte, dass häusliche, familiäre oder sexualisierte Gewalt nicht abflacht, vielmehr sogar in den ein oder anderen Jurisdiktionen zugenommen hat, wodurch man sich u. a. auch in der Schweiz der Notwendigkeit gegenübersah, durch geeignete Maßnahmen dieser Entwicklung entgegenzusteuern. Selbstverständlich birgt auch diese Anwendungsvariante Risiken, welche im Rahmen der hiesigen Untersuchung zu erörtern sind.[383] Nichtsdestotrotz lässt die Betrachtung in der elektronischen Überwachung mobiler Ge- und Verbotszonen eine aufstrebende Maßnahme erkennen, die zumindest auf den ersten Blick das Potenzial enthält, nachhaltige Sanktionierung zu fördern.[384]

cc) Elektronische Überwachung zur Kontrolle von Alkoholabstinenz – Remote (Transdermal) Alcohol Monitoring

Potenzial, zu einer nachhaltigeren Sanktionierung beizutragen, könnte auch der dritten und – im Rahmen dieser Arbeit letzten – zu betrachtenden

---

S. 24; s. auch *Brechbühl/Hostettler/Manetsch-Imholz/Schaub/Scheidegger/Weber*, Electronic Monitoring im Kontext von häuslicher Gewalt, 2021, S. 23 ff. m.w.N, wobei manche Untersuchungen lediglich Wirkungen statischer Ge- und Verbotszonen evaluieren.

383 Bspw. die Frage der Sekundär- bzw. Tertiärviktimisierung, der Stigmatisierung der Täter oder aber die Mitwirkungspflicht der Opfer, welche jedoch allesamt in der Untersuchung der Übertragbarkeit auf Deutschland zu erörtern sind, da hier nur die rechtliche wie tatsächliche Anwendungsweise betrachtet werden soll.

384 Vgl. auch *Allaband*, Richmond Journal of Law & Technology 3/2018, S. 31, 32, welche den Einsatz dieser Technologie ebenfalls für die USA begehrt.

Anwendungsvariante elektronischer Überwachung zukommen, nämlich einer solchen zur Kontrolle von Alkoholabstinenz. Die auch als Remote (bzw. Transdermal) Alcohol Monitoring[385] bezeichnete Maßnahme geht dabei ungefähr auf dieselbe Anfangszeit zurück wie das sog. Bilateral Monitoring und wurde zunächst primär in den Vereinigten Staaten von Amerika eingesetzt, wo es bisweilen in jedem Bundesstaat in verschiedenen rechtlichen Stadien Anwendung findet.[386] Mittlerweile wurde diese Maßnahme auch in Europa erprobt und teilweise ein- bzw. fortgeführt.[387] Intention dieser Maßnahme ist dabei primär die Eindämmung von Straftaten, die auf Alkoholmissbrauch oder zumindest Alkoholkonsum zurückzuführen sind.[388] In Deutschland dagegen wird elektronische Überwachung zur Kontrolle von Alkoholabstinenz derzeit nicht in diesem Maße praktiziert. Zwar besteht grundsätzlich die Möglichkeit, im Sinne einer solchen Kontrolle einen stationären Atemalkoholtester bei der überwachten Person zu installieren, bei welchem dieser nach entsprechender Authentifizierung regelmäßige Atemalkoholtests durchführen muss, bislang wurde von dieser Möglichkeit jedoch so gut wie kein Gebrauch gemacht.[389] Aus diesem Grund soll nachfolgend das Remote (bzw. Transdermal) Alcohol Monitoring im Hinblick auf dessen praktische sowie rechtliche Anwendung und Ausgestaltung in anderen Jurisdiktionen betrachtet werden.

(1) PRAKTISCHE UND TECHNISCHE AUSGESTALTUNG

Im Vergleich zu den bisher betrachteten Anwendungsvarianten stellt die elektronische Überwachung zur Kontrolle von Alkoholabstinenz charakteristisch eine Besonderheit dar, denn bei dieser geht es zunächst nicht um

[385] Zu Deutsch: Ferngesteuerte Alkoholüberwachung; u. a. auch als „transdermal alcohol monitoring", also transdermale Alkoholüberwachung, oder auch „sobriety tags/bracelets", also Nüchternheitsanhänger/-armband, geläufig.

[386] *McKnight/Fell/Auld-Owens*, Transdermal alcohol monitoring – case studies, 2012, S. 5; *Kilmer*, Journal of Drug Policy Analysis 1/2008, S. 2, 3.

[387] Vgl. z. B. Pressemeldung der Regierung des Vereinigten Königreiches v. 19.05.2020: UK Government, ‚Sobriety tags' come into force, 2020.

[388] The Scottish Government, 2019, S. 23, 24.

[389] *Dünkel/Thiele/Treig* in: Dünkel/Thiele/Treig, 2017, S. 37; *Hucklesby/Beyens/Boone/Dünkel/McIvor/Graham*, Creativity and Effectiveness in the use of electronic monitoring: a case study of five jurisdictions, 2016, S. 12; *Beck*, Blutalkohol – Alcohol, Drugs and Behavior 4/2013, S. 162.

die Überwachung des Aufenthaltes des Betroffenen, was per se der eigentliche Zweck sowohl der Radiofrequenztechnik als auch der GPS-Technik ist. Vielmehr soll mit Hilfe der Technik der elektronischen Überwachung die Alkoholkonzentration des Betroffenen kontrolliert werden, und zwar ferngesteuert und möglichst kontinuierlich. Das Remote Alcohol Monitoring kann hierbei unterschiedlich ausgestaltet sein, beispielsweise in Form eines (stationären) Atemalkoholüberwachungsgeräts[390] oder eines transdermalen Überwachungsgeräts. Da ersteres jedoch auch bei einigen Anwenderstaaten nicht erfolgsversprechend zu sein schien,[391] was wohl auch an der lediglich statischen Installation eines solchen Gerätes im Haus des Überwachten und der damit einhergehenden eingeschränkten Überwachungsmöglichkeit gelegen haben dürfte,[392] soll der Fokus dieser Arbeit auf die transdermale Alkoholüberwachungsmöglichkeit gerichtet werden, insbesondere, da dies mittels einer elektronischen „Fessel" praktiziert wird, welche rund um die Uhr am Körper getragen werden muss.

Die Technik des Transdermal Alcohol Monitoring geht dabei auf eine Erkenntnis der 1930er Jahre zurück, dass nahezu ein Prozent des bei der Alkoholaufnahme im Körper befindlichen Ethanols im Rahmen des Schwitzens durch die Haut ausgeschieden wird.[393] Die hierbei transdermal zu messende Alkoholkonzentration entspricht dabei der der Blutalkoholkonzentration, weshalb durch diese Form der Alkoholmessung, jedenfalls mit Blick auf die Wertgenauigkeit, nahezu keine Nachteile gegenüber anderen Messtechniken entstehen.[394] In der Anfangsphase dieser Anwendungsvariante wurde hierfür

---

[390] Hierfür wird ein entsprechendes Gerät am Wohnort des Betroffenen installiert, in welches dieser zu vorgeschriebenen Zeiten hineinatmen bzw. -pusten muss, nachdem er sich für die Benutzung des Geräts (audiovisuell) identifiziert hat, um so den Atemalkohol zu messen und automatisch an die zuständige Stelle übermitteln zu lassen, vgl. *Nellis/Beyens/Kaminski* in: Nellis/Beyens/Kaminski, 2013, S. 5.

[391] *Nellis*, Crime, Law and Social Change 4/2014, S. 494; *Nellis/Beyens/Kaminski* in: Nellis/Beyens/Kaminski, 2013, S. 5.

[392] *McKnight/Fell/Auld-Owens*, Transdermal alcohol monitoring – case studies, 2012, S. 12.

[393] *Nyman/Palmlöv*, Skandinavisches Archiv Für Physiologie 2/1936, S. 158.

[394] *Naumann*, Drägerheft Spezial – Alkohol und Drogen 392, S. 20; vgl. insofern auch *Beck*, Blutalkohol – Alcohol, Drugs and Behavior 4/2013, S. 82, 83, nach welchem zum damaligen Zeitpunkt die Messgenauigkeiten noch nicht zuverlässig nachgewiesen werden konnten, was sich seitdem also fortentwickelt hat.

ein sogenanntes „sweat-patch“[395] auf der Haut des Probanden angebracht, durch welches über eine gewisse Dauer der ausgeschiedene Schweiß aufgenommen wurde, wodurch im Nachgang an die Entfernung dieses Pflasters eine Bestimmung der Alkoholkonzentration anhand des durch das Pflaster aufgenommenen Schweißes des Probanden vorgenommen werden konnte.[396] Im Rahmen der technischen Fortentwicklung konnte sodann durch die Einführung des sogenannten „SCRAM Braclet/Anklet“[397] Anfang der 2000er Jahre der Alkoholgehalt seitens durch die Haut (transdermal) ausgestoßenen Schweißes eines Probanden im Zuge einer elektrochemischen Messungsmethode ermittelt, und die Ergebnisse automatisch an die zuständige Stelle transferiert werden.[398] Das Messgerät wird hierbei am Fußgelenk, ähnlich also einer elektronischen Fußfessel, unmittelbar über der Haut angebracht, wonach dieses nach Aktivierung im Halbstundentakt Tests durchführt, indem Luftproben oberhalb der Hautoberfläche in einer mit der elektrochemischen Messtechnik ausgestatteten Kammer auf Alkoholausscheidungen durch die Haut getestet werden.[399] Diese im Übrigen auch bei der Atemalkoholkontrolle benutzte und allgemein anerkannte Technik erlaubt es hierbei, weitgehend ohne Verfälschungen die Alkoholkonzentration eines konsumbedingten Alkoholverzehrs zu ermitteln, ohne hierbei auf mögliche Störfaktoren[400], wie bspw. beim Atemalkohol, zu reagieren, weshalb diese Maßnahme grundsätzlich als mit der Messung der Blutalkoholkonzentration

395 Zu Deutsch: Schweißpflaster.

396 *Hawthorne/Wojcik*, Canadian Society of Forensic Science Journal 2/2006, S. 66.

397 Das SCRAM-Braclet/Anklet ist eine Entwicklung der Firma AMS (Alcohol Monitoring Systems Inc.) und mittlerweile als führendes Gerät auf dem Markt etabliert. SCRAM steht hierbei für Secure Continuous Remote Alcohol Monitoring (Sichere kontinuierliche Fernüberwachung der Alkoholkonzentration). Neben diesem Gerät gibt es auch noch das TAD-Gerät der Firma BI Inc., welches technisch dem SCRAM-Gerät entspricht.

398 *Bock*, The Journal of Offender Monitoring 1/2003, S. 2; *Hawthorne/Wojcik*, Canadian Society of Forensic Science Journal 2/2006, S. 68.

399 Robertson/Simpson/Vanlaar, 2008, S. 12, 13.

400 Vgl. bspw. Robertson/Simpson/Vanlaar, 2008, S. 13, 15, wonach bestimmte Nahrungsmittel zu einer Verfälschung der Atemalkoholkonzentration führen können, wie z. B. Brot. Aber auch andere Mittel, wie eine alkoholische Mundspülung o. ä. können denselben Effekt erzielen. Bei der Transdermalen Alkoholkonzentration kann jedoch aufgrund des Messzyklus eine konsumbedingte Alkoholkonzentration (ohne Störfaktoren) herausgefiltert werden.

vergleichbar eingestuft wird.[401] Sofern das Gerät eine Alkoholkonzentration erkannt hat, kann es überdies die Taktung der Messzyklen erhöhen, sodass, je nachdem welche Voreinstellung der Messzyklen programmiert wurde, anstatt in einem Stunden- oder Halbstundentakt auch in einem 20-minütigen Rhythmus Testungen erfolgen können, um dadurch eine noch kontinuierlicher Kontrolle zu erhalten.[402]

Über die eigentliche Maßnahme der Messung der Alkoholkonzentration hinaus verfügt das SCRAM-Gerät ebenfalls über zwei weitere Eigenschaften, welche eine Manipulation des elektronischen Messgerätes verhindern und somit die Wirksamkeit dieser Maßnahme garantieren sollen. Um einer solchen Manipulation oder Umgehung entgegenzuwirken, enthält das elektronische Alkoholüberwachungsgerät zwei zusätzliche Sensoren, einen Infrarot- und einen Temperatursensor. Durch die Strahlen der Infrarottechnik wird kontinuierlich der Abstand des Messgerätes zur Hautoberfläche gemessen um zu gewährleisten, dass die Messtechnik des Gerätes einwandfrei arbeiten kann und nicht beispielsweise durch zwischen Hautoberfläche und Messgerät angebrachte Störfaktoren (bspw. Platten oder Folien) oder ähnliches – vorsätzlich – gestört wird.[403] Über den Temperatursensor wird darüber hinaus kontinuierlich die Umgebungstemperatur, insbesondere natürlich die solche zur Körpertemperatur, gemessen, da, wenn diese unverhältnismäßig stark nachlassen sollte, dies ein mögliches Indiz für eine Sabotage des Gerätes, bspw. durch Entfernung vom Körper, sein könnte, was im Endeffekt die Auslösung eines Alarms zur Folge hätte.[404]

Die Übertragung der durch das Alkoholüberwachungsgerät erstellten Messergebnisse sowie weitere Daten erfolgt mittels eines am Wohnort des Überwachten platzierten Modems, welches täglich zu bestimmten Zeiten die Messdaten an einen sicheren Server transferiert. Da hierfür das elektronische

---

401 Ebenda, S. 15, 16; s. auch *Hawthorne/Wojcik*, Canadian Society of Forensic Science Journal 2/2006, S. 68; vgl. auch *Bock*, The Journal of Offender Monitoring 1/2003, S. 4, 5.

402 *Bock*, The Journal of Offender Monitoring 1/2003, S. 3; Dittmann/Nowak/Beck, 2011, S. 81.

403 *Beck*, Blutalkohol – Alcohol, Drugs and Behavior 4/2013, S. 160; s. auch *McKnight/Fell/Auld-Owens*, Transdermal alcohol monitoring – case studies, 2012, S. 14; Robertson/Simpson/Vanlaar, 2008, S. 13.

404 Ebenda.

Überwachungsgerät in der Nähe des Modems sein muss, ähnlich also einer elektronischen Überwachung mittels Radiofrequenztechnik, löst das Überwachungssystem ebenfalls einen Alarm aus, sollte ein solcher zeitlich festgelegter Übertragungsvorgang missachtet worden sein.[405]

(2) RECHTLICHE AUSGESTALTUNG

Die rechtlichen Aspekte des Remote bzw. Transdermal Alcohol Monitoring sind bislang im Rahmen internationaler Betrachtung, jedenfalls in gesetzlicher Weise, noch nicht derart ausgeprägt, wie man dies möglicherweise erwartet hätte. Insofern besteht eine gewisse Ähnlichkeit zur rechtlichen Ausgestaltung des Bilateral Monitoring. Gesetzliche Implementierungen sind daher seltener zu finden bzw. vielmehr nur solche, die grundsätzlich die Anwendung elektronischer Überwachung – also das Ob der Maßnahme – gestatten, wohingegen die konkrete Ausgestaltung – das Wie der Maßnahme – oftmals Verwaltungsvorschriften oder Richtlinien zu entnehmen ist. Dies ist auch davon abhängig, ob es sich lediglich um eine projektbasierte Anwendung oder eine feste gesetzliche Implementierung handelt.

Im Vereinigten Königreich beispielsweise wurde durch das Änderungsgesetz über Rechtshilfe, Verurteilung und Bestrafung von Straftätern[406] aus dem Jahre 2012 den Gerichten die Möglichkeit eröffnet, gegenüber einem Straftäter gemäß § 212A Criminal Justice Act 2003 (mittlerweile im Rahmen des Sentencing Act 2020 wieder aufgehoben und dort als Anhang 9, Teil 12, §§ 25 und 26 modifiziert) eine (kontinuierliche) Alkoholüberwachung anzuordnen. Diese im Rahmen von Gemeinschaftssanktionen oder Strafaussetzungsmöglichkeiten normierte Sanktion regelt die Voraussetzungen einer (auch transdermalen) ferngesteuerten Alkoholüberwachung. Intention ist hierbei eine Alternative zur Inhaftierung zu schaffen.[407] Die Anordnung erfolgt dabei durch das zuständige Gericht, wobei die Dauer der Maßnahme 120 Tage nicht überschreiten darf.

Ebenso werden die Maßstäbe einer Alkoholabstinenz im Sinne des Gesetzes definiert sowie die Tatsache, dass bestimmte Überwachungsmodalitäten

---

[405] *Bock*, The Journal of Offender Monitoring 1/2003, S. 3; *McKnight/Fell/Auld-Owens*, Transdermal alcohol monitoring – case studies, 2012, S. 14.

[406] Legal Aid, Sentencing and Punishment of Offenders Act 2012.

[407] Vgl. bspw. im Falle der Einführung in Washington 36.28A.300 RCW (Revised Code of Washington).

auferlegt werden können, um diese Maßstäbe zu kontrollieren. Hierzu listet das Gesetz u. a. auch die Messung der Alkoholabstinenz im körperlichen Schweiß – transdermal – auf und legt bestimmte Voraussetzungen fest, wonach eine ferngesteuerte Alkoholabstinenzüberwachung überhaupt anzuordnen ist. Hierunter fallen die Nicht-Abhängigkeit des Betroffenen, die Tatsache der Kausalität des Alkoholkonsums für die Begehung der Straftat sowie die Verfügbarkeit der Überwachungsmaßnahme in dem jeweiligen Gerichtsbezirk. Neben diesen Grundvoraussetzungen ermächtigt das Gesetz im Weiteren den zuständigen Minister, weitere Modalitäten durch Verordnungen festzulegen.[408]

In den USA dagegen regeln größtenteils Verordnungen oder Verwaltungsvorschriften bzw. entsprechende behördliche Richtlinien die rechtlichen Voraussetzungen der Anwendung ferngesteuerter Alkoholüberwachung, so u. a. exemplarisch in Washington, North Dakota, South Dakota oder Montana. Die Anordnungskompetenz obliegt auch hier den zuständigen Gerichten,[409] lediglich in Teilen sind auch andere behördliche Stellen ermächtigt, wie beispielsweise in South Dakota, wo u. a. auch die Strafvollzugsbehörde oder der Bewährungshelfer entsprechende Anweisungen erlassen können.[410] Dies dürfte insbesondere daran liegen, dass die hier gegenständliche SCRAM-Technik gegenwärtig bereits flächendeckend im amerikanischen Justizvollzug eingesetzt wird.[411] Im Falle einer alkoholbedingt begangenen Straftat obliegt dem zuständigen Gericht (oder der entsprechend ermächtigten Stelle) die Möglichkeit, gegenüber dem Täter im Rahmen einer Kautionsbedingung, Untersuchungshaftentlassung (vgl. in Deutschland § 116 StPO), vorzeitigen Haftentlassung oder als Teil einer Bewährungsauflage die ferngesteuerte (transdermale) Alkoholüberwachung

---

[408] Vgl. §§ 25 und 26 des Anhang 9, Teil 12 zum Sentencing Act 2020; so bspw. auch für Delaware, USA, gemäß Delaware Code 2021, Title 11, Chapter 42, § 4219; Colorado wartet dem hingegen mit einem Gesetzentwurf auf, welcher ebenfalls eine kontinuierliche (transdermale) Alkoholüberwachung mit Wirkung zum 01.01.2023 vorsähe, vgl. Senate Bill No. 22-055, S. 3.

[409] Vgl. Administrative Rules of Montana, Art. 23.18.302, 23.18.312; Association of Sheriffs & Police Chiefs Washington, Washington State 24/7 Sobriety Program, 2016, S. 17; North Dakota Attorney General, 24/7 Sobriety Program Guidelines, 2021, S. 18, 19.

[410] Vgl. Administrative Rules South Dakota, 24/7 Sobriety Program, Chapter 2:06:02:01.

[411] *Kilmer*, Journal of Drug Policy Analysis 1/2008, S. 2, 3.

anzuordnen.[412] Eine solche haftvermeidende Maßnahme kann dabei solchen Tätern gegenüber angeordnet werden, die erstmalig verurteilt oder wiederholt unter Einfluss von Alkohol (oder anderer strafbarer Substanzen) im Straßenverkehr ein Fahrzeug geführt haben.[413] Aber auch in Fällen häuslicher Gewalt, bei welchen der Konsum von Alkohol kausal für die Begehung einer entsprechenden Straftat war, kann diese Maßnahme angeordnet werden.[414] Eine explizite Mindest- oder Maximaldauer der Maßnahme wird durch die Verwaltungsvorschriften bzw. Richtlinien jedoch nicht festgelegt. Vielmehr wird an die der Maßnahme zugrundeliegende Sanktion, also beispielsweise die Untersuchungshaft oder Bewährungsanordnung, angeknüpft, aus derer sich die Dauer der Maßnahme konsequenterweise ergibt.[415] Im Gegensatz zur Kodifizierung im Vereinigten Königreich findet sich allerdings eine Maßgabe, diese Maßnahme nicht gegenüber (Alkohol-)Abhängigen anzuordnen, nicht explizit wieder. Mangels einer solchen Einschränkung kann daher bspw. auch Alkoholsüchtigen gegenüber das Transdermal Alcohol Monitoring angeordnet werden, was sich auch teilweise der wissenschaftlichen Darstellung diesbezüglich entnehmen lässt.[416]

(3) STELLUNGNAHME

Die vorgehende Darstellung zeigt zunächst, dass die Alkoholüberwachung grundsätzlich kein reines Produkt des 21. Jahrhunderts darstellt, denn insbesondere die Wurzeln des Transdermal Alcohol Monitoring reichen weit ins 20. Jahrhundert hinein. Die gegenwärtige Ausgestaltung dieser

---

412 Administrative Rules of Montana, Art. 23.18.302; North Dakota Attorney General, 24/7 Sobriety Program Guidelines, 2021, 18 ff.; Association of Sheriffs & Police Chiefs Washington, Washington State 24/7 Sobriety Program, 2016, S. 17 ff.

413 Association of Sheriffs & Police Chiefs Washington, Washington State 24/7 Sobriety Program, 2016, S. 2.

414 Robertson/Simpson/Vanlaar, 2008, S. 18.

415 Association of Sheriffs & Police Chiefs Washington, Washington State 24/7 Sobriety Program, 2016, S. 21 f.; North Dakota Attorney General, 24/7 Sobriety Program Guidelines, 2021, S. 23 f.

416 Vgl. *Kilmer*, Journal of Drug Policy Analysis 1/2008, S. 2, wonach die Maßnahme gegenüber Personen mit Alkoholproblemen angeordnet werden kann; vgl. auch Robertson/Simpson/Vanlaar, 2008, S. 19, der ein spezielles Gerichtsprogramm beschreibt, in welchem auch Straftätern mit erheblichen Drogenproblemen eine solche Maßnahme gegenüber auferlegt werden kann.

Anwendungsvariante dürfte allerdings überwiegend auf den technischen Fortschritt zurückzuführen sein, der auch bereits von einigen Ländern in deren Rechtssysteme integriert wurde. Transdermal Alcohol Monitoring ist dabei erkennbar eine Methode, mit der eine kontinuierliche Alkoholüberwachung eines Straftäters erzielt werden kann. Durch die hierbei verwandte Technik, welche regelmäßige – je nach Programmierung – Messzyklen von bis zu 30 Minuten zulässt, stellt diese eine effiziente Alternative zu bisherigen Anwendungsvarianten, bspw. stationäre Atemalkoholtests im häuslichen Bereich, dar. Durchaus praktikabel ist hierbei auch, dass diese Maßnahme, aufgrund der Ausgestaltung der Anwendung als elektronische Fußfessel, auch mit anderen elektronischen Überwachungsmaßnahmen, beispielsweise der elektronischen Präsenzkontrolle (Radiofrequenztechnik), kombiniert werden könnte. Primärer Zweck dieser nicht-invasiven Maßnahme ist bislang, eine Alternative zur herkömmlichen Haft zu schaffen, wobei das Einfallstor diesbezüglich abhängig von dem Verfahrensstadium ist, in welchem sich die betroffene Person befindet, sprich also vor bzw. nach einer entsprechenden Verurteilung. Ungeachtet jedenfalls in welchem Stadium die Maßnahme zur Anwendung kommt soll dem Betroffenen eine mildere Maßnahme auferlegt werden können, durch welche er die Repressalien eines Strafvollzugs vermeiden kann. Nicht außer Acht bleiben darf dabei die Erwägung, durch die Anordnung des Transdermal Alcohol Monitoring und die damit einhergehende natürliche Selbstdisziplinierung des Straftäters, diesen vor der Begehung weiterer, zumindest alkoholbedingter, Straftaten abhalten und entsprechend auch einen diesbezüglichen Alkoholkonsum eindämmen zu können, wobei dieser offensichtliche Nebeneffekt gerade im Hinblick auf die Bestimmung der Zielgruppe variieren dürfte. So verwundert es grundsätzlich nicht, dass der britische Gesetzgeber eine entsprechende Maßnahme nur gegenüber Nicht-Abhängigen gestattet. Allerdings ebenso wenig verwundert es, dass in den USA offenbar gerade auch (alkohol-)abhängige Personen taugliche Empfänger einer solchen Maßnahme sein können. Die Auswahl einer tauglichen Zielgruppe wird hierbei maßgeblich auf die Intention der Maßnahme sowie eine mögliche (statistische) Evaluierung des Für und Wider seitens des Anwenders zurückzuführen sein, sodass auch diese Maßnahme die Möglichkeit bietet, unterschiedliche Zielrichtungen zu verfolgen.

Im Übrigen konnten auch witterungsbedingte klimatische Verhältnisse die Effektivität der SCRAM-Technologie nicht einschränken, wie dies ein Pilotprojekt in Alaska eindrucksvoll zeigte. Danach konnten selbst im Rahmen härtester klimatischer Umstände die Effektivität und Wirksamkeit der Technologie fehlerfrei festgestellt werden.[417] Jedoch hat die Wissenschaft auch Widrigkeiten offengelegt. Zu nennen ist insbesondere die Tatsache, dass die transdermale Alkoholüberwachung im Vergleich zur Blutalkoholkonzentration erst mit einer Verzögerung von einer halben bis zu zwei Stunden festgestellt werden kann, was auf die Absorptions- und Diffusionszeit zurückzuführen ist.[418] Aufgrund der verschiedenen Hauttypen und daher unterschiedlicher Diffusionszeiten korrelieren also regelmäßig die transdermale Alkoholkonzentration und die Blutalkoholkonzentration in zeitlicher Hinsicht nicht miteinander, da erstere erst später messbar ist.[419] Dies führt in erster Linie aber lediglich dazu, dass die Messung transdermaler Alkoholkonzentration keine der Blutalkoholkonzentrationsmessung vergleichbare realzeitliche Alternative darstellt, was aber auch nicht zwangsläufig das Ziel dieser Maßnahme sein muss.[420] Gleiches dürfte grundsätzlich auch für das Faktum gelten, dass nach bisherigen wissenschaftlichen Erkenntnissen eine Übertragung der erhobenen Daten immer nur dann erfolgt, wenn der Straftäter mit dem entsprechenden Modem in Kontakt steht, was regelmäßig nur am Wohnort des Täters der Fall ist.

c) Zwischenergebnis

Die im Rahmen dieser Arbeit dargestellten erweiterten Sicherungsmöglichkeiten durch elektronische Überwachung haben zunächst gemeinsam, dass alle bislang nicht im deutschen Rechtssystem verankert sind. Wenngleich, wie die Betrachtung unter B.IV.2.b)aa)(1) gezeigt hat, in hiesigen wissenschaftlichen Ausführungen bisweilen immer wieder die Begrifflichkeit eines elektronisch überwachten Hausarrest verwendet wird, so wurde ein solcher, gerade auch vor dem Hintergrund der hiesigen Darstellung, hierzulande in dieser Form bislang noch nicht angewandt. Vielmehr beschränkte sich die Anwendung oftmals auf solche Möglichkeiten, die de lege lata durchführbar

---

417 *McKelvie*, An Implementation of Remote Alcohol Monitoring in Alaska, 2005, S. 4, 5.

418 *Anderson/Hlastala*, Journal of Applied Physiology 2/2006, S. 654.

419 Ebenda, S. 655.

420 Vgl. hierzu insbesondere *Beck*, Blutalkohol – Alcohol, Drugs and Behavior 4/2013, S. 161, wonach u. a. ein ähnliches Phänomen auch für die Atemalkoholkonzentration gilt.

waren. Die dargestellten erweiterten Sicherungsmöglichkeiten zeigen indessen Anwendungen elektronischer Überwachung auf, die gegenwärtig bereits von anderen Ländern praktiziert werden und daher der hiesigen Betrachtung für eine potenzielle Implementierung in das deutsche Rechtssystem zugrunde gelegt werden können und sollen. Diese fußen auf unterschiedlichen rechtspolitischen oder kriminologischen Erwägungen, verfolgen jedoch oftmals ähnliche Zwecke. Insbesondere zeigt die Darstellung, in welchen Bereichen die bislang in Deutschland eingesetzte elektronische Überwachung ergänzt werden kann. Dies auch vor dem Hintergrund, dass die hier gegenständlichen Anwendungsvarianten bereits seit einigen Jahren in den entsprechenden Jurisdiktionen zur Anwendung kommen, mitunter daher auch schon als „erprobt" bezeichnet werden können.

3. Realisierbarkeit im deutschen Straf- bzw. Rechtssystem

Im Folgenden sollen nunmehr die zuvor dargestellten Anwendungsvarianten der Strafe des elektronisch überwachten Hausarrests, das Bilateral Monitoring sowie das Remote (Transdermal) Alcohol Monitoring unter der Maßgabe einer möglichen Implementierung in das deutsche Straf- bzw. Rechtssystem untersucht werden. Entgegen vielerlei anderer in der Literatur existierender Darstellungen soll der Fokus hierbei auf die rechtlichen und kriminologischen Aspekte gelegt werden. Auch wenn dies nur einen Teil – wenn auch einen solchen im Sinne grundsätzlicher Erwägungen – darstellt, sollen entsprechende (praktische) Aspekte, wie beispielsweise technische oder finanzielle Faktoren, im Rahmen einer möglichen Einführung lediglich am Rande erwähnt werden. Obwohl solche Aspekte die Realisierbarkeit und Wirksamkeit der hier gegenständlichen Maßnahmen gleichsam wie die rechtlichen oder kriminologischen Aspekte entscheidend bedingen, so waren diese bereits vermehrt Gegenstand wissenschaftlicher Betrachtungen und sind für die hier fokussierte Untersuchung im Rahmen einer nachhaltigen Sanktionierung von sekundärer Bedeutung, da diese Arbeit primär das „Ob" dieser Maßnahmen im Lichte der hiesigen Untersuchung herausarbeiten soll. Das potenzielle „Wie" unterläge einer dezidierteren Betrachtung[421], die im Ergebnis durch die zuständigen Stellen erfolgen müsste.

[421] Bzw. Untersuchung, da technische oder andere Aspekte im Zweifel lediglich durch eine adäquat begleitende wissenschaftliche Untersuchung eruiert werden können.

a) Die Strafe des elektronisch überwachten Hausarrestes

Die bisherige Darstellung zeigte bereits, dass der elektronisch überwachte Hausarrest auch als Strafe praktiziert wird und werden kann. Im Gegensatz aber beispielsweise zur österreichischen Hausarrestverordnung, die den elektronisch überwachten Hausarrest als Strafvollzugsmaßnahme, also alternative Vollzugsmöglichkeit, normiert, soll in der hiesigen Darstellung diese Maßnahme als potenzielle – eigene – Strafe untersucht werden. Maßgeblich für eine solche Anknüpfung im Strafsystem ist jedoch, dass sich diese Maßnahme auch als Strafe eignet, weshalb aus Sicht des Verfassers nicht zuletzt auch eine Vergleichbarkeit zu den gegenwärtigen Strafen – insbesondere der unbedingten Freiheitsstrafe mit der Folge des Strafvollzuges – gegeben sein müsste. Würde man nämlich erwägen, dass die Strafe des elektronisch überwachten Hausarrestes als mögliches milderes Mittel zum Strafvollzug implementiert werden soll, so ist erforderlich, dass die Zwecke des Strafvollzuges und die damit einhergehenden Vollzugsziele durch diese „mildere“ Maßnahme nicht verfehlt bzw. übergangen würden. Dies auch vor dem Hintergrund der Einbettung in das Sanktionensystem.[422]

aa) Die Strafe im deutschen Sanktionensystem

Die Darstellung des Begriffs der Strafe soll sich nachfolgend in der gebotenen Kürze auf die Begriffsdefinition beschränken, da eine dezidiertere Aufarbeitung den Rahmen dieser Arbeit sprengen würde.[423]

Die Strafe stellt einen Teil des Sanktionensystems des deutschen Strafrechts dar, welches neben der Strafe auch die Maßregel umfasst.[424] *Roxin/Greco* untergliedern diese hierbei in einen formellen und materiellen Strafbegriff, wonach gemäß dem formellen Strafbegriff Strafe zunächst all das umfasst, was durch Normen entsprechend als solche festgelegt ist.[425] Die genauere Ausgestaltung obliegt sodann dem materiellen Strafbegriff. *Roxin* definiert die Strafe dabei als „staatliche Übelzufügung auf Grund eines vorwerfbaren, in erhöhtem Maße sozialschädlichen Verhaltens“[426]. Auch das Bundesverfassungsgericht sieht in der Strafe eine missbilligende hoheitliche

---

[422] Vgl. hierzu bereits die Einleitung.

[423] Vgl. hierzu insbesondere auch Greco, 2009, S. 274, m.w.N.

[424] Roxin/Greco, 2020, S. 1.

[425] Roxin/Greco, 2020, S. 21.

[426] *Roxin* in: Hassemer/Kempf/Moccia, 2009, S. 604.

Reaktion auf ein rechtswidriges, schuldhaftes Verhalten, aufgrund dessen ein Übel verhängt wird, welches dem Schuldausgleich dient.[427] Maßgeblich ist hierbei die Korrelation zwischen dem zugeführten Übel und der diesem zugrundeliegenden Ächtung des zu sanktionierenden Verhaltens, bei dem das zuzuführende Übel als Konsequenz auf letzteres zu sehen ist.[428] Die Strafe als Teil des hiesigen Sanktionensystems ist daher eine (negative)[429] Reaktion gegenüber den Betroffenen auf dessen vorwerfbares Verhalten.[430]

bb) Gegenwärtige gesetzliche Strafarten im Sanktionensystem

Entsprechend dem materiellen Strafrecht und der Systematik des Strafgesetzbuches im allgemeinen Teil umfasst das Sanktionensystem – neben den Maßregeln zur Besserung und Sicherung – zwei Strafarten, nämlich die Freiheitsstrafe und die Geldstrafe, vgl. §§ 38 ff. StGB. Diese stellen, ausgehend von der Systematik und dem Wortlaut, die sogenannten Hauptstrafen dar, was indes auch an § 44 StGB deutlich wird, der mit dem Fahrverbot eine entsprechende Nebenstrafe normiert. Maßgeblich ist, dass die Hauptstrafen, soweit sie gesetzlich im Rahmen der verurteilten Straftaten angedroht sind, jeweils für sich gesehen verhängt werden können, die Nebenstrafe jedoch, wie dies aus § 44 Abs. 1, S. 1 StGB hervorgeht, voraussetzt, dass zuvor eine Verurteilung wegen einer Straftat zu einer Freiheitsstrafe oder einer Geldstrafe stattgefunden hat, womit diese abhängig ist von einer vorrangigen Verurteilung zu einer Hauptstrafe.[431] Der Unterschied zwischen den beiden Hauptstrafen selbst liegt in der Wirkungsweise. Während die Geldstrafe eine gegen das Vermögen gerichtete Strafe darstellt, richtet sich die Freiheitsstrafe gegen die persönliche Freiheit des Verurteilten, insbesondere durch Entziehung dieser.[432] Auch die Ausgestaltungen und Modalitäten der Strafen, wie beispielsweise deren Länge und Höhe, werden vom Gesetz normiert, gleichsam wie die Bemessung dieser, §§ 38 ff., 46 ff. StGB. Während die Freiheitsstrafe jedoch gemäß der §§ 56 ff. StGB zur Bewährung ausgesetzt werden kann, ist

---

[427] BVerfGE 109, 133 (170); BVerfG, NJW 2004, 739 (744); in: Dürig/Herzog/Scholz, Art. 103, Rn.: 56.

[428] Roxin/Greco, 2020, S. 23.

[429] Negativ, da es nach der Literatur und Rechtsprechung ein (hoheitliches) Übel darstellt.

[430] Vgl. auch Greco, 2009, S. 303.

[431] Vgl. hierzu auch Roxin/Greco, 2020, S. 1.

[432] S. hierzu Eisenberg/Kölbel, 2017, S. 535 ff., 559 ff.

dies bei der Geldstrafe – obgleich dies in anderen Jurisdiktionen durchaus gängig ist –[433] in Deutschland grundsätzlich[434] nicht möglich. Das deutsche Sanktionensystem kennt gegenwärtig also die Freiheitsstrafe, bedingt – aufgrund Aussetzung zur Bewährung – und unbedingt, sowie die Geldstrafe als Hauptstrafe und das Fahrverbot als Nebenstrafe.[435]

cc) Voraussetzungen der Implementierung einer Strafe in das Sanktionensystem

Eine Strafe kann – dies dürfte wenig überraschend sein – nicht ohne vorherige Prüfung in das materielle Strafrecht und damit das Strafgesetzbuch aufgenommen werden. Maßgeblich ist hierbei aus Sicht des Verfassers insbesondere die Frage nach der Erforderlichkeit einer Rechtsgrundlage sowie nach der Vergleichbarkeit zu den bereits bestehenden Strafarten, was daher nachfolgend untersucht werden soll.

(1) ERFORDERLICHKEIT EINER RECHTSGRUNDLAGE

Gemäß Art. 103 Abs. 2 GG sieht das Grundgesetz – gleichfalls § 1 StGB im materiellen Recht – vor, dass eine Tat nur bestraft werden kann, wenn die Strafbarkeit gesetzlich bestimmt war, bevor die Tat begangen wurde. Dieser Grundsatz – nulle poena sine lege – schreibt demnach vor, dass eine Tat, und damit eine Handlung oder ein Unterlassen, zum Zeitpunkt dieser gesetzlich mit einer Strafe bedroht sein muss. Die hierin enthaltenen Rechtsgrundsätze – insb. auch das Bestimmtheitsgebot – sind dabei Ausfluss des Rechtsstaatsprinzips gemäß Art. 20 Abs. 3 GG, für den Bereich des Strafrechts jedoch konkretisiert durch Art. 103 Abs. 2 GG.[436] Die Definition von Strafe i. S. d. Art. 103 Abs. 2 GG deckt sich dabei mit den obigen Ausführungen unter B.IV.3.a)aa). Die Maßregeln der Besserung und Sicherung sind somit per definitionem genauso wenig von der Wirkung dieses Rechtsgrundsatzes umfasst wie solche Normen, die die Vollstreckung

---

433 Vgl. z. B. *Fink/Jehle/Pilgram*, Journal für Strafrecht (JSt) 2/2015, S. 87.

434 Ausgenommen die Verwarnung mit Strafvorbehalt, s. Fußnote 465.

435 Obgleich die Thematik der Strafarten im Sanktionensystem noch deutlich umfangreicher dargestellt werden könnte, soll die hiesige Darstellung genügen, da dies für die noch vorzunehmende Einbettung der neuen Strafe ausreichend ist. Für weitere Darlegungen vgl. aber Eisenberg/Kölbel, 2017, S. 535 ff., 559 ff.

436 *Radtke* in: BeckOK GG, Art. 103, Rn.: 18.

von Freiheitsstrafen regeln.[437] Vielmehr sind von Art. 103 Abs. 2 GG die im Rahmen des Strafenkatalogs gemäß §§ 38 ff. StGB angedrohten Rechtsfolgen umfasst, insbesondere also auch die Haupt- und Nebenstrafen.

Die Erforderlichkeit einer Rechtsgrundlage richtet sich dabei maßgeblich nach dem Vorbehalt des Gesetzes, wonach grundsätzlich jeder Eingriff in ein (Grund-)Recht einer gesetzlichen Ermächtigung bedarf.[438] Da das Strafrecht, insbesondere die Strafandrohung, wesentlich in die grundrechtlich geschützten Rechte der Betroffenen eingreift, verlangt der Vorbehalt des Gesetzes i. S. d. Art. 103 Abs. 2 GG folgerichtig die stärkste Rechtsgrundlage, nämlich eine solche in Form eines formellen Gesetzes, also eines Parlamentsgesetzes.[439] Hierbei müssen, aufgrund des in Art. 103 Abs. 2 GG konkretisierten Bestimmtheitsgebots, die Strafbarkeitsvoraussetzungen sowie die Strafart aus diesem formellen Gesetz heraus für den Betroffenen ersichtlich werden.[440] Die Implementierung einer neuen Strafart unterfällt somit dem Vorbehalt des Gesetzes, wonach in Folge dessen der Erlass einer solchen im Wege eines formellen Gesetzes zu erfolgen hat. Die Gesetzgebungskompetenz kommt hierbei dem Bund (Parlament) zu, da das Strafrecht, hier insbesondere in Form des Kriminalstrafrechts,[441] einen Teil der konkurrierenden Gesetzgebung gemäß Art. 72, 74 GG darstellt, und der Bund hier gemäß Art. 72 Abs. 1 GG durch Erlass des Strafgesetzbuches von seinem Recht zur Gesetzgebung Gebrauch gemacht hat.

(2) VERGLEICHBARKEIT ZU BESTEHENDEN GESETZLICHEN STRAFARTEN

Die im Weiteren erforderliche Vergleichbarkeit einer potenziellen neuen Strafe mit den bisherigen – unter B.IV.3.a)bb) dargestellten – gesetzlichen Strafarten muss sich zwangsläufig mit der Frage befassen, was die bisherigen Strafen, und auch Strafe generell, bezwecken sollen.[442] Dies auch hinsichtlich des Aspekts, inwiefern eine solche Zweckerfüllung durch die gegenwärtigen Strafarten sichergestellt wird.

---

[437] *Radtke* in: BeckOK GG, Art. 103, Rn.: 19, 20, 21; *Degenhart* in: Sachs, Art. 103, Rn.: 61, 62.
[438] *Sachs* in: Sachs, Art. 20, Rn.: 114.
[439] *Degenhart* in: Sachs, Art. 103, Rn.: 63.
[440] BVerfGE 75, 329 (342).
[441] *Degenhart* in: Sachs, Art. 74, Rn.: 10, 11.
[442] So auch bereits Haverkamp, 2002a, S. 170 ff., welche diese Frage im Hinblick auf elektronische Überwachung per se stellte.

(a) Zweck von Strafe

Der Zweck von Strafe beschäftigt sich – wie sich bereits dem Wortlaut entnehmen lässt – mit der Thematik, welche Ziele eine Strafe anstrebt. Die Frage also was Strafe ist, ist hiervon durchaus getrennt zu behandeln, da der Begriff der Strafe grundsätzlich weit gefasst ist, die Begründung und Berechtigung von Strafe jedoch im Lichte der Sinn- und Zweckmäßigkeit betrachtet werden muss.[443] Diesem Umstand nehmen sich die dem deutschen Strafrecht zugrundeliegenden Straftheorien an. Nachfolgend sollen diese daher in ihren Grundzügen dargestellt werden.

(aa) Absolute Straftheorien

Die absoluten Straftheorien wurden maßgeblich von *Immanuel Kant* und *Georg Wilhelm Friedrich Hegel* im 18./19. Jahrhundert entwickelt. Für die Vertreter dieser Theorie entscheidend war das Gerechtigkeitsprinzip, wonach Strafe in erster Linie ein begangenes Unrecht vergelten sollte.[444] Eine Verfolgung anderweitiger Zwecke bedingte dieser straftheoretische Ansatz, der auf eine reine Vergeltung gemünzt ist um dadurch die seitens des Täters begangene Schuld auszugleichen, nicht.[445] Die Strafe wird daher losgelöst (lat. „absolutus“) von jedweden gesellschaftlichen Auswirkungen betrachtet und soll ausschließlich Gerechtigkeit bezwecken.[446] Gerechtigkeit insofern, als die zu erwartende Bestrafung in Ausmaß und Intensität dem begangenen Unrecht gleichen sollte, dieses mithin aufwiegt, was dem biblischen Prinzip Talions entspricht, Gleiches mit Gleichem zu vergelten.[447] Nicht umfasst werden von den absoluten Straftheorien allerdings die Verfolgung sozialer Aspekte, insbesondere im Hinblick auf die Frage eines künftigen Rechtsgüterschutzes, der dem Strafrecht jedoch bereits aufgrund dessen Konzeption innewohnt, weshalb eine isolierte Betrachtung dieses straftheoretischen Ansatzes ausgeschlossen ist.[448]

---

[443] Vgl. Roxin/Greco, 2020, S. 128.
[444] Roxin/Greco, 2020, S. 129.
[445] Rengier, 2019, S. 11, 12.
[446] Montenbruck, 2020, S. 49.
[447] Roxin/Greco, 2020, S. 129; Montenbruck, 2020, S. 55.
[448] Roxin/Greco, 2020, S. 132, 133.

(bb) Relative Straftheorien

Im Gegensatz zu den absoluten Straftheorien widmen sich die relativen Straftheorien gerade solchen sozialen Aspekten, da diese den Fokus auf die Prävention legen, mithin versuchen, künftige Straftaten zu verhindern.[449] Anknüpfungspunkte dieser Theorien sind zum einen die Allgemeinheit, zum anderen der Täter selbst, wodurch sich die relativen Straftheorien in die Theorie der Generalprävention und die Theorie der Spezialprävention aufspalten, dort jeweils in einen positiven und einen negativen Teil.[450]

Die Theorie der Generalprävention, adressiert an die Allgemeinheit, sieht in seiner maßgeblich durch *Paul Johann Anselm von Feuerbach* geprägten negativen generalpräventiven Wirkung in erster Linie eine Abschreckung der adressierten Allgemeinheit durch die bloße Existenz von Strafe.[451] Der hierbei durch das bloße Vorhandensein einer Strafandrohung samt deren Vollstreckung entstehende Umstand soll die Allgemeinheit dazu bringen, aufgrund des angedrohten Übels eine Straftat gerade nicht zu begehen, in knappen Worten also Abschreckung durch das Gesetz zu leisten.[452]

Die positive Generalprävention zielt dabei auf die Schaffung eines berechtigten Vertrauens der Allgemeinheit in die Geltung und Wirksamkeit der Rechtsordnung durch Demonstration deren Unerschütterlichkeit ab, um so die Allgemeinheit von der Funktionsfähigkeit der Rechtsordnung zu überzeugen und deren Vertrauen in diese zu stärken.[453] Hierdurch soll die Allgemeinheit in gleichem Maße befriedigt werden indem diese wahrnimmt, dass der Staat seine Rechtsordnung verteidigt, durchsetzt und Rechtsbrüche angemessen sühnt.[454]

Die Theorie der Spezialprävention adressiert hingegen, im Gegensatz zum generalpräventiven Ansatz, den individuellen Straftäter selbst. Dieser maßgeblich von *Franz von Liszt* geprägte Denkansatz vertritt das Verständnis, dass Zweck der Strafe sein müsse, durch Einwirkung auf den Täter die Allgemeinheit vor diesem nachhaltig zu schützen.[455] Dieser spezialpräventive Ansatz kann dabei auf drei Wegen, abhängig vom Individuum des Straftäters,

---

[449] Rengier, 2019, S. 11.

[450] *Radtke* in: MüKo StGB, Vorbemerkung zu § 38, Rn.: 34.

[451] *Radtke* in: MüKo StGB, Vorbemerkung zu § 38, Rn.: 35; Rengier, 2019, S. 11.

[452] Roxin/Greco, 2020, S. 139.

[453] So auch BVerfG, NJW 1977, 1525 (1531).

[454] Roxin/Greco, 2020, S. 141.

[455] Montenbruck, 2020, S. 71.

praktiziert werden, indem die Gemeinschaft vor dem Straftäter in der Weise geschützt wird, dass dieser entweder inhaftiert, gebessert oder abgeschreckt wird.[456] Ersteres bezeichnet die negative Spezialprävention in der Weise, dass eine Inhaftierung des Straftäters den Schutz der Gesellschaft gewährleisten soll und die bloße Existenz der Strafe den individuellen Täter von der Begehung einer Straftat abhalten solle.[457] Die beiden letzteren Ansätze bilden die positive Spezialprävention, wonach auf den individuellen Straftäter durch gezielte Maßnahmen, sowohl im Hinblick auf sozialisierte Erziehung als auch Abschreckung, eingewirkt werden soll, um so die Begehung weiterer Straftaten zu unterbinden.[458]

(cc) Vereinigungstheorien

Da sich im Rahmen der straftheoretischen Rechtfertigung weder die absoluten noch die relativen Straftheorien alleinstehend etablieren konnten, bildeten sich die sogenannten Vereinigungstheorien heraus, welche grundsätzlich darauf bedacht waren, die verschiedenen straftheoretischen Denkansätze miteinander zu verknüpfen. Die Ansicht, dass die jeweiligen straftheoretischen Zwecke, mithin also die Vergeltung sowie die General- sowie Spezialprävention, gleichsam Berücksichtigung finden sollen, vertritt auch das Bundesverfassungsgericht, indem es nicht nur die Sühne und Vergeltung, sondern auch Schuldausgleich, Prävention und Resozialisierung des Täters als Faktoren einer angemessenen Strafsanktion beschreibt.[459] Während die von der Rechtsprechung vertretene – vorherrschende – Auffassung gleichsam die Sühne- bzw. Vergeltungsfunktion explizit mithervorhebt, was diesem Ansatz die Bezeichnung der vergeltenden Vereinigungstheorie einbrachte, setzt die Literatur vielmehr bei dem präventiven Aspekt an, welcher sich einzig auf die Zusammenführung der Spezial- und Generalprävention erstreckt – die sog. präventive Vereinigungstheorie – und den Umstand der Vergeltung zumindest für die Rechtfertigung der Strafe unbeachtet lässt.[460] Lediglich für die Beschränkung der Höhe nach orientiert sich letztere am Maß der Schuld.[461] Für

---

[456] Montenbruck, 2020, S. 69, 70; Roxin/Greco, 2020, S. 134, 135.
[457] Rengier, 2019, S. 12; *Radtke*in: MüKo StGB, Vorbemerkung zu § 38, Rn.: 41.
[458] Ebenda.
[459] BVerfGE 45, 187 (253, 254).
[460] *Radtke* in: MüKo StGB, Vorbemerkung zu § 38, Rn.: 51; Montenbruck, 2020, S. 91–93.
[461] Roxin/Greco, 2020, S. 159.

diese Theorien maßgeblich ist damit, welcher der ursprünglichen Theorien, setzt man diese entsprechend in ein Verhältnis, der Vorzug eingeräumt wird.[462]

(b) Zweckerfüllung im Rahmen des bestehenden Systems

Trotz des schon immerwährenden Theorienstreits über die Frage, wie Strafe theoretisch zu rechtfertigen ist und was Strafe bezwecken soll, hat sich zumindest für die Rechtsprechung, insbesondere durch das Bundesverfassungsgerichts, die oben genannte Rechtfertigungslinie über die Frage, was Strafe bezwecken soll, herausgebildet. Vor diesem Hintergrund müssen konsequenterweise auch die gegenwärtigen Strafarten den straftheoretischen Erwägungen genügen, ohne diese die Verhängung einer solchen Strafe jeder Sinnhaftigkeit entbehren würde, wenn eine solche nicht auch die damit avisierten Zwecke erfüllen, zumindest aber fördern könnte.

Wie bereits unter B.IV.3.a)bb) ausgeführt unterscheiden sich die Strafen der Geld- und Freiheitsstrafe wesentlich in deren Zielsetzungen und damit auch in deren Zweckrichtungen. Während die Geldstrafe das Einkommen bzw. Vermögen des Straftäters adressiert, steht bei der Freiheitsstrafe die allgemeine Fortbewegungsfreiheit des Betroffenen im Mittelpunkt. Die Vollstreckung der Geldstrafe bestraft den Straftäter dabei durch Verpflichtung zur Leistung einer Geldsumme in Abhängigkeit seiner persönlichen und wirtschaftlichen Verhältnisse, § 40 Abs. 2 StGB. Die Erteilung weiterer Auflagen oder Weisungen sieht das Gesetz bei der Vollstreckung der Geldstrafe jedoch nicht vor, weshalb durch die Vollstreckung selbst eine darüber hinausgehende unmittelbare Einwirkung auf den Täter im Hinblick auf die Vermeidung zukünftiger Begehung von Straftaten nicht gegeben ist.[463] Entsprechend der hier ausgeführten straftheoretischen Zwecksetzung verfolgt die Vollstreckung der Geldstrafe daher in erster Linie die Sühne und Vergeltungsfunktion für das begangene Unrecht sowie in positiv spezialpräventiver Hinsicht ausschließlich die Verhinderung weiterer Straftaten durch das Voraugenführen der (rechtlichen) Konsequenzen begangenen Unrechts im Sinne eines „Denkzettels“[464]. Aus der Vollstreckung der Geldstrafe ergibt

---

[462] Montenbruck, 2020, S. 91; *Radtke* in: MüKo StGB, Vorbemerkung zu § 38, Rn.: 52.

[463] Vgl. auch *Radtke* in: MüKo StGB, § 40, Rn.: 11, 12.

[464] BT-Drucks. 14/9358, S. 11; hierzu entsprechend auch Montenbruck, 2020, S. 69, wonach *Liszt* für nicht besserungsbedürftige Gelegenheitstäter die Wirkung eines solchen Denkzettels als ausreichend erachtete.

sich aber gleichsam auch eine generalpräventive Wirkung, nämlich indem der Allgemeinheit die Durchsetzung der Rechtsordnung stetig vor Augen geführt wird. Insofern erfüllt die Vollstreckung der Geldstrafe als Teil des bestehenden Strafsystems die straftheoretischen Zwecke zumindest für solche Straftäter, welche tiefergehenden Präventionsmaßnahmen nicht bedürfen.[465]

Anders verhält es sich mit der Freiheitsstrafe, bei welcher, ungeachtet ob bedingt oder unbedingt, der Fokus auf einer Verhinderung der Begehung erneuter oder weiterer Straftaten des Verurteilten liegt, indem versucht wird auf diesen entsprechend einzuwirken. Im Rahmen der unbedingten Freiheitsstrafe, also einer Inhaftierung im Strafvollzug, ergibt sich dies bereits aus dem im Strafvollzugsgesetz normierten Vollzugsziel, welches primär den Gefangenen befähigen soll, künftig in sozialer Verantwortung ein Leben ohne Straftaten zu führen, § 2 StVollzG. Dieser in erster Linie positiv spezialpräventive Aspekt wird hierbei begleitet durch das ebenfalls dort normierte nachrangige Vollzugsziel, durch eine Inhaftierung den Schutz der Allgemeinheit vor weiteren Straftaten zu gewährleisten, also einem negativ spezialpräventiven Aspekt. Die Tatsache der Einschränkung der (Fortbewegungs-)Freiheit stellt hierbei zugleich die Sühne und Vergeltungsfunktion der Strafe dar, die, gleich wie bei der Bestimmung der Anzahl der Tagessätze bei der Geldstrafe, durch deren verhängte Dauer der Freiheitsstrafe den Unrechts- und Schuldgehalt der Tat unter Berücksichtigung spezialpräventiver Aspekte ausgleichen soll.[466] Bei der Verurteilung zu einer Freiheitsstrafe, bei welcher gemäß §§ 56 ff. StGB die Strafaussetzung zur Bewährung erfolgt (bedingte Freiheitsstrafe), erfolgt eine Einwirkung auf den Verurteilten, indem das Gericht gemäß §§ 56b, 56c und 56d StGB Auflagen und Weisungen anordnen sowie den Verurteilten einer Bewährungshilfe unterstellen kann. Das Gesetz normiert auch bereits den Zweck der entsprechenden Maßnahme, wonach Auflagen gemäß § 56b Abs. 1, S. 1 StGB der Genugtuung für das begangene Unrecht

---

465 *Radtke* in: MüKo StGB, § 40, Rn.: 12, wonach bei der Vollstreckung der Geldstrafe solche Maßnahmen bereits nicht vorhanden sind; etwas anderes gilt allerdings für das Institut der Verwarnung mit Strafvorbehalt, bei welchem gemäß §§ 59 ff. StGB im Falle einer verwirkten, also zu verurteilenden, Geldstrafe diese vorbehalten und eine entsprechende Bewährungszeit bestimmt werden kann, für welche gemäß § 59a StGB auch Auflagen und Weisungen, mithin also spezialpräventive (positive wie negative) Maßnahmen angeordnet werden können.

466 *Kinzig* in: Schönke/Schröder, § 40, Rn.: 2.

dienen, Weisungen und die Unterstellung unter eine Bewährungshilfe jedoch dem Verurteilten helfen sollen, zukünftig keine Straftaten mehr zu begehen. Während die Auflagen durch deren Genugtuungsfunktion bereits dem Wortlaut nach die Vergeltung und Sühne des begangenen Unrechts bezwecken sollen, verfolgen die Weisungen und die Bewährungshilfeunterstellung hier ausschließlich die Spezialprävention gegenüber dem Verurteilten.[467] Generalpräventive Aspekte hingegen, sowohl bei der bedingten als auch der unbedingten Freiheitsstrafe, ergeben sich bereits aus der Existenz der Strafen per se samt deren Durchsetzung, die zweifelsohne durch die Judikative gewährleistet wird.

Insofern erfüllen also die hier gegenständlichen Hauptstrafen in Form der Geld- bzw. Freiheitsstrafe die ihnen zugrundeliegenden straftheoretischen Zwecke.

dd) Übertragbarkeit auf elektronisch überwachten Hausarrest – Eignung als Strafe

(1) EINLEITUNG

Eine Einführung des elektronisch überwachten Hausarrestes als eigenständige Strafe muss sich, wie die gegenwärtigen Strafen des Strafgesetzbuches, an den hier dargelegten Voraussetzungen messen lassen und diesen genügen. Die sich daraus ergebende Eignung als Strafe hängt daher maßgeblich davon ab, ob der elektronisch überwachte Hausarrest den Strafbegriff per se erfüllt und zumindest den straftheoretischen Zwecken genügt. Dies stellt die Grundvoraussetzung einer Strafe im deutschen Rechtssystem dar und damit ebenfalls das Mindestmaß der Anforderungen an eine solche.[468] Auch ist eine Einordnung vorzunehmen, wo diese Strafe im Sanktionensystem verortet werden könnte, insbesondere im Vergleich zur (unbedingten) Freiheitsstrafe und der durch diese verfolgten Ziele.

(2) SUBSUMTION UNTER DEN STRAFBEGRIFF UND EINORDNUNG IN DAS SANKTIONENSYSTEM

Obschon der elektronisch überwachte Hausarrest, wie er hier untersucht wird, dergestalt in der deutschen Rechtsordnung bislang nicht existiert, kann

---

[467] *Groß/Kett-Straub* in: MüKo StGB, § 56c, Rn.: 2.

[468] Vgl. auch Hudy, 1999, S. 133; Redlich, 2005, S. 352 ff.

dennoch eine Subsumtion unter den Strafbegriff vorgenommen werden, denn die bisherigen Ausführungen haben gezeigt, wie elektronisch überwachter Hausarrest zumindest in anderen Ländern ausgestaltet ist.

Der in der Literatur verwandte formelle Strafbegriff wird dabei bereits durch die Tatsache ausgefüllt, dass der elektronisch überwachte Hausarrest einer ausreichenden Rechtsgrundlage bedarf, was im Wege einer ohnehin erforderlichen Gesetzesinitiative erreicht werden kann, indem wortwörtlich die „Strafe" des elektronisch überwachten Hausarrestes in das materielle Strafrecht aufgenommen wird.

Im Rahmen des materiellen Strafbegriffs müsste der elektronisch überwachte Hausarrest sodann eine missbilligende hoheitliche Reaktion auf ein rechtswidriges, schuldhaftes Verhalten darstellen, aufgrund dessen ein Übel verhängt wird, welches dem Schuldausgleich dient.[469]

Der elektronisch überwachte Hausarrest wird als strafrechtliche Reaktion auf ein begangenes Unrecht durch ein zuständiges Gericht aufgrund einer – sodann – im Gesetz normierten Rechtsgrundlage verhängt. Das die Verurteilung bedingende rechtswidrige und schuldhafte Verhalten wird dabei durch den Staat sanktioniert, weshalb in der Verurteilung zum elektronisch überwachten Hausarrest eine hoheitliche Sanktion als Konsequenz auf den Rechtsbruch des Verurteilten zu sehen ist. Der im Rahmen der Strafe gebotene Schuldausgleich kann, wie dies bei der Geld- und Freiheitsstrafe gleichsam praktiziert wird, durch die Höhe der Strafe, hier also der Dauer des elektronisch überwachten Hausarrests, dem jeweils begangenen Unrecht entsprechend individuell angepasst werden. Zu beachten ist hier allerdings, dass die Maßnahme des elektronisch überwachten Hausarrests nicht jedem begangenen Unrecht zum Schuldausgleich wird dienen können, beispielsweise im Rahmen solcher Verurteilungen, die der Schwere nach allein aus generalpräventiven Gesichtspunkten nicht durch dieses „Weniger" zum Strafvollzug beantwortet werden könnten, um die generalpräventive Wirkung, zum einen die Abschreckung und zum anderen das Vertrauen in das Rechtssystem, nicht zu beeinträchtigen. Ein entsprechendes Beispiel hierfür wären Kapitaldelikte wie Mord und Totschlag.

Der elektronisch überwachte Hausarrest müsste auch ein entsprechendes Übel darstellen. Entgegen der teilweise verbreiteten Auffassung, der

---

[469] Vgl. hierzu Kapitel B.IV.3.a).aa).

elektronisch überwachte Hausarrest sei keine Bestrafung in Form eines Übels, sondern erlaube dem Verurteilten in seiner gewöhnlichen Umgebung ganz normal (ohne den Eindruck etwaiger Repressalien) weiterzuleben,[470] beschneidet dieser durchaus in einer nicht unerheblichen Art und Weise die Rechte des Verurteilten. Dies zeigt insbesondere auch die Entscheidung des BVerfG[471], wonach die – dort – zugrundeliegende elektronische Aufenthaltsüberwachung zumindest das allgemeine Persönlichkeitsrecht eindeutig tangiert, jedoch aber in verfassungsrechtlich gerechtfertigter Art und Weise. Zwar dürfte im Rahmen des elektronisch überwachten Hausarrests die elektronische Aufenthaltsüberwachung, im Vergleich zur elektronischen Präsenzkontrolle, geringere Anwendung finden. Jedoch aber stellt die elektronische Überwachung per se eine zumindest das allgemeine Persönlichkeitsrecht beeinträchtigende Maßnahme dar, weshalb darin bereits ein entsprechendes Übel, welches durch den Staat auferlegt wird, zu sehen ist. Gleichfalls hat sich der Verurteilte in der Regel einem entsprechenden Straf- oder Verhaltensplan zu unterwerfen, in welchem strikte Anwesenheitszeiten und Auflagen geregelt werden können. Der hierdurch erfolgende hoheitliche Eingriff in die Freiheit und Selbstbestimmung des verurteilten Straftäters mit der Konsequenz, dass dieser, mehr oder minder ähnlich einem Vollzugsplan, seine Freiheit gerade nicht autonom gestalten kann, ist daher insgesamt als Übelzufügung zu werten.[472] Hierdurch erfüllt die Maßnahme des elektronisch überwachten Hausarrests den Strafbegriff.

Der Fokus der hiesigen Untersuchung im Hinblick auf die Eignung des elektronisch überwachten Hausarrests als Strafe schränkt im Weiteren sodann die Beantwortung der Frage, wo die Strafe des elektronisch überwachten Hausarrests im gegenwärtigen Sanktionensystem einzuordnen wäre, bereits entscheidend ein. Denn insoweit kommt konsequenterweise nur eine Einordnung im Bereich der Strafen, also Haupt- und Nebenstrafen, in Betracht. Gemessen an der Wirkungsweise respektive Zielrichtung der einzuführenden Strafe müsste diese als ein Mehr gegenüber der Geldstrafe, jedoch aber als ein weniger gegenüber der unbedingten Freiheitsstrafe eingeordnet werden. Dies resultiert daraus, dass die Geldstrafe eine rein gegen das

---

470 Vgl. Redlich, 2005, S. 354.
471 Kapitel B.III.3.d).bb).
472 Vgl. auch Redlich, 2005, S. 354.

Vermögen gerichtete Strafart darstellt, die (unbedingte) Freiheitsstrafe sich jedoch gegen die (Fortbewegungs-)Freiheit des Verurteilten richtet. Da sich der elektronisch überwachte Hausarrest jedoch nicht gegen das Vermögen des Verurteilten richtet, sondern freiheitsbeschränkend wirkt, muss dieser konsequenterweise zwischen Geld- und (unbedingter) Freiheitsstrafe angesiedelt werden.[473] Die Frage aber, ob die genauere Verortung zwischen unbedingter und bedingter Freiheitsstrafe,[474] oder aber zwischen bedingter Freiheitsstrafe und Geldstrafe vorgenommen werden sollte, dürfte sich etwas uneindeutiger gestalten. Maßgeblich hierfür würde auch die Ausgestaltung sein, mit welcher ein elektronisch überwachter Hausarrest im Gesetz implementiert wird. Zwar gibt es, wie die Betrachtung der Ausgestaltung in anderen Ländern gezeigt hat, oftmals im Rahmen des elektronisch überwachten Hausarrestes die Anforderungen, gemäß entsprechend individuell angepasster Strafpläne oder Pläne zum Tagesablauf eine bestimmte Tagesstruktur einzuhalten, was insbesondere auch feste Anwesenheitszeiten in der eigenen Wohnung oder auch der Arbeitsstätte beinhaltet. Da eine gesetzliche Ausgestaltung unterschiedlich erfolgen kann, kann die pauschale Aussage, der elektronisch überwachte Hausarrest tangiere den Verurteilten drastischer als eine lediglich bedingte Freiheitsstrafe – trotz der in den §§ 56b, 56c StGB normierten optionalen Möglichkeiten der Erteilung von Auflagen und/oder Weisungen –,[475] grundsätzlich so nicht ausnahmslos getroffen werden. Richtig ist zwar, dass der elektronisch überwachte Hausarrest an viele (Verhaltens-) Bedingungen zu knüpfen wäre, die auch in die Normierung einfließen müssten. Allerdings ergibt sich aus der Tatsache, dass der elektronisch überwachte Hausarrest als eigenständige Strafe eingeführt würde, also gerade nicht nur eine Strafaussetzung der Freiheitsstrafe darstellen würde, die aus Sicht des Verfassers ebenso maßgebliche Frage der Konsequenz eines Verstoßes gegen die Bedingungen der Strafaussetzung. So führt gemäß § 56f Abs. 1 StGB im Zweifel ein gröblich und beharrlicher Verstoß gegen Bewährungsauflagen oder -weisungen, genauso wie auch die erneute Begehung einer Straftat während der Bewährungszeit, zum Widerruf der Strafaussetzung. Die daraus erwachsende Konsequenz, nämlich die Vollstreckung der zuvor

---

473 Ebenso Redlich, 2005, S. 358.

474 So auch Redlich, 2005, S. 359.

475 Redlich, 2005, S. 359.

zur Bewährung ausgesetzten Freiheitsstrafe, stellt wiederum eine tiefere Beschneidung der (Freiheits-)Rechte des Verurteilten dar als die Verbüßung der Strafe eines elektronisch überwachten Hausarrestes. Die Tatsache also, dass – je nach Ausgestaltung – der elektronisch überwachte Hausarrest im Vergleich zu einer Strafaussetzung einer Freiheitsstrafe zur Bewährung auf den ersten Blick schwerwiegender in die Rechte des Betroffenen eingreift, dürfte vor dem Hintergrund der hiesigen Ausführungen relativiert zu betrachten sein. Dem steht auch nicht entgegen, dass im Falle des Verstoßes gegen die potenzielle Strafe des elektronisch überwachten Hausarrestes und dessen möglicher Auflagen oder Weisungen gleichfalls eine entsprechende Rechtsfolge erwachsen könnte. Diese aber würde, im Vergleich beispielsweise zum Widerruf der Strafaussetzung zur Bewährung, nicht zwangsläufig unmittelbar zu einer Vollstreckung einer Freiheitsstrafe führen. In der Konsequenz bedeutet dies aber für die Beurteilung der Frage, ob der elektronisch überwachte Hausarrest oder die Aussetzung der Freiheitsstrafe zur Bewährung die Rechte des Verurteilten stärker beschneiden, dass diese nicht eindeutig beantwortet werden kann, da dies abhängig ist von der konkreten gesetzlichen Ausgestaltung des elektronisch überwachten Hausarrestes. Demnach käme gerade vor dem Hintergrund der möglichen Konsequenz der Vollstreckung der Freiheitsstrafe im Rahmen der Strafaussetzung dieser zur Bewährung, auch eine Einordnung zwischen der bedingten Freiheitsstrafe und der Geldstrafe in Betracht. Dies vor allem auch hinsichtlich der durch den elektronisch überwachten Hausarrest avisierten Haftvermeidung. Daran ändert auch die Tatsache der elektronischen Überwachung nichts,[476] denn diese stellt, im Vergleich zu der im Rahmen der Bewährungsstrafe drohenden Vollstreckung der Haftstrafe und der daraus resultierenden Inhaftierung, offensichtlich das mildere Mittel dar.[477] Letzen Endes aber dürfte dieser Frage aus Sicht des Verfassers keine allzu ausschlaggebende Bedeutung zuzumessen sein, da nach der Ziel- und Zweckrichtung der Maßnahme zumindest klargestellt ist, dass der elektronisch überwachte Hausarrest in jedem Falle zwischen Geld- und Freiheitsstrafe, und somit als Hauptstrafe, einzuordnen wäre.

---

[476] Redlich, 2005, S. 359, wonach bereits die Tatsache der elektronischen Überwachung beispielsweise im Vergleich zu im Rahmen der Bewährung nicht elektronisch überwachten Aufenthaltsanordnungen ein empfindlicheres Übel darstelle.

[477] Vgl. auch Wittstamm, 1999, S. 166.

(3) DER ELEKTRONISCH ÜBERWACHTE HAUSARREST IM RAHMEN DER STRAFTHEORETISCHEN ZWECKSETZUNG

Die grundsätzlich Eignung einer Strafe ergibt sich nicht zuletzt daraus, dass diese auch die straftheoretischen Zwecksetzungen erfüllen sollte. Der elektronisch überwachte Hausarrest müsste daher jedenfalls der vom BVerfG und damit von der Rechtsprechung getragenen Vereinigungstheorie und deren Anforderungen genügen, somit also neben den Aspekten des Schuldausgleichs, der Prävention und Resozialisierung des Täters auch eine entsprechende Sühne und Vergeltungsfunktion aufweisen. Dass der elektronisch überwachte Hausarrest eine Übelzufügung darstellt wurde anhand der vorstehenden Ausführungen bereits dargelegt. Ebenfalls, dass – aufgrund der zu untersuchenden Eignung als Strafe – anhand der hier durch das Gericht zu verhängenden Dauer der Strafe auch ein Schuldausgleich geschaffen werden kann. Dies umso mehr, als das Gericht im Rahmen seines Strafurteils eine Strafe des elektronisch überwachten Hausarrestes durch die Festlegung des „Wie" der Strafe, mithin also Dauer, Strafplan, Auflagen, Weisungen o. ä., was von der gesetzlichen Ausgestaltung und dem normierten Rahmen abhängen wird, das konkret begangene Unrecht des Straftäters sozusagen „maßgeschneidert" wird sühnen können.[478] Ausnahmen hiervon dürften allerdings Rechtsverletzungen darstellen, bei welchen das begangene Unrecht mit der Verhängung der Strafe des elektronisch überwachten Hausarrestes nicht mehr aufzuwiegen ist, was jedoch die gegenwärtigen Strafandrohungen im Rahmen der einzelnen Delikte mit Blick auf die Schwere des begangenen Unrechts ohnehin für sich gesehen normieren.[479]

Bezüglich der spezialpräventiven Zweckerfüllung müsste der elektronisch überwachte Hausarrest geeignet sein, den Straftäter zum einen durch die bloße Existenz der Strafe von der Begehung weiterer Straftaten abzuhalten sowie die Gesellschaft vor dem Straftäter zu schützen (negativ), und zum anderen durch entsprechende Einwirkungen den Straftäter zu resozialisieren (positiv). Hierzu ist zunächst festzuhalten, dass der elektronisch überwachte Hausarrest im Gegensatz zu einer (dauerhaften) Inhaftierung

---

[478] Vgl. Hudy, 1999, S. 143.

[479] So wird gegenwärtig ein Mord bspw. mit lebenslanger Freiheitsstrafe gesühnt, weshalb dies bereits aufgrund der Art und Einordnung der Strafe bereits kein für die Strafe des elektronisch überwachten Hausarrest geeignetes Anwendungsgebiet wäre, vgl. zur Angemessenheit der Strafen bzgl. des begangenen Unrechts auch Hudy, 1999, S. 144.

der Gesellschaft nicht den identischen Schutz vor dem Straftäter bieten kann, wie dies eine dauerhafte Inhaftierung im Rahmen einer unbedingten Freiheitsstrafe zu leisten im Stande wäre. Zwar sieht auch der elektronisch überwachte Hausarrest eine Beschränkung der Fortbewegungsfreiheit vor, insbesondere in denen durch entsprechende Straf- oder Arrestpläne einzuhaltenden Anwesenheitszeiten in Haus oder Wohnung des Verurteilten. Jedoch gestattet, und das ist einer der entscheidenden Unterschiede zur unbedingten Freiheitsstrafe, der elektronisch überwachte Hausarrest dem Verurteilten grundsätzlich, im Rahmen festgelegter Zeiten, die Wohnung, beispielsweise zu Arbeitszwecken, zu verlassen. Dass aber eine spezialpräventive Zweckerreichung in Form des Schutzes der Gesellschaft durch bloßes „Wegsperren" des einzelnen Straftäters während dieser (häuslichen Abwesenheits-)Zeiten nicht in dem Maße erreicht werden kann,[480] wie dies bei einer Inhaftierung der Fall wäre, dürfte zum einen durch stetig erfolgende elektronische Überwachung und zum anderen durch die primär positiv-spezialpräventiven Intentionen kompensiert werden.[481] Denn gerade die Meidung einer unbedingten Inhaftierung des Betroffenen und die dadurch bezweckte grundsätzliche Erhaltung des sozialen Lebens soll, unter Zuhilfenahme entsprechender auf den Einzelnen angepasster Resozialisierungsmaßnahmen, den Täter für die Zukunft bessern.[482]

Die generalpräventive Zwecksetzung, mithin also die Abschreckung der Allgemeinheit durch die reine Existenz der Strafe (negativ) und umgekehrt die Schaffung von Vertrauen in die Wirksamkeit und Umsetzung der gesetzlichen Normen (positiv) dürfte ebenfalls gegeben sein. Allein die Tatsache, dass die Strafe des elektronisch überwachten Hausarrestes als solche in den Strafenkatalog aufgenommen werden würde, und damit neben der Geld- und der Freiheitsstrafe zu den maßgeblichen Hauptstrafen zählen würde, wäre bereits gleich geeignet, eine gewisse Abschreckung gegenüber der Allgemeinheit dem Grunde nach hervorzurufen. Aufgrund der erforderlichen konsequenten Umsetzung und Anwendung der Strafvorschrift würde gleichzeitig auch ein berechtigtes Vertrauen der Normdurchsetzung geschaffen werden. Ob hierbei auch das Vertrauen in die Angemessenheit der

---

[480] Hierzu auch Schlömer, 1998, S. 311.

[481] A.A.: *Arloth*, Goltdammer's Archiv für Strafrecht/2001, S. 318.

[482] Redlich, 2005, S. 357.

Sühnefunktion dieser Strafe geschaffen werden kann dürfte in erster Linie an der Effizienz und Effektivität dieser Strafe liegen. Selbst wenn dies aber zum Zeitpunkt der Einführung einer solchen Strafe mangels vorhandener empirischer Erhebungen noch nicht validiert werden könnte, würde dies die grundsätzliche generalpräventive Eignung dieser Maßnahme nicht zwangsläufig tangieren, da eine solche auch durch Aufklärung über den Inhalt und den pönalisierenden Effekt dieser Strafe erzielt werden könnte.[483]

Der elektronisch überwachte Hausarrest ist also, ungeachtet einer bislang explizit feststehenden gesetzlichen Ausgestaltung, zumindest dem Grunde nach geeignet, die straftheoretischen Zwecksetzungen zu erfüllen, jedenfalls aber zu fördern. Die gesetzliche Ausgestaltung müsste sich auch in diese Zwecksetzung einreihen. Ob im Ergebnis die straftheoretischen Zwecksetzungen auch tatsächlich erfüllt würden, dürfte lediglich einer stetigen Evaluierung der Anwendungspraxis dieser Strafe zu entnehmen sein. Hierbei würde allerdings selbst die Erkenntnis, dass die straftheoretischen Zwecke – aus welchem Grund auch immer – nicht erfüllt würden, im Ergebnis weniger die (grundsätzliche) Eignung als Strafe als vielmehr die Wirksamkeit derselbigen in Frage stellen. Ungeachtet dessen handelt es sich im Rahmen der durch die Rechtsprechung legitimierte Vereinigungstheorie ohnehin um die Kumulierung aller straftheoretischen Zwecksetzungen, deren einzelne Gewichtung variieren kann. So ist bereits im Hinblick auf die Art der Strafe ersichtlich, dass diese, im Vergleich beispielsweise zur unbedingten Freiheitsstrafe, den Fokus noch intensiver auf positiv spezialpräventive Erwägungen legt, um auch die negativ-spezialpräventive Zwecksetzung in Form des (vollständigen) Wegsperrens des Delinquenten zu reduzieren. Da der elektronisch überwachte Hausarrest aber als „mildere" Alternative zur Freiheitsstrafe zu untersuchen ist, ist es aus Sicht des Verfassers umso entscheidender, dass die Strafe des elektronisch überwachten Hausarrestes in der Lage ist, zumindest dieselben (positiven) Effekte wie der Strafvollzug hervorzubringen.

(4) ALTERNATIVE ZUM STRAFVOLLZUG

Die Untersuchung beschäftigt sich vorliegend mit der Frage, ob die Strafe des elektronisch überwachten Hausarrestes als erweiterte Sicherungsmöglichkeit

---

[483] So z. B. auch Schlömer, 1998, S. 313.

elektronischer Überwachung einen positiven Beitrag zu nachhaltiger Sanktionierung leisten kann. Aus Sicht des Verfassers kann sich hierbei eine Vergleichbarkeit nur anhand des gegenwärtigen Strafvollzuges (als Vollzugsform der unbedingten Freiheitsstrafe) messen lassen. Dies rührt daher, da der elektronisch überwachte Hausarrest, wie dies bereits auch schon die hiesige Einordnung in das Sanktionensystem gezeigt hat, der Freiheitsstrafe aufgrund seines – u. a. – freiheitsentziehenden Charakters grundsätzlich ähnelt. Ob der elektronisch überwachte Hausarrest eine mildere, aber ansonsten gleich geeignete, Maßnahme zur unbedingten Freiheitsstrafe und somit dem Strafvollzug darstellen kann lässt sich aus Sicht des Verfassers aber nur mittels eines Vergleichs der beiden Strafarten und deren Ausgestaltungen und Auswirkungen, insbesondere also des Vollzuges derselbigen, zeigen. Hierfür soll nachfolgend insbesondere auf die Prinzipien, Ziele und Methoden des Strafvollzuges im Vergleich zum elektronisch überwachten Hausarrest eingegangen werden, um bewerten zu können, ob der elektronisch überwachte Hausarrest ein milderes Mittel zum Strafvollzug, insbesondere unter Erhaltung dessen positiver Aspekte und Ablegung negativer Folgen, darstellen kann.

(a) Strafvollzug in Deutschland

Die Materie des Strafvollzugs ist aufgrund deren Umfangs für sich gesehen sicherlich geeignet, eine eigene Arbeit auszufüllen, was nicht zuletzt an den vielen verschiedenen Facetten des Strafvollzuges liegt. Daher beschränkt sich diese Arbeit, neben einer zunächst erfolgenden Erläuterung der Begrifflichkeit und Zielsetzung des Strafvollzuges, auf die Umstände des Behandlungsvollzuges, welcher spezialisiert dafür Sorge tragen soll, die (Re-) Sozialisierung des Delinquenten zu erreichen.[484]

(aa) Allgemeines und Begriff

Der Strafvollzug umfasst, anders als dies möglicherweise die Aufteilung dieses Kompositums in seine beiden Grundwörter der Strafe und des Vollzuges vermuten lassen könnte, nicht den Vollzug einer Strafe per se, und ist damit nicht mit der eigentlichen Strafvollstreckung zu verwechseln, sondern betrifft ausschließlich die Vollziehung jeglicher freiheitsentziehender strafrechtlicher

---

[484] Laubenthal, 2019, S. 111.

Sanktionen.[485] Hiervon umfasst sind die Freiheitsstrafe nach §§ 38 ff. StGB, die Jugendstrafe nach §§ 17 ff. JGG, die Maßregeln der Besserung und Sicherung gemäß § 61 Nr. 1–3 StGB, also die Unterbringung in einem psychiatrischen Krankenhaus (Nr. 1), die Unterbringung in einer Entziehungsanstalt (Nr. 2) und die Unterbringung in der Sicherungsverwahrung (Nr. 3), sowie unter Umständen auch der Strafarrest nach § 9 Wehrstrafgesetz (WStG). Der im Rahmen des Strafvollzuges stattfindende Freiheitsentzug wird gerade in Fällen besonders verwerflicher und sozialschädlicher Handlungen als (in bestimmten Fällen) notwendige Maßnahme begründet, um den Schutz und die Sicherheit der Gesellschaft zu gewährleisten sowie die generalpräventiven Aspekte der Strafe durchzusetzen, ohne das Verhalten des Delinquenten nachteilig zu beeinflussen.[486] Das Strafvollzugsrecht als Teil des öffentlichen Rechts regelt dabei die Art und Weise der Vollstreckung der Freiheitsstrafe und gehört nicht mehr zum eigentlichen Strafverfahren, sondern ist diesem nachgelagert.[487] Für den Vollzug der Freiheitsstrafe gibt es verschiedene Haftanstalten, denen jede für sich spezielle Delinquenten zugeordnet sind, die aufgrund des zur diesbezüglichen Aufteilung zugrunde gelegten Trennungs- und Differenzierungsgrundsatzes entsprechend gruppiert werden.[488] Zu nennen sind hierbei beispielsweise der offene sowie der geschlossene Vollzug, die Anstalten für Frauen oder aber sozialtherapeutische Anstalten.[489]

(bb) Ziel des Strafvollzugs

Das Ziel des Strafvollzuges ist in § 2 S. 1 StVollzG legaldefiniert, wonach im Vollzug der Freiheitsstrafe der Gefangene fähig werden soll, künftig in sozialer Verantwortung ein Leben ohne Straftaten zu führen. Dieses Vollzugsziel, genauso wie der durch § 2 S. 2 StVollzG nachrangig normierte Schutz der Allgemeinheit vor weiteren Straftaten, bildet die aus den Strafzwecken erwachsende positive wie negative Spezialprävention ab.[490] Aufgrund des Wortlauts des Gesetzes wird somit deutlich, dass das Ziel der Resozialisierung

---

[485] Laubenthal, 2019, S. 23.

[486] Laubenthal, 2019, S. 1; a.A.: Galli, 2020, S. 38 ff., der insbesondere den Aspekt der Resozialisierung aufgrund der negativen Auswirkungen der Haft verneint.

[487] Laubenthal, 2019, S. 25.

[488] Laubenthal, 2019, S. 52 ff.

[489] Ebenda.

[490] *Jehle* in: Strafvollzuggesetze, § 2, Rn.: 5.

das vorrangigste Ziel des Strafvollzuges darstellen soll, insbesondere auch deshalb, da dieses Ausfluss aus Art. 1 Abs. 1 GG sowie Art. 20 Abs. 3 GG, also der Achtung der Menschenwürde und des Sozialstaatsprinzips, ist.[491] Gefördert werden soll dieses durch die ebenfalls gesetzlich normierten Gestaltungsgrundsätze gemäß § 3 StVollzG, wonach das Leben im Vollzug den allgemeinen Lebensverhältnissen soweit als möglich angeglichen werden soll (Angleichungsgrundsatz, § 3 Abs. 1 StVollzG), schädlichen Folgen des Freiheitsentzuges entgegengewirkt werden soll (Gegensteuerungsgrundsatz, § 3 Abs. 2 StVollzG) und der Vollzug darauf ausgerichtet sein soll, dass er dem Gefangenen hilft, sich in das Leben in Freiheit einzugliedern (Integrationsgrundsatz, § 3 Abs. 3 StVollzG).[492] Alle Handlungen und Prozesse sowie Entscheidungen im Rahmen des Strafvollzuges werden daher in erster Linie an diesem Ziel und den hierfür vorhandenen Grundsätzen ausgerichtet, um eben jene Resozialisierung des Delinquenten gemäß der Zielvorgabe zu erreichen.[493] Diese Zielvorgabe lässt dabei den Rückschluss zu, dass die in den Vollzugsanstalten inhaftierten Delinquenten im Ergebnis nicht in der Lage sind sich ohne die Begehung weiterer Straftaten eigenständig zu sozialisieren, unterstellt aber im selben Zug, dass sich dies im Strafvollzug angeeignet werden kann.[494] Dieser Rückschluss lässt nachvollziehbar erscheinen, wieso bisweilen in bestimmten Fällen auch der Begriff der Ersatz-Sozialisation[495] im Vergleich zur Resozialisierung angeführt wird, da eine Resozialisierung konsequenter Weise nur dann erfolgen kann, wenn eine entsprechende Sozialisierung zumindest schon einmal vorhanden war. Dadurch kommt der Haftanstalt infolgedessen also nicht ausnahmslos nur die Resozialisierungsaufgabe zu, sondern in vielen Fällen auch die Aufgabe einer generellen Sozialisierung. Hierfür wird, gemünzt auf das breite Spektrum verschiedenster Sozialisationserfordernisse, eine Bandbreite an Behandlungsmaßnahmen bereitgestellt, um dieses Vollzugsziel zu fördern.[496] Erkennbar soll daher der Strafvollzug insbesondere der Sozialisation oder Resozialisierung und nicht nur der Verwahrung des Delinquenten dienen.

---

491 *Jehle* in: Strafvollzuggesetze, § 2, Rn.: 8.
492 *Jehle* in: Strafvollzuggesetze, § 3, Rn.: 1.
493 Laubenthal, 2019, S. 111; vgl. auch *Jehle* in: Strafvollzuggesetze, § 2, Rn.: 15.
494 *Jehle* in: Strafvollzuggesetze, § 2, Rn.: 17.
495 Schüler-Springorum, 1969, S. 160 ff.
496 Laubenthal, 2019, S. 113.

(b) Vollzugszielerreichung

Zwar normiert das StVollzG – wie vorstehend ausgeführt – das Vollzugsziel und entsprechende Gestaltungsgrundsätze, führt aber nicht explizit aus, wie diese erreicht werden sollen. Lediglich in den §§ 4 und 6 des StVollzG spricht das Gesetz von „Behandlung", so etwa in § 4 Abs. 1, S. 1 StVollzG, wonach der Gefangene an der Gestaltung seiner Behandlung mitwirkt oder in § 6 Abs. 2 und 3 StVollzG, wonach eine Untersuchung des Gefangenen für eine planvolle Behandlung notwendig und die Planung der Behandlung sodann auch mit dem Gefangenen zu erörtern ist. Erkennbar also legt der Gesetzgeber dem Strafvollzug zumindest eine entsprechende Behandlung zugrunde, eine Definition findet sich hierzu allerdings nicht.[497] Allgemeinhin wird der Strafvollzug in Deutschland daher auch als Behandlungsvollzug bezeichnet,[498] was auch auf Länderebene teilweise Eingang in die landesspezifischen Strafvollzuggesetze gefunden hat, so bspw. gem. § 3 StVollzG NRW. Dort bemühte man sich, den Behandlungsbegriff näher auszugestalten, wonach die Behandlung den individuellen Förderbedarf der Gefangenen berücksichtigt und namentlich Maßnahmen zum Erwerb sozialer Kompetenzen, therapeutische Angebote, schulische Förderung, die Vermittlung beruflicher Fähigkeiten und Qualifikationen, Motivations- und Beratungsangebote für Suchtkranke sowie Schuldnerberatung umfasst, § 3 Abs. 2 StVollzG NRW. Der Bundesgesetzgeber selbst führte lediglich im Rahmen seiner Gesetzesbegründung aus, dass der Begriff der Behandlung sowohl die besonderen therapeutischen Maßnahmen als auch die Maßnahmen allgemeiner Art umfasst, die den Gefangenen durch Ausbildung und Unterricht, Beratung bei der Lösung persönlicher und wirtschaftlicher Probleme und Beteiligung an gemeinschaftlichen Aufgaben der Anstalt in das Sozial- und Wirtschaftsleben einbeziehen und der Behebung krimineller Neigungen dienen soll.[499] Bewusst offen wurde hierbei der Behandlungsbegriff umschrieben, um verschiedensten Behandlungsmethoden den Weg zu ebnen, abhängig auch von der Fortentwicklung in Praxis und Wissenschaft, um keine ungewollten Restriktionen hervorzurufen.[500] Demnach umfasst der Strafvollzug

---

[497] S. auch Laubenthal, 2019, S. 122.
[498] *Wirth* in: Wirth, 2022, S. 6.
[499] BT-Drucks. 7/918, S. 45.
[500] BT-Drucks. 7/918, S. 45.

gegenwärtig verschiedenste Behandlungskonzepte und -methoden,[501] welche teilweise auch durch eigens hierfür eingerichtete Anstalten kanalisiert werden, wie beispielsweise die Sozialtherapie, welche in dafür vorgesehenen sozialtherapeutischen Anstalten angewandt wird, vgl. § 9 StVollzG. Der Behandlungsvollzug stellt somit den Kern des deutschen Strafvollzugswesens dar und umfasst nicht nur eine eigene Sparte des Vollzuges, wie dies in der Literatur oftmals den Eindruck erwecken könnte, wenn dieser von dem sogenannten Regelvollzug abgegrenzt bzw. von diesem unterschieden wird.[502] Der Regelvollzug nämlich beschreibt vielmehr den Umstand, dass ein Delinquent bereits einmal eine – insgesamt – über drei Monate hinausgehende Freiheitsstrafe verbüßt hat, im Gegensatz zu solchen Gefangenen, die zuvor noch keine Freiheitsstrafe bis zu insgesamt drei Monaten verbüßen mussten (Erstvollzug).[503] Dieser Umstand, der auf das Differenzierungserfordernis aus § 141 Abs. 1 StVollzG zurückzuführen ist, wonach Haftplätze in verschiedenen Anstalten, in denen eine auf die unterschiedlichen Bedürfnisse der Gefangenen abgestimmte Behandlung gewährleistet ist, vorzusehen sind, entbehrt jedoch, mit wohl geringfügigen Ausnahmen,[504] nicht der Tatsache, dass aufgrund der hier ausgeführten Behandlungsmaxime trotzdem eine Behandlung im Vollzug stattzufinden hat. Im Wege nämlich der sich aus § 6 StVollzG ergebenden Behandlungsuntersuchung wird jeweils ein sog. Vollzugsplan erstellt, der gemäß § 7 StVollzG individuell auf den Gefangenen abzustimmen ist. Der Behandlungsvollzug ist damit darauf ausgerichtet, die Vollzugsziele zumindest zu fördern, da eine Vollzugszielerreichung vielmehr suggerieren würde, dass das Vollzugsziel hierdurch regelmäßig erreicht werden würde, was indes nicht der Fall ist.[505]

(c) **Abstandnahme vom Strafvollzug**

Betrachtet man den Strafvollzug sowie das ausgewiesene Vollzugsziel samt seiner Behandlungsmaxime, so erscheinen diese auf den ersten Blick

---

[501] S. Laubenthal, 2019, S. 125, m.w.N.
[502] Vgl. *Wirth* in: Wirth, 2022, S. 217.
[503] Vgl. z. B. § 6 Abs. 1 BayVollstrPl (Vollstreckungsplan für den Freistaat Bayern).
[504] Ausnahmen könnten hierzu bspw. die Vollstreckung der Ersatzfreiheitsstrafe oder derart kurze Strafen sein, zu deren Dauer eine Behandlung nicht erfolgversprechend erscheint.
[505] Vgl. z. B. Galli, 2020, S. 47 f.

eine erforderliche und in Teilen auch alternativlose Methode zu sein, um Delinquenten in eine (Re-)Sozialisation hineinzuführen, zu der sie selbst nicht in der Lage zu sein scheinen. Doch auch der Strafvollzug, mithin also die Inhaftierung eines Gefangenen in einer hierfür vorgesehenen Vollzugsanstalt, ruft nicht zwingend nur positive Resultate hervor, sondern kann auch negative Auswirkungen auf einen Gefangenen haben, die als (negative) Haftfolgen bezeichnet werden.[506] Für die hiesige Untersuchung der Vergleichbarkeit der Strafe des elektronisch überwachten Hausarrestes mit der unbedingten Freiheitsstrafe und damit dem Strafvollzug vor dem Hintergrund, ob ein solcher unter Wahrung der positiven aber Ablegung der negativen Haftfolgen als alternative nachhaltige Sanktionsmöglichkeit geeignet erscheint, sind insbesondere diese negativen Haftfolgen ein Aspekt, der in die Untersuchung mit einzubeziehen ist.

Hierzu führte in jüngerer Vergangenheit bereits *Galli* entsprechende Erwägungen an, dass der Vergeltungsfaktor des begangenen Unrechts, straftheoretisch verankert im Rahmen der absoluten Straftheorie, deutlich mehr in den Hintergrund rücken müsse, um gleichsam die Resozialisierungsziele, auch vor dem Hintergrund einer kontinuierlichen Sicherheit der Gesellschaft, zu verstärken.[507] Aus seiner Sicht müsse dies zwingend über die relativen und gerade nicht absoluten straftheoretischen Maßnahmen erfolgen, zumindest jedenfalls bezüglich solcher Arten von Kriminalität, die keine schwere Kriminalität darstellt.[508] Diese Erwägungen basieren auf der Erkenntnis, dass der Strafvollzug die avisierten und gesetzlich normierten Ziele nachweislich nicht zu erreichen in der Lage ist.[509] Doch diese Erwägungen sind keineswegs neu, denn negative Folgen des Strafvollzuges wurden in der Vergangenheit stets kritisiert, oftmals auch einhergehend mit der Aufforderung zur Abschaffung der Gefängnisse, mithin also des Strafvollzuges.[510]

Zwar normiert § 3 Abs. 2 StVollzG den Gegensteuerungsgrundsatz und damit die Maßgabe, dass schädlichen Folgen des Freiheitsentzuges

---

[506] Vgl. u. a. Seelich, 2009, S. 77 ff.; Laubenthal, 2019, S. 150 ff.; *Hosser/Greve* in: Wirth, 2022, S. 97 ff.

[507] Galli, 2020, S. 213.

[508] Galli, 2020, S. 213.

[509] Galli, 2020, S. 98–100; s. auch bereits *Mathiesen* in: Schumann, 1988, S. 50.

[510] Vgl. z. B. *Schumann* oder *Mathiesen* in: Schumann, 1988, S. 16 ff. (21) bzw. 49 ff. (50); *Gratz*, Neue Kriminalpolitik 2/1995, S. 30 ff.

entgegenzuwirken sind. Dieser Gegensteuerungsgrundsatz ist dabei augenscheinlich die Korrektur dessen, was durch den sogenannten Angleichungsgrundsatz aus § 3 Abs. 1 StVollzG in bestimmten Fällen nicht erreicht werden kann, wenn also eine Angleichung des Lebens im Vollzug an die allgemeinen Lebensverhältnisse nicht realisiert werden kann oder konnte. Bislang hat die Erfahrung allerdings gezeigt, dass der Freiheitsentzug nichtsdestotrotz zahlreiche negative Folgen hervorzubringen scheint, welche das proklamierte Vollzugsziel torpedieren und vielmehr gegenteilige Aspekte begünstigen.[511] Von diesen Haftfolgen, welche im Einzelnen – auch aus medizinischer und psychologischer Sicht – eine eigene Arbeit ausfüllen könnten, seien im Nachfolgenden zumindest die gängigsten als Untersuchungsgrundlage in groben Zügen dargestellt.

Negative Haftfolgen für die Gefangenen können sich dabei sowohl in physischer als auch psychologischer Natur äußern. Bereits das BVerfG hat ausgeführt, dass Gefangene sich in einem Rechtsverhältnis mit besonderen Gefährdungen befänden.[512] Dies liegt nicht zuletzt an der Institution des Strafvollzugs selbst, was u. a. auch die Landesgesetzgeber erkannt haben. So normieren bspw. die Landesstrafvollzuggesetze der Länder Baden-Württemberg oder Brandenburg, dass Gefangene vor Übergriffen zu schützen sind, respektive besonderes Augenmerk auf die Verhütung von Selbsttötungen zu legen ist, § 2 Abs. 2, S. 2 JVollzG III BW bzw. § 7 Abs. 3 BbgJVollzG. Bereits die Tatsache, dass ein Betroffener eine Haftstrafe im Strafvollzug zu verbüßen hat, behaftet den Gefangen im Vergleich zu anderen Strafformen am gravierendsten mit dem Makel des Straftäterdaseins, da mit einem Strafvollzug gesellschaftlich zumeist eine gewisse Schwere strafrechtlich relevanten Handelns assoziiert wird.[513] Bereits mit dem ersten Schritt in die Haftanstalt wird der Gefangene seiner gesellschaftlichen Stellung enthoben und hat sich in die Ordnung der Institution einzugliedern, in welcher zunächst dem Grunde nach alle gleich sind, der Gefangene mithin sofort Teil seines eigenen Depersonalisierungsprozesses wird.[514] Insofern entzieht – und auf diese Folge zielt u. a. auch § 7 Abs. 3 BbgJVollzG ab – der Strafvollzug dem

---

511 Vgl. Laubenthal, 2019, S. 150 ff.

512 BVerfG, NJW 2006, 2093 (2096).

513 Laubenthal, 2019, S. 151; vgl. auch *Hosser/Greve* in: Wirth, 2022, S. 103.

514 Laubenthal, 2019, S. 151.

Gefangenen – zwar unter Achtung der Menschenwürde – nahezu jedwede zuvor besessene Freiheit, was im Ergebnis zu eklatanten Entzugserscheinungen führen kann.[515] Dieser im Fachjargon als (Haft-)Deprivation[516] (Verlust/Mangel/Entzug) bezeichnete Umstand resultiert dabei insbesondere aus einem Entzug der Eigenverantwortlichkeit und der persönlichen Entfaltung aufgrund der Eingliederung in diese „fremdbestimmte" Institution.[517] Diese Deprivationen äußern sich dabei auf unterschiedlichste Weise. So kumulieren sich im Strafvollzug bspw. ein mangelndes Sicherheitsgefühl des einzelnen Gefangenen aufgrund eines Ausgeliefertseins gegenüber anderen (möglicherweise gewalttätigen bzw. -bereiten) Gefangenen, der Entzug von Sexualität gegenüber dem begehrten Geschlecht (insbesondere in Form von Heterosexualität) sowie das Abgeschnittensein von Familie und Freunden und der Verlust uneingeschränkter Nutzung jedweder Gegenstände oder Dienstleistungstätigkeiten außerhalb des Strafvollzuges.[518] Gerade bei Langzeitinhaftierten wirkt aber auch die zeitliche Komponente bereits erlernten Fähigkeiten entgegen, gepaart mit einem generell verminderten geistigen Erkenntnis- sowie Erfahrungsgewinn, verglichen zu den Möglichkeiten in der „freien" Gesellschaft.[519]

Darüber hinaus existiert innerhalb der Gefangenengemeinschaft regelmäßig eine sogenannte Subkultur, welche sich dadurch charakterisiert, dass sie eigene, für die Gefangenen geltende, Verhaltensnormen und -regeln ausweist, quasi als Konterpart zu dem aufgezwungenen System des Strafvollzuges.[520] Neben der wichtigsten Maßgabe der Solidarität und Unterstützung der Gefangenen untereinander betreffend die Resistenz gegenüber dem Vollzugsapparat samt dessen Bediensteten verlangt diese Gefangenensubkultur regelmäßig auch die Achtung einer entsprechenden „Hackordnung"[521], was mit einer Rangordnung zu vergleichen ist, innerhalb derer (körperliche)

---

[515] Vgl. Galli, 2020, S. 134, 135.

[516] *Arloth* in: Arloth/Krä StVollzG, § 3, Rn.: 6.

[517] Vgl. Laubenthal, 2019, S. 152, 155.

[518] *Mathiesen* in: Schumann, 1988, S. 54; *Kury/Kuhlmann*, Monatsschrift für Kriminologie und Strafrechtsreform 4/2020, S. 295; Laubenthal, 2019, S. 152, 153.

[519] *Jehle* in: Strafvollzuggesetze, § 3, Rn.: 11; Laubenthal, 2019, S. 154.

[520] *Neubacher*, NStZ 7/2008, S. 362; Laubenthal, 2019, S. 156.

[521] Laubenthal, 2019, S. 158.

Gewalt an der Tagesordnung steht.[522] Getreu dem allseits bekannten Naturrecht des Rechts des Stärkeren dient die körperliche Gewalt als Maßnahme erster Wahl zur Festsetzung dieser Rangordnung, der sich insbesondere auch die gerade ihre Haft angetretenen Gefangenen unmittelbar gegenüber sehen.[523] Gerade diese neu inhaftierten oder physisch schwachen Gefangenen weisen naturgemäß das größte Opferpotenzial solcher Gewalt auf – die nicht selten sexualisiert ist – wenn sie sich dieser nicht erwehren können, was im Regelfall seinerseits die Anwendung körperlicher Gewalt erforderlich macht bzw. machen wird.[524] Doch obwohl der gesetzlich verankerte Gegensteuerungsgrundsatz gerade solche Strukturen bekämpfen soll, stellt die Anwendung solcher Gewalt für die Gefangenen ein bedrohliches Risko dar, denn zum einen ist sie im Vollzugsalltag schlichtweg omnipräsent und zum anderen wird sie unbemerkt begangen, zumindest für die Vollzugsbediensteten, sodass sie im Zweifel auch nicht zu verhindern ist.[525] Dies nicht zuletzt auch deshalb, da Offenbarungen der Häftlinge, insbesondere gegenüber dem Vollzugspersonal aufgrund der Gefangenensubkultur und den damit einhergehenden Verhaltensnormen, untersagt sind, sowie aber auch aufgrund entsprechend zu erwartender Repressalien bei Nichteinhaltung dieser regelmäßig nicht zu erwarten sind.[526] Die Gefangenensubkultur zeichnet sich darüber hinaus dadurch aus, dass sie ein ausgeprägtes Netzwerk an Schwarzhandel, insbesondere mit verbotenen Substanzen wie Alkohol oder Drogen, innerhalb der Gefangenengemeinschaft aufweist, bei welchem mit in die Haftanstalt – illegal – eingebrachten Drogen oder sonstigen Waren Kauf- oder Tauschgeschäfte getätigt werden.[527] Die hierdurch entstehenden Suchtproblematiken befeuern dabei stetig die subkulturellen Züge in Manier eines Hamsterrades und bergen dabei im Besonderen für zuvor nur geringfügig bis gar nicht mit Drogen in Kontakt gekommene Gefangene ein hohes Risiko eines entsprechenden Drogenkonsum.[528]

---

[522] *Hosser* in: Volbert/Steller, 2008, S. 175, 176; Galli, 2020, S. 73.
[523] *Neubacher*, NStZ 7/2008, S. 362; Laubenthal, 2019, S. 157, 158.
[524] Laubenthal, 2019, S. 157.
[525] *Neubacher*, NStZ 7/2008, S. 362, 363.
[526] Galli, 2020, S. 74; *Neubacher/Boxberg* in: Maelicke/Suhling, 2018, S. 195, 196.
[527] Laubenthal, 2019, S. 162, 165.
[528] Laubenthal, 2019, S. 162, 163.

Dass ein Gefangener auf diese verschiedenen Umstände reagiert dürfte dabei auf der Hand liegen. Ob sich dies jedoch in Ablehnung, Annahme, Widersetzung oder anderweitig äußert dürfte dabei dem Wesen und Charakter des Gefangenen unterliegen. Grundsätzlich aber passt sich der Gefangene, insbesondere ein Neuankömmling, an eine solche neue Lebenssituation naturgemäß an. Dies erfolgt insbesondere im Hinblick auf die zuvor genannte Gefangenensubkultur samt deren Verhaltensnormen und -regeln als Gesamtes, sowie aber auch einzelner Gefangenen selbst.[529] Da bereits die Gefangenensubkultur für sich gesehen eine negative Haftfolge darstellt, stellt die Anpassung an eine solche, beispielsweise unter Übernahme verschiedenster delinquenter Verhalten oder Handlungsweisen, ebenfalls eine – darauf aufbauende – negative Haftfolge dar, weshalb die daraus erwachsenden Folgen als Prisonisierungseffekt bezeichnet werden.[530] Die zunächst als normale menschliche Reaktion einzuordnende Verhaltensweise einer solchen Anpassung führt im Ergebnis dazu, dass durch die adaptierten Verhaltensweisen oder Gesinnungen, die gerade im Rahmen der Gefangenensubkultur dem Vollzugsziel zuwider laufen, dieses dadurch tangiert wird und vielmehr der beabsichtigten (Re-)Sozialisation selbst als dem eigentlich schädlichen Einfluss entgegenwirkt.[531] Die Auswirkungen können dabei umso größer sein, als es sich um eine längere Haftstrafe handelt und der Gefangene dadurch über längere Zeit diesem Prisonisierungseffekt ausgesetzt ist.[532]

Nicht zuletzt können sich die Haftbedingungen auch auf die Psyche der einzelnen Gefangenen auswirken. Obschon es bislang keine belastbare Empirik zu der Tatsache gibt, ob die Umstände des Strafvollzugs zu langfristigen psychischen Nachwirkungen bei dem Gefangenen führen (insbesondere also bspw. nach Haftentlassung), so zeigt die Wissenschaft nichtsdestotrotz, dass der Strafvollzug zumindest geeignet ist, solche schädlichen psychischen Wirkungen hervorzurufen, die sich – insbesondere während der Haftdauer – auf unterschiedlichste Art und Weise äußern.[533]

---

[529] *Hosser* in: Volbert/Steller, 2008, S. 172.

[530] *Hosser* in: Volbert/Steller, 2008, S. 172.

[531] *Hosser* in: Volbert/Steller, 2008, S. 172.

[532] Vgl. Clemmer, 1958, S. 304, welcher ausführt, dass das Verhalten eines Gefangenen von den Verhältnissen in der Haft beeinflusst wird und hierbei insbesondere anhand eines Beispiels aufzeigt, dass die Länge der Haftdauer diesen Effekt vergrößert.

[533] Seelich, 2009, S. 78 ff.; Laubenthal, 2019, S. 172.

Diese Haftreaktionen sind dabei u. a. Ausfluss des Umgangs mit dem Erlebten während des Strafvollzugs, wobei sich das Erlebte in erster Linie auch auf alle hier ausgeführten Haftfolgen samt deren Ursachen bezieht.[534] Neben persönlichkeitsverändernden Wirkungen können die durch die Haftverhältnisse hervorgerufenen psychologischen Beeinträchtigungen bis hin zu Selbstschädigungen oder auch Selbsttötungen führen.[535] Letztere treten dabei häufig bei Untersuchungshäftlingen innerhalb des ersten Hafttages auf, was mit der Konfrontation der geballten Vollzugssituation zusammenhängt.[536] Insbesondere auch der Vergleich der Suizidraten von Gefangenen mit denen der Wohnbevölkerung lässt hierbei grundsätzlich[537] erkennen, dass der Faktor Strafvollzug hier ein maßgeblicher Förderer dieses – psychologisch begründeten – Umstandes ist.[538]

(d) Sozialtherapie als Behandlungsmaßstab

Nachdem die negativen Haftfolgen in groben Zügen dargelegt wurden, wodurch erkennbar wurde, welche teils gravierenden Folgen eine Inhaftierung für einen Gefangenen nach sich ziehen kann, ist nunmehr zu fragen, wie solchen Folgen vorgebeugt oder – wie es der Gesetzestext in § 3 Abs. 2 StVollzG formuliert – entgegengewirkt werden kann, aber auch, inwieweit dadurch das angestrebte Vollzugsziel erreicht werden kann. Dies ist vorliegend insofern relevant, als im Hinblick auf die Eignung des elektronisch überwachten Hausarrestes als Strafe dieser eine geeignete Alternative zum Strafvollzug darstellen sollte. In Anbetracht der zuvor dargelegten (negativen) Haftfolgen soll daher untersucht werden, ob die im Strafvollzug

---

534 *Nass*, Monatsschrift für Kriminologie und Strafrechtsreform/1954, S. 139 (170).

535 Laubenthal, 2019, S. 170, 171.

536 *Opitz-Welke/Konrad*, Bundesgesundheitsblatt, Gesundheitsforschung, Gesundheitsschutz 1/2022, S. 19; Bennefeld-Kersten, 2009, S. 85.

537 Grundsätzlich in dem Sinne, als der Vergleich nur als Anhaltspunkt dafür genommen werden kann, dass der Strafvollzug zusätzliche entsprechende – die Selbsttötung fördernde – psychologische Auswirkungen hervorrufen kann. Denn die Statistiken selbst sind nicht vollends belastbar, da hinsichtlich der Gefangenen bspw. die Gefangenenpopulation regelmäßig nur geschätzt wird und auch die Suizidrate der Wohnbevölkerung zum einen durch diesbezüglich hinzugerechnete grundsätzliche Nicht-Risikogruppen (bspw. Kleinkinder) oder einer viel größere Dunkelziffer an Selbsttötungen verfälscht wird, BT-Drucks. 19/2872, S. 5.

538 Vgl. BT-Drucks. 19/2872, S. 4–5.

angewandten Behandlungen, wie es das Strafvollzuggesetz mitunter selbst anführt (vgl. Vollzugszielerreichung), mit der Maßnahme des elektronisch überwachten Hausarrestes ebenfalls erzielt werden könnten. Der Verfasser legt hierbei die Behandlungsmaßnahme der Sozialtherapie zugrunde, welche eine (besondere) Form des Behandlungsvollzuges darstellt, die gegenwärtig grundsätzlich (nur) in sozialtherapeutischen Anstalten i. S. d. § 9 StVollzG[539] angewandt wird. Zwar ist die Sozialtherapie prinzipiell nur auf sozialtherapeutische Einrichtungen beschränkt, kann jedoch aus besonderen Gründen durch Einrichtung entsprechender sozialtherapeutischer Abteilungen auch in anderen Vollzugsanstalten angewandt werden, § 123 StVollzG (§ 70 Abs. 3 HStVollzG). Letzteres leidet jedoch daran, dass im Normalvollzug (also in nicht-sozialtherapeutischen Einrichtung) oftmals defizitäre Zustände im Hinblick auf die ordnungsgemäße Durchführbarkeit solcher Behandlungen herrschen, weshalb dort inhaftierte Gefangene aufgrund der Zentrierung der Bemühungen von Behandlungen u. a. auf sozialtherapeutische Einrichtungen (mithin also die Sozialtherapie) im Normalvollzug vielfach eine adäquate Behandlung schon nicht erhalten, oder aber nur in deutlich defizitärem Maße.[540]

(aa) Sozialtherapie und ihre Prinzipien

Betrachtet man sich das Vollzugsziel und den durch dieses implizierten Umkehrschluss, dass der Gefangene grundsätzlich zum Zeitpunkt der Inhaftierung nicht fähig ist, in sozialer Verantwortung ein Leben ohne Straftat zu führen, so wird umso deutlicher, dass die Gefangenen einer entsprechenden Behandlung bedürfen, um überhaupt ein solches Leben in sozialer Verantwortung ohne Straftaten künftig führen zu können. Hierbei spielen, neben anderen Maßnahmen wie solchen zur (Berufs-)Bildung oder einem strukturierten Alltag, auch therapeutische Maßnahmen eine entscheidende Rolle.[541] Die Sozialtherapie wird hierbei grundsätzlich in sozialtherapeutischen Anstalten angewandt, was dadurch bedingt ist, dass ohne die Trennung vom konventionellen (Normal-)Vollzug diese nicht effizient durchgeführt werden könnte, was insbesondere auf die zuvor dargelegten

---

[539] Vgl. für Hessen § 12 HStVollzG.

[540] *Morgenstern/Wischka* in: Strafvollzuggesetze, § 6, Rn.: 40; Laubenthal, 2019, S. 125.

[541] Laubenthal, 2019, S. 480 ff.

Auswirkungen und Umstände der Haft zurückzuführen ist.[542] Denn würde eine solche Trennung nicht stattfinden, so wären den sozialtherapeutischen Maßnahmen bereits im Vorhinein die Erfolgsaussichten verwehrt. Zwar könnten diese Maßnahmen grundsätzlich durchgeführt werden, würden aber bspw. aufgrund des Umstandes einer Gefangenensubkultur umgehend wieder torpediert, weswegen für die Behandlung in sozialtherapeutischen Einrichtungen grundsätzlich eine vorherige Selektion bezüglich der individuellen Eignung und Behandlungswilligkeit der Gefangenen für solch eine Behandlungsmaßnahme stattfindet.[543] Allerdings dürfte die Sozialtherapie hierdurch auch die, oder zumindest eine der, intensivsten Behandlungen im Strafvollzug sein, weshalb mitunter in der Literatur die Sozialtherapie als (einzige) Maßnahme angesehen wird, durch welche das gesetzlich normierte Vollzugsziel noch am besten erreicht werden könnte.[544]

Ähnlich wie der Begriff der Behandlung erfuhr auch die Sozialtherapie keine gesetzliche Definition, sicherlich auch um „neue" Behandlungsmethoden nicht im Vorhinein auszuschließen.[545] Grundlegend stellt die Sozialtherapie eine auf den individuellen Gefangenen gemünzte Therapie dar, welche dazu beitragen soll, das in der begangenen Straftat manifestierte sozialschädliche Verhalten zu behandeln und den Gefangenen wieder sozial in die Gesellschaft einzugliedern und an die Gesellschaftsordnung anzupassen.[546] Insoweit ist selbstverständlich auch die Sozialtherapie als Behandlungsmethode des Strafvollzuges am Vollzugsziel des § 2 StVollzG ausgerichtet. Neben der allgemeinen Sozialtherapie (vgl. § 9 Abs. 2 StVollzG) gibt es auch eine solche für besondere Tätergruppen, die § 9 Abs. 1 StVollzG entsprechend normiert, wobei es sich insbesondere um Sexualstraftäter handelt. Die Behandlung (Sozialtherapie) wird hierbei anhand dreier Leitprinzipien[547] vorgenommen, dem Risikoprinzip, dem Bedürfnisprinzip

---

[542] Laubenthal, 2019, S. 488; vgl. auch Mauch/Mauch, 1971, S. 32; s. auch Drenkhahn, 2007, S. 182.

[543] *Arbeitskreis Sozialtherapeutischer Anstalten im Justizvollzug* in: Egg, 1993, S. 19.

[544] Laubenthal, 2019, S. 126; vgl. hierzu auch *Dollinger/Schmidt* in: Wirth, 2022, S. 385 ff., welche herausstellen, dass Strafvollzug generell eher rückfallfördernd als -vermeidend ist und daher den Fokus auf zum Strafvollzug alternative Maßnahmen legen.

[545] Vgl. Kapitel B.IV.3.a).dd).(4).(b).

[546] Mauch/Mauch, 1971, S. 27, 28.

[547] Diese Behandlungsleitlinien gelten grundsätzlich für jede Art der Behandlung und sind nicht ausschließlich der Sozialtherapie zugeschrieben.

und dem Ansprechbarkeitsprinzip.[548] Gemäß dem Risikoprinzip soll dabei zunächst aufgrund einer Bewertung der Rückfallgefahr der Umfang und das Ausmaß der Behandlung festgelegt werden, wobei stark rückfallgefährdete Gefangene eine weitreichendere Behandlung erhalten sollen als solche, deren Rückfallgefahr als geringer einzustufen ist.[549] Ebenfalls sollen die Bedürfnisse des Gefangenen im Rahmen der Behandlung im Vordergrund stehen, wonach solche Ursachen vordergründig zu behandeln sind, die auch tatsächlich (haupt-)ursächlich für die Delinquenz sind, für den Gefangenen also ein entsprechendes Bedürfnis für eine solche Behandlung besteht, gleichzeitig aber entsprechende Begleitfaktoren, die kein Risiko zur Straffälligkeit bieten, untergeordnet bleiben können (Bedürfnisprinzip).[550] An diese Bedürfnisse anknüpfend sollte eine entsprechende Behandlung darüber hinaus den individuellen Anforderungen eines jeden Gefangenen genügen, weshalb in der Konsequenz die Auswahl der entsprechenden Behandlungsmethode für jeden Gefangenen gesondert auf dessen Bedürfnisse angepasst sein sollte, um den Gefangenen mit den Behandlungsmethoden individuell ansprechen zu können und mit diesen die Ziele der Behandlung erreichen zu können (Ansprechbarkeitsprinzip).[551]

(bb) Kompatibilität mit elektronisch überwachtem Hausarrest

Der elektronisch überwachte Hausarrest ist in seiner grundlegenden Ausgestaltung darauf ausgerichtet, eine Inhaftierung zu vermeiden, indem er dem verurteilten Straftäter alternativ zur Freiheitsstrafe ermöglicht, die Strafe unter elektronischer Überwachung außerhalb einer Justizvollzugsanstalt zu absolvieren. Soweit im Rahmen des Strafvollzuges zur Förderung oder Erreichung des Vollzugsziels – u. a. – therapeutische Behandlungsmaßnahmen durchgeführt werden, so müssten solche auch zwangsläufig für diejenigen Straftäter vorgenommen werden, die der Strafe eines elektronisch

548 Drenkhahn, 2007, S. 64, 65; s. auch Niedersächsisches Justizministerium, Sozialtherapie im niedersächsischen Justizvollzug, 2011, S. 15, 16.

549 Drenkhahn, 2007, S. 64; Niedersächsisches Justizministerium, Sozialtherapie im niedersächsischen Justizvollzug, 2011, S. 15, 16.

550 Drenkhahn, 2007, S. 64, 65; Niedersächsisches Justizministerium, Sozialtherapie im niedersächsischen Justizvollzug, 2011, S. 15, 16.

551 Drenkhahn, 2007, S. 65; Niedersächsisches Justizministerium, Sozialtherapie im niedersächsischen Justizvollzug, 2011, S. 16.

überwachten Hausarrestes unterfallen würden. Denn eine Strafe des elektronisch überwachten Hausarrestes, sollte sie als geeignete Alternative zur Freiheitsstrafe und damit zum Strafvollzug angesehen werden können, kann sich selbstredend nicht lediglich in der Anlegung einer elektronischen Fußfessel erschöpfen. Im Rahmen der straftheoretischen Zweckerfüllung hätten daher insbesondere aus spezialpräventiven Gesichtspunkt gleichfalls entsprechende Behandlungsmaßnahmen im Rahmen des elektronisch überwachten Hausarrests zu erfolgen, welche sich ebenfalls am Vollzugsziel zu orientieren hätten.

Der Sozialtherapie, die ursprünglich mit der Intention begründet wurde die reine Verwahrung eines Strafgefangenen mit einer entsprechenden rückfallpräventiven Behandlung zu ergänzen, kam in den frühen 1970er Jahren bereits eine Vorbildfunktion zu.[552] Wie bereits dargelegt erstreckt sich dieser Gedanke in der Literatur teilweise bis heute fort. Dies erscheint plausibel, denn dem Grunde nach betrachtet dürfte eine intensivere und individuellere Behandlung eines Straftäters, hier also im Rahmen der Sozialtherapie, im Zweifel auch geeigneter sein das Vollzugsziel zu erreichen. Im Normalvollzug ist die Sozialtherapie aber gerade ungeeignet, da die durch die Haft erwachsenen Haftfolgen, insbesondere solche die die Vollzugswirklichkeit tagtäglich beeinflussen, deren Anwendung zunichtemachen würde.[553] Dieser Umstand eröffnet jedoch der Strafe des elektronisch überwachten Hausarrestes die Möglichkeit, diese mit sozialtherapeutischen Behandlungsmaßnahmen zu begleiten. Betrachtet man hierbei die dieser Behandlung zugrundeliegenden Prinzipien, mithin das Risikoprinzip, das Bedürfnisprinzip sowie das Ansprechbarkeitsprinzip, so ließen sich diese auch auf die Strafe des elektronisch überwachten Hausarrest übertragen:

Die nach dem Risikoprinzip zu ermittelnde Behandlungsintensität, wonach solche Straftäter, die ein erhöhtes Rückfallrisiko aufweisen als andere, eine weitreichendere Behandlung erfahren sollen, ließe sich im Rahmen des elektronisch überwachten Hausarrestes gleichfalls realisieren, indem entsprechend zu § 6 StVollzG auch für den zum elektronisch überwachten Hausarrest verurteilten Straftäter eine Behandlungsuntersuchung vorgenommen würde. In einer solchen können anhand der zu erforschenden Persönlichkeit sowie Lebensverhältnisse des Delinquenten zunächst Ausmaß

[552] Walter, 1991, S. 209, 210.

[553] Laubenthal, 2019, S. 488.

und Intensität einer erforderlichen Behandlung ermittelt werden. Auch kann die Behandlung im Weiteren dadurch an den Bedürfnissen des Delinquenten ausgerichtet werden (Bedürfnisprinzip). Insbesondere können spezifisch auf den Einzelnen gemünzte Behandlungsmaßnahmen avisiert werden, die die eigentlichen Ursachen der Straffälligkeit bekämpfen. Gleiches gilt auch für die Ansprechbarkeit der Maßnahmen, wonach jeder Straftäter auf ihn zugeschnittene Behandlungsmaßnahmen erhalten könnte, die sich von generalisierenden Maßnahmen abgrenzen und den Straftäter gemäß dessen intellektuellen und kognitiven Fähigkeiten behandeln können (Ansprechbarkeitsprinzip).

Da durch die Strafe des elektronisch überwachten Hausarrestes eine Inhaftierung des Betroffenen vermieden wird, indem dieser in der Gesellschaft verbleibt und gerade nicht aus dieser herausgerissen und in die Institution Strafvollzug integriert wird, könnten zumindest die aus einer Inhaftierung erwachsenden negativen Haftfolgen vermieden werden. Aufgrund dieses Umstandes, dass zumindest diese spezifischen, einer Inhaftierung innewohnenden, Haftfolgen vermieden werden könnten, wäre jedoch die Sozialtherapie grundsätzlich auch für solche Straftäter anwendbar, die im Falle einer unbedingten Freiheitsstrafe im Normalvollzug untergebracht würden.[554] Gerade die dem elektronisch überwachten Hausarrest zugrundeliegende Intention, dem Verurteilten durch diese Maßnahme zu mehr Selbstdisziplin und einem geregelten Tagesablauf inklusive normaler Berufstätigkeit zu verhelfen sowie diesem generell eine straffreie und sinnvolle Lebensführung an die Hand zu geben, was insbesondere auch mit entsprechenden Straf- bzw. Wochenplänen geschieht,[555] korreliert mit der Zielsetzung der Sozialtherapie, den Gefangenen sozial in die Gesellschaft einzugliedern und an die Gesellschaftsordnung anzupassen und – insbesondere – das sozialschädliche Verhalten zu behandeln. Denn lediglich die die Strafe des elektronisch überwachten Hausarrestes begleitenden Maßnahmen zur Behandlung der multiplen Ursachen des delinquenten Verhaltens eines Betroffenen können in der Lage sein, das im Rahmen des elektronisch überwachten Hausarrestes zugrundeliegende Vollzugsziel zu fördern.[556] Der Verfasser übersieht dabei

---

[554] Umkehrschluss zu Laubenthal, 2019, S. 488, wonach die Vollzugsrealität die Anwendung der Sozialtherapie im normalen Behandlungsvollzug nicht ermöglicht.

[555] Vgl. BVerfG, Beschl. v. 01.12.2020 – 2 BvR 916/11, 2 BvR 636/12, Rn.: 113; vgl. auch die länderspezifische Betrachtung, bspw. Finnland in Kapitel B.IV.2.b).aa).(2).(b).(dd).

[556] Galli, 2020, S. 227.

nicht, dass diese Maßnahme durch Kombination aus elektronischer Überwachung samt – hier aus Sozialtherapie bestehender – Behandlung umfangreiche Betreuungsmaßnahmen auch in personeller Hinsicht binden müsste, um bestmögliche Erfolge erzielen zu können.[557] Auf diesen Aspekt wird im Verlauf der weiteren Arbeit nochmal einzugehen sein, wobei an dieser Stelle bereits angemerkt sei, dass sich diese Arbeit nur auf die strafrechtliche und kriminologische Betrachtung reduziert und nicht eine organisatorische Betrachtung inkludieren soll, obschon dieser Aspekt für die Frage einer etwaigen späteren Umsetzung einer Strafe des elektronisch überwachten Hausarrestes eine gewichtige Rollen spielen dürfte.

(e) **Zwischenergebnis**

Das durch den Strafvollzug statuierte Vollzugsziel, wonach ein solcher insbesondere spezialpräventive Wirkungen erzielen soll, kann und muss konsequenterweise auch für eine mögliche Strafe des elektronisch überwachten Hausarrestes als Maßstab gelten. Zwar beabsichtigt diese Strafe keine Inhaftierung, allerdings soll diese Maßnahme die dem Strafvollzug innewohnenden positiven Wirkungen herausfiltern und im Gegenzug dessen negative Folgen ablegen. Dass eine Abstandnahme vom Strafvollzug grundsätzlich nicht unplausibel ist dürften bereits die negativen Haftfolgen implizieren, auch wenn eine solche Abstandnahme sicherlich nicht in Gänze erfolgen können wird. Dass aber eine solche nur mit weitreichenden Einwirkungen auf den Betroffenen einhergehen kann ist zugleich insofern plausibel, als eine reine Haftvermeidung, ohne jegliche Einwirkung auf den Betroffenen, jeder Sinnhaftigkeit entbehren und im Übrigen eher einem Straferlass nahekommen würde. Die Sozialtherapie könnte hierbei ein geeignetes Mittel sein, die durch den elektronisch überwachten Hausarrest vermiedene Inhaftierung aus behandlungstechnischer Sicht zu komplettieren. Diese wäre auch mit ihren Grundsätzen und Leitlinien mit der Zielsetzung des elektronisch überwachten Hausarrestes vereinbar, insbesondere auch insofern, als im Rahmen einer Inhaftierung jene die Anwendung der Sozialtherapie hemmenden Umstände schon nicht mehr vorlägen. Sicherlich könnte dies im Umkehrschluss wieder andere Risiken bergen, weshalb eine weitergehende Begleitforschung,

---

[557] S. z. B. *Schneider*, Elektronische Fußfessel: Eingesperrt im virtuellen Raum, 2011; Galli, 2020, S. 227.

wie auch zu Beginn der Einführung elektronischer Überwachung in Deutschland geschehen, nicht fehlen darf. Allerdings erscheint die Erreichung der hier zugrunde zu legenden Spezialprävention durch die Paarung dieser Maßnahmen realistisch. Überdies wäre es möglich, die Strafe des elektronisch überwachten Hausarrestes mit den aus dem Normalvollzug angewandten Behandlungen zu kombinieren, was beispielsweise im Rahmen des Risikoprinzips differenziert werden könnte. Ungeachtet aber der Frage nach der Legalbewährung, auf welche im Rahmen dieser Arbeit noch einzugehen sein wird, dürfte die Sozialtherapie den vielversprechendsten – begleitenden – Behandlungsansatz darstellen, auch wenn dies mit einem nicht zu vernachlässigenden Personalaufwand einhergehen müsste.

(f) **Fokussierung auf bestimmte Delinquenten?**

Ob als Konsequenz des strafrechtlich relevanten Verhaltens eines Delinquenten eine Inhaftierung erfolgt entscheidet das Gericht im Rahmen der Strafzumessung und den diesbezüglich gesetzlich verankerten Strafzumessungserwägungen, §§ 46 ff. StGB. Es ist daher nicht zwangsläufig der Deliktstyp für die Entscheidung über die Frage einer Inhaftierung maßgeblich, sofern das begangene Delikt nicht lediglich die Verhängung einer Freiheitsstrafe von über zwei Jahren festschreibt, sodass diese nicht mehr zur Bewährung ausgesetzt werden kann, § 56 Abs. 2 StGB. Eine unbedingte Freiheitsstrafe mit der Konsequenz des Strafvollzuges wird daher naturgemäß entweder für schwerere Straftaten[558] verhängt, oder aber im Rahmen der wiederholten Begehung von Straftaten. Wie aber bereits im Laufe dieser Arbeit schon angeklungen ist, wird man die Strafe des elektronisch überwachten Hausarrestes nicht lediglich der gerichtlichen Strafzumessung überlassen können, sondern muss diese vielmehr im Rahmen gesetzlicher Integration auf solche Delikte konzentrieren, in denen die Eigenart des Delikts eine Anwendung der Strafe des elektronisch überwachten Hausarrestes schon nicht unvertretbar erscheinen lässt, wobei dies im Zweifel nicht nur auf straftheoretischen Erwägungen beruhen dürfte sondern vielmehr auch auf kriminalpolitischen sowie gesellschaftspolitischen Erwägungen. Dies wird man beispielsweise für den Fall des Mordes annehmen können. Aufgrund der augenscheinlichen

[558] Gemeint sind insbesondere solche, bei denen die Schuld des Täters (besonders) schwer wiegt.

Unverhältnismäßigkeit und der dadurch schlichtweg nicht herstellbaren generalpräventiven Komponente für diese Strafe würde eine solche Maßnahme zu kriminal- wie gesellschaftspolitischem Unverständnis führen. Es dürfte daher bereits im Rahmen der Implementierung dieser Strafe angezeigt sein, diese in erster Linie bei solchen Straftaten anzuwenden, für welche beim Fehlgehen dieser Maßnahme die gesellschaftspolitischen Konsequenzen als weniger ausschlaggebend eingestuft werden könnten.[559]

Auch bisherige wissenschaftliche Betrachtungen elektronischer Überwachung von Straffälligen haben sich bereits mit der Frage auseinandergesetzt, für welche Zielgruppen der elektronisch überwachte Hausarrest geeignet erscheint. Vielfach richten sich die Untersuchungen jedoch (nur) auf die Frage, ob der elektronisch überwachte Hausarrest bzw. die elektronische Überwachung die vorhandenen freiheitsentziehenden Maßnahmen ersetzen könnte oder zumindest eine geeignete Alternative hierzu darstellen würde.[560] Insbesondere für Delinquenten die zu kurzen Freiheitsstrafen verurteilt oder gegenüber denen Ersatzfreiheitsstrafen verhängt wurden erlangte diese Frage Bedeutung.

(aa) Kurze Freiheitsstrafe als Anknüpfungspunkt

Als Ausnahmefall – so bezeichnet es bereits die Überschrift des § 47 StGB – gelten als kurze Freiheitsstrafe im Sinne des Gesetzes diejenigen Freiheitsstrafen, deren Dauer unter sechs Monaten liegt. Eine solche wird durch das Gericht allerdings nur dann verhängt, wenn besondere Umstände, die in der Tat oder der Persönlichkeit des Täters liegen, die Verhängung einer Freiheitsstrafe zur Einwirkung auf den Täter oder zur Verteidigung der Rechtsordnung unerlässlich machen, § 47 Abs. 1 StGB. Dies bedeutet im Kern, dass die Verhängung einer kurzen Freiheitsstrafe aus spezial- und generalpräventiven Gesichtspunkten unumgänglich sein muss, eine Geldstrafe also nicht ausreichend erscheint.[561] Ungeachtet dessen, dass diese Regelung seit langer Zeit kritisiert wird,[562] worauf auch in der Strafrechtsreform aus dem Jahre 1969

559 So auch Galli, 2020, S. 228.

560 Vgl. Illert, 2005, S. 49, 88 ff., 99 ff.; Harders, 2014, S. 150 ff.

561 *Maier* in: MüKo StGB, § 47, Rn.: 2.

562 So bereits *von Liszt*, Zeitschrift für die gesamte Strafrechtswissenschaft 1/1889, S. 775; Illert, 2005, S. 50, m.w.N.

reagiert wurde,[563] wird deren Ausnahmecharakter mit dem grundsätzlich geringen Nutzen in kriminalpolitischer sowie resozialisierender Hinsicht erklärt.[564] Die sich ob dieses Hintergrundes aufdrängende Frage hinsichtlich der fortlaufenden Existenz dieser Maßnahme wird jedoch damit begründet, dass die Tatsache des bloßen Absitzens dieser Strafe und die dadurch begründete Stigmatisierung – denn eine ausreichende Behandlung soll erfahrungsgemäß in dieser kurzen Zeit nicht möglich sein –[565] dennoch Aspekte der Spezialprävention dahingehend erreicht werden können, als der Delinquent durch diese Maßnahme nachhaltig im Hinblick auf ein Leben in Straffreiheit geprägt werden könne und im Übrigen ohnehin keine gleichgeeigneten Alternativen vorlägen.[566]

Insoweit könnte aber für solche Delinquenten, die zu einer kurzen Freiheitsstrafe verurteilt würden, die Strafe des elektronisch überwachten Hausarrestes eine probate Alternative darstellen. Betrachtet man sich die Zielsetzung der Verhängung einer kurzen Freiheitsstrafe, die bereits durch den Gesetzeswortlaut die ultima ratio-Funktion zugeschrieben bekommt, so soll diese die letzte Möglichkeit sein, die hierfür in Frage kommenden Delinquenten insbesondere spezialpräventiv zu beeinflussen. Entgegen dieser gesetzlichen Zielsetzung wird allerdings angenommen, dass eine solche kurze Freiheitsstrafe eher negativ als positiv auf einen Delinquenten wirkt, geschweige denn diesen resozialisierend beeinflusst, da dieser im Verhältnis zur Dauer dieser Strafe denselben Auswirkungen einer Haft ausgeliefert ist wie bei einer nicht-kurzen Freiheitsstrafe.[567] Die Strafe des elektronisch überwachten Hausarrestes allerdings ist geeignet spezial- und generalpräventiv zu wirken und dabei gerade die intrinsischen Folgen einer Inhaftierung zu vermeiden.[568] Denn entgegen der vom Gesetzgeber sowie vereinzelt in der Literatur noch anzutreffenden Auffassung dürften die

---

563 Vgl. BT-Drucks. V/4094, S. 5.

564 BT-Drucks. V/4094, S. 5; s. auch *Maier* in: MüKo StGB, § 47, Rn.: 2.

565 BT-Drucks. V/4094, S. 5.

566 *Maier* in: MüKo StGB, § 47, Rn.: 4.

567 Vgl. Eisenberg/Kölbel, 2017, S. 565, wonach insbesondere die Abkoppelung von dem sozialen wie beruflichen Gefüge und der damit einhergehenden Stigmatisierung die Vollstreckung einer solchen Strafe negativ konnotiert ist, insbesondere, da die Dauer der Strafe schon keine adäquate Behandlung des Delinquenten zulässt.

568 Kapitel B.3.a).dd).(3); vgl. auch *Streng*, Zeitschrift für die gesamte Strafrechtswissenschaft 4/1999, S. 848.

spezialpräventiven Wirkungen dieser kurzen Freiheitsstrafe deutlich hinter denen zurückbleiben, welche die Strafe des elektronisch überwachten Hausarrestes bieten könnte. Insoweit erschließt sich schon die in der Literatur angeführte Argumentation, durch die Stigmatisierung aufgrund des Absitzens der Strafe würde eine spezialpräventive Wirkung durch die kurze Freiheitsstrafe erreicht werden können, nicht, ist doch die diesbezügliche Stigmatisierung grundsätzlich ein kontraproduktives, weil negatives, Phänomen des Strafvollzuges.[569] Obschon aber dem elektronisch überwachten Hausarrest eine Strafwirkung zukommt, so kann diese nicht, wie dies im Rahmen der kurzen Freiheitsstrafe avisiert wird, allein zur Resozialisierung beitragen. Vielmehr muss auch diese, wie unter Kapitel B.IV.3.a).dd).(4).(d) ausgeführt, mit einer entsprechenden Behandlung einhergehen, um eine Resozialisierung überhaupt fördern zu können. Dies ist umso erforderlicher, als es sich bei Delinquenten, die zu einer kurzen Freiheitsstrafe verurteilt werden, zumeist um solche Personen handelt, die gerade einer Behandlung zwingend bedürfen.[570] Eine begleitende Behandlung ist daher essenziell, soll der Anwendungsbereich dieser Maßnahme nicht lediglich nur den Bruchteil derjenigen Delinquenten treffen, welcher ohne weiteres Zutun als geeignet für diese Maßnahme erscheint.[571] Die hier zugrunde gelegte Sozialtherapie dürfte daher insbesondere auch im Hinblick auf die dadurch erfolgende intensive Behandlung jedes einzelnen Delinquenten den Resozialisierungszweck besser fördern als eine bedingte – kurze – Freiheitsstrafe,[572] von der bereits im Vorhinein erwartet wird, dass Sie keinen nennenswerten bis gar keinen behandlungsspezifischen Erfolg bei dem Delinquenten aufweisen wird. Darüber hinaus bestünde im Rahmen der Anwendung dieser Maßnahme zumindest auch die (theoretische) Möglichkeit, dass (sozialtherapeutische)

---

569 Laubenthal, 2019, S. 115.

570 *Krahl*, NStZ 10/1997, S. 460, bspw. Suchtkranke, Wiederholungstäter o. ä.; insofern müsste durch geeignete, resozialisierende Behandlungsmaßnahmen eine solche Strafe komplettiert werden; insbesondere aber dürfte eine Suchtindikation auch nicht von vornherein als Ausschlusskriterium gelten, zumal dies selbst für die Aufnahme in sozialtherapeutische Einrichtung differenziert betrachtet werden muss, vgl. hierzu *Arbeitskreis Sozialtherapeutischer Anstalten im Justizvollzug e.V.* in: Wischka, 2012, S. 25.

571 Ungeachtet dessen, dass, sollte der elektronisch überwachte Hausarrest nicht grundsätzlich zunächst einmal jedem offenstehen, den hiervon tangierten Delinquenten Resozialisierungsmöglichkeit abgeschnitten werden würden.

572 Vgl. auch *Suhling* in: Wischka, 2012, S. 171.

Behandlungsmaßnahmen auch über die Dauer der verhängten Strafe hinaus seitens der Delinquenten eigenständig fortgeführt werden könnten, was zumindest in solchen Fällen realistisch wäre, in denen die bis dahin erfolgte Behandlung schon zu einem beginnenden Umdenken oder einer beginnenden Verhaltensänderung des Betroffenen samt einer (zumindest teilweise) entwickelten Einsichtsfähigkeit, mithin also zu einem ersten Behandlungsfortschritt bzw. -erfolg, geführt hat.

Dem könnte allerdings entgegenstehen, dass die Sozialtherapie, in Form der integrativen Sozialtherapie, einem bestimmten Behandlungsablauf unterstellt ist, wodurch in vier Phasen ein bestmögliches therapeutisches Ergebnis erzielt werden soll.[573] Die hierzu durchschnittliche Dauer der Behandlung wird grundsätzlich auf zwischen zwei und fünf Jahre angesetzt.[574] Was auf den ersten Blick unvereinbar erscheint mit der Frage, ob eine solche Anwendung bei Delinquenten unter elektronisch überwachtem Hausarrest anstelle einer kurzen Freiheitsstrafe überhaupt möglich erscheint, resultiert im Wesentlichen aus festgelegten Behandlungsphasen, von denen bspw. auch eine Aufnahme- und Entlassungsphase umfasst ist, die im Bereich des elektronisch überwachten Hausarrestes aufgrund dessen Konzeption grundsätzlich obsolet wären.[575] Ähnlich dürfte dies für die mitintegrierten Maßnahmen zur beruflichen bzw. sozialen Wiedereingliederung aussehen, denn insoweit zielt der elektronisch überwachte Hausarrest gerade nicht auf die berufliche bzw. soziale Isolation ab, soll den Delinquenten also in seinem beruflichen und sozialen Umfeld belassen und vielmehr durch intensive Behandlungen spezialpräventiv auf eine Besserung hinwirken. Unter diesen Maßgaben könnte die Strafe des elektronisch überwachten Hausarrestes auch eine geeignetere Alternative zur kurzen Freiheitsstrafe darstellen,[576] obschon auch insoweit für solche Sonderfälle sozialtherapeutische Konzepte entwickelt und diese mit Begleitforschungen hinsichtlich deren Wirksamkeit fortlaufend untersucht werden müssten.

---

573 *Wischka/van den Boogaart* in: Maelicke/Suhling, 2018, S. 137.

574 *Arbeitskreis Sozialtherapeutischer Anstalten im Justizvollzug e.V.* in: Wischka, 2012, S. 29.

575 *Wischka/van den Boogaart* in: Maelicke/Suhling, 2018, S. 137.

576 A.A. Illert, 2005, S. 122 f., allerdings geht die Verfasserin von einer anderen Ausgestaltung des elektronisch überwachten Hausarrestes aus, insbesondere im Hinblick auf die Behandlungskomponente.

(bb) Ersatzfreiheitsstrafe als Anknüpfungspunkt

Ähnlich wie die kurze Freiheitsstrafe ist auch die Ersatzfreiheitsstrafe hinsichtlich ihrer Existenz und Wirkungsweise umstritten.[577] Dies dürfte nicht zuletzt daran liegen, dass ein Tag Ersatzfreiheitsstrafe als Surrogat der Geldstrafe gemäß § 43 S. 2 StGB einem Tag der zu ersetzenden Geldstrafe entspricht, letztere allerdings dem Grunde nach auf 360 Tagesätze gedeckelt ist und daher im Ergebnis nach entsprechender Umrechnung im Zweifel vermehrt „kurze" Freiheitsstrafen daraus resultieren. Zum Tragen kommt die Ersatzfreiheitsstrafe gemäß § 43 S. 1 StGB jedenfalls dann, wenn eine Geldstrafe uneinbringlich ist. Die Uneinbringlichkeit erschöpft sich hierbei nicht in einer Unwilligkeit der Leistung des Verurteilten, sondern meint die fehlgeschlagene Realisierung der geschuldeten Summe durch den Hoheitsträger, was auch die Durchführung einer Zwangsvollstreckung inkludiert.[578] Betroffene dieser Maßnahme sind daher in der Regel wirtschaftlich und sozial schwächer gestellte Personen, bei denen im Zweifel mangels Vermögensmasse die Strafe aus objektiven Gesichtspunkten nicht eingetrieben werden kann.[579] Die Ersatzfreiheitsstrafe muss jedoch nicht zwingend vollzogen werden, sondern kann gemäß Art. 293 EGStGB i. V. m. der entsprechenden landesrechtlichen Verordnung[580] auch durch gemeinnützige Arbeit ersetzt werden. Dies stellt ein Korrektiv dahingehend dar, als mit dieser Möglichkeit versucht werden soll, die – wie auch für die kurze Freiheitsstrafe anzunehmenden – negativen Folgen einer Vollstreckung einer solchen – im Zweifel kurzen – Ersatzfreiheitsstrafe abzuwenden.[581]

Ob sich die Strafe des elektronisch überwachten Hausarrestes auch als Alternative zur Ersatzfreiheitsstrafe eignet sollte aber maßgeblich an dem Vergleich der entsprechenden Zwecksetzungen der Strafen festzumachen sein, nicht lediglich an der persönlichen Lebenskonstitution des Betroffenen.[582]

---

[577] Vgl. z. B. *Guthke*, Zeitschrift für Rechtspolitik 2/2018, S. 58; gegensätzliche Ansicht *Radtke*, Zeitschrift für Rechtspolitik 2/2018, S. 58.

[578] *Radtke* in: MüKo StGB, § 43, Rn.: 7.

[579] *Guthke*, Zeitschrift für Rechtspolitik 2/2018, S. 58.

[580] Eine solche Verordnung besteht in jedem Bundesland, in Hessen ist dies die Verordnung über die Tilgung von Geldstrafen durch freie Arbeit v. 24.01.1997 in der Fassung v. 01.03.2015.

[581] *Radtke*, Zeitschrift für Rechtspolitik 2/2018, S. 58; *Radtke* in: MüKo StGB, § 43, Rn.: 4; Illert, 2005, S. 124.

[582] So Illert, 2005, S. 124; s. auch *Guthke*, Zeitschrift für Rechtspolitik 2/2018, S. 58.

Zwar müsste – und hierauf wird noch einzugehen sein – die Auswahl des Delinquenten im Hinblick auf die Konformität mit den Gesamtumständen der Strafe des elektronisch überwachten Hausarrestes erfolgen, was insbesondere bei solchen Delinquenten angezeigt ist, die von vornherein als ungeeignet für diese Maßnahme erscheinen. Im Übrigen aber sollte die Zweck- und Zielsetzung der Maßnahme im Vordergrund stehen. Mittelpunkt des „Instruments" der Ersatzfreiheitsstrafe ist nämlich die Gewährleistung und der Stützpfeiler der Geldstrafe im Hinblick auf deren Authentizität und straftheoretische Wirksamkeit, indem sie dafür sorgen soll, dass die Geldstrafe in den speziellen Fällen der Uneinbringlichkeit nicht zu einem stumpfen Schwert verkommt.[583] Für bzw. gegen die Strafwahl der Geldstrafe darf die Einbringlichkeit bzw. Uneinbringlichkeit allerdings keine Rolle spielen, weshalb die Wahl zwischen Freiheits- oder Geldstrafe der normalen richterlichen Strafzumessung erwächst.[584] Die gesetzliche Ausgestaltung zeigt dabei insbesondere, dass das Mittel der Geldstrafe eine Rechtsfolge für leichte und mittlere Delinquenz darstellt.[585] Der elektronisch überwachte Hausarrest, als primäre Maßnahme der Haftvermeidung und mögliche Alternative zur unbedingten Freiheitsstrafe, stellt allerdings im Vergleich zur Geldstrafe durchaus ein größeres Übel dar, im Hinblick auf die mögliche Ersatzfreiheitsstrafe aber selbstredend ein kleineres. Obschon die Strafe des elektronisch überwachten Hausarrestes der immerwährenden Kritik an der Ersatzfreiheitsstrafe dem Grunde nach den Zahn ziehen könnte, als beispielsweise – u. a. – ein potenzieller Arbeitsplatz- oder Wohnungsverlust abgewendet werden könnte, so verfängt die Intention und Zielsetzung der Strafe des elektronisch überwachten Hausarrestes im Falle der Ersatzfreiheitsstrafe aus Sicht des Verfassers nicht, soweit es um den Vergleich der dieser zugrundeliegenden Zielsetzung geht:

Die Ersatzfreiheitsstrafe kann als „Sicherungsmittel" der Geldstrafe bzw. deren straftheoretischer Wirkung bezeichnet werden, denn diese soll sicherstellen, dass die Geldstrafe ihre Strafwirkung im Falle deren Uneinbringlichkeit nicht verliert.[586] Nicht in den Hintergrund geraten darf hierbei aber die Geldstrafe als die ursprünglich durch das Gericht verhängte Hauptstrafe.

---

[583] *Radtke*, Zeitschrift für Rechtspolitik 2/2018, S.58.
[584] *Radtke* in: MüKo StGB, § 40, Rn.: 28.
[585] *Radtke* in: MüKo StGB, § 40, Rn.: 21.
[586] *Radtke* in: MüKo StGB, § 43, Rn.: 2.

Diese richtet sich gegen das Vermögen des Betroffenen und verfolgt daher eine andere „Strafwirkung" als die Freiheitsstrafe, vielmehr eine Lehrfunktion im Sinne eines Denkzettels, insbesondere im Bereich leichter bis mittlerer Kriminalität.[587] Die Freiheitsstrafe als schärfste Hauptstrafe zielt im Gegenzug darauf ab, die Begehung erneuter, weiterer Straftaten des Betroffenen zu verhindern, was durch entsprechende Einwirkung auf diesen erreicht werden soll. Natürlich soll auch die Geldstrafe in spezialpräventiver Hinsicht die Begehung weiter Straftaten verhindern, insoweit wird bei der Verhängung dieser aber grundsätzlich keine weitere Einwirkung auf den Delinquenten als erforderlich angesehen. Sollte dennoch eine solche unerlässlich erscheinen, so käme hierbei vielmehr die Verhängung einer kurzen Freiheitsstrafe gemäß § 47 Abs. 1 StGB zum Tragen.

Die Strafe des elektronisch überwachten Hausarrestes – wie sie vorliegend untersucht wird – mit der Zielsetzung der Haftvermeidung soll aber eine mildere, gleich geeignete Alternative zum Strafvollzug darstellen. Insbesondere die auch im Strafvollzug avisierte Behandlung des Straftäters, zunächst einmal ungeachtet ob in sozialtherapeutischer Hinsicht oder andersartig, stellt dabei einen wesentlichen Teil des elektronisch überwachten Hausarrestes dar, um im Lichte des Vollzugsziels den Delinquenten zu befähigen, künftig in sozialer Verantwortung ein Leben ohne Straftaten zu führen. Zwar würde die Strafe des elektronisch überwachten Hausarrestes auf den ersten Blick eine solche Haftvermeidung erreichen und damit auch die potenziell negativen Folgen einer Ersatzfreiheitsstrafe möglicherweise vermeiden können. Allerdings wird gerade im Rahmen der Ersatzfreiheitsstrafe, da diese im Prinzip nur als „Sicherungsmittel" der Wirksamkeit der Geldstrafe dient, der Zielsetzung nach eine Einwirkung, wie sie im Strafvollzug und beim elektronisch überwachten Hausarrest erfolgen soll, nicht für erforderlich gehalten. Um aber lediglich die tatsächliche Inhaftierung im Rahmen der Ersatzfreiheitsstrafe – eine Aussetzung zur Bewährung kommt indes nicht in Betracht –[588] zu vermeiden verfehlt die hier zu untersuchende Strafe des elektronisch überwachten Hausarrestes ihren Zweck. Dies allerdings bedeutet nicht, dass elektronische Überwachung, beispielsweise als reine Haftvermeidungsmöglichkeit in Form eines Hausarrestes, hier überhaupt

---

587 Vgl. Kapitel B.IV.3.a).cc).(2).(b).

588 *Radtke* in: MüKo StGB, § 38, Rn.: 2.

nicht zum Einsatz gelangen könnte.[589] Allerdings existiert hierzu immer noch gemäß Art. 293 EGStGB i. V. m. der entsprechenden landesrechtlichen Verordnung die Möglichkeit, die Ersetzung der Ersatzfreiheitsstrafe durch gemeinnützige Arbeit zu erreichen, weshalb auch unter diesem Aspekt der elektronisch überwachte Hausarrest nicht zwingend die geeignetere Maßnahme sein dürfte.[590]

(cc) Allgemeine Auswahl geeigneter Delinquenten

Im Übrigen wird die allgemeine Auswahl geeigneter Delinquenten bzw. eine entsprechende Zuordnung dieser Strafe zu verschiedenen Delikten, wie eingangs zu diesem Kapitel erwähnt, davon abhängen, ob die Strafe des elektronisch überwachten Hausarrestes nicht bereits im Vorhinein als unvertretbar erscheint. Entgegen den bislang in der Literatur vorgenommenen Untersuchungen, ob der elektronisch überwachte Hausarrest eine Haft in verschiedenen Situationen (Untersuchungshaft, Regelvollzug, kurze Freiheitsstrafen, Ersatzfreiheitsstrafen etc.) ersetzen kann, muss im Rahmen der hiesigen Untersuchung als Strafe diese auch gesetzlich in den Strafenkatalog und sodann im Rahmen der „potenziellen" Straftatbestände als Rechtsfolge aufgenommen werden. Umso essenzieller ist es daher sich mit der Frage zu befassen, wo diese Maßnahme geeignet oder vielmehr ungeeignet erscheint.

Im Hinblick auf die dieser Arbeit zugrundeliegende Fragestellung, ob elektronische Überwachung durch das erweiterte Sicherungsmittel der Strafe des elektronisch überwachten Hausarrestes zu nachhaltiger Sanktionierung beitragen kann, sollte nicht sofort die Einbeziehung solcher Delinquenten Ablehnung finden, deren Freiheitsstrafe beispielsweise zwei, drei oder mehr Jahre betrüge,[591] wie dies gegenwärtig teilweise in anderen Rechtsordnungen der Fall ist. Ansonsten würde, insbesondere in Fällen, in denen überdies auch eine Behandlungsfähigkeit (samt Behandlungswilligkeit) vorläge, dem Delinquenten eine echte Resozialisierungschance genommen, betrachtet

589 Vgl. z. B. *Meier*, Strafverteidiger 11/2022, S. 764.

590 Vgl. z. B. Harders, 2014, S. 156, m.w.N.; so auch Illert, 2005, S. 125.

591 Vgl. auch Galli, 2020, S. 213, der u. a. auch eine Verlagerung des Schwerpunktes hinsichtlich strafender Interventionen ausschließlich auf schwerere Kriminalität befürwortet.

man allein die negativen Haftfolgen, welche dem Strafvollzug innewohnen. Sofern im Rahmen des Strafvollzuges und der hier zugrunde gelegten Sozialtherapie – und im Übrigen auch bei anderen Behandlungsmaßnahmen – eine Behandlungsunfähigkeit als Ausschlusskriterium anzusehen wäre,[592] so wäre zunächst zu differenzieren, worauf eine solche beruht. Eine reine anfängliche Behandlungsunwilligkeit nämlich darf nicht von vornherein eine Ungeeignetheit nach sich ziehen, da zunächst versucht werden müsste, eine solche Behandlungsunwilligkeit mit Möglichkeiten der Therapie zu durchdringen,[593] was sich durch die entsprechende Anwendung des Vollzugszieles im Rahmen dieser Maßnahme auch als intrinsische Motivation dieser darstellen sollte. Denn lediglich eine mit therapeutischen Mitteln nicht erreichbare Persönlichkeitsstörung oder eine auf Dauer angelegte und nicht korrigierbare Verweigerung der Mitarbeit an der Behandlung, und damit eine mit therapeutischen Mitteln nicht mehr aufbrechbare Behandlungsunwilligkeit, sollte im Ergebnis zu einer relevanten Behandlungsunfähigkeit führen.[594] Ebenfalls obläge es, da es sich hier um eine Strafe im rechtlichen Sinne handeln würde, nicht dem Delinquenten selbst, über das Ob einer solchen Behandlung zu entscheiden, denn dies stellt auch im Strafvollzug einen eigenständigen Teil der Strafe dar, was sich bereits den Behandlungsgrundsätzen gemäß § 3 StVollzG entnehmen lässt. Etwas anderes dürfte nicht allein deshalb gelten, dass entsprechend § 9 Abs. 2 StVollzG Delinquenten im Rahmen der allgemeinen Sozialtherapie nur mit deren Zustimmung in eine sozialtherapeutische Anstalt verlegt werden können, da angesichts des Gesetzes zur Bekämpfung von Sexualdelikten und anderen gefährlichen Straftaten vom 26. Januar 1998 das zuvor in § 9 StVollzG normierte bloße Angebot einer sozialtherapeutischen Behandlung, welches gegenwärtig noch in § 9 Abs. 2 StVollzG verankert ist, hin zu einer Zwangstherapie – zumindest für Sexualstraftäter – reformiert wurde, § 9 Abs. 1 StVollzG.[595] Vielmehr wird daher eine tatsächliche Behandlungsunfähigkeit und damit auch eine Ungeeignetheit für die hier in Rede stehende Strafe an anderen Faktoren zu messen sein.

---

592 Vgl. Laubenthal, 2019, S. 504, dort allerdings in Bezug auf Sexualstraftäter.

593 Ebenda.

594 OLG Schleswig, StrVert 2006, 147 (148).

595 *Rettenberger/Hoffmann/Egg* in: Strafvollzuggesetze, § 9, Rn.: 1.

So dürfte eine Unvertretbarkeit dieser Strafe, und dies wäre durch das urteilende Gericht im Rahmen der Festlegung der Rechtsfolgen zu beachten, in jedem Falle dann anzunehmen sein, sofern im Rahmen des Strafverfahrens gutachterlich eine Behandlungsunfähigkeit festgestellt wurde, was insoweit attestierte (unbehandelbare) Persönlichkeitsstörungen inkludieren würde.[596] Denn ergibt sich bereits vor Urteilsverkündung, dass der zu Verurteilende einer Behandlung, die der Strafe des elektronisch überwachten Hausarrestes wesensimmanent wäre, aus solchen Gründen nicht zugänglich wäre, so könnte die Strafe des elektronisch überwachten Hausarrestes schon nicht den bezweckten Erfolg erzielen, wodurch sich die Verhängung dieser Strafe verböte und im Ergebnis auf die (bedingte) Freiheitsstrafe zurückzugreifen wäre. Diese Vorgehensweise dürfte auch keinen Bedenken unterliegen, da das Gesetz bereits die Verhängung einer kurzen Freiheitsstrafe gemäß § 47 StGB in Fällen, in denen besondere Umstände, die in der Tat oder der Persönlichkeit des Täters liegen, und die die Verhängung einer Freiheitsstrafe zur Einwirkung auf den Täter oder zur Verteidigung der Rechtsordnung unerlässlich machen, erlaubt. Wenn aber gegenwärtig in einem solchen Falle von der milderen Geldstrafe auf die Freiheitsstrafe übergegangen werden kann, so dürfte dies erst recht auch in Fällen, in welchen der zu Verurteilende der – im Vergleich zur Inhaftierung – milderen Strafe des Hausarrestes nicht zuzuführen wäre, möglich sein, obschon dies auch hier einen Ausnahmefall darstellen dürfte.

Ähnlich wird man dies für Straftäter aus bestimmten (kriminellen) Milieus bewerten müssen, die – ähnlich einer Behandlungsunfähigkeit – von Vornherein einer entsprechenden Einwirkung zur Besserung nicht zuzuführen wären. Insbesondere im Bereich der organisierten Kriminalität, vor allem beispielsweise der Rockerkriminalität, wird die Strafe des elektronisch überwachten Hausarrestes – überwiegend – keine geeignete Maßnahme darstellen können. Dies resultiert aus der kriminologischen Gegebenheit dieses Kriminalitätsfeldes und ergibt sich bereits aus der Definition, wonach „Rockerkriminalität alle Straftaten von einzelnen oder mehreren Mitgliedern einer Rockergruppe umfasst, die hinsichtlich der Motivation für das Verhalten im direkten Zusammenhang mit der Zugehörigkeit zu dieser

[596] Laubenthal, 2019, S. 504.

Gruppe und der Solidarität zu sehen sind“[597]. Die Tatsache, dass die in diesem Rahmen begangenen Straftaten überwiegend entweder solche durch oder für den Motorradclub darstellen, kennzeichnet dabei im Hinblick auf die Motivationslage der Straftäter einen gravierenden Unterschied zu „normalen“ Straftätern, worauf bereits das häufig in den Statuten dieser Clubs normierte Verbot der Zusammenarbeit mit Strafverfolgungsbehörden hinweist.[598] Die Motivationslage ist hierbei geprägt von einem Zugehörigkeitswillen zu dem entsprechenden Club, was in der Regel mit kriminellem Verhalten einhergeht, da insbesondere geltende Regeln und Gesetze seitens dieser Gruppierungen abgelehnt werden.[599] Sofern daher Verurteilungen im Bereich der Rockerkriminalität stattfinden, ohne dass der Verurteilte Abstand von der Zugehörigkeit seines Motorradclubs nähme, dürfte die Begehung weiterer Straftaten bereits im Vorhinein indiziert sein, da dies dem generellen Wesen dieser Gruppierungen und der damit verbundenen Zugehörigkeit zu dieser entspringt.[600] Lediglich in Fällen, in denen tatsächlich ein „Austritt“ des Delinquenten aus der Gruppierung erfolgte, könnte die Verhängung der Strafe des elektronisch überwachten Hausarrestes die damit intendierten Resozialisierungsziele fördern, da der Delinquent sodann nicht mehr der dem Motorradclub spezifisch erwachsenden Subkultur verhaftet wäre und dadurch vielmehr selbst- als fremdbestimmt sein dürfte.[601] Insbesondere letzteres, die Fremdbestimmtheit, wäre in erheblichem Maße geeignet, die spezialpräventiven Gesichtspunkte dieser Strafe zu torpedieren.

Eine ähnliche Beurteilung dürfte auch auf das Kriminalitätsfeld der – gegenwärtig immer weiter in den Vordergrund rückenden – Clankriminalität zutreffen, die sich als Unterfall organisierter Kriminalität durch die „Begehung von Straftaten durch Angehörige abgeschotteter Subkulturen mit einer gemeinsamen ethnischen Herkunft, verwandtschaftlichen Verbindungen, einem hohen Grad an Abschottung nach außen sowie einer generellen Ablehnung des deutschen Rechtsstaates“[602] kennzeichnet. Auch hier bestimmt, vergleichbar zu den Rockergruppierungen, der Clan als eigene Subkultur aufgrund

[597] Bundeskriminalamt, Definition Rockerkriminalität, 2023.
[598] Müller/Ulrich/Zietlow, 2022, S. 41, 51.
[599] Müller/Ulrich/Zietlow, 2022, S. 40–42.
[600] Müller/Ulrich/Zietlow, 2022, S. 40, 41.
[601] Müller/Ulrich/Zietlow, 2022, S. 61, 62.
[602] Bickel, 2021, S. 3.

eines gemeinsamen Abstammungsverständnisses und einer entsprechenden Zugehörigkeit die Tatbegehung bzw. die Motivation zu einer solchen.[603] Von den Rockergruppierungen zu unterscheiden ist hierbei allerdings die Art der Zugehörigkeit. Wird die Zugehörigkeit bzw. Mitgliedschaft im Rahmen der Rockergruppierungen durch deren Mitglieder bewusst gesucht, entsteht die Zugehörigkeit bei sogenannten Clans vielmehr durch familiäre Verflechtungen, bei denen Akzeptanz, Befürwortung oder gar Aneignung kriminellen Verhaltens lediglich auf einen Bruchteil der Clanmitglieder zutreffen und daher anders zu bewerten ist als die Zugehörigkeit zu entsprechenden Rockergruppierungen.[604] Die Ungeeignetheit der Strafe des elektronisch überwachten Hausarrestes beträfe in diesem Bereich daher lediglich diesen kriminellen Strukturen verhaftete Clanmitglieder, sofern auch bei diesen eine „Abkapselung“ von der Clanstruktur nicht zu erwarten wäre und demnach bei den Betroffenen die persönliche Identifikation überwiegend bis ausschließlich über die Begehung von Straftaten stattfände.

Es existieren also erkennbar bestimmte Bereiche bzw. Gruppierungen an Delinquenten, bei denen die Strafe des elektronisch überwachten Hausarrestes bereits im Vorfeld ungeeignet erscheint. Neben den bereits genannten Bereichen zählen hierzu auch stark triebgesteuerte Täter, die – ähnlich zur Clan- bzw. Rockerkriminalität – durch andere Faktoren „getrieben“ werden, im Zweifel also gerade nicht selbstbestimmt – sondern vielmehr aufgrund krankhafter Triebe – Straftaten begehen.[605] Dies trifft daher auch auf von einem solchen Trieb, insbesondere dem Sexualtrieb, gefangene Täter zu. In diesen Fällen wird man daher ebenfalls von der Verhängung eines elektronisch überwachten Hausarrestes absehen müssen und die Sozialtherapie in den hierfür vorgesehene sozialtherapeutischen Anstalten, soweit möglich, durchführen müssen. Denn gerade bei Sexualstraftaten, aber auch anderen „schweren“ Straftaten wie beispielsweise schwerere Gewaltdelikte oder Kapitalverbrechen, würde im Falle einer Rückfälligkeit aufgrund medialer und gesellschaftlicher Resonanz die mit der Maßnahme verbundene Akzeptanz in sich zusammenfallen.[606] Dies ungeachtet dessen, dass in solchen

---

603 Bundeskriminalamt, Organisierte Kriminalität, 2022, S. 23.
604 *Hänel*, Phänomen Clankriminalität: Was steckt dahinter?, 2023.
605 Laubenthal, 2019, S. 503 f.
606 Galli, 2020, S. 228.

Fällen trotz elektronischer Überwachung zumindest der repressive Schutz der Gesellschaft garantiert werden könnte.

Insoweit wäre eine Beachtung des der Straftat zugrunde liegenden Delikts vor diesem Hintergrund essenziell, allerdings darf im Gegenzug die Maßnahme nicht schon pauschal mit einer gewissen Gefährlichkeit des Delinquenten abgelehnt werden. Betrachtet man nämlich die Anwendung der elektronischen Überwachung im Rahmen der Führungsaufsicht, die zwar keinen elektronisch überwachten Hausarrest, aber dafür eine GPS-basierte Aufenthaltsüberwachung darstellt, so kann elektronische Überwachung im Rahmen der Führungsaufsicht auch in solchen Fällen stattfinden, wenn nach Verwirkung einer zeitigen Freiheitsstrafe von mindestens sechs Monaten die Gefahr besteht, dass der Verurteilte weitere Straftaten begehen wird, §§ 68 Abs. 1, 68b Abs. 1, Nr. 12 StGB. Zwar stellt, wie den Ausführungen unter Kapitel B.II.2.g) zu entnehmen ist, die Führungsaufsicht und die diesbezüglich mögliche Weisung elektronischer Überwachung im Kern ein Mittel dar, um auch weiterhin über die verwirkte Freiheitsstrafe hinaus gefährliche Straftäter in bestimmtem Maße „unter Kontrolle" zu bringen. Obschon allerdings diese elektronische Überwachung einer anderen Intention entspringt als die Strafe des elektronisch überwachten Hausarrestes, so dürfte auch aus der Anwendung elektronischer Überwachung im Rahmen der Führungsaufsicht gefolgert werden können, dass weiterhin gefährliche Straftäter einer elektronischen Überwachung zugeführt werden können und dadurch für solche Täter nicht von vornherein ausgeschlossen sein dürfte, da auch solchen Delinquenten eine echte Resozialisierungsmöglichkeit geboten werden müsste, anders als dies im Rahmen einer Inhaftierung der Fall wäre. In solchen Fällen, in denen (noch) eine gewisse Gefährlichkeit von dem Straftäter ausgeht, könnte diesem Umstand – soweit im Rahmen des Schutzes der Gesellschaft vertretbar – auch durch die Art und Weise der Anwendung des elektronisch überwachten Hausarrestes Rechnung getragen werden, beispielsweise dadurch, dass die grundsätzlich für den elektronisch überwachten Hausarrest vorwiegende technische Variante der elektronischen Präsenzkontrolle durch eine zusätzlich elektronische Aufenthaltsüberwachung, mithin also GPS-basierte Überwachung, ergänzt wird. Allerdings muss auch in solchen Fällen eine Risikoabwägung anhand der Persönlichkeit des Täters und der begangenen Straftaten stattfinden, inwiefern eine solche Maßnahme unter Beachtung des Schutzes der Gesellschaft durchgeführt werden könnte.

Beachtet werden sollte hierbei allerdings auch immer der Umstand, dass die oftmals tatsächlich fehlende Resozialisierung im Rahmen einer Inhaftierung zumindest bei langjährigen Haftstrafen keine besser geeignete Alternative zur Strafe des elektronisch überwachten Hausarrestes darstellen dürfte. Nichtdestotrotz sollte aber klar sein, dass beispielsweise ein Terrorist, der bereits wegen entsprechender staatsgefährdender Straftaten (o. ä.) verurteilt wurde, kein geeigneter Delinquent für diese Strafe wäre, mithin eine sorgfältige Auswahl geeigneter Delikte für diese Strafe stattzufinden hätte, die sich zumindest nicht auf die Dauer einer ansonsten alternativ zu verhängenden Freiheitsstrafe reduzieren sollte. Vor demselben Hintergrund dürfte bspw. auch wohnsitzlosen Tätern diese Strafe nicht „vorenthalten" werden. Vielmehr müssten in solchen Fällen Umstände geschaffen werden, unter denen auch ein wohnsitzloser Straftäter eine solche Strafe ableisten könnte, ohne diesen von vorherein von dieser Strafart auszuschließen.

(dd) Stellungnahme

Wie also bei anderen Strafarten auch wird im Rahmen der Strafe des elektronisch überwachten Hausarrestes eine Fokussierung auf bestimmte Delinquenten nicht ausbleiben können. Eine solche wird hierbei vom Tatgericht aufgrund dahingehender gesetzlicher Normierungen vorzunehmen sein im Rahmen des Rechtsfolgenausspruchs. Soweit – aus Sicht des Verfassers – die Strafe des elektronisch überwachten Hausarrestes zumindest als alternative Strafe für kurze Freiheitsstrafen in Betracht käme, so ist dies bei Ersatzfreiheitsstrafen nicht der Fall. Eine solche klare Abgrenzung kann in Fällen, in denen die Persönlichkeit des Täters sowie die Umstände der Tatbegehung eine Rolle spielen, nicht getroffen werden, obschon sich in einigen Fällen eine Ungeeignetheit der Strafe des elektronisch überwachten Hausarrestes im Vorhinein aufdrängt. Jedenfalls darf im Ergebnis die Intention dieser Maßnahme nicht übersehen werden, insbesondere im Vergleich zu den ansonsten vorhandenen Alternativen. Es sollte daher zumindest erwogen werden, die Verhängung dieser Strafe weniger anhand der Schwere des zugrundeliegenden Delikts festzumachen als vielmehr auch die Möglichkeit ins Auge zu fassen zu versuchen, eine Anwendung dieser Strafe auch bei schwereren Straftaten (natürlich unter Betrachtung des Einzelfalls) „sicherer" auszugestalten, soweit es zumindest den Schutz der Gesellschaft betrifft. Denn die Alternative der Inhaftierung samt der negativen Haftfolgen dürfte in vielen Fällen eher kontraproduktiv als produktiv im Hinblick auf die Förderung der Vollzugsziele wirken, wohingegen die Strafe des elektronisch überwachten Hausarrestes geeignet wäre zumindest solche negativen Haftfolgen, und damit einhergehend auch eine potenzielle kriminogene Sozialisation, zu vermeiden, wodurch den Delinquenten eine echte Resozialisierungschance geboten werden könnte.

(g) Beitrag zur Rückfallvermeidung

Weiter ist zu fragen, ob der elektronisch überwachte Hausarrest, hier als alternative Strafe zum Strafvollzug (unbedingte Freiheitsstrafe), auch einen Beitrag zur Rückfallvermeidung leisten kann. Wenngleich diese Strafe grundsätzlich geeignet ist, eine entsprechende Alternative zur Förderung der Vollzugsziele – insbesondere der Resozialisierung und der straffreien Lebensführung – darzustellen, so impliziert dies nicht auch zwangsläufig, dass dadurch unmittelbar das Ergebnis der Rückfallvermeidung erreicht wird. Ungeachtet dessen, dass in Deutschland elektronische Überwachung im Vergleich zum Ausland noch nicht in vergleichbarem Maße eingesetzt wird, und daher auch eine diesbezügliche Bandbreite an belastbarer Empirik hinsichtlich der Rückfallvermeidung – insbesondere in Deutschland – rar ist, können nichtsdestotrotz die bisherigen – globalen – wissenschaftlichen Erkenntnisse zu diesem Thema, zumindest in Relation zum Strafvollzug, herangezogen werden. Dies insbesondere insoweit, als der elektronisch überwachte Hausarrest hier als alternative Sanktionsform zum Strafvollzug betrachtet wird und das Ergebnis der Rückfallvermeidung, gerade in Bezug auf die spezialpräventiven Vollzugsziele, für die Geeignetheit dieser Strafe erforderlich ist.

(aa) Rückfallvermeidung durch Strafvollzug?

Ob und inwiefern der Strafvollzug in Deutschland die Rückfälligkeit entlassener Straftäter vermeidet, oder besser gesagt dieser vorbeugt, kann lediglich anhand bestehender statistischer Untersuchungen beurteilt werden. Bisweilen existieren zwar empirische Untersuchungen hinsichtlich der Rückfälligkeit von Straftätern in Deutschland, allerdings handelt es sich dabei um statistische Erhebungen der Rückfälligkeit bezogen auf unterschiedliche Gesichtspunkte, z. B. der Relation zu Strafart, Strafdauer, Deliktsart, Alter, Geschlecht, etc.[607]

---

[607] Vgl. z. B. *Tetal* in: Wirth, 2022, S. 117 ff.

Nicht entnommen werden kann solchen Rückfallstatistiken allerdings, inwiefern – insbesondere im Rahmen des hier zugrunde zu legenden Strafvollzuges – eine entsprechende Rückfälligkeit oder auch Nicht-Rückfälligkeit auf die Auswirkungen des Strafvollzuges unmittelbar zurückzuführen sind.[608] Nichtsdestotrotz lassen sich diesen statistischen Erhebungen Kennzahlen entnehmen, die der hiesigen Untersuchung zugrunde gelegt werden können, um eine vergleichende Einschätzung zur avisierten Strafe des elektronisch überwachten Hausarrestes vorzunehmen.

Primär zu betrachten sind vorliegend die Rückfallzahlen nach Entlassung aus dem Strafvollzug, wobei zunächst unerheblich ist, ob es sich dabei um eine Vollverbüßung, eine Strafrestaussetzung oder einen Bewährungswiderruf bei ursprünglicher Aussetzung der Freiheitsstrafe handelt, da in allen Fällen die relevante – zu vermeidende – Inhaftierung stattgefunden hat. Als hierzu im Rahmen einer bundesweiten Rückfalluntersuchung[609] erfassten Rückfall wurden begangene Straftaten gewertet, welche zu einer Verurteilung gelangten und im Bundeszentralregister (BZR) eingetragen wurden, unabhängig davon, ob das Delikt im Hinblick auf die Bezugstat[610] entsprechend einschlägig war.[611] Dieser Untersuchung lässt sich zunächst entnehmen, dass nach einer Entlassung aus dem Strafvollzug bei solchen Delinquenten, die eine Freiheitsstrafe bis einschließlich zwei Jahre zu verbüßen hatten, bereits 50 % der Delinquenten spätestens 22 Monaten nach deren Entlassung rückfällig wurden, mithin also zu einer im BZR eintragungspflichtigen Straftat verurteilt wurden.[612] Beachtlich ist hierbei, dass Delinquenten, die ihre Freiheitsstrafe voll zu verbüßen hatten, nach der Entlassung schneller rückfällig wurden als solche, deren Strafaussetzung ursprünglich zur Bewährung angeordnet wurde, denn dauerte es bei letzteren im Schnitt 22 bzw. 21 Monate bis zur Rückfälligkeit, so betrug die Dauer bei den Vollverbüßern lediglich 16 Monate.[613] Im Rahmen von Freiheitsstrafen über zwei Jahren hingegen

---

608 Jehle/Albrecht/Hohmann-Fricke/Tetal, 2020, S. 25.

609 Jehle/Albrecht/Hohmann-Fricke/Tetal, 2020, S. 25 ff., deren Untersuchung sich bundesweit auf einen Erhebungszeitraum von 2013–2016 bzw. 2004–2016 erstreckte.

610 Bezugstat meint hier die Tat, aufgrund derer eine unbedingte Freiheitsstrafe verhängt wurde (Bezugsentscheidung) und der Delinquent dem Strafvollzug unterstellt war.

611 *Tetal* in: Wirth, 2022, S. 127.

612 Jehle/Albrecht/Hohmann-Fricke/Tetal, 2020, S. 165.

613 Jehle/Albrecht/Hohmann-Fricke/Tetal, 2020, S. 165; s. auch *Tetal* in: Wirth, 2022, S. 129.

dauerte es im Schnitt 21 (Vollverbüßer) bis 30 (Strafrestaussetzung) Monate, bis 50 % erstmals nach der Entlassung rückfällig wurden.[614]

Vollverbüßer werden allerdings nicht nur schneller, sondern gegenüber Delinquenten mit Straf(rest-)aussetzung, also im Rahmen von Freiheitsstrafen bis einschließlich zwei Jahren, prozentual im Durchschnitt auch häufiger rückfällig, insbesondere in den ersten drei Jahren nach Entlassung aus dem Strafvollzug. So stellt die Rückfallquote bei eben jenen Vollverbüßern in den ersten drei Jahren nach Haftentlassung durchschnittlich[615] ca. 55 % dar, wohingegen im selben Zeitraum im Rahmen der Strafrestaussetzung knapp 50 % und im Rahmen der ursprünglichen Strafaussetzung zur Bewährung nur ca. 39 % rückfällig wurden. Lediglich in Abhängigkeit der Dauer nach der Haftentlassung gleichen sich die Rückfallquoten, zumindest zwischen den Vollverbüßern und Delinquenten im Rahmen der Strafrestaussetzung, allmählich an, wonach sechs Jahre nach Haftentlassung die Rückfallquoten im Durchschnitt mit jeweils ca. 65 % nahezu identisch waren. Im weiteren Verlauf der Untersuchung, mithin neun bzw. zwölf Jahre nach Haftentlassung, überholte die Rückfallquote derer im Rahmen der Strafrestaussetzung sogar diejenige der Vollverbüßer mit ca. 71 % bzw. 74 % zu 69 % bzw. 71 %. Dahingegen belief sich der Durchschnitt der Rückfallquote bei Delinquenten, deren Freiheitsstrafe ursprünglich zur Bewährung ausgesetzt war, nach neun bzw. zwölf Jahren lediglich auf ca. 56 % bzw. 59 %.[616]

Bei Freiheitsstrafen über zwei Jahren haben Vollverbüßer, ebenfalls auf den Gesamtzeitraum von zwölf Jahren nach Haftentlassung betrachtet, mit ca. 55 % nur noch eine mit knapp zwei bis drei Prozent höhere Rückfallquote als Delinquenten im Rahmen der Strafrestaussetzung, obschon in den ersten drei bzw. sechs Jahren die Rückfälligkeit der Vollverbüßer auch in diesem Fall weiterhin ca. zehn bzw. sieben Prozent höher war als bei Delinquenten unter Strafrestaussetzung.[617]

Auch im Rahmen der Sozialtherapie existieren in der Literatur verschiedene Rückfalluntersuchungen, an denen sich die Rückfälligkeit, oftmals in Relation zu entsprechenden Vergleichsgruppen des „Regelvollzuges“,

[614] Jehle/Albrecht/Hohmann-Fricke/Tetal, 2020, S. 165.
[615] Bezogen auf den dieser Rückfalluntersuchung zugrunde liegenden Zeitraum.
[616] Jehle/Albrecht/Hohmann-Fricke/Tetal, 2020, S. 163.
[617] Jehle/Albrecht/Hohmann-Fricke/Tetal, 2020, S. 163.

vergleichen lässt.[618] Durchaus konstant ist hierbei seit Erhebung der ersten deutschen Studie durch *Rasch* und *Kühl* aus dem Jahre 1978 erkennbar,[619] dass die Sozialtherapie einen positiven Beitrag zur Rückfallvermeidung leistet.[620] So konnte in dieser ersten Studie bereits die Tendenz beobachtet werden, dass „lediglich" 50 % der Delinquenten unter sozialtherapeutischer Behandlung auf die Dauer von drei Jahren nach Haftentlassung rückfällig wurden, wohingegen es bei der Vergleichsgruppe von Delinquenten im Regelvollzug 60 % waren.[621] Durch eine weitere Untersuchung konnte überdies auch der Durchschnittszeitraum bis zur Rückfälligkeit evaluiert werden, der bei Delinquenten der Sozialtherapie mit 34,5 Monaten deutlich nachhaltiger erschien als bei Straftätern des Regelvollzuges bzw. solcher, die während einer sozialtherapeutischen Behandlung in den Regelvollzug zurückverlegt werden mussten, wonach diese bereits nach 17,2 bzw. 14 Monaten rückfällig wurden (§ 9 Abs. 1, S. 2 StVollzG).[622] Im Rahmen seiner Untersuchung zur Legalbewährung nach sozialtherapeutischer Behandlung in Berlin-Tegel konnte *Dünkel* sogar eine durchschnittlich um ca. 23 % reduzierte Rückfälligkeit im Vergleich zur Vergleichsgruppe innerhalb der ersten drei Jahre nach Haftentlassung feststellen.[623] Auch in einer auf die Dauer von zehn Jahren ausgerichteten Nachfolgeuntersuchung konnte festgestellt werden, dass Delinquenten der Sozialtherapie grundsätzlich seltener und später rückfällig wurden also solche der Vergleichsgruppe des Normalvollzuges, obschon sich die Rückfallquoten am Ende der Untersuchung nur noch um ca. 8 % zugunsten der im Rahmen der Sozialtherapie behandelten Delinquenten unterschieden.[624] Nichtsdestotrotz kamen auch andere Untersuchungen zu dem Ergebnis, dass die Rückfallquote nach einer Behandlung durch Sozialtherapie zumindest niedriger ist als die entsprechender Vergleichsgruppen im Normalvollzug, im Schnitt immerhin 8–14 %,[625] wobei in manchen Fällen unter optima-

---

618 So z. B.: Spöhr, 2009, S. 142 f., m.w.N.; Egg, 1979, S. 151 ff.; Dünkel, 1980, S. 216 ff.; Ortmann, 2002, S. 212 ff.

619 Vgl. Spöhr, 2009, S. 145.

620 Drenkhahn, 2007, S. 83; Spöhr, 2009, S. 145.

621 Vgl. Spöhr, 2009, S. 145.

622 Drenkhahn, 2007, S. 42; vgl. auch Egg, 1979, S. 361 ff.

623 Vgl. Dünkel, 1980, S. 230, 237, 245, 251; Drenkhahn, 2007, S. 30.

624 Drenkhahn, 2007, S. 31, m.w.N.

625 Vgl. z. B. Lösel/Köferl/Weber, 1987, S. 263; Spöhr, 2009, S. 142.

len Behandlungsbedingungen auch eine noch höhere Reduzierung der Rückfallwahrscheinlichkeit erreichbar sei.[626] Selbst in neueren Studien konnte die höhere Wirksamkeit der Sozialtherapie, jedenfalls im Rahmen einer generell vergleichenden Betrachtung, bestätigt werden.[627]

Zu beachten ist jedoch, dass die hier zugrunde gelegten Rückfallquoten überwiegend nur eine Tendenz (teilweise auch mangels entsprechender Signifikanz) einer allgemeinen Rückfälligkeit darbieten können. Denn gerade im Rahmen des Normalvollzuges ist es durchaus plausibel, wenn die Rückfallwahrscheinlichkeit im Rahmen der ursprünglichen Strafaussetzung zur Bewährung grundsätzlich niedriger ist als die der Vollverbüßer, wird man in diesen Fällen nämlich im Vorhinein prinzipiell auch von unterschiedlichen Rückfallprognosen ausgehen müssen, welche überhaupt erst Anlass für die Aussetzung oder Nichtaussetzung der Strafe gewesen sein dürften. Eine direkte Kausalität der entsprechenden Behandlungsfaktoren oder auch hinsichtlich der Art der Strafe kann daher aus diesen statistischen Erhebungen – wie bereits einleitend erwähnt –grundsätzlich nicht gezogen werden. Allerdings zeigt dies dennoch, dass im Nachgang an eine Inhaftierung eine durchaus hohe Rückfallquote besteht, die zumindest vor dem beanspruchten Vollzugsziel nicht zufrieden stellen kann. Im Gegenzug aber lässt sich den statistischen Erhebungen im Rahmen der Sozialtherapie entnehmen, dass, unabhängig der zugrunde liegenden Straftat, die Rückfallgefahr durch diese Behandlungsart im Vergleich zum Normalvollzug – teilweise erheblich – reduziert werden könnte.

(bb) Rückfallvermeidung durch elektronisch überwachten Hausarrest?

Die Frage, ob durch die Maßnahme des elektronisch überwachten Hausarrests eine Rückfallvermeidung erzielt werden kann, wird man in dieser Pauschalität zunächst nicht beantworten können. Obschon die Empirie in diesem Bereich, insbesondere auch im Hinblick auf Signifikanz, nicht derart viel darbietet, wie dies bisweilen wünschenswert wäre,[628] so ist gerade beim elektronisch überwachten Hausarrest – und der elektronischen Überwachung, also der elektronischen Fußfessel per se – generell zu beachten,

---

[626] Vgl. Schmucker, 2004, S. 165 ff.; Spöhr, 2009, S. 142, 145.

[627] Vgl. Spöhr, 2009, S. 143.

[628] *Renzema/Mayo-Wilson*, Journal of Experimental Criminology 1/2005, S. 233.

dass dessen Anwendung ein Gesamtkonstrukt verschiedener Maßnahmen darstellt,[629] allen voran beispielsweise in Kombination mit der bereits ausgeführten Behandlungskomponente. So ist nachvollziehbar, dass der elektronischen Aufsicht/Überwachung für sich gesehen eine resozialisierende Wirkung bisweilen nicht attestiert werden konnte.[630] Allerdings existieren insbesondere im Ausland einige wissenschaftliche Untersuchungen zu der Frage, ob und inwiefern sich elektronisch überwachter Hausarrest bzw. elektronische Überwachung per se auf Rückfallquoten auswirkt und wie diese generell ausgestaltet sind. Da jedoch die Untersuchungsgrundlagen nicht einheitlich sind, bspw. hinsichtlich Zielgruppen, Dauer, Rückfalldefinition, Vergleichsgruppen, Anlassdelikte etc., ergibt sich dadurch die grundsätzliche Schwierigkeit einer allgemeinen Vergleich- bzw. Übertragbarkeit, doch durch die allgemeine Betrachtung lässt sich zumindest eine vielversprechende Tendenz erkennen.[631]

Gerade in jüngerer Vergangenheit zeigten wissenschaftliche Rückfalluntersuchungen, dass bei Probanden unter elektronischer Überwachung (bzw. elektronisch überwachtem Hausarrest) die Rückfallquote (teilweise beachtlich) reduziert war. So konnte diese im Rahmen einer entsprechenden Studie zum Einsatz elektronischer Überwachung bei (vorzeitig entlassenen) Straftätern im Vergleich zu solchen, die Ihre Strafe in der Vollzugsanstalt verbüßen mussten, um 12 % reduziert werden.[632] Eine entsprechende Tendenz ließ sich auch einer in den USA (Florida) geführten Studie entnehmen, wonach bei unter elektronische Überwachung gestellten Delinquenten im Rahmen der gemeinschaftlichen Aufsicht (Community Supervision) eine zu knapp einem Drittel niedrigere Ausfallrate verzeichnet werden konnte verglichen mit solchen Delinquenten, die einer anderen Form der Aufsicht/Überwachung unterstellt waren.[633] In Kalifornien ergab eine ähnliche Untersuchung, hier bezogen auf Hochrisiko-Sexualstraftäter, dass Straftäter einer herkömmlichen Bewährungsüberwachung mehr als doppelt so häufig

---

[629] Vgl. *Dünkel/Thiele/Treig* in: Dünkel/Thiele/Treig, 2017, S. 21.

[630] Vgl. z. B. Meuer, 2018, S. 89, 100; *Meuer/Wößner*, European Journal of Criminology 5/2020, S. 580.

[631] Vgl. Bräuchle, 2016, S. 24.

[632] *Marklund/Holmberg*, Journal of Experimental Criminology 1/2009, S. 53.

[633] *Bales/Mann/Blomberg/Gaes/Barrick/Dhungana/McManus*, A Quantitative and Qualitative Assessment of Electronic Monitoring, 2010, S. 64.

einer erneuten Verhaftung unterlegen waren als solche, die Ihre Bewährung unter elektronischer – GPS – Überwachung/Aufsicht verbüßten.[634] Auch in Argentinien konnte ebenfalls eine Reduzierung der Rückfallquote von ca. 11–16 % zugunsten solcher Probanden festgestellt werden, die anstelle einer Haftstrafe unter elektronischer Überwachung ihre Strafe verbüßten.[635] Eine weitere Studie aus Dänemark ergab im Jahre 2014, dass, verglichen mit der Rückfallquote des herkömmlichen Strafvollzuges in Höhe von 38 %, die Rückfallquote durch elektronische Überwachung auf 17 % gemindert werden konnte.[636] Gleiches ließ sich auch in Frankreich im Rahmen einer vergleichenden Untersuchung zwischen entlassenen Gefangenen nach verbüßter Haftstrafe und solchen, die eine Strafe unter elektronisch überwachtem Hausarrest absolvierten, feststellen, wonach sich zumindest eine Reduzierung der Rückfall- bzw. Wiederverurteilungswahrscheinlichkeit um wenigstens 9–11 % ermitteln ließ, noch dazu in statistisch signifikanter Art und Weise.[637] In Norwegen konnte eine Reduzierung der Rückfallquote bis zu 15% verzeichnet werden, wenn Straftäter statt einer Inhaftierung eine Strafe unter elektronischer Überwachung, mithin also außerhalb einer Vollzugsanstalt, verbüßten, was dort u. a. auch auf die Verhinderung negativer Haftfolgen zurückgeführt wurde.[638] In Australien konnte bisweilen eine noch deutlichere Rückfallverringerung festgestellt werden. So hat insbesondere eine auf Radio-Frequenztechnik basierende Studie ergeben, dass im Nachgang an ein entsprechendes RF-Programm Rückfallquoten im Bereich von 10 % verzeichnet werden konnten, die durchschnittliche Rückfallquote bei Haftentlassenen nach entsprechend verbüßter Haftstrafe hingegen 50 % betrug.[639] Ein ähnlich erhebliches Ergebnis konnten auch *Williams/Weatherburn* 2019 feststellen, wonach im Rahmen einer Strafe, die unter elektronischer Überwachung verbüßt wurde, eine erneute Straffälligkeit im Vergleich zu solchen Straftätern, die ihre Strafe im Gefängnis abzusitzen

---

[634] *Gies/Gainey/Cohen/Healy/Duplantier/Yeide/Bekelman/Bobnis/Hopps*, Monitoring High-Risk Sex Offenders with GPS Technology, 2012, S. 5–1.

[635] *Di Tella/Schargrodsky*, Journal of Political Economy 1/2013, S. 69.

[636] *Esdorf/Sandlie*, Executing prison sentences at home with electronic monitoring, 2014.

[637] *Henneguelle/Monnery/Kensy*, Better at Home than in Prison? The Effects of Electronic Monitoring on Recidivism in France, 2016, S. 36.

[638] *Andersen/Telle*, European Journal of Criminology 1/2022, S. 70, 71.

[639] *Bartels/Martinovic*, European Journal of Probation 1/2017, S. 95.

hatten, um bis zu 25 % reduziert war.[640] Erst jüngst konnte darüber hinaus sogar für die Vereinigten Arabischen Emirate im Rahmen der Anwendung elektronischer Überwachung eine Reduzierung der Rückfälligkeit festgestellt werden,[641] gleichfalls wie in einer im Jahre 2020 durchgeführten Meta-Analyse zu der Frage der Effektivität der elektronischen Überwachung von Straftätern, welche ebenfalls einen statistisch signifikanten Beitrag zur Rückfallreduzierung erkennen ließ.[642]

Diese wissenschaftlichen Untersuchungen zeigen grundsätzlich, dass unter der Maßnahme der elektronischen Überwachung im Vergleich zur herkömmlichen Inhaftierung, oder aber diesbezüglicher alternativer Maßnahmen wie der herkömmlichen Bewährungsstrafe, im Ergebnis niedrigere Rückfallquoten erreicht werden können. Dass allerdings, und dies beweisen die eingangs bereits benannten anderweitigen Untersuchungen, elektronische Überwachung respektive der elektronisch überwachte Hausarrest als alleinige Maßnahme, insoweit also reduziert auf die elektronische Fußfessel, diesen Effekt nicht allein zu erreichen in der Lage ist, sei hierbei ebenso hervorzuheben. Darüber hinaus sind auch die hier dargestellten Untersuchungen, welche im Ergebnis alle zum selben Ergebnis einer Reduzierung der Rückfallgefahr kommen, untereinander zu unterscheiden. Dies betrifft beispielsweise zum einen die Signifikanz der gefundenen Ergebnisse, aber auch die Grundlagen der angestellten Untersuchungen, existierten beispielsweise bei manchen Untersuchungen keine tatsächlichen Vergleichsgruppen oder wurden bei anderen Untersuchungen lediglich spezielle Aspekte untersucht. Auch wurde zumeist die elektronische Überwachung oder der elektronisch überwachte Hausarrest mit begleitenden Maßnahmen versehen, seien es berufliche oder behandlungstechnische Maßnahmen. Nichtsdestotrotz aber lässt sich auch gerade aufgrund dieser Unterschiedlichkeit der einzelnen Untersuchungen, insbesondere durch die sich deckenden Ergebnisse der reduzierten *Rückfallgefahr* im Rahmen der Anwendung elektronischer Überwachung, eine eindeutige Tendenz hin zur (Mit-)Wirksamkeit der elektronischen Überwachung bzw. des elektronisch überwachten Hausarrestes im

640 Williams/Weatherburn, 2019, S. 17.

641 Al-Wahedi, 2019, S. 222.

642 *Belur/Thornton/Tompson/Manning/Sidebottom/Bowers*, Journal of Criminal Justice 1/2020, S. 21.

Hinblick auf die Rückfallvermeidung ausmachen, aus der zumindest auch ein entsprechender Beitrag zur Rückfallvermeidung abgeleitet werden könnte.

(cc) Personelle Komponente

Da der elektronisch überwachte Hausarrest allerdings keine alleinstehende Maßnahme ist, sondern insbesondere die „elektronische Fußfessel" lediglich das Mittel zur Überwachung darstellt, kann eine Rückfallvermeidung ohnehin nur durch die erforderlichen Beiträge notwendiger unterstützender Komponenten erfolgen. Eine dieser Komponenten, und dies dürfte die wichtigste sein, stellt das Personal dar, welches mit der Maßnahme des elektronisch überwachten Hausarrestes (insgesamt) befasst werden muss. Als zentrales Element im Rahmen dieser Maßnahme müssen neben Behandlungspersonal auch Personal der Überwachungsstellen, technisches Personal, Bewährungshelfer sowie auch Strafvollstreckungsbehörde samt Polizei eingebunden werden.[643] Vom Anlegen der elektronischen Fußfessel bis zur entsprechenden Überwachung, Durchführung der Vollstreckung oder Behandlung des Straftäters bindet der elektronisch überwachte Hausarrest einen Personalaufwand, der regelmäßig, zumindest in Deutschland, schwierig zu bewältigen sein dürfte.[644] Dies bedingt auch die immerwährende Personalknappheit, die bereits schon gegenwärtig in den Justizvollzugsanstalten, gerade im sogenannten Normalvollzug, herrscht, und dadurch die Vollzugsziele regelmäßig gefährdet.[645] Gerade aber der Umstand, dass die unter elektronisch überwachtem Hausarrest stehenden Straftäter eigenständig ein Leben in sozialer Verantwortung führen sollen, macht eine intensive Behandlung unumgänglich. Dies, und das entspricht auch den Maßstäben der Sozialtherapie, bedarf einer intensiven Betreuung des Straftäters um die gewünschten Ergebnisse, die Förderung oder gar Erreichung der Vollzugsziele, herbeiführen zu können.[646] Denn ausgehend vom Strafvollzug, zu dem der elektronisch überwachte Hausarrest eine entsprechende Alternative darstellen soll, wird unterstellt, dass der verurteilte

---

643 *Belur/Thornton/Tompson/Manning/Sidebottom/Bowers*, Journal of Criminal Justice 1/2020, S. 28; vgl. auch für Deutschland Bräuchle, 2016, S. 68 ff.

644 Harders, 2014, S. 130, 131.

645 Vgl. Laubenthal, 2019, S. 210; *Gather*, Personalmangel hinter Gittern: Auch im Knast fehlen Fachkräfte, 2023.

646 Drenkhahn, 2007, S. 175.

Straftäter zu einem Leben in sozialer Verantwortung ohne Begehung von Straftaten grundsätzlich nicht in der Lage ist. Um aber im Falle des elektronisch überwachten Hausarrestes die beabsichtigten positiven Faktoren nicht zu unterlaufen wird ein Personalaufwand erforderlich sein, der dem einer sozialtherapeutischen Behandlung entspricht, um eben jene Ergebnisse zu erzielen, die die Sozialtherapie zu erreichen in der Lage ist. Beträgt daher gegenwärtig die durchschnittliche Verteilung von Gefangenen auf Vollzugspersonal in Deutschland[647] das zwei- bis zweieinhalbfache,[648] so wäre im Rahmen des elektronisch überwachten Hausarrestes ein noch höherer personeller Aufwand erforderlich, um der Intention einer entsprechend intensiven und bestmöglichen Behandlung, insbesondere auch aufgrund der fehlenden (in sich geschlossenen) Institution der Strafvollzugsanstalt, gerecht werden zu können.[649] Obschon eine personelle Komponente in diesem Maße finanziell sicherlich schwer wiegen würde – dies wäre jedoch bei der grundsätzlich erforderlichen Personalaufstockung innerhalb des Justizvollzuges gleichermaßen der Fall –[650] wird eine Maßnahme wie der elektronisch überwachte Hausarrest, bzw. elektronische Überwachung per se, ohne diese personelle Komponente nicht die bezweckte Wirkung erzielen können. Dies zeigen insbesondere die ausländischen Erfahrungen, wonach die Mitarbeiter im Rahmen des elektronisch überwachten Hausarrestes sowie auch der elektronischen Überwachung als Kern und Garant für den Erfolg dieser Maßnahme ausgewiesen werden.[651] Dabei ist dies nicht lediglich eine wünschenswerte oder nützliche, sondern vielmehr eine erforderliche Komponente, da ansonsten der durch die elektronische Überwachung entstehende Mehraufwand, beispielsweise aufgrund einer dauerhaften Überwachung samt der aus

[647] Die durchschnittliche Verteilung bezieht sich hier auf Gesamtdeutschland, da die Verteilung innerhalb der einzelnen Bundesländer sowie auch der einzelnen Haftanstalten stark divergieren kann, vgl. Galli, 2020, S. 37.

[648] Galli, 2020, S. 37; s. auch Blanck, 2015, S. 20 ff. m.w.N., wonach seit den 1970er Jahren die Personaldichte pro Gefangenem immer schlechter wurde.

[649] Drenkhahn, 2007, S. 175; Walter, 1991, S. 211, wonach ein Verteilungsverhältnis zwischen Gefangenen und Vollzugspersonal im Rahmen der Sozialtherapie von 1:1 erforderlich wäre.

[650] *Verrel* in: Wirth, 2022, S. 40.

[651] *Bales/Mann/Blomberg/Gaes/Barrick/Dhungana/McManus*, A Quantitative and Qualitative Assessment of Electronic Monitoring, 2010, S. 143; s. auch *Belur/Thornton/Tompson/Manning/Sidebottom/Bowers*, Journal of Criminal Justice 1/2020, S. 28.

dieser entstehenden Daten sowie der zwingend erforderlichen Behandlung und Betreuung des Betroffenen schon nicht bewältigt werden könnte.[652] Auch bedarf dies einer entsprechenden Schulung, eines Trainings sowie einer immerwährenden Fortbildung des Personals im Hinblick auf den Umgang mit dieser Maßnahme, auch aufgrund der dauerhaften technischen Weiterentwicklung, ohne die der elektronisch überwachte Hausarrest nicht sinnvoll implementiert werden könnte.[653] Der hierdurch verfolgte positive Effekt auf die Rückfallwahrscheinlichkeit wird daher umso eher erreicht werden können, wenn die Begleitkomponenten, allen voran die personelle, ein erschöpfendes Angebot bereithielten, zusätzlich zu Betreuung und Behandlung bspw. auch durch Arbeitsmaßnahmen oder entsprechender Hilfe, Zugang zum Arbeitsmarkt zu erhalten, und dies durch Disziplin und Ordnung entsprechend indoktriniert werden könnte.[654]

(dd) Stellungnahme

Dass ein Vergleich, wie er vorstehend vorgenommen wurde, eine dezidierte wissenschaftliche Erhebung über die Wirksamkeit bzw. Rückfallvermeidung des elektronisch überwachten Hausarrest nicht entbehrlich macht, dürfte evident sein.[655] Dies ergibt sich allen voran aus den differierenden wissenschaftlichen Erhebungen im Hinblick auf deren Ausgestaltung bzw. Grundlage. Allerdings zeigt die vorstehende Betrachtung auch, dass die Rückfallquoten des Strafvollzuges im Rahmen des Normalvollzuges nicht erstrebenswert sind. Ein Lichtblick scheint hier die Sozialtherapie zu sein, die die Rückfälligkeit in einem anderen – besseren – Maße beeinflussen kann als es der „Normalvollzug" in der Lage ist. Allerdings sei auch hierbei erwähnt, dass ein diesbezüglicher unmittelbarer Kausalzusammenhang nicht wissenschaftlich belegt ist. Gleiches gilt – wie bereits ausgeführt – auch für die Kausalität der elektronischen Überwachung hinsichtlich niedrigerer Rückfallquoten. Nichtsdestotrotz kann hieraus eine positive Tendenz dahingehend erblickt werden, dass elektronische Überwachung im Vergleich zum Strafvollzug zumindest geeignet sein könnte, die Rückfallvermeidung zu verbessern. Zu

---

[652] Vgl. Tennessee Board of Probation and Parole, Monitoring Tennessee's Sex Offenders Using Global Positioning Systems, 2007, S. 31; The Scottish Government, 2019, S. 44.
[653] Vgl. Al-Wahedi, 2019, S. 218, 219.
[654] *Bartels/Martinovic*, European Journal of Probation 1/2017, S. 96.
[655] *Kylstad Øster/Beumer*, EM and Human Rights – Conference report, 2014, S. 6.

beachten ist dabei, dass im Rahmen der hier untersuchten Maßnahme nicht lediglich die bisherigen wissenschaftlichen Erhebungen ausschlaggebend sein können, sondern vielmehr die Gesamtkonzeption der hier in Rede stehenden Maßnahme zu betrachten ist, insbesondere in Verbindung mit der Sozialtherapie. So könnte selbstredend ein Testat über die Wirksamkeit einer solchen Maßnahme nur durch eine signifikante experimentelle wissenschaftliche Untersuchung im Rahmen eines (Pilot-)Projektes erfolgen.[656] Dass der elektronisch überwachte Hausarrest bzw. die elektronische Überwachung aber einen Beitrag zur Rückfallvermeidung leisten könnte dürfte die hiesige Betrachtung gezeigt haben. Insoweit ist aber auch festzuhalten, dass dies mitnichten durch das technische Mittel der elektronischen Überwachung allein erreicht werden kann, sondern hierzu ein Gesamtaufwand von nicht unerheblichem – insbesondere personellem – Ausmaß erforderlich wäre, was jedoch aufgrund der zugrunde zu legenden Vollzugszielerreichung, vor allem im Vergleich zur Wirksamkeit des Strafvollzuges, erstrebenswert erscheint. Denn gerade bei letzterem kann bisweilen die Frage gestellt werden, ob dieser dem gesetzlich verankerten Vollzugsziel überhaupt gerecht wird,[657] oder ob dieses durch eine „moderne Form des Strafvollzuges“[658] möglicherweise besser erreicht werden könnte.

(h) Förderung des Resozialisierungsgebotes aus Art. 2 Abs. 1, 1 Abs. 1 GG

Dieses Vollzugsziel mit seiner Maßgabe der Resozialisierung ist dabei Ausfluss des aus Art. 2 Abs. 1, 1 Abs. 1 GG verfassungsrechtlich gewährleisteten allgemeinen Persönlichkeitsrechtes in der Ausgestaltung des Rechts auf Resozialisierung, das dem Straftäter einen verfassungsrechtlich garantierten Anspruch auf eben dieses Recht einräumt.[659] Dieser Anspruch umfasst dabei auch den Grundsatz, persönlichkeitsschädigenden Auswirkungen des Freiheitsentzuges entgegenzuwirken, wie dies bisweilen durch § 3 Abs. 2 StVollzG normiert wird.[660] Dabei verpflichtet es den Gesetzgeber ein wirksames Resozialisierungskonzept zu entwickeln und den Strafvollzug darauf

[656] Tomasulo, 2021, S. 251, 252.
[657] Vgl. Galli, 2020, S. 48, 49.
[658] Dittmann/Nowak/Beck, 2011, S. 13.
[659] *Di Fabio* in: Dürig/Herzog/Scholz, Art. 2, Rn.: 216.
[660] BVerfGE 98, 169 (200).

aufzubauen.[661] Dies soll den Straftäter im Ergebnis auch vor sozialer Isolation und Stigmatisierung schützen.[662]

Ausweislich der Rückfallstatistiken des (normalen) Strafvollzuges aber ist erkennbar, dass dieses verfassungsrechtlich verankerte Recht aus vielerlei Gründen – allen voran der Haftsituation samt deren negativen Haftfolgen – nicht bei jedem Straftäter in gleichem Maße zum Erfolg führt, auch weil die vorhandenen Behandlungsmethoden von Straftäter zu Straftäter sicherlich immer unterschiedlich wirken. Allerdings bestehen gegenwärtig bereits Maßnahmen, um auch diesem verfassungsrechtlich garantierten Anspruch im Strafvollzug gerecht werden zu können, beispielsweise durch Zuweisung geeigneter Arbeit, Gewährung von Außenkontakten oder auch Vollzugslockerungen.[663] Hierin ist der Versuch zu sehen, eine Entsozialisierung zu vermeiden,[664] indem die systemisch hervorgerufenen Schwächen des Strafvollzuges durch solche Maßnahmen „korrigiert" werden sollen,[665] was im Rahmen einer Ersatz-Sozialisation, die der Strafvollzug im Ergebnis strukturell darstellt, durchaus schwierig sein dürfte. Hierfür können die – durchschnittlichen – Rückfallquoten zumindest als Indiz[666] angesehen werden.

Die Maßnahme des elektronisch überwachten Hausarrestes aber wäre zumindest in der Lage, diesem Umstand der Entsozialisierung, sei es in familiärer, sexueller, arbeitstechnischer o.a. Hinsicht, durch die weiterhin bestehende Sozialisation im Rahmen der Verbüßung dieser Strafe inmitten der Gesellschaft Rechnung zu tragen. Denn bereits die Existenz hier genannter entgegenwirkender Maßnahmen lässt erkennen, dass auch dem Gesetzgeber bewusst ist, dass die durch den Strafvollzug herbeigeführte Ersatz-Sozialisation nicht lediglich vorteilhaft ist, andernfalls es schon nicht dem Gegensteuerungsgrundsatz aus § 3 Abs. 2 StVollzG bedürfte.

---

661 BVerfGE 98, 169 (201).

662 BVerfGE 97, 391 (404, 405); BVerfG, Beschl. v. 01.12.2020 – 2 BvR 916/11, 2 BvR 636/12, Rn.: 197; *Di Fabio* in: Dürig/Herzog/Scholz, Art. 2, Rn.: 218.

663 *Arloth* in: Arloth/Krä StVollzG, § 3, Rn.: 6; vgl. auch Laubenthal, 2019, S. 153.

664 Tomasulo, 2021, S. 157.

665 *Mathiesen* in: Schumann, 1988, S. 54.

666 Ein Beweis stellt dies allerdings nicht dar, da insofern ein direkter Zusammenhang zwischen den negativen Haftfolgen und den hohe Rückfallquoten so nicht zu ausmachen ist, im Hinblick auf den Vergleich mit der Sozialtherapie aber durchaus plausibel ist.

Gerade im Vergleich zur übrigen Gesellschaft nämlich wird man in der Inhaftierung eher einen – negativ konnotierten – „Vorgang der kollektiven Desintegration“[667] sehen müssen. Durch die Vermeidung der dem Strafvollzug innewohnenden negativen Haftfolgen aber ist der elektronisch überwachte Hausarrest daher zumindest in der Lage, das Resozialisierungsgebot zu fördern, was auch die Wirksamkeit der für den Gesetzgeber verpflichtenden Resozialisierungskonzepte beeinflussen könnte.

Jedoch aber verbleiben auch bei dieser Maßnahme Risiken, beispielsweise in Form einer erweiterten, bereits zuvor schon vorhandenen, gesellschaftlichen Isolierung, aber auch einer potenziellen Stigmatisierung, die diesbezüglich betroffene Delinquenten gleichsam treffen kann wie solche aus dem Strafvollzug.[668] Sicherlich werden betroffene Delinquenten eine entsprechende Stigmatisierung rügen,[669] doch wird man sich sodann mit der Frage beschäftigen müssen, inwiefern diese Stigmatisierung ein Mehr zu einer solchen im Falle einer Inhaftierung darstellen würde. Wird im Wesentlichen beispielsweise die fehlende Möglichkeit des Verbergens der Fußfessel im engeren sozialen Bereich – auch beispielsweise bei Intimkontakten – oder gar die Stigmatisierung als „Schwerverbrecher“ gerügt,[670] so würde eine Stigmatisierung im Falle der Alternative der Inhaftierung zumindest nicht weniger schwer wiegen, wird in der Gesellschaft zum einen eine Inhaftierung bisweilen eher mit schwereren als leichteren Straftaten assoziiert, und wäre zum anderen im Falle einer Inhaftierung ein engerer sozialer Kontakt, inklusive der nicht zu unterschätzenden Sexualkontakte,[671] in der Regel schon nicht möglich. Insofern spricht daher viel dafür, dass ausgehend von der hiesigen Untersuchung die Maßnahme des elektronisch überwachten Hausarrestes das Resozialisierungsgebot zu fördern in der Lage ist. Dies nicht zuletzt auch vor dem Hintergrund, dass die Wiedereingliederung in die Gesellschaft nach einer Haftentlassung nicht selten problembehaftet ist, bspw. aufgrund

---

667 Eisenberg/Kölbel, 2017, S. 645.

668 Vgl. Galli, 2020, S. 227.

669 BVerfG, Beschl. v. 01.12.2020 – 2 BvR 916/11, 2 BvR 636/12, Rn.: 81, wobei hier zu beachten ist, dass es sich dabei um Fälle der EAÜ im Rahmen der Führungsaufsicht handelte, weshalb dies nicht mit der hier in Rede stehenden Strafe gleichgesetzt werden kann.

670 Ebenda.

671 Laubenthal, 2019, S. 153.

einer eingetretenen Gewöhnung an den Strafvollzug unter gleichzeitiger Entwöhnung vom normalen gesellschaftlichen Leben, damit einhergehend auch einer entsprechenden Unsicherheit hinsichtlich einer zukünftigen Lebensführung, die aufgrund von im Strafvollzug unzureichend erfolgender Behandlung bereits im Vorhinein schon existierender Problempunkte dieses Phänomen eher verstärken als vermindern dürfte.[672]

(i) Alternative im Rahmen der Community Sanctions

Neben verfassungsrechtlichen Garantien existieren auf höherer Ebene ebenfalls Rahmenbestimmungen bzw. Mindestanforderungen, denen eine alternative Maßnahme zur Inhaftierung entsprechen sollte und müsste. Sowohl die UN-Generalversammlung als auch der Europarat haben in der Vergangenheit jeweils entsprechende Rahmenbedingungen und Mindestempfehlungen abgegeben, wie eine solche alternative Maßnahme in Form einer nichtfreiheitsentziehenden Sanktion im Rahmen der Gesellschaft ausgestaltet sein sollte.[673] Die hierdurch gesetzten internationalen Werte sind dabei insbesondere Ausfluss der Grundfreiheiten und Menschenrechte, deren Einhaltung ein maßgebliches Kriterium in der Auswahl und Einführung alternativer Sanktionen darstellt.[674] So hat der Europarat in Anbetracht der durch die UN-Generalversammlung aufgestellten sog. Tokio-Regeln[675] seinerseits Empfehlungen zu Umgang und Ausgestaltung zu den sog. „European Rules on community sanctions and measures" abgegeben.[676] Community Sanctions and Measures, zu Deutsch Sanktionen und Maßnahmen der (bzw. in der) Gemeinschaft, stellen dabei solche Maßnahmen einer Justiz- oder Verwaltungsbehörde dar, bei welchen der Betroffene in der Gesellschaft verbleibt, gerade also nicht durch eine Inhaftierung aus dieser herausgerissen wird, dabei allerdings gewissen

---

672 Eisenberg/Kölbel, 2017, S. 659, 660.

673 UN-Generalversammlung Resolution 45/110 v. 14.12.1990; Recommendation CM/Rec (2017) 3 on the European Rules on community sanctions and measures v. 23.03.2017.

674 *Neubacher* in: Höynck/Neubacher/Ernst/Zähringer, 2020, S. 4.

675 Als Tokio-Regeln werden die Maßgaben aus der Resolution der UN-Generalversammlung Nr. 45/110 v. 14.12.1990 bezeichnet, in welcher diese einen Katalog von Grundprinzipien zur Förderung der Anwendung nichtfreiheitsentziehender Maßnahmen sowie Mindestgarantien für Personen, die Alternativmaßnahmen zur Freiheitsstrafe unterworfen sind, aufstellte.

676 Recommendation CM/Rec (2017) 3 on the European Rules on community sanctions and measures v. 23.03.2017.

Einschränkungen der Freiheit durch Auferlegung von Bedingungen und Auflagen unterliegt, unabhängig davon, ob die Maßnahme vor oder anstelle einer Entscheidung zur Sanktionierung vorgenommen wird, weshalb bspw. auch die Vollstreckung einer Freiheitsstrafe außerhalb des Gefängnisses davon umfasst ist.[677] Zwar würde eine tiefere Auseinandersetzung mit dieser Thematik den Rahmen dieser Arbeit sprengen, dies insbesondere auch, da verfassungsrechtliche Fragen bisweilen schon wissenschaftlich aufgearbeitet wurden, die Verfassungsmäßigkeit der elektronischen Fußfessel zuletzt auch durch das BVerfG im Fall der EAÜ im Dezember 2020 bestätigt wurde. Bereits schon jetzt aber gelten auch diese internationalen Rahmenbedingungen im Bereich der Freiheitsstrafe auf Bewährung oder anderweitiger Alternativsanktionen, bspw. gemeinnütziger Arbeit, weshalb dies auch im Hinblick auf den elektronisch überwachten Hausarrest entsprechend übertragbar wäre. Ohnehin aber verhindert auch der bestehende grundgesetzliche Rahmen ein Unterschreiten rechtlicher Mindestanforderungen, die durch die internationalen Rahmenbedingungen entsprechend eingekleidet werden, der elektronisch überwachte Hausarrest damit auch eine entsprechende Alternative im Rahmen der sog. Community Sanctions darstellen könnte.

(j) Vermeidung eines Zwei-Klassen-Strafrechts

Die Einführung der Strafe des elektronisch überwachten Hausarrestes müsste im Weiteren auch darauf bedacht sein, das Entstehen eines Zwei-Klassen-Strafrechts zu verhindern. Bisweilen nämlich werden in Literatur und Politik Befürchtungen geäußert, durch einen elektronischen Hausarrest könnten besserstehende Delinquenten im Vergleich zu solchen, die einen schlechteren Stand in der Gesellschaft haben, aufgrund der Erfordernisse für die Kompatibilität mit dieser Maßnahme im Hinblick auf die Verhängung dieser bevorzugt werden.[678] Der Umstand, dass manche Delinquenten für diese Maßnahme schlichtweg nicht geeignet sind, wurde bereits in dieser Arbeit erörtert. Nichtdestotrotz aber gehen die überwiegenden bisherigen in der Wissenschaft geäußerten Bedenken auf einen elektronisch überwachten

677 Recommendation CM/Rec (2017) 3 on the European Rules on community sanctions and measures v. 23.03.2017, S. 4; Geiran/Durnescu, 2019, S. 7.

678 Vgl. BR-Plenarprotokoll 741 v. 09.07.1999, S. 263; *Hochmayr*, Zeitschrift für Internationale Strafrechtsdogmatik ZIS 11/2012, S. 544; *Mohr* in: Dünkel/Thiele/Treig, 2017, S. 92 f.

Hausarrest zurück, der – wie bereits ausgeführt – nicht als Strafe ausgestaltet ist. Dass aber bspw. in Fällen von Back-Door-Varianten wie einer Aussetzung der Restfreiheitsstrafe unter elektronisch überwachtem Hausarrest die Auswahl, gleichfalls bspw. wie im Rahmen der normalen Bewährungsaussetzung, maßgeblich auch von den persönlichen und sozialen Verhältnissen des Betroffenen abhängt, z. B. aufgrund festen Wohnsitzes, beruflicher Tätigkeit o. ä., leuchtet hierbei zunächst ein und ist durch § 56 StGB auch entsprechend gesetzlich verankert. Obschon aber auch soziale Unterschiede in der Literatur nicht zwangsläufig als Ausschlusskriterium für die Anwendung der Maßnahme des elektronisch überwachten Hausarrestes gesehen werden,[679] so kann dies erst recht nicht mit der hiesigen Maßnahme der Strafe gleichgesetzt werden. Die Strafe nämlich wird auf Grundlage der Schuld des Täters bemessen, vgl. § 46 Abs. 1 StGB. Zwar werden auch die persönlichen und wirtschaftlichen Verhältnisse in die Abwägung einbezogen, § 46 Abs. 2 StGB, dies aber vor dem Hintergrund, welche Strafart überhaupt Anwendung finden soll, vorausgesetzt es besteht überhaupt ein gesetzlicher Ermessensspielraum. Kommt eine Strafzumessung dennoch zu dem Ergebnis, dass die Anwendung der Strafe des elektronisch überwachten Hausarrestes die angemessene Strafe sein soll, so wäre es bereits aus dem Resozialisierungsgebot heraus die intrinsische Pflicht des Staates, einem Straftäter die Ableistung dieser Strafe zu „gewährleisten" bzw. ermöglichen, z. B. durch Zurverfügungstellung oder Verschaffung einer Unterkunft (bspw. im Falle von Wohnsitz- bzw. Obdachlosigkeit), entsprechender Arbeitsbeschaffungsmaßnahmen (bei fehlender Erwerbs- bzw. Arbeitstätigkeit) bzw. darauf hinwirkender Bildungsmaßnahmen oder auch finanzieller Unterstützung.[680] Auch insofern stellt die personelle Komponente einen entscheidenden Faktor für die Umsetzung dieser Maßnahme dar. Denn es ist die Aufgabe des Staates, die Resozialisierung zu fördern und im Ergebnis den Straftäter zu einer straffreien Lebensführung zu befähigen. Eine Verpflichtung zur Erwerbstätigkeit kann dabei auch nicht den Eindruck einer Doppelbestrafung erwecken, wie dies bisweilen in der Literatur kritisiert wird,[681] denn auch im Strafvollzug,

---

679 *Hochmayr*, Zeitschrift für Internationale Strafrechtsdogmatik ZIS 11/2012, S. 544.

680 Vgl. *Hochmayr*, Zeitschrift für Internationale Strafrechtsdogmatik ZIS 11/2012, S. 544; *Mohr* in: Dünkel/Thiele/Treig, 2017, S. 93.

681 Ebenda.

und dies wäre im Ergebnis die Alternative zu der Strafe des elektronisch überwachten Hausarrestes, haben die Gefangenen gemäß § 7 Abs. 2 Nr. 4 StVollzG grundsätzlich im Rahmen des für jeden Gefangenen individuell aufgestellten Vollzugsplans einer Arbeits- oder Bildungsmaßnahme nachzugehen. Obschon das Risiko eines solchen Zwei-Klassen-Strafrechts im Rahmen einer Implementierung der hier untersuchten Maßnahme wohl als gering einzuschätzen sein dürfte, insbesondere auch, da der Staat für eine wirksame Strafvollstreckung zuständig ist, bedürfte es andauernder Untersuchungen, um einen solchen Missstand notfalls zu eruieren und diesem entsprechend entgegenzuwirken, wie dies bereits das StVollzG vorsieht. Eine Ungleichbehandlung jedoch verbietet sich, Art. 3 Abs. 1 GG.

(k) Weitere Kritik am elektronisch überwachten Hausarrest

Die Maßnahme des elektronisch überwachten Hausarrestes wird generell in der wissenschaftlichen Literatur seit jeher auch einer kritischen Betrachtung unterzogen, wobei im Wesentlichen psychische bzw. physische sowie rechtliche bzw. kriminologische Auswirkungen kritisiert werden.[682] Die diesbezüglichen Erkenntnisse stammen dabei u. a. aus praktischen Anwendungsfällen.[683] Im Blickpunkt steht dabei der körperliche Eingriff durch die angelegte Fußfessel, eine etwaige Stigmatisierung, die Befürchtung eines net-widening Effektes, die Auswirkungen auf das soziale Umfeld, das Zustimmungserfordernis vom Betroffenen und dessen eventueller Mitbewohner, technische Probleme oder die grund- bzw. menschenrechtliche Vereinbarkeit.

Während viele dieser Kritikpunkte ohnehin spätestens durch die verfassungsgerichtliche Entscheidung zur Verfassungsmäßigkeit der elektronischen Aufenthaltsüberwachung als eingriffsintensivste Maßnahme, die auch die Übereinstimmung mit der EMRK feststellte,[684] an Brisanz verloren haben dürften, sind die übrigen Aspekte, namentlich eines möglichen net-widening Effekts, die Auswirkung auf das soziale Umfeld sowie das Zustimmungserfordernis – denn die konkrete technische Ausgestaltung

---

682 S. Tomasulo, 2021, S. 105 ff.; Bräuchle, 2016, S. 143 ff.; Hudy, 1999, S. 91 ff.; Wittstamm, 1999, S. 53 ff., wobei sich diese zwar nicht auf die Ausgestaltung als Strafe beziehen, sondern die Maßnahme generell in den Fokus nehmen.

683 Vgl. z. B. Bräuchle, 2016, S. 143 ff.

684 BVerfG, Beschl. v. 01.12.2020 – 2 BvR 916/11, 2 BvR 636/12, Rn.: 342 ff.

und damit einhergehende Probleme stellen keinen Teil dieser Arbeit dar – entsprechend aufzugreifen.

Die Frage des net-widening Effektes, dessen Phänomen bereits unter Kapitel B.III.3.e) erläutert wurde, dürfte im Vergleich zu ausländischen Erfahrungen vor dem Hintergrund dieser Untersuchung eine wohl eher untergeordnete Rolle spielen. Auch wenn dieses Phänomen nicht unberechtigt angeführt wird, entsprechende Befürchtungen dahingehend folglich nicht aus der Luft gegriffen sind, darf bei dieser Betrachtung nicht unberücksichtigt bleiben, dass Intention und Grundlage der hier untersuchten Maßnahme andere sind als dies die einschlägigen ausländischen Erfahrungen bislang mit sich brachten. Denn durch die hiesige Implementierung als Strafe im Rahmen des Strafsystems obliegt die Verhängung dieser Maßnahme den zuständigen Strafgerichten im Rahmen der gesetzlichen Strafzumessung, die im Ergebnis auch einer rechtlichen Überprüfung standhalten müsste. Einer Aufweichung der Sozialkontrolle durch diese Maßnahme dürfte hierdurch bereits vorgebeugt sein. Ebenfalls wird, wie sich bereits unter Kapitel B.IV.3.a).dd).(4).(f) herausgestellt hat, eine klare Ausgestaltung von Nöten sein, in welchen Fällen diese Strafe verhängt werden kann bzw. vielmehr, in welchen nicht, wobei letzteres bspw. für Kapitalverbrechen angenommen werden müsste.[685] Sicherlich aber wird ein net-widening-Effekt nie ganz ausgeschlossen werden können, was insbesondere auch an einer fehlenden objektiven Einheitlichkeit – nicht zuletzt auch bedingt durch eine bundesweit uneinheitliche gerichtliche Strafzumessungspraxis –[686] liegt, weshalb es ebenfalls einer ständigen Evaluierung dieser Maßnahme bedürfte, um solche Auswirkungen feststellen und diesen begegnen zu können.[687]

Auch wurden bisweilen die Auswirkungen auf das soziale Umfeld, sofern ein solches überhaupt besteht, kritisch beäugt, da bspw. Mitbewohner durch Kontrollanrufe oder -besuche seitens zuständiger Behörden beeinträchtigt würden oder durch die Maßnahme per se tangiert würden, weil dies unter Umständen auch gleichfalls eine Lebensumstellung für diese bedeuten würde.[688] Dem ist zuzugeben, dass eine solche Maßnahme aufgrund

---

[685] Vgl. Tomasulo, 2021, S. 106, 107.

[686] Hudy, 1999, S. 95 f.

[687] Vgl. Tomasulo, 2021, S. 112.

[688] Vgl. z. B. *Bales/Mann/Blomberg/Gaes/Barrick/Dhungana/McManus*, A Quantitative and Qualitative Assessment of Electronic Monitoring, 2010.

der daraus erwachsenen Konsequenzen wie An- und Abwesenheitszeiten, (unangemeldete) Kontrollen, Reglementierungen des eigenen Lebens sowie anderer potenzieller Einschränkungen auch das vorhandene soziale Umfeld, bestehend beispielsweise aus Lebenspartner oder Kindern, negativ beeinflussen kann. Dies dürfte allerdings auf alle Strafarten zutreffen, kann eine Geldstrafe bspw. die finanzielle Lage einer Familie eines Delinquenten negativ tangieren oder eine verhängte Freiheitsstrafe die persönlichen Beziehungen, bspw. aufgrund räumlicher Trennung oder stigmatisierender Wirkungen.[689] Dieses Argument dürfte daher wenig verfangen, betrachtet man insbesondere den Umstand, dass durch die Maßnahme des elektronisch überwachten Hausarrestes gerade ein verhältnismäßig geringerer Eingriff im Vergleich zum Strafvollzug, mithin also der unbedingten Freiheitsstrafe, erzielt werden soll, und dabei parallel eine größere Resozialisierungschance geboten werden soll.[690] Eine grundsätzlich intakte Familie beispielsweise erhielte hierdurch die Möglichkeit, als solche entsprechend weiterzuleben, ohne einer räumlichen Trennung oder wirtschaftlichen Not ins Auge sehen zu müssen, was im Ergebnis auch der Resozialisierungschance zugutekommen dürfte.[691] Vielmehr wird gerade der positive Einfluss des elektronisch überwachten Hausarrestes, insbesondere auch auf eine potenzielle (soziale) Verhaltensänderung des Delinquenten, gutgeheißen.[692] In dieser Hinsicht dürften daher die positiven Aspekte die negativen überwiegen. Sollte, wie bereits erwähnt, ein soziales Umfeld allerdings überhaupt nicht bestehen, so stellt sich die hiesige Frage schon nicht, weshalb sich diese Kritik ohnehin nur auf einen bestimmten Teilbereich beschränken würde.[693]

Im Übrigen wirkt sich die Maßnahme aber auch auf den Betroffenen selbst aus. Obwohl durch die verfassungsrechtliche Bestätigung der EAÜ und damit auch gleichzeitig der elektronischen Fußfessel per se durch das BVerfG

---

689 *Albrecht/Arnold/Schädler*, Zeitschrift für Rechtspolitik 11/2000, S. 468.

690 Tomasulo, 2021, S. 115.

691 Eine ähnliche Möglichkeit böte gegenwärtig lediglich die Aufnahme im offenen Vollzug (vgl. § 71 Abs. 2 Nr. 2 HStVollzG), welche lediglich in den dort gesetzlich normierten Fällen möglich ist, da der Grundsatz der geschlossene Vollzug ist, und bspw. durch Verurteilungen bis zu max. zwei Jahren Freiheitsstrafe begrenzt ist, § 71 Abs. 2 Nr. 2 b) HStVollzG).

692 Mayer, 2004, S. 329.

693 Vgl. auch Tomasulo, 2021, S. 116, m.w.N.

zumindest die Grund- bzw. Menschenrechtskonformität festgestellt wurde, so kann daraus allerdings nicht geschlussfolgert werden, die Maßnahme des elektronisch überwachten Hausarrestes würde den Betroffenen selbst nicht – negativ – tangieren, da hierdurch zwar umfänglich, aber auch nur lediglich, die verfassungsrechtliche Rechtfertigung dieser Maßnahme festgestellt wurde. Die Belastung, die der elektronisch überwachte Hausarrest erzeugen kann, zeigen eindringlich die Betroffenen selbst, wonach für diese die Maßnahme eine deutliche Bestrafung darstellt, es sich also gerade ob der Auswirkungen und Konsequenzen nicht um eine lockere Alternative zum Strafvollzug handelt.[694] Die hierdurch in Teilen bestehende Fremdbestimmtheit des eigenen Lebens samt diesbezüglicher Kontrolle erzeugt einen nicht unwesentlichen Druck bei den Betroffenen, dem nicht jeder standzuhalten in der Lage ist, auch wenn er sich zunächst eigens zu einer solchen Maßnahme entschieden hatte.[695] Dass jedoch auch andere Maßnahmen einen solchen psychischen Druck erzeugen, bspw. die Inhaftierung selbst oder auch eine Geldstrafe, sofern eine solche in der Lage ist wirtschaftliche Engpässe hervorzurufen, dürfte ebenfalls auf der Hand liegen, was im Ergebnis aber auch den Charakter einer Strafe ausmacht, welche in der Konsequenz nicht ohne Grund verhängt wird.

Auch das diesbezügliche Zustimmungserfordernis, wie es bisweilen ausländische Rechtsordnungen vorgeben und auch im Rahmen entsprechender Pilotprojekte, bspw. in Hessen, erforderlich war, erübrigt sich insofern, als die hiesige Sanktionsform eine Strafe im Rechtssinne darstellt, welche unabhängig von einer etwaigen Zustimmung des Straftäters verhängt wird.[696] Ein solches Zustimmungserfordernis wäre bereits nicht mit den straftheoretischen Anforderungen an eine solche Strafe zu vereinbaren, soll eine Strafe sowohl spezial- als auch generalpräventive Wirkung haben, welche schlichtweg ad absurdum geführt werden würde, könnte ein Verurteilter seine Zustimmung oder Ablehnung zu einer solchen

---

[694] Vgl. Mayer, 2004, S. 283; Hudy, 1999, S. 114, m.w.N; *Vanhaelemeesch/Vander Beken/Vandevelde*, European Journal of Criminology 3/2014, S. 277; *Andersen/Andersen*, American Society of Criminology – Criminology & Public Policy 3/2014, S. 356.

[695] *Vanhaelemeesch/Vander Beken/Vandevelde*, European Journal of Criminology 3/2014, S. 281, 282; s. auch Mayer, 2004, S. 114, 134, wonach ein Proband seine ursprünglich erteilte Zustimmung zurückzog und lieber in Untersuchungshaft zurückging.

[696] S. auch *Nellis*, Standards and Ethics in Electronic Monitoring, 2015, S. 24.

eigenständig mit ausschlaggebender Wirkung äußern. Eine Ausnahme hierzu könnte lediglich § 257c StPO darstellen, wonach gemäß § 257c Abs. 2 StPO eine Verständigung über die Rechtsfolgen, also auch die Strafart,[697] stattfinden kann, dies jedoch ein Geständnis des Angeklagten voraussetzt, § 257c Abs. 2, S. 2 StPO. Im Übrigen würde ein solches Erfordernis auch das Resozialisierungsgebot unterlaufen, wonach dem Staat die Aufgabe zukommt, ein wirksames Resozialisierungskonzept zu entwickeln und den Strafvollzug, hier demnach die entsprechende Alternativsanktion, darauf aufzubauen. Könnte der Verurteilte aber selbst über die Anwendung dieser Maßnahme entscheiden, so würde dies die Wirksamkeit der staatlichen Sanktion in Frage stellen.

Außer Acht bleiben darf aber nicht, gerade auch wegen dieser unterschiedlichen Kritikpunkte, dass es einer ständigen Evaluierung der Maßnahme der Strafe des elektronisch überwachten Hausarrestes bedarf, um zum einen sicherstellen zu können, dass die – plausiblen – kritischen Einwände die Maßnahme nicht tatsächlich torpedieren, und zum anderen, um anderweitige Schwachstellen frühzeitig auszuloten, um damit die Effektivität dieser Maßnahme zu gewährleisten.

(5) ZWISCHENERGEBNIS

Die Frage, ob die Strafe des elektronisch überwachten Hausarrestes die Voraussetzungen einer Strafe im deutschen Rechtssystem erfüllen kann und die diesbezüglichen Voraussetzungen auf diesen übertragen werden können wird man nach der hiesigen Untersuchung durchaus bejahen können. In (verfassungs-)rechtlicher und straftheoretischer Hinsicht hat die Untersuchung gezeigt, dass, sofern eine entsprechende Rechtsgrundlage für diese neue Strafe gegeben wäre, diese auch die straftheoretischen Zwecksetzungen erfüllen und dementsprechend als sog. Hauptstrafe Eingang in das deutsche Strafrecht finden kann. Auch im Hinblick auf die Frage der Vergleichbarkeit zum bestehenden Strafvollzug, denn als alternative Maßnahme zur – unbedingten – Freiheitsstrafe muss der elektronisch überwachte Hausarrest sich an diesem messen lassen, konnte die Betrachtung zeigen, dass diese Maßnahme eine geeignete Alternative darstellen könnte. Dies umso mehr, als der gegenwärtige Strafvollzug bei Weitem die Resozialisierungsziele, die der

[697] *Jahn/Kudlich* in: MüKo StPO, § 257c, Rn.: 99.

Gesetzgeber an die Institution des Strafvollzuges stellt, nicht effektiv genug fördert, geschweige denn erreicht. Dies lassen insbesondere die existierenden Rückfallquoten erkennen. Der elektronisch überwachte Hausarrest eignet sich diesbezüglich als entsprechende Alternative, da er bereits sinnlogisch in der Lage ist, die negativen Haftfolgen einer Inhaftierung, zumindest so wie sie die Institution des Strafvollzuges hervorbringt bzw. fördert, zu vermeiden. Allerdings wäre, und dies wird man als Kern der Maßnahme des elektronisch überwachten Hausarrestes bezeichnen müssen, ausweislich der bisherigen wissenschaftlichen Erwägungen der Umstand der personellen Komponente, und damit insbesondere auch einer fachgerechten Betreuung des Delinquenten, essenziell. Daher wurde hier die Sozialtherapie als geeignete Behandlungsart zugrunde gelegt, da diese die bislang intensivste und umfassendste Behandlungsart im deutschen Strafvollzug darstellt. Die Geeignetheit dieser Behandlungsmaßnahme ergibt sich nicht zuletzt auch aus den, im Vergleich zum Normalvollzug, teils deutlich geringeren Rückfallquoten, obschon dies selbstredend nicht der einzige Indikator sein darf. Darüber hinaus gleichen sich sowohl Sozialtherapie als auch elektronisch überwachter Hausarrest in ihren Prinzipien, weshalb eine Kombination dieser beiden Maßnahmen geeignet erscheint die Vollzugsziele, die auch für den elektronisch überwachten Hausarrest als alternative Sanktion zum Strafvollzug zugrunde zu legen sind, zu erreichen. Der Umstand des für diese Maßnahme erforderlichen personellen Bedarfs dürfte aber als wichtigster Faktor auch einen erheblichen finanziellen Aufwand beanspruchen. Vergessen werden darf dabei nicht, dass durch die alternative Sanktion die im Ergebnis wesentlich teureren Hafttage deutlich reduziert respektive vermieden werden könnten. Außerdem sollte die Maßgabe weniger auf dem finanziellen als auf dem straftheoretischen und kriminologischen Aspekt einer Strafe und welche Wirkungen damit erzielt werden können liegen. Denn die Untersuchung hat auch gezeigt, dass der elektronisch überwachte Hausarrest als Resozialisierungsmaßnahme grundsätzlich geeignet ist, positivere Ergebnisse zu erzielen als der herkömmliche Strafvollzug. Natürlich darf dabei nicht außer Acht bleiben, dass in den meisten Fällen die Kausalität dieser positiven Ergebnisse nicht unmittelbar auf die Maßnahme der elektronischen Überwachung zurückgeführt werden kann. Dies dürfte jedoch insoweit zweitrangig sein, als die Maßnahme der elektronischen Überwachung, und auch dies hat die Untersuchung gezeigt, nicht für sich gesehen zur Vollzugszielerreichung in der Lage ist, sondern in jedem Falle begleitende Maßnahmen erforderlich macht, die im Übrigen auch das Wesen dieser Strafart ausmachen, allen voran die Behandlungs- und Betreuungskomponente. Lediglich in dieser Kombination ist diese Maßnahme geeignet, unter Vermeidung negativer Inhaftierungsfolgen solch positive Ergebnisse zu erzielen. Auch die wesentlichen Kritikpunkte eines net-widening Effektes oder eines Zwei-Klassen-Strafrechts würden insofern relativiert, als es sich um eine Strafe im Rechtssinne handelt, die Befürchtung einer Benachteiligung, anders als z. B. im Rahmen etwaiger Pilotprojekte oder Maßnahmen des Strafvollzugs bei entsprechend guter Führung, eher gering sein dürfte. Im Gegenzug garantiert dies vielmehr jedem Straftäter dem Grunde nach den „Zugang" zu dieser Strafe, da sie als Hauptstrafe im Rechtssystem implementiert werden würde. Auch wäre eine Fokussierung auf bestimmte Delinquenten in Abhängigkeit der begangenen Straftat erforderlich. So wie das derzeitige Strafsystem auch zwischen Geld- und Freiheitsstrafe, und dies auch im Rahmen bestimmter Delikte, differenziert, so wäre dies auch für die alternative Strafe des elektronisch überwachten Hausarrestes erforderlich, da bestimmte Delikte im Vorhinein eine Verhängung dieser alternativen Sanktion – aus generalpräventiven Gesichtspunkten – nicht zulassen, wie dies beispielsweise bei Kapitalverbrechen oder anderen schwersten Straftaten der Fall wäre. Allerdings darf, und dies sollte ebenfalls die Maßgabe sein, eine erhöhte Straferwartung, beispielsweise über 24 Monate hinaus, kein Ablehnungsgrund sein. Denn insoweit hat jeder Verurteilte den – verfassungsrechtlichen – Anspruch auf eine geeignete und angemessene Resozialisierung, die der elektronisch überwachte Hausarrest, ausgehend von dieser Untersuchung, im Vergleich zum Strafvollzug grundsätzlich in der Lage wäre zu leisten. Die aus Sicht des Verfassers für die Implementierung einer solchen alternativen Strafe erforderliche Vergleichbarkeit zum Strafvollzug läge daher vor.

(ee) Das österreichische Modell – Vollzugslösung

Wie bereits in Kapitel B.II.1.d) erwähnt, gehört Österreich zu den innereuropäischen Vorreitern was die Umsetzung und Anwendung elektronischer Überwachung, auch betreffend den elektronisch überwachten Hausarrest (eüH), angeht. Aufgrund einer Gesetzesänderung des österreichischen Strafvollzuggesetzes wurden im Jahre 2010 die §§ 156b ff. ÖstStVG implementiert, die einen Strafvollzug durch elektronisch überwachten Hausarrest ermöglichten.[698] Nahezu zeitgleich wurde daraufhin die Verordnung der Bundesministerin für Justiz über den Vollzug von Strafen und der Untersuchungshaft durch elektronisch überwachten Hausarrest, die sogenannte Hausarrestverordnung (HausarrestV), erlassen.[699] Letztere regelt dabei die genauere Ausgestaltung der Anwendung des elektronisch überwachten Hausarrestes, wonach durch die zuständige Stelle, dies ist gemäß § 156d Abs. 1 ÖstStVG der Leiter der Vollzugsanstalt, die Entscheidung über den Vollzug der Freiheitsstrafe in Form der Unterstellung unter elektronisch überwachten Hausarrest getroffen wird. Der österreichische Gesetzgeber normiert dabei in § 156c Abs. 1 ÖstStVG die Möglichkeit der Beantragung des elektronisch überwachten Hausarrestes entweder durch den Strafgefangenen während der Haft oder bereits aufgrund eines schon vor Strafantritt zulässigen Antrags des Verurteilten. Die hierbei als Back-Door-Variante bezeichnete erste Möglichkeit bzw. als Front-Door Variante bezeichnete zweite Möglichkeit verwirrt zunächst dahingehend,[700] als die Zuständigkeit der Anordnungsbefugnis gemäß § 156d Abs. 1 ÖstStVG beim zuständigen Anstaltsleiter liegt, Front-Door Maßnahmen in der Praxis aber überwiegend durch Gerichte angeordnet werden. Wie jedoch unter Kapitel B.III.3.a) dargelegt, richtet sich die Front-Door Variante vielmehr danach, ob bereits im Vorhinein eine Inhaftierung vermieden werden kann. Zwar kann die Zuständigkeit dabei entsprechend variieren, ändert jedoch grundsätzlich nichts am Front-Door Charakter der Maßnahme. Gemäß der gesetzlichen Konzeption stellt das österreichische Modell ein Vollzugsmodell dar, wonach der Vollzug der Strafe durch elektronisch überwachten Hausarrest durchgeführt werden kann, § 156b Abs. 1 ÖstStVG. Zwar hat der österreichische Gesetzgeber hier den Anknüpfungspunkt im Rahmen des Strafvollzuges gewählt. Durch die Implementierung der Front-Door Möglichkeit, wonach bereits vor Strafantritt durch den Verurteilten die Vollzugsform des elektronisch überwachten Hausarrestes beantragt werden kann, hat der Gesetzgeber nichtsdestotrotz eine Haftvermeidung im Vorhinein geschaffen, für die er lediglich die Anordnungskompetenz in den Strafvollzug verlagert.

---

698 ÖBGBl. I 2010/64.

699 ÖBGBl. II 2010/279.

700 *Auer/Bartsch/Isenhardt/Lehmann*, SIAK-Journal – Zeitschrift für Polizeiwissenschaft und polizeiliche Praxis 4/2021, S. 64; Die österreichische Justiz, Elektronisch überwachter Hausarrest, 2023.

Die Voraussetzungen der Bewilligung der Maßnahme sind hierbei in § 156c Abs. 1, Ziff. 1–4 ÖstStVG niedergelegt, wobei diese ausweislich des Gesetzeswortlautes kumulativ vorzuliegen haben. Hiernach darf die (verbleibende) Strafzeit 12 Monate nicht überschreiten (Nr. 1), der Betroffene muss über eine geeignete Unterkunft, eine geeignete Beschäftigung und ausreichendes Einkommen sowie Kranken- und Unfallversicherungsschutz verfügen (Nr. 2), die schriftliche Einwilligung der mit ihm im Haushalt lebenden Personen muss vorliegen (Nr. 3) und es muss eine Risikobewertung vorliegen mit der Annahme, dass die Vollzugsform durch den Betroffenen nicht missbraucht wird (Nr. 4). Sofern es den Strafgefangenen nicht über Maßen in seiner Lebensführung tangiert, hat er überdies auch die Kosten der Maßnahme des elektronisch überwachten Hausarrestes zu ersetzen, § 156b Abs. 3 ÖstStVG. Auch hinsichtlich der Frage des Umgangs mit bestimmten Tätergruppen, bspw. im Rahmen von Sexualdelikten, differenziert der österreichische Gesetzgeber mittlerweile ebenfalls. Durch den nachträglich eingeführten § 156c Abs. 1a ÖstStVG erhalten insbesondere Sexualstraftäter erst Zugang zu dieser Vollzugsmaßnahme, sofern diese, gleich wie im Rahmen der Bewährungsstrafen gemäß § 46 Abs. 1 ÖstGB, die Hälfte der verhängten Strafe bereits verbüßt haben.[701] Die Hausarrestverordnung regelt sodann im Einzelnen die Art und Durchführung der Maßnahme, die Gestaltung der Bedingungen der Lebensführung außerhalb der Anstalt, das Aufsichtsprofil sowie die konkreten Kosten der Maßnahme. Neben der Einrichtung der elektronischen Fußfessel (§ 2 HausarrestV) normiert diese ebenfalls verschiedene Bedingungen, die im Rahmen des elektronisch überwachten Hausarrestes an die zu überwachende Person zu stellen sind, insbesondere entsprechende Vorgaben und Festlegungen wie An- und Abwesenheitszeiten in einer festgelegten Unterkunft oder auch entsprechende Betreuungsmaßnahmen (§ 3 HausarrestV). Das Aufsichtsprofil wird an die Bedingungen der Lebensführung angepasst und stellt dabei die Grundlage der elektronischen Aufsicht dar, insbesondere hinsichtlich zeitlicher und örtlicher

---

701 S. *Hammerschick* in: Dünkel/Thiele/Treig, 2017, S. 403, wonach diese Gesetzesänderung auf die mediale Konfrontation eines Opfers gegenüber der Vollzugsmaßnahme des elektronisch überwachten Hausarrestes eines Vergewaltigers zurückgeht, der Gesetzgeber daraufhin den elektronisch überwachten Hausarrest für Sexualstraftäter entsprechend eingeschränkt hat. Es dürfte empirischen Untersuchungen diesbezüglich vorbehalten bleiben, ob diese „Kompromisslösung" ein anderes Ergebnis aufweisen kann.

Komponenten (§ 4 HausarrestV). Auch die Kosten sind mit 22 € pro Tag gesetzlich verankert (§ 5 Abs. 1 HausarrestV).

Da das österreichische Modell eine reine Vollzugslösung – § 6 HausarrestV erlaubt überdies aber auch die Anordnung des eüH im Rahmen des Vollzugs der Untersuchungshaft – darstellt, gemäß §§ 156b ff. ÖstStVG der Strafvollzug damit durch elektronisch überwachten Hausarrest ersetzt werden kann, setzt dies – zumindest mit Ausnahme im Rahmen der Untersuchungshaft – sinnlogisch die vorherige Verurteilung zu einer Freiheitsstrafe voraus.[702] Obschon auch eine bedingte Freiheitsstrafe, die bspw. nach erfolgtem Bewährungswiderruf (vgl. § 43 ÖstGB) vollstreckt wird, nachfolgend ebenfalls in einer Vollstreckung als Back-Door Maßnahme im Rahmen des elektronisch überwachten Hausarrestes münden könnte, so bestand in jüngster Vergangenheit mit knapp vier Fünftel der Großteil dieser Vollzugsvariante aus Front-Door Maßnahmen, wohingegen die Back-Door Variante mit knapp einem Fünftel eine eher untergeordnete Rolle spielte.[703] Die für diesen Vollzug erforderliche vorherige Verurteilung zu einer Freiheitsstrafe ist dabei ebenfalls geeignet, die immerwährende Befürchtung eines möglichen net-widening Effekts zu minimieren.[704] Dies insoweit auch, als dem Strafgefangenen gemäß § 120 ÖstStVG gegen die – ablehnende – Entscheidung des zuständigen Leiters der Vollzugsanstalt die Möglichkeit der Beschwerde offen steht, mithin dem Strafgefangenen also ein zur Überprüfung der Entscheidung bestehender Rechtsbehelf zusteht.

Die österreichische Vollzugslösung ist in seinem Gesamtkonstrukt mit der hier untersuchten Strafe des elektronisch überwachten Hausarrestes grundsätzlich vergleichbar. Insbesondere liegt der Blickpunkt dieses Modells ebenfalls auf der Förderung der Resozialisierung der Strafgefangenen, wofür die Betreuungsmaßnahmen, insbesondere auch in personeller Hinsicht, die Essentialia dieses Modells darstellen.[705] Selbst mit Blick auf die Legalbewäh-

---

[702] Vgl. hierzu § 1 Ziff. 2 und 3 ÖStVG, wonach die gesetzlichen Definitionen des Verurteilten bzw. Strafgefangenen jede Person ist, gegenüber dem durch Strafurteil eine Freiheitsstrafe verhängt wurde bzw. jeder Verurteilte eine Person ist, an dem eine in einem Strafurteil verhängte Freiheitsstrafe vollzogen wird.

[703] Bundesministerium für Justiz Österreich, Sicherheitsbericht 2019, 2020, S. 148; Bundesministerium für Justiz Österreich, Sicherheitsbericht 2020, 2022, S. 165.

[704] *Hammerschick*, Die elektronische Fußfessel als Ressource modernen Haftmanagements – Ausweitungsmöglichkeiten, Chancen und Grenzen, 2019, S. 12.

[705] *Auer/Bartsch/Isenhardt/Lehmann*, SIAK-Journal – Zeitschrift für Polizeiwissenschaft und polizeiliche Praxis 4/2021, S. 66, 67; *Hammerschick*, Die elektronische Fußfessel

rung konnte diese Maßnahme bereits positiv auffallen, indem die Wiederinhaftierungsquote mit 11,6 % innerhalb von drei Jahren nach Entlassung aus dem elektronisch überwachten Hausarrest im Vergleich zur allgemeinen Wiederinhaftierungsquote aufgrund unbedingter Freiheitsstrafen mit 33 % zumindest erfolgversprechend wirkt, auch wenn hier ebenfalls eine unmittelbare Kausalität zur Wirkung der Maßnahme (oder bestimmten Bestandteilen dieser) nicht festgestellt werden konnte.[706] Nichtsdestotrotz stellt der elektronisch überwachte Hausarrest seit dessen Einführung 2010 einen festen Bestandteil des österreichischen Strafvollzugs dar, dessen Anwendungszahlen in den letzten Jahren stetig wuchsen.[707] Auch die Widerrufs bzw. Abbruchsquote seit Implementierung der Maßnahme liegt mit lediglich 9,56 % (728 von 7.617)[708] in einem auffällig niedrigen Bereich. Zwar unterteilen sich diese 728 Widerrufe ihren Ursachen nach zu 40 % auf den Verdacht einer strafbaren Handlung.[709] Dies wären jedoch mit knapp 291 zu überwachenden Personen, die wiederum mit nur ca. 3,8 % der insgesamt unter elektronisch überwachten Hausarrest gestellten Gefangenen einen noch geringeren Anteil darstellen, auch im Hinblick auf die Frage der Sicherheit der Gesellschaft ein Umstand, der eher positiv als negativ aufzufassen sein dürfte, bedenkt man insbesondere dass der Widerrufsgrund lediglich auf einem „Verdacht" beruhte. Damit einher geht auch die Bestrebung der Arbeitsgruppe „Strafvollzugspaket – NEU / Sichere Wege aus der Kriminalität" des österreichischen Bundesministeriums, wonach bereits die Erweiterung der vorausgesetzten Strafzeit von 12 auf 24 Monate avisiert wird.[710]

---

als Ressource modernen Haftmanagements – Ausweitungsmöglichkeiten, Chancen und Grenzen, 2019, S. 12.

706 *Hammerschick*, Die elektronische Fußfessel als Ressource modernen Haftmanagements – Ausweitungsmöglichkeiten, Chancen und Grenzen, 2019, S. 11.

707 S. Bundesministerium für Justiz Österreich, Sicherheitsbericht 2019, 2020, S. 148; Bundesministerium für Justiz Österreich, Sicherheitsbericht 2020, 2022, S. 165.

708 Bundesministerium für Justiz Österreich, Sicherheitsbericht 2020, 2022, S. 165.

709 Ebenda, die restlichen Widerrufsgründe beinhalten den Verdacht einer Auflagenverletzung (39 %), Wegfall einer der Voraussetzungen für den eüH (15 %) und sonstigen Fällen (6 %).

710 Bundesministerium für Justiz Österreich, Abschlussbricht Arbeitsgruppe „Strafvollzugspaket – NEU / Sichere Wege aus der Kriminalität", 2021, S. 42, wobei sich u. a. die oberen Gerichte dagegen sträuben, vielmehr einer vermittelnde Laufzeit von 18 Monaten in den Raum stellen, was insbesondere auch mit generalpräventiven Erwägungen begründet wird.

(ff) Zusammenfassung und Resümee

Die vorstehende Untersuchung beschäftigt sich mit der Frage, ob der elektronisch überwachte Hausarrest als Strafe im deutschen Straf- bzw. Rechtssystem realisierbar wäre. Dabei spielen strafrechtliche bzw. straftheoretische sowie kriminologische Erwägungen eine wesentliche Rolle, da diese entscheidend sind für das „Ob" dieser Maßnahme, andere Aspekte wie finanzielle oder technische Realisierbarkeit vielmehr eine Frage des „Wie" betreffen, obschon natürlich auch solche Aspekte dem Grunde nachgegeben sein müssten, hier jedoch die Frage der Eignung als Strafe zu untersuchen war. Dabei war zunächst der Strafbegriff samt straftheoretischer Zwecksetzungen, sodann aber insbesondere auch die Vergleichbarkeit zum Strafvollzug zu erörtern, dessen Anwendung zu ersetzen ein Ziel dieser Maßnahme sein soll.

Die Untersuchung hat dabei zunächst gezeigt, dass dem elektronisch überwachten Hausarrest die Eignung als Strafe insofern zukommt, als sie den Strafbegriff, wie er für das deutsche Strafsystem formuliert wird, erfüllt. Entsprechend zu den bisherigen Strafarten wäre der elektronisch überwachte Hausarrest überdies geeignet, basierend auf einer ausreichenden, aber erforderlichen Rechtsgrundlage, die straftheoretischen Zwecke zu fördern oder gar zu erfüllen. Der Fokus dieser Maßnahme liegt dabei im Wesentlichen auf positiv-spezialpräventiven Erwägungen, mithin der Besserung des Straftäters als solchen. Die Maßnahme ist dabei ebenso geeignet, eine Alternative zum herkömmlichen Strafvollzug darzustellen. Denn bereits die Vollzugsziele, denen durch das gegenwärtige System des Strafvollzuges ausweislich der negativen Haftfolgen und der damit einhergehenden Rückfallstatistiken allenfalls mittelmäßig entsprochen wird, kann mindestens in gleichem Maße auch durch die Strafe des elektronisch überwachten Hausarrestes entsprochen werden mit dem zusätzlichen Vorteil der Abstandnahme vom Strafvollzug und damit den negativen Haftfolgen. Dies ermöglicht die – bessere – Förderung von Resozialisierungschancen,[711] was u. a. auch die positiv anmutenden Rückfälligkeitserhebungen anderer Länder versprechen, obschon dies eigene empirische Untersuchungen nicht obsolet machen kann, solche vielmehr zu Evaluierungszwecken zwingend erforderlich wären. Die Vermeidung entsozialisierender Umstände ist dabei deutlich größer

---

[711] Vgl. auch Hudy, 1999, S. 144.

ausgeprägt als im herkömmlichen Strafvollzug, wodurch in Ergänzung einer ausgeprägten Betreuungs- und Behandlungskomponente, allen voran der Sozialtherapie, dieser langfristig die Vollzugsziele besser zu erreichen in der Lage sein dürfte als der Strafvollzug.

Es wäre aber sicherlich naiv zu glauben, der elektronisch überwachte Hausarrest würde schlichtweg nur Positives in seiner Anwendungspraxis mit sich bringen. Hierzu sei allein auf die negativen – oftmals auch psychischen – Auswirkungen Bezug genommen, auch wenn diese nicht zwangsläufig in (verfassungs-)rechtlicher Weise einschlägig sind.[712] Vielmehr aber muss hierbei die Frage gestellt werden, inwieweit die Vorteile die Nachteile überwiegen, insbesondere auch im Hinblick auf die gegenständliche Alternative einer Inhaftierung. Denn auch unter Berücksichtigung berechtigter Kritikpunkte dürften ausweislich der hiesigen Untersuchung die geäußerten Bedenken gegenüber dem Potenzial und den zu erwartenden Vorteilen eine eher untergeordnete Rolle spielen.[713] Gerade die aus dieser Maßnahme erwachsenden Vorteile, welche wesentlich von den die elektronische Überwachung begleitenden Umständen abhängen, sind geeignet, die Resozialisierungschancen eines Straftäters zu erhöhen. Denn fehlende Resozialisierungsmöglichkeiten bzw. -chancen führen zwangsläufig zu weniger Prävention und damit auch zu weniger (gesellschaftlicher) Sicherheit, obschon die gesellschaftliche Sicherheit durch diesen Aspekt – insbesondere mangels entsprechendem Bewusstsein – erheblicher tangiert wird als durch die Abschaffung eines Gefängnisses, was insofern aber gleichzeitig die Notwendigkeit einer solchen Maßnahme impliziert.[714]

Auch der Blick nach Österreich auf das dort praktizierte Vollzugsmodell zeigt, dass der österreichische Gesetzgeber die Zeichen der Zeit erkannt hat und den elektronisch überwachten Hausarrest im Sinne einer Vollzugslösung seit dessen Einführung etabliert hat. Die dort normierte Vollzugslösung ist dabei ähnlich ausgestaltet wie die hier untersuchte Strafe des elektronisch überwachten Hausarrestes mit der Ausnahme, dass die Anordnungskompetenz dort dem Leiter der Vollzugsanstalt obliegt, im hiesigen Fall die Strafe jedoch durch Gerichte verhängt werden würde. Im Kern also unterscheiden sich diese

---

712 BVerfG, Beschl. v. 01.12.2020 – 2 BvR 916/11, 2 BvR 636/12, Rn.: 246 ff.

713 *Fünfsinn* in: Müller/Sander/Válková, 2009, S. 697.

714 Galli, 2020, S. 101, 102, 105, 106.

Maßnahmen nicht wesentlich, die Anordnung durch den Anstaltsleiter wäre jedoch selbst im Rahmen des hiesigen Strafvollstreckungssystems, wonach die Strafvollstreckungskammern diesbezügliche Entscheidungen treffen, beispielsweise auch hinsichtlich elektronischer Aufenthaltsüberwachung im Rahmen der Führungsaufsicht gemäß §§ 463 Abs. 1, 2, i. V. m. § 462a bzw. 453 StPO, nicht möglich. Zwar könnte eine solche Verschiebung der Zuständigkeiten sinnlogisch die Justiz entlasten, im Umkehrschluss aber auch einen Flickenteppich entsprechender Entscheidungen diesbezüglich nach sich ziehen, die eine Einheitlichkeit vermissen lassen könnten.[715] Darüber hinaus könnte die Gefahr bestehen, dass, sollte die Entscheidungskompetenz dem Anstaltsleiter obliegen, dieser unter Umständen auch eher zum Wohle der Haftanstalt als des Straftäters entscheiden könnte, was im Falle einer gerichtlichen Zuständigkeit, auch aufgrund der richterlichen Unabhängigkeit und bestehender Rechtsmittel, eher unwahrscheinlich sein dürfte. Ungeachtet der Anordnungskompetenz können aber auch die positiven Erfahrungen aus Österreich, gleichsam wie andere ausländische Erfahrungen, Erwartungen an diese Maßnahme wecken.

Hinsichtlich des „Wie“ der Maßnahme, welches in seiner konkreten Ausgestaltung nicht Teil dieser Arbeit ist, wären im Rahmen einer Implementierung aber noch weitere Fragen zu klären, die für eine Einführung einer solchen Strafe essenziell wären. Neben technischen oder finanziellen Voraussetzungen wird nämlich ebenfalls zu klären sein, welche Reaktion im Falle eines Verstoßes gegen diese Maßnahme, bspw. im Rahmen einer Manipulation der elektronischen Fußfessel oder Verstöße gegen Weisungen oder Auflagen, daraus erwachsen würden. Auch hiermit hat sich die Wissenschaft bisweilen – nicht allerdings speziell im Rahmen der Implementierung als Strafe – auseinandergesetzt.[716] Setzt man insoweit beim Strafvollzug an, so würde zunächst, sofern keine strafrechtlich relevante Handlung vorliegt, das Mittel einer Disziplinarmaßnahme in Frage kommen, wobei solche in geeigneter Weise zu bestimmen wären, da die auf den Strafvollzug gemünzten

---

[715] Anzumerken ist hierbei allerdings, dass es auch in der gerichtlichen Praxis eine solche Einheitlichkeit nicht gibt, in Anbetracht jedoch der juristischen Expertise aber grundsätzlich einheitlichere Entscheidungen erwartet werden könnten.

[716] Harders, 2014, S. 142 ff.; *Hochmayr*, Zeitschrift für Internationale Strafrechtsdogmatik ZIS 11/2012, S. 543; *Bösling*, Monatsschrift für Kriminologie und Strafrechtsreform 2/2002, S. 116; Haverkamp, 2002a, S. 539 f.

Maßnahmen aus § 103 StVollzG im Rahmen des elektronisch überwachten Hausarrestes unpraktikabel sein dürften. Außerdem würde sich die Frage der Zuständigkeit aufdrängen, da gerade für solche Disziplinarmaßnahmen die Zuständigkeit der Strafvollstreckungskammer untunlich sein dürfte.[717] Als entsprechende Sanktion könnte sich auch die Ergänzung einer bspw. nur unter elektronischer Präsenzkontrolle verhängten Strafe mit der elektronischen Aufenthaltsüberwachung (GPS) anbieten, um den Überwachungszustand im Falle eines (wiederholten) Fehlverhaltens, abhängig von der Art des Verstoßes, zu verdichten.[718] Auch die Frage eines möglichen Ersatzvollzuges dürfte hierbei eine Rolle spielen, die Maßnahme der Ersatzfreiheitsstrafe, wie unter Kapitel B.IV.3.a).dd).(4).(f).(bb) ausgeführt, dürfte insofern aber mangels Zweckverfehlung nicht in Frage kommen. Diese Fragen, auch bspw. hinsichtlich einer möglichen Strafbarkeit bei Weisungsverstößen in Anlehnung an § 145a StGB, wären daher zwingend vom Gesetzgeber im Rahmen der konkreten Ausgestaltung der Maßnahme zu klären, dabei u. a. auch, ab wann die Verhängung dieser alternativen Strafe als Vorstrafe im Sinne des Bundeszentralregistergesetzes (BZRG) gilt oder auf welches Höchstmaß diese Strafe zu begrenzen wäre. Festgehalten werden kann in jedem Falle, dass die Strafe des elektronisch überwachten Hausarrestes dem Grunde nach in das deutsche Strafsystem implementiert werden könnte.

b) Bilateral Monitoring – mobile Ge- und Verbotszonen

Ausgehend vom Stand der Wissenschaft hinsichtlich der in einigen – wenigen – Ländern praktizierten Maßnahme des sog. Bilateral Monitoring in Form der Anwendung mobiler Ge- und Verbotszonen soll nachfolgend untersucht werden, ob diese Maßnahme ebenfalls in das deutsche Rechtssystem implementiert werden könnte, und wenn ja, auf welche Art und Weise. Hierbei soll neben der Frage der Notwendigkeit einer solchen Maßnahme für die deutsche Rechtsordnung auch die Frage der Verortung im deutschen Rechtssystem untersucht werden, genauso wie die Frage einer etwaigen Wirksamkeit oder möglicher Kritikpunkte.

---

[717] Haverkamp, 2002a, S. 539.

[718] Insoweit müsste die Maßnahme aber weiterhin auch dem Verhältnismäßigkeitsgrundsatz entsprechen, sofern eine Differenzierung zwischen EPK und EAÜ im Rahmen der Verhängung der Strafe und deren konkreten Ausgestaltung avisiert würde.

aa) Notwendigkeit einer solchen Maßnahme in Deutschland

Bilateral Monitoring existiert hierzulande in der hier zu untersuchenden Form dem Grunde nach bislang nicht. Wie allerdings unter Kapitel B. IV.2.b).bb).(1) ausgeführt, enthält die Maßnahme der Führungsaufsicht die Möglichkeit, statische Ge- und Verbotszonen anzuweisen, die zumindest der elektronischen Aufenthaltsüberwachung unterstellt werden können. Der durch die Maßnahme des Bilateral Monitoring intendierten Absicht des Opferschutzes, insbesondere im Rahmen häuslicher bzw. partnerschaftlicher Gewalt, genügt dies jedoch nicht, da die Führungsaufsicht nur in speziellen gesetzlich normierten Fällen angeordnet werden kann, überdies auch nur, wenn bereits eine Straftat begangen wurde, § 68 StGB. Die Notwendigkeit bedingen auch die in den letzten fünf Jahren in Deutschland um immerhin 11,3 % angestiegenen – erfassten – Opferzahlen im Rahmen von Partnerschaftsgewalt.[719] Obschon im Vergleich des Jahres 2020[720] zum Jahre 2021 ein leichter Rückgang der Opferzahlen zu verzeichnen war, kann nichtsdestotrotz ein stetiger Anstieg der Fälle von Partnerschaftsgewalt in der jüngeren Vergangenheit festgestellt werden, zuletzt im Jahre 2022 mit einem neuen Höchststand von 157.550 Fällen, wovon sich 80,1 % der begangenen Straftaten gegen Frauen richteten.[721] Insbesondere die Zahl der Femizide, also Tötungen von Frauen durch Männer aufgrund deren Geschlechts,[722] wonach zuletzt für das Jahr 2021 in Deutschland 113 und im Jahre 2022 bereits 126 solcher vollendeten Tötungen erfasst wurden,[723] riefen jüngst den hessischen Justizminister Roman Poseck (mittlerweile hessischer Minister des Inneren, für Sicherheit und Heimatschutz) auf den Plan, der im Rahmen der 94. Konferenz der Justizministerinnen und Justizminister am 25. und 26. Mai 2023 in Berlin eine entsprechende Beschlussvorlage zur Prüfung

[719] Bundeskriminalamt, Bundeslagebild Häusliche Gewalt 2022, 2023, S. 38.

[720] Die in diesem Jahr erhöhte Opferzahl wird auf die Auswirkungen der Coronapandemie zurückgeführt, vgl. Bundeskriminalamt, Partnerschaftsgewalt: Kriminalistische Auswertung – Berichtsjahr 2021, 2022, S. 17.

[721] Bundeskriminalamt, Partnerschaftsgewalt: Kriminalistische Auswertung – Berichtsjahr 2021, 2022, S. 33; Bundeskriminalamt, Bundeslagebild Häusliche Gewalt 2022, 2023, S. 38.

[722] Derks/Frießnegg, 2022, S. 16.

[723] Bundeskriminalamt, Partnerschaftsgewalt: Kriminalistische Auswertung – Berichtsjahr 2021, 2022, S. 6; Bundeskriminalamt, Bundeslagebild Häusliche Gewalt 2022, 2023, S. 16.

des Einsatzes der elektronischen Aufenthaltsüberwachung im Rahmen häuslicher Gewalt zur effektiveren Durchsetzbarkeit aufgrund gemäß Gewaltschutzgesetzes erlassener (Schutz-)Anordnungen vorschlug, woraufhin die Justizministerinnen und Justizminister den Bundesjustizminister um Prüfung entsprechenden gesetzgeberischen Handlungsbedarfs baten.[724] Auch die Unionsfraktion äußerte im Rahmen ihres 10-Punkteplans vom 30. Juni 2023 die Forderung nach mehr Schutz für Frauen vor Gewalt und will dies durch digitale Überwachung von Gewalttätern mittels Fußfessel erreichen.[725] Selbst der Europäische Gerichtshof für Menschenrechte (EuGHMR) setzt mittlerweile Maßnahmen für die Mitgliedstaaten voraus, damit diese häusliche Gewalt präventiv und effektiv bekämpfen, da dieses Phänomen längst kein nationales mehr ist, vielmehr im Übrigen ein solches der breiten – europäischen – Gesellschaft. Dies zeigt nicht zuletzt auch der Umstand, dass seit dem Jahre 2011 aufgrund des neu erlassenen Art. 3a des Übereinkommens des Europarats zur Verhütung und Bekämpfung von Gewalt gegen Frauen und häuslicher Gewalt (sog. Istanbul-Konvention) der Begriff „Gewalt gegen Frauen" als Menschenrechtsverletzung gesetzlich definiert wurde.

Die Tatsache, dass der Schutz von Opfern häuslicher Gewalt – egal welchen Geschlechts – eine Verbesserung erfahren muss, beschäftigt die Wissenschaft seit geraumer Zeit, jüngst auch in unserem Nachbarland Schweiz, wo seitens des Bundesministeriums für Justiz eine Untersuchung im Rahmen häuslicher Gewalt beauftragt wurde, die insbesondere wirksamere Methoden zum Thema Opferschutz und entsprechender Prävention untersuchen sollte.[726] Zwar existieren bereits verschiedene Maßnahmen die versuchen sollen häusliche Gewalt einzudämmen. Hierzulande geschieht dies bisweilen aufgrund zivilrechtlicher, in Form von gerichtlich angeordneten, Schutzmaßnahmen nach §1 des Gewaltschutzgesetzes, oder aber auch polizeirechtlicher Regelungen. Letztere setzen dabei die Abwehr einer Gefahr voraus, wodurch in Hessen gemäß § 31 HSOG dem Störer ein Platzverweis oder Aufenthaltsverbot auferlegt

---

724 HMdJ Presseinformation Nr. 179 v. 22.05.2023; Beschluss TOP II.31 der 94. Konferenz der Justizministerinnen und Justizminister v. 25./26.05.2023; vgl. auch HMdJ Presseinformation Nr. 232 v. 10.07.2023.

725 Präsidien von CDU und CSU, Unsere Agenda für Deutschland, 2023, S. 5.

726 S. *Brechbühl/Hostettler/Manetsch-Imholz/Schaub/Scheidegger/Weber*, Electronic Monitoring im Kontext von häuslicher Gewalt, 2021, S. 4; *Erez/Ibarra/Lurie*, Federal Probation 1/2004, S. 15 ff.

werden kann, dies jedoch grundsätzlich befristet auf 14 Tage, § 31 Abs. 1, 2, S. 3 HSOG.[727] Trotz dieser existierenden Maßnahmen zum Schutze von Opfern häuslicher Gewalt zeigen die erhobenen Opferzahlen der letzten Jahre deutlich, dass die bisherigen Maßnahmen einem wirksamen Opferschutz nicht gerecht werden. Die Frage der Notwendigkeit einer solchen Maßnahme kann daher aufgrund der steigenden Opferzahlen und dem damit einhergehenden erforderlichen – weitergehenden – Opferschutz beantwortet werden. Dies resultiert im Wesentlichen daraus, dass die Durchsetzung von Schutzanordnungen zugunsten der Opfer oft schwer oder auch nur ineffektiv gelingt.[728] Insbesondere dieser Problematik aber widmet sich das Bilateral Monitoring.

bb) Rechtliche Einordnung

Voraussetzung der Einführung der Maßnahme des Bilateral Monitoring wäre zunächst, dass dieses in das hiesige Rechtssystem implementiert werden könnte. Wie bereits vorstehend erwähnt gibt es hierzu verschiedene Ansatzpunkte, weshalb zu untersuchen ist, wie diese Maßnahme rechtlich einzuordnen wäre, beispielsweise im Straf-, Zivil- oder aber öffentlichen Recht, und inwieweit hierzu eine ausreichende Rechtsgrundlage erforderlich wäre.

(1) ERFORDERLICHKEIT EINER RECHTSGRUNDLAGE

Wie bereits unter Kapitel B.IV.3.a).cc).(1) ausgeführt, bedarf aufgrund des Vorbehaltes des Gesetzes grundsätzlich jeder staatliche Eingriff in ein bestehendes (Grund-)Recht eines Einzelnen einer gesetzlichen Grundlage. Insoweit ist also ein Gesetz für alle klassischen Grundrechtseingriffe, insbesondere bei belastenden Regelungen, erforderlich.[729] Das BVerfG attestierte der elektronischen Fußfessel, in Form der elektronischen Aufenthaltsüberwachung, einen

---

[727] NRW bspw. hat mit § 34a PolG NRW eine spezielle Vorschrift zum Schutz häuslicher Gewalt eingeführt, wonach eine Wohnungsverweisung samt Rückkehrverbot gegen den Störer verhängt werden können, dies allerdings ebenfalls befristet auf zehn Tage, § 34a Abs. 5 PolG NRW. Allerdings gestaltet sich hier auch der Gefahrenbegriff spezieller, wonach eine gegenwärtige Gefahr für Leib, Leben oder Freiheit einer anderen Person vorliegen muss.

[728] Vgl. *Fischer/Rose*, Crime & Delinquency 4/1995, S. 417 ff.; *Erez/Ibarra/Lurie*, Federal Probation 1/2004, S. 16, m.w.N.; *Winter/Birgerson/Julian/Frey/Lucas/Norris/Matthewson*, Evaluation of Project Vigilance: Electronic Monitoring of Family Violence Offenders, 2021, S. 2; *Erez/Ibarra*, The British Journal of Criminology 1/2007, S. 101, 107.

[729] *Jarras* in: Jarass/Pieroth, Art. 20, Rn.: 73.

Eingriff zumindest in das allgemeine Persönlichkeitsrecht, auch wenn es diesen als verfassungsrechtlich gerechtfertigt ansah.[730] Weil jedoch – belastend – in dieses Freiheitsgrundrecht des Betroffenen eingegriffen wird, wäre nach dem Vorbehalt des Gesetzes für diese staatliche Maßnahme eine gesetzliche Grundlage erforderlich. Da gegenwärtig eine Rechtsgrundlage für eine elektronische Fußfessel, bzw. elektronische Überwachung per se, in Fällen häuslicher Gewalt – mit einigen wenigen Ausnahmen – noch nicht vorliegt, insbesondere aber für das sog. Bilateral Monitoring nicht existiert, wäre eine solche daher durch Gesetz zu erlassen. Da das BVerfG in seiner Entscheidung zur Verfassungsmäßigkeit der elektronischen Aufenthaltsüberwachung, die aufgrund der dabei verwandten GPS-Technik als eingriffsintensivste Form der elektronischen Überwachung anzusehen ist, einen Eingriff in das allgemeine Persönlichkeitsrecht gemäß Art. 2 Abs. 1 GG – wenn auch verfassungsrechtlich gerechtfertigt – annahm, könnte gemäß Art. 2 Abs. 1 GG dieses Recht durch die gesamte verfassungsmäßige Ordnung (Schranke) eingeschränkt werden, wozu grundsätzlich jedes formelle und materielle Gesetz in Frage käme.[731] Einem formellen Gesetz bedarf es dabei, wenn grundlegende normative Bereiche, insbesondere im grundrechtsrelevanten Bereich, betroffen sind, da der Gesetzgeber solche „wesentlichen" Entscheidungen selbst zu treffen hat.[732] Zwar erlaube Art. 2 Abs. 1 GG grundsätzlich auch die Einschränkung durch ein materielles Gesetz. Da die Maßnahme des Bilateral Monitoring jedoch so ausgestaltet ist, dass der Täter neben einem Radiofrequenzgerät auch eine GPS-Ortungseinheit bei sich führen muss,[733] läge de facto – im deutschen Sinne – eine elektronische Aufenthaltsüberwachung vor, weshalb hier die Maßstäbe des BVerfG im Hinblick auf dessen Entscheidung zur Verfassungsmäßigkeit der Regelung zur EAÜ anzusetzen wären. Da das BVerfG dabei zumindest einen intensiven Eingriff in Art. 2 Abs. 1 GG bejaht hat,[734] wäre für die damit einhergehende zu erlassene Rechtsgrundlage aufgrund der Wesentlichkeit der zu regelnden Materie ein formelles Gesetz, mithin also ein Parlamentsgesetz, erforderlich.

Ein Richtervorbehalt gemäß Art. 104 Abs. 2 GG wäre überdies jedoch grundsätzlich nicht erforderlich. Dieser verlangt eine richterliche

---

[730] Vgl. Kapitel B.III.3.d).bb).(4).

[731] *Jarass* in: Jarass/Pieroth, Art. 2, Rn.: 13.

[732] *Kotzur* in: Münch/Kunig, Art. 20, Rn.: 156.

[733] S. Ausgestaltung des Bilateral Monitoring der Länder, Kapitel B.IV.2.b).bb).(3).

[734] BVerfG, Beschl. v. 01.12.2020 – 2 BvR 916/11, 2 BvR 636/12, Rn.: 272.

Entscheidung – lediglich – über die Zulässigkeit und Fortdauer von Freiheitsentziehungen. Freiheitsentziehung meint dabei eine solche im Sinne des Art. 2 Abs. 2, S. 2 GG, mithin also die körperliche Fortbewegungsfreiheit.[735] Durch die Maßnahme des Bilateral Monitoring werden regelmäßig sogenannte Näherungsverbote, die je nach gesetzlicher Regelung auch als Auflagen oder Weisungen ausgestaltet sein können, auf deren Einhaltung hin elektronisch überwacht.[736] In Anbetracht des Umstandes, dass es sich dabei lediglich um eine – zusätzliche – Überwachungskomponente von bereits angeordneten oder verhängten (mobilen) Ge- und Verbotszonen handelt, ist hierin schon kein Eingriff in die Fortbewegungsfreiheit des Betroffenen zu sehen, insbesondere auch deshalb, da dieser nur ein entsprechendes technisches Mittel in betriebsbereitem Zustand bei sich zu tragen hat, dieses ihn jedoch nicht konkret in seiner verfassungsrechtlich geschützten Fortbewegungsfreiheit einschränkt.[737] Jedoch bedürfen bisweilen auch andere Maßnahmen einer richterlichen Entscheidung, insbesondere bei schwerwiegenden Grundrechtseingriffen, bspw. körperlichen Eingriffen (z. B. Blutentnahme, § 81a Abs. 2 StPO) oder auch „heimlichen" Eingriffen (bspw. Telekommunikationsüberwachung, §§ 100a, 100e StPO).[738] Da auch hier grundsätzlich von einem schwerwiegenden Eingriff auszugehen ist, sollte auch diese Maßnahme einer richterlichen Entscheidung unterliegen, ebenso wie dies bislang im Rahmen der Führungsaufsicht erfolgt, insbesondere um eine missbräuchliche Verwendung zu vermeiden. Im Ergebnis bedarf es daher einer Rechtsgrundlage in Form eines formellen Gesetzes, die einen entsprechenden Richtervorbehalt vorsehen sollte. Insbesondere aber im Rahmen der zivil- und strafrechtlichen Anwendung wäre ohnehin eine richterliche Anwendung dieser Maßnahme denkbar, was Gegenstand der nachfolgenden Untersuchung ist.

(2) MÖGLICHKEIT EINER RECHTLICHEN IMPLEMENTIERUNG

Die Möglichkeiten, inwiefern die Maßnahme des Bilateral Monitoring in das hiesige Rechtssystem eingeführt werden könnte, lassen sich zunächst durch einen Blick auf die verschiedenen Rechtsgebiete des zivil-, straf- und

---

735 *Mehde* in: Dürig/Herzog/Scholz, Art. 104, Rn.: 74, ebenda *Di Fabio*, Art. 2 Abs. 2 S. 2, Rn.: 22.

736 S. Kapitel B.IV.2.b).bb).(2).

737 BVerfG, Beschl. v. 01.12.2020 – 2 BvR 916/11, 2 BvR 636/12, Rn.: 321, 322.

738 *Leipold*, NJW Spezial 16/2010, S. 504.

öffentlichen Rechts aufzeigen. Da sich das Anwendungsgebiet vorliegend auf das Problemfeld der häuslichen Gewalt erstreckt, grenzt dies zugleich auch die rechtliche Möglichkeit einer Implementierung der Maßnahme ein.

(a) Strafrechtliche Implementierung

Die Frage der Erstreckung des Anwendungsgebietes auf den strafrechtlichen Bereich würde voraussetzen, dass die Maßnahme des Bilateral Monitoring Eingang in das Strafrechtssystem fände. Häusliche Gewalt stellt dabei ein Anwendungsgebiet dar, welchem in strafrechtlicher Hinsicht verschiedenste Delikte unterfallen können, auch wenn bestimmte Delikte sich dabei im Zweifel häufen. Zu denken ist hierbei naturgemäß an Körperverletzungsdelikte sowie Sexualstraftatbestände, die oftmals aber auch einhergehen können mit Straftaten wie Beleidigung, Nötigung, Freiheitsberaubung oder Misshandlung von Schutzbefohlenen, grundsätzlich aber auch jeder weiteren Straftat bis hin zu versuchten oder vollendeten Tötungsdelikten.[739] Zu Fragen wäre daher, wie aus strafrechtlicher Sicht der Maßgabe des Opferschutzes, worum es im Rahmen des Bilateral Monitoring hauptsächlich geht, entsprochen werden könnte. Dies dürfte insofern Schwierigkeiten bereiten, als das Strafrecht in erster Linie repressive Zwecke verfolgt, die Prävention im Strafrecht – lediglich – im Bereich der Strafe eine Rolle spielt, dort im Rahmen der straftheoretischen Zwecksetzungen.[740] Da durch die Verfolgung und Verurteilung von Straftaten häuslicher Gewalt, soweit diese den Strafverfolgungsbehörden überhaupt zur Kenntnis gereichen, die Repression des begangenen Unrechts bereits erfolgt, könnte die Maßnahme des Bilateral Monitoring daher höchstens im Rahmen der Strafe selbst eine Rolle spielen, um der präventiven Komponente der Strafe Rechnung zu tragen. Gemäß der Theorie der positiven Spezialprävention könnte die Maßnahme dabei dazu beitragen, den Täter in geeigneter Art und Weise abzuschrecken weitere Straftaten im Rahmen der häuslichen Gewalt zu begehen, da insbesondere das Entdeckungsrisiko durch die elektronische Überwachung – wie bereits unter Kapitel B.IV.3.a).dd).(3) ausgeführt – deutlich erhöht wäre. Da die Anwendung des Bilateral Monitoring bereits sinnlogisch nicht im Rahmen der unbedingten Freiheitsstrafe erforderlich wäre, die Geldstrafe

[739] S. Derks, 2020, S. 90.
[740] Vgl. Kapitel B.IV.3.a).cc).(a).

überdies eine entsprechende Verhängung von Auflagen oder Weisungen ihrem Wesen nach nicht kennt, käme de lege lata nur die Anwendung dieser Maßnahme im Bereich der Strafaussetzung der Freiheitsstrafe zur Bewährung in Frage. Wie bereits unter Kapitel B.III.2.a) ausgeführt, kann aufgrund der bestehenden rechtlichen Grundlage nach § 56c Abs. 1, 2, Nr. 1 StGB elektronische Überwachung im Rahmen der Bewährungsweisungen angeordnet werden. Dabei wäre es möglich, die gemäß § 56c Abs. 2 Nr. 1 StGB möglichen Aufenthaltsweisungen mit solchen eines Kontaktverbotes gemäß § 56c Abs. 2 Nr. 3 StGB zu verbinden, wodurch eine persönliche Kontaktaufnahme durch den Täter verboten wäre.[741] Diese Weisungen könnten dabei durch die zusätzliche Weisung, ein entsprechendes technisches Mittel zur elektronischen Aufenthaltsüberwachung bei sich zu führen, ergänzt werden. Jedoch wäre auch hierbei zu beachten, dass die Maßnahme im Lichte des § 56c Abs. 1 StGB verhängt werden müsste, insofern also durch die Maßnahme zur Resozialisierung des Straftäters beigetragen werden müsste.[742] Eine Anordnung lediglich zur Sicherung respektive Überwachung des persönlichen Kontaktverbotes sowie der Aufenthaltsweisung scheidet daher auch in diesem Falle aus.[743] Die Anwendung des Bilateral Monitoring käme daher nur in Frage, wenn diese (prognostisch) resozialisierend auf den Straftäter wirken würde, andernfalls sich eine solche Weisung verbieten würde. Da durch diese Anwendungsmöglichkeit jedoch der Opferschutz nicht in ausreichendem Maße gewährleistet werden könnte, zumindest aber droht zu kurz zu kommen, dürfte sich die diesbezügliche strafrechtliche Implementierung nicht aufdrängen. Dies auch vor dem Hintergrund, da das Bilateral Monitoring regelmäßig von der Mitwirkung des Opfers abhängig ist, da dieses ein entsprechendes Empfängergerät bei sich führen muss, gerade aber im Bereich der häuslichen Gewalt das Opferverhalten ohnehin durch Unsicherheit, mangelndem Selbstbewusstsein oder Angst, ob eines zwischen Täter und Opfer bestehenden Machtgefälles, geprägt ist, weshalb die Mitwirkung des Opfers nicht in jedem Fall garantiert wäre.[744] De lege lata dürfte daher eher von einer fehlenden Eignung einer Implementierung auszugehen sein.

---

741 *Groß/Kett-Straub* in: MüKo StGB, § 56c, Rn.: 26.

742 *Fünfsinn* in: Müller/Sander/Válková, 2009, S. 697; Harders, 2014, S. 105; *Groß/Kett-Straub* in: MüKo StGB, § 56c, Rn.: 5–7, 36.

743 Vgl. *Groß/Kett-Straub* in: MüKo StGB, § 56c, Rn.: 7.

744 Derks, 2020, S. 58.

De lege ferenda jedoch könnte, im Hinblick auf die in dieser Arbeit untersuchten Strafe des elektronisch überwachten Hausarrestes, die Maßnahme des Bilateral Monitoring mit dieser in Fällen häuslicher Gewalt kombiniert werden. Obschon es selbstverständlich einer konkreten Risikoprognose im Einzelfall bedürfte, ob im konkreten Falle häuslicher Gewalt diese Strafe überhaupt in Betracht zu ziehen wäre, so könnte zumindest im Rahmen einer gesetzlichen Implementierung der Strafe des elektronisch überwachten Hausarrestes die Möglichkeit der Anordnung des Bilateral Monitoring aus Opferschutzerwägungen gesetzlich mitverankert werden. Zwar würde auch hierbei die Anwendung weiterhin vom Einverständnis des Opfers abhängen, jedoch aber lediglich von diesem, nicht auch von der Frage des resozialisierenden Charakters der Maßnahme im Sinne des § 56c Abs. 1 StGB, da ohnehin die positiv spezialpräventive Zwecksetzung im Rahmen der Strafe des elektronisch überwachten Hausarrestes bereits vorläge.

(b) Zivilrechtliche Implementierung – Gewaltschutz

Neben der strafrechtlichen Verfolgung von Straftaten im Rahmen häuslicher Gewalt wurde mit dem Gesetz zum zivilrechtlichen Schutz vor Gewalttaten und Nachstellungen vom 11. Dezember 2001, besser bekannt als Gewaltschutzgesetz (GewSchG), eine zivilrechtliche Möglichkeit geschaffen, um insbesondere Opfer häuslicher Gewalt besser zu schützen.[745] Zwar bestand auch vor Einführung dieses Gesetzes bereits die Möglichkeit, neben strafrechtlichem „Schutz“[746] des Opfers auch zivilrechtlichen Opferschutz zu realisieren, beispielsweise durch klassische zivilgesetzliche Unterlassungsansprüche. Die Durchsetzung war jedoch oftmals – auch trotz der Möglichkeit eines Eilrechtschutzes – mit Rechtsunsicherheit für die Opfer verbunden, insbesondere auch mangels fallspezifischer Rechtsgrundlagen.[747] Das Gewaltschutzgesetz sollte entsprechend Abhilfe schaffen. Hierzu sieht das Gewaltschutzgesetz in seiner aktuellen Fassung vom 10. August 2021 die Möglichkeit gerichtlicher Maßnahmen zum Schutze vor Gewalt und

---

745 BT-Drucks. 14/5429, S. 1.

746 Dieser Schutz ist relativ zu sehen, da abhängig von Strafart und Strafmaß, beispielsweise im Rahmen einer Geldstrafe der Opferschutz unterschiedlich stark ist, überdies das Strafrecht repressiv wirkt, was im Ergebnis bedeutet, dass die Straftat bereits begangen wurde.

747 BT-Drucks. 14/5429, S.1, 2.

Nachstellung, § 1 GewSchG, sowie aber auch die Überlassung einer gemeinsam genutzten Wohnung, § 2 GewSchG, vor.

Zwar konkretisiert dieses Gesetz den einem Opfer zustehenden zivilrechtlichen Unterlassungsanspruch im Hinblick auf eine zuvor erlittene – widerrechtliche – Verletzungshandlung und eröffnet die Möglichkeit,[748] gemäß § 1 Ziff. 1.–5. GewSchG diesen Unterlassungsanspruch mit entsprechenden Schutzanordnungen zu flankieren, beispielsweise Aufenthalts- oder Näherungsverboten. § 214 Abs. 1 S. 1 FamFG normiert hierbei, als für das Verfahren in Gewaltschutzsachen bestimmende Verfahrensrecht, die Möglichkeit einer einstweiligen Anordnung, deren Voraussetzungen in der Regel vorliegen, wenn eine Tat nach § 1 GewSchG begangen wurde oder aufgrund konkreter Umstände mit einer Begehung zu rechnen ist. Die Vollstreckung entsprechender Schutzanordnungen, bzw. generell von Maßnahmen in Gewaltschutzsachen, erfolgt sodann gemäß § 96 FamFG, wonach sich das Opfer zur Beseitigung einer andauernden Zuwiderhandlung der Hinzuziehung des Gerichtsvollziehers bedienen kann. Dieser kann sich dabei seinerseits gemäß § 96 Abs. 1 FamFG i. V. m. § 758 Abs. 3 ZPO der Unterstützung polizeilicher Vollzugsorgane bedienen, obwohl die Wirklichkeit bisweilen so aussieht, dass die Opfer unmittelbar die Hilfe der Polizei in Anspruch nehmen, auch um die Zuwiderhandlung schnellstmöglich – ohne Zwischenschritte – beseitigen zu können.[749] Die polizeiliche Initiative ist dabei regelmäßig verpflichtend, da Zuwiderhandlungen gegen gerichtlich angeordnete Schutzmaßnahmen gemäß § 4 Nr. 1 GewSchG strafbewehrt sind. Alternativ kann das Opfer die Vollstreckung der angeordneten Unterlassungshandlung auch erstreiten, wobei hierzu eine gerichtliche Geltendmachung gemäß § 96 Abs. 1, S. 3 FamFG i. V. m. § 890 ZPO erforderlich wäre. Da das Anwendungsgebiet des Bilateral Monitoring hier nicht erst im Rahmen der Strafbewehrung aus § 4 GewSchG ansetzen kann,[750] könnte der Einsatz des Bilateral Monitoring, mithin also der Einsatz elektronisch überwachter mobiler Ge- und Verbotszonen, zur Überwachung der Schutzanordnungen selbst zum Einsatz kommen. Zwar

---

[748] *Heinke/Frank* in: Familienrecht §§ 1297–1921 – GewSchG, § 1, Rn.: 1.
[749] Derks, 2020, S. 271.
[750] Hierzu wäre eine strafrechtliche Implementierung erforderlich, weshalb ein solcher Ansatzpunkt gleichbedeutend mit der bereits dargestellten strafrechtlichen Implementierung wäre.

setzt § 1 GewSchG hierbei keine Straftat im strafrechtlichen Sinne voraus, denn ausreichend ist bereits eine vorsätzliche widerrechtliche Verletzung eines geschützten Rechtsgutes.[751] Jedoch dürfte in der Regel der zivilrechtlichen Verletzungshandlung typischerweise ein strafrechtlich relevantes Verhalten innewohnen, weshalb die Maßgabe sinngemäß auch größtenteils die Überwachung von Straftätern umfassen dürfte.

(aa) Änderung des Gewaltschutzgesetzes

Zu der Frage der zivilrechtlichen Implementierung des Bilateral Monitoring wäre daher eine Änderung des Gewaltschutzgesetzes vorstellbar. Hierbei könnte § 1 GewSchG dahingehend geändert werden, dass – anknüpfend an die Weisung aus § 68b Abs. 1 Nr. 12 StGB im Rahmen der Führungsaufsicht – eine zusätzliche Schutzmaßnahme in der Form hinzutritt, dass der Täter die für eine elektronische Überwachung seines Aufenthaltsortes erforderlichen technischen Mittel ständig in betriebsbereitem Zustand bei sich zu führen und deren Funktionsfähigkeit nicht zu beeinträchtigen hätte.

Die Schutzmaßnahmen des Gewaltschutzgesetzes fußen auf dem Rechtsanspruch des Opfers, dass dieses aufgrund einer begangenen widerrechtlichen Verletzungshandlung hinsichtlich eines der in § 1 GewSchG bezeichneten Rechtsgüter einen Unterlassungsanspruch gegen den Täter besitzt.[752] Dies impliziert ebenfalls bereits die gesetzliche Formulierung des § 1 GewSchG, wonach das Gericht die zur Abwendung „weiterer" Verletzungen erforderlichen Maßnahmen treffen kann. Aufgrund der lediglich beispielhaften Aufzählung aus § 1 Abs. 1, S. 3 GewSchG, was durch die Formulierung „insbesondere" deutlich wird, ist das Gericht grundsätzlich befugt solche Maßnahmen anzuordnen, die den bestmöglichen Opferschutz sicherstellen können.[753] Mangels einer enumerativen Aufzählung bestünde grundsätzlich die Möglichkeit, auch bereits aufgrund der jetzigen Gesetzeslage, mithin also de lege lata, dass ein Gericht anordnet, dass der Täter sich der elektronischen Überwachung mobiler Ge- und Verbotszonen zu unterziehen hätte.

---

[751] Der Unterschied der – lediglich – vorsätzlich widerrechtlichen Verletzungshandlung hin zur Straftat liegt dabei im Rahmen der strafrechtlichen Schuldkomponente, denn ein widerrechtliches Handeln aus zivilrechtlicher Sicht verlang keine Schuld im strafrechtlichen Sinne, ausreichend ist damit eine rechtswidrige Verletzungshandlung.

[752] *Heinke/Frank* in: Familienrecht §§ 1297–1921 – GewSchG, § 1, Rn.: 4.

[753] *Heinke/Frank* in: Familienrecht §§ 1297–1921 – GewSchG, § 1, Rn.: 20.

Wie jedoch bereits festgestellt bedarf es aufgrund des grundrechtlichen Eingriffs durch die Maßnahme des Bilateral Monitoring einer ausreichenden Rechtsgrundlage, dessen Ausgestaltung hier aufgrund des wesentlichen Eingriffs in die grundrechtlich geschützten Güter des Täters für diesen auch erkennbar sein müssten, weshalb im Rahmen der Bestimmtheit und Klarheit der Rechtsgrundlage aufgrund der Schwere des Eingriffs eine ausreichende gesetzliche Formulierung erforderlich wäre. Dies insbesondere vor dem Hintergrund, um eine ausufernde Anwendung, oder gar einen Missbrauch, dieser Maßnahme zu verhindern. Daher sollte eine entsprechend genaue Regelung Eingang in das Gesetz finden. Ob diese allerdings in Form einer eigenen erforderlichen Maßnahme nach § 1 GewSchG oder der Möglichkeit der Überwachung und Einhaltung bestehender erforderlicher Maßnahmen erfolgt, dürfte insofern irrelevant sein, als die Einführung dieser Maßnahme die bislang teilweise wirkungslose Durchsetzung der gegenwärtigen Schutzmaßnahmen sicherstellen, zumindest jedoch fördern soll, und beide Alternativen hierzu möglich wären. Insbesondere erzeugt der Umstand, dass die bestehenden Schutzmaßnahmen, insbesondere das Näherungs- und Kontaktverbot, elektronisch überwacht würden, gleichfalls präventive Wirkung, da dies das Entdeckungsrisiko von Zuwiderhandlungen, was gemäß § 4 GewSchG bereits ein strafrechtlich relevantes Verhalten darstellen würde, erhöht. Dabei ist zu beachten, dass sich die mobilen Ge- und Verbotszonen regelmäßig aus den bereits bestehenden Schutzmaßnahmen ergeben, beispielsweise dem Näherungsverbot zu Wohnung oder Person oder dem Verbot, Zusammentreffen herbeizuführen, die elektronische Überwachung hierbei also tatsächlich nur die Einhaltung der Schutzmaßnahmen kontrollieren würde, um im Sinne eines „Frühwarnsystems" beginnende Zuwiderhandlungen zu offenbaren und notfalls auch zu dokumentieren. Daher bestünde grundsätzlich keine Notwendigkeit, die Anordnung elektronischer Überwachung mobiler Ge- und Verbotszonen als eigene Schutzmaßnahme zu implementieren, anders als dies beispielsweise im Rahmen der Führungsaufsicht gemäß § 68b Abs. 1 Nr. 12 StGB der Fall ist, da dort die EAÜ als eigene (individuelle) Weisung normiert wurde. Vielmehr könnte § 1 Abs. 1 GewSchG dahingehend ergänzt werden, dass zur Einhaltung der gerichtlich erlassenen Schutzmaßnahmen – im Rahmen der Verhältnismäßigkeit – der Täter für die elektronische Überwachung der Einhaltung der aufenthaltsbezogenen Schutzmaßnahmen technische Mittel ständig in betriebsbereitem Zustand bei sich zu führen und deren Funktionsfähigkeit nicht zu beeinträchtigen hätte. Als Familiensache im Sinne des § 111 Nr. 6 FamFG obläge die Anordnungskompetenz für Gewaltschutzsachen dabei dem Familiengericht.

(bb) Anderweitige Gesetzesänderung

Neben der Änderung des Gewaltschutzgesetzes könnte auch eine Änderung der vollstreckungsrechtlichen Normen in Betracht kommen, da diese für die Einhaltung respektive Durchsetzung der Schutzmaßnahmen maßgeblich sind. Gemäß § 96 Abs. 1 FamFG kann der Berechtigte, also das Opfer, in Fällen, in denen der Verpflichtete, der Täter, einer Anordnung aus § 1 GewSchG zuwiderhandelt, zur Beseitigung einer jeden andauernden Zuwiderhandlung einen Gerichtsvollzieher zuziehen, welcher wiederum gemäß § 758 Abs. 3 ZPO die Polizei hinzuziehen könnte. Grundsätzlich also spräche der Umstand, dass die Einhaltung von Ge- und Verbotszonen mobil elektronisch überwacht werden soll um Zuwiderhandlungen zu vermeiden, auch für eine Änderung der Regelungen zur Durchsetzung, und damit Vollstreckung, der entsprechenden Maßnahme. Zu beachten wäre hierbei aber, dass die Vollstreckungsvoraussetzungen des § 96 Abs. 1 FamFG zunächst eine Zuwiderhandlung erfordern, bevor das Opfer sich des Vollstreckungsorgans bedienen kann. Genau dies jedoch wäre im Ergebnis keine Veränderung zur bestehenden gesetzlichen Ausgestaltung. Gerade die wirksame Durchsetzung der Schutzmaßnahmen von Beginn an muss vor dem Hintergrund des Opferschutzes die Maßgabe sein, da andernfalls ein adäquater Opferschutz nicht sichergestellt werden könnte, dieser ansonsten zu spät käme. Dies zeigen indessen bereits die trotz der derzeit vorhandenen rechtlichen Möglichkeiten des Schutzes von Opfern häuslicher Gewalt weiterhin steigenden Zahlen häuslicher Gewalttaten, zusätzlich aber auch der gegenwärtige Stand der Wissenschaft. Eine Gesetzesänderung in vollstreckungsrechtlicher Sicht wäre daher nicht praktikabel.

(c) Öffentlich-rechtliche Implementierung

Das öffentliche Recht normiert insbesondere mit seinem Gefahrenabwehrrecht in vielen Bereichen umfassende Sachverhalte, um – präventiv – Gefahren für die öffentliche Sicherheit und Ordnung abzuwehren, vgl. z. B. § 1 Abs. 1 HSOG. Für Sachverhalte häuslicher Gewalt spielt dies insofern eine

Rolle, als solche Situationen ebenfalls unter das Gefahrenabwehrrecht fallen, insbesondere das Polizei- und Ordnungsrecht, da hierbei regelmäßig eine Gefahr für die Rechtsgüter des Opfers besteht. Zwar existieren keine einheitlichen Regelungen im Rahmen der häuslichen Gewalt im Polizei- und Ordnungsrecht, denn dies fällt gemäß Art. 70 Abs. 1 GG in die Gesetzgebungskompetenz der Länder. Bisweilen jedoch finden sich auch landesgesetzliche Regelungen wieder, die sich dem Thema der häuslichen Gewalt annehmen. So beispielsweise § 34a PolG NRW, wonach die Polizei eine Person zur Abwehr einer von ihr ausgehenden gegenwärtigen Gefahr für Leib, Leben oder Freiheit einer anderen Person aus einer Wohnung, in der die gefährdete Person wohnt, sowie aus deren unmittelbaren Umgebung verweisen und ihr die Rückkehr in diesen Bereich untersagen, mithin also eine Wohnungsverweisung samt Rückkehrverbot aussprechen kann, § 34a Abs. 1 PolG NRW. Obschon Gefahrensituationen häuslicher Gewalt auch über die polizeilichen Sondermaßnahmen der Platzverweisung, des Aufenthaltsverbotes oder des Kontaktverbotes geregelt werden können, vgl. insb. § 31 Abs. 2 HSOG, so finden sich konkrete Regelungen hinsichtlich häuslicher Gewalt in den landesgesetzlichen Normen bislang selten. Jedoch verweist, wie ebenfalls § 34a Abs. IV PolG NRW, auch § 31 Abs. 2 HSOG im Rahmen der gefahrenabwehrrechtlich möglichen Wohnungsverweisung auf die zivilrechtlichen Schutzmöglichkeiten, weshalb die Formulierung dieser öffentlich-rechtlichen Regelungen suggeriert, dass Opfer häuslicher Gewalt bis zum Zeitpunkt der Erlangung zivilrechtlicher Schutzmöglichkeit vor dem Täter zu schützen sind. Hierfür sieht beispielsweise das Polizeigesetz NRW gemäß § 34c Abs. 2, S. 2 PolG NRW vor, dass Maßnahmen nach § 34a PolG NRW, mithin also Wohnungsverweisungen sowie Rückkehrverbote, zum Schutz vor häuslicher Gewalt durch das Mittel der elektronischen Aufenthaltsüberwachung überwacht werden können, wenn dies auf andere Weise nicht möglich oder wesentlich erschwert ist. Zwar normiert das hessische Polizei- und Ordnungsrecht gegenwärtig auch die Möglichkeit der Anordnung einer elektronischen Aufenthaltsüberwachung, § 31a HSOG, dies jedoch nur zur Verhütung terroristischer Straftaten und gerade nicht zum Opferschutz im Rahmen häuslicher Gewalt.

Im Lichte der nordrhein-westfälischen Regelung wäre eine Implementierung auch im hessischen Landesrecht denkbar, sofern eine solche Regelung dem Verhältnismäßigkeitsgrundsatz entsprechen würde, worauf nachfolgend noch einzugehen sein wird. Wie im Zivilrecht ebenfalls, und hierbei dürften sich die Regelungserfordernisse decken, könnte auch im öffentlichen Recht die Maßnahme einer elektronischen Aufenthaltsüberwachung, in der Ausprägung mobiler Ge- und Verbotszonen, geeignet sein, einen besseren Opferschutz zu gewährleisten. Dies zumindest insoweit, bis zivilrechtliche Schutzmaßnahmen erreicht werden können. Denn auch hierbei besteht die Problematik, dass ohne die Möglichkeit des Bilateral Monitoring ein – lückenloser – Opferschutz, der dem Schutz des Opfers im Sinne der Gefahrenabwehr als oberstes Ziel genügt, schwerlich zu erreichen wäre, ein Opferschutz in diesen Fällen ansonsten möglicherweise zu spät käme.[754] Denn das Gefahrenabwehrrecht regelt hierbei die dem Zivilrechtschutz vorgelagerten Zeiträume, geht mit diesem also grundsätzlich Hand in Hand. Insbesondere aber würde diese Maßnahme auch aus kriminologischer Sicht geeignet sein, die Verhütung von Straftaten präventiv zu fördern, da zumindest eine höhere Chance bestünde, drohende Gefahren von dem Opfer rechtzeitig abzuwenden, die Begehung einer Straftat dadurch also zu verhindern. Dies dürfte umso mehr gelten, wenn der Täter dabei schon eine einschlägige Straftat begangen hat, die jedoch bspw. keinen Grund für eine (zeitweise) Inhaftierung böte. Eine Implementierung könnte dabei entweder im Rahmen einer kontextuellen Neuregelung zum Schutze Opfer häuslicher Gewalt erfolgen, wie dies in NRW der Fall ist. Möglich wäre jedoch auch die elektronische Überwachung im Rahmen des Bilateral Monitoring im Hinblick auf die bisher möglichen Platz- und Wohnungsverweisungen gem. § 31 HSOG. Auch die bayerische Lösung im Sinne des Art. 34 PAG Bayern könnte als Vorbild für eine solche Regelung gesehen werden, die jedoch keine spezifische Regelung häuslicher Gewalt darstellt, sondern vielmehr eine generelle Möglichkeit der Anordnung von EAÜ im Falle einer Gefahr für ein bedeutendes Rechtsgut. Diese Maßnahme wäre insbesondere auf Kontakt- bzw. Aufenthaltsverbote anzuwenden, die im Ergebnis aber die einschlägigen Befugnisse des Opferschutzes im Rahmen häuslicher Gewaltdelikte darstellen. Da das Gefahrenabwehrrecht, insbesondere in Form des Polizei- und Ordnungsrechtes, im Gegensatz zum Straf- und Zivilrecht Sache der Länder ist, obläge diesen daher gemäß Art. 70 Abs. 1 GG, hier also dem Land Hessen, die Kompetenz einer diesbezüglichen gesetzlichen Regelung.

[754] Derks, 2020, S. 35 ff.

(3) VERHÄLTNISMÄSSIGKEIT EINER GESETZLICHEN REGELUNG

Das Bilateral Monitoring ist aufgrund der technischen Ausgestaltung auf die Lokalisierung des Täters gemünzt. Dieser würde dabei per GPS-Technik hinsichtlich möglicher – verbotener – Annäherungen an das Opfer überwacht werden. Da dies konzeptionell mit der elektronischen Aufenthaltsüberwachung einhergeht, müssten für diese Maßnahme in verfassungsrechtlicher Hinsicht ebenfalls die Maßgaben des BVerfG aus dessen Entscheidung vom 1. Dezember 2020 gelten. Jedoch ist vorliegend die Frage zu stellen, ob die Maßnahme des Bilateral Monitoring auch dem Grundsatz der Verhältnismäßigkeit entsprechen würde, was im Ergebnis sowohl in strafrechtlicher, zivilrechtlicher als auch öffentlich-rechtlicher Hinsicht gelte. Denn gemäß Art. 20 Abs. 3 GG hat sich jedes rechtsstaatliche Handeln am Grundsatz der Verhältnismäßigkeit zu orientieren, insbesondere im Hinblick auf die aus Art. 1 Abs. 3 GG bestehende Grundrechtsbindung.[755] Dies wäre selbstredend auch im Rahmen der diesbezüglichen gesetzlichen Ausgestaltung zu beachten.

Eine gesetzliche Implementierung müsste daher einen legitimen Zweck verfolgen, geeignet sein diesen entsprechend zu fördern sowie auch erforderlich und angemessen sein.[756]

Die Maßnahme des Bilateral Monitoring ist darauf ausgerichtet, Täter von Delikten häuslicher Gewalt im Hinblick auf die, insb. zivil- oder auch öffentlich-rechtlich, angeordneten Schutz- bzw. Gefahrenabwehrmaßnahmen zu überwachen. Die Einhaltung der angeordneten Maßnahmen soll dadurch sichergestellt werden. Zwar zielt diese Maßnahme dabei vordergründig auf die Überwachung des Täters ab.[757] Dies soll aber zum Schutze der Rechtsgüter des Opfers beitragen, insbesondere des Lebens und der körperlichen Unversehrtheit und damit Rechtsgüter von überragender Bedeutung,[758] um die Gefahr für Leib und Leben betroffener Opfer zu reduzieren. Ein legitimer Zweck ist damit durch den Opferschutz gegeben.

Die Maßnahme müsste auch geeignet sein den legitimen Zweck zu fördern bzw. zu erreichen, obschon es genügt, dass durch die angestrebte

755 *Kotzur* in: Münch/Kunig, Art. 20, Rn.: 163.
756 *Kotzur* in: Münch/Kunig, Art. 20, Rn.: 163.
757 S. auch BVerfG, Beschl. v. 01.12.2020 – 2 BvR 916/11, 2 BvR 636/12, Rn.: 260.
758 BVerfGE 115, 320 (346).

Maßnahme die (teilweise) Erreichung dieses Zweckes wahrscheinlich ist.[759] Zwar liegen für die Frage der Wirksamkeit, womit sich nachfolgend ebenfalls noch zu befassen sein wird, wenige empirische Ergebnisse vor, die signifikante Aussagen über die Effektivität dieser Maßnahme treffen.[760] Dies jedoch macht die Maßnahme nicht von vornherein ungeeignet, denn auch das BVerfG gestattet dem Gesetzgeber hinsichtlich der Bewertung der Zwecktauglichkeit einen Beurteilungsspielraum, der jedoch nicht überschritten sein dürfte.[761] Da durch diese Maßnahme die bestehenden Schutzanordnungen durch Aufenthaltsüberwachung kontrolliert werden können, dies den zuständigen Behörden dadurch eine frühzeitige Eingriffsmöglichkeit bei Zuwiderhandlungen durch den Täter aufgrund der GPS-basierten Standortbestimmung ermöglicht, wäre hierdurch eine Stärkung des Opferschutzes zumindest wahrscheinlich, die Regelung zur Förderung des Zwecks damit auch geeignet. Jedoch besteht in einem solchen Fall für den Gesetzgeber aufgrund der Eingriffsintensität der Maßnahme eine Pflicht zur Beobachtung und eventuellen Nachbesserung der Regelung, sollten sich signifikante Erkenntnisse über die Wirksamkeit ergeben.[762]

Die Maßnahme wäre darüber hinaus erforderlich, wenn es das mildeste unter gleich geeigneten Mitteln darstellen würde, wobei es für die gleiche Eignung eine Alternative erfordern würde, die die Erreichung des Zwecks in selbem Maße zu fördern in der Lage wäre.[763] Wie bereits dargestellt existieren bisweilen sowohl straf- als auch zivil- und öffentlich-rechtliche Maßnahmen, die den Schutz von Opfern häuslicher Gewalt gewährleisten sollen. Trotz dieser – rechtlichen – Maßnahmen ist vielmehr eine Zu- statt eine Abnahme häuslicher Gewaltdelikte zu verzeichnen, die insbesondere mit einer erhöhten Zahl an Femiziden einhergeht. Dies allein stellt bereits ein Indiz dafür dar, dass die bisherigen, möglicherweise auch milderen, Mittel den Opferschutz nicht in

759 *Grzeszick* in: Dürig/Herzog/Scholz, Art. 20, Rn.: 114.

760 Vgl. z. B. *Winter/Birgerson/Julian/Frey/Lucas/Norris/Matthewson*, Evaluation of Project Vigilance: Electronic Monitoring of Family Violence Offenders, 2021, wonach zwar entsprechende Projekte samt Bewertungen der Wissenschaft zu entnehmen sind, diese jedoch, bspw. mangels entsprechender Vergleichsgruppe o. ä., zumindest keine signifikanten Ergebnisse liefern.

761 BVerfG, Beschl. v. 01.12.2020 – 2 BvR 916/11, 2 BvR 636/12, Rn.: 263.

762 BVerfGE 112, 304 (316); BVerfG, Beschl. v. 01.12.2020 – 2 BvR 916/11, 2 BvR 636/12, Rn.: 265.

763 *Grzeszick* in: Dürig/Herzog/Scholz, Art. 20, Rn.: 115, 116.

gleichem Maße zu fördern in der Lage sind. Zwar könnte eine Überwachung auch durch personellen Aufwand (z. B. Observierungen oder generell erhöhter Polizeipräsenz) erfolgen, wodurch ein betroffener Täter in seiner grundrechtlichen Freiheit weniger belastet würde. Allerdings fehlt auch in solch einem Fall die Gleichwertigkeit der Maßnahme, da diese zwangsläufig mit einem wesentlich höheren finanziellen sowie personellen Aufwand einhergeht und dadurch einen nicht mehr vertretbaren Aufwand darstellen würde um eine gleiche Eignung zu erreichen.[764] Außerdem wäre im Hinblick auf die Erforderlichkeit der Maßnahme eine gesetzliche Regelung ohnehin so auszugestalten, dass diese nur angeordnet werden dürfte, wenn eine Überwachung der Schutzmaßnahmen zugunsten des Opfers nicht in anderer Form möglich oder eine solche wesentlich erschwert wäre.[765] Da insofern nicht nur die gesetzliche Regelung selbst, sondern auch die darauf basierende Maßnahme dem Grundsatz der Verhältnismäßigkeit zu entsprechen hätte, wäre eine gesetzliche Implementierung zumindest auch in diesem Sinne erforderlich.

Angemessen und damit verhältnismäßig im engeren Sinne wäre die gesetzliche Regelung, wenn sie nicht außer Verhältnis zum Zweck bzw. Ziel der Maßnahme stünde, der Nutzen also nicht außer Verhältnis zu der durch die Maßnahme beeinträchtigenden Wirkung stünde.[766] Zwar stellt, wie bereits in dieser Arbeit ausgeführt, die EAÜ einen tiefgreifenden Grundrechtseingriff zumindest in das allgemeine Persönlichkeitsrecht des Betroffenen dar. Dieser dürfte jedoch im Falle häuslicher Gewaltdelikte als verhältnismäßig im engeren Sinne zu betrachten sein, würde beim Bilateral Monitoring eine GPS-basierte Aufenthaltsüberwachung erfolgen. Im Rahmen der beeinträchtigten Schutzgüter des Betroffenen stünde in erster Linie das allgemeine Persönlichkeitsrecht zur Debatte, welches sich jedoch auf Opferseite höchstrangiger Rechtsgüter, namentlich des Lebens, der körperlichen Unversehrtheit oder auch der sexuellen Selbstbestimmung gegenübersähe, vgl. § 1 Abs. 1 GewSchG. Letztere sind hierbei gegenüber der Beeinträchtigung des Betroffenen in dessen allgemeinem Persönlichkeitsrecht höher zu gewichten,

---

[764] BVerfGE 113, 167 (259); vgl. hierzu auch *Winter/Birgerson/Julian/Frey/Lucas/Norris/Matthewson*, Evaluation of Project Vigilance: Electronic Monitoring of Family Violence Offenders, 2021, S. 37.

[765] Vgl. hinsichtlich der Gesetzesformulierung auch § 34c Abs. 2, S. 2 PolG NRW; s. auch BVerfG, Beschl. v. 01.12.2020 – 2 BvR 916/11, 2 BvR 636/12, Rn.: 270.

[766] *Grzeszick* in: Dürig/Herzog/Scholz, Art. 20, Rn.: 119.

denn die durch die Überwachung erhobenen Daten oblägen ohnehin gesetzlicher Reglementierung, wodurch der Eingriff in die Privatsphäre des Betroffenen auf ein zumutbares Maß begrenzt werden könnte. Darüber hinaus wäre bereits im Vorfeld der Anordnung der Maßnahme abzuwägen, inwiefern die Nichtvornahme des Bilateral Monitoring eine unzumutbare Gefahr für die Rechtsgüter des Opfers darstellen würde. Dies könnte gewährleisten, dass die Maßnahme nicht generell zum Einsatz käme, missbräuchlichem Verhalten damit vorgebeugt würde. Insofern müsste also an die tatsächliche Gefährlichkeitsschwelle angeknüpft werden, nicht an eine rein abstrakte Gefährdungsmöglichkeit, was im Einzelfall festzustellen wäre, ein Gesetz dementsprechend dahingehend ausgestaltet sein müsste.[767] Insoweit sieht § 1 des GewSchG gegenwärtig bereits vor, dass Schutzmaßnahmen erlassen werden können um weitere – künftige – Verletzungen zu vermeiden, was konsequenterweise nur im Einzelfall festzustellen wäre, in der Folge aber ohne die Befürchtung weiterer Verletzungen Schutzmaßnahmen schon nicht erlassen werden könnten.[768] Da der Opferschutz vorliegend, welcher überdies im Rahmen häuslicher Gewaltdelikte statistisch gesehen zu vier Fünfteln Frauen betrifft,[769] im Ergebnis die Interessen des Täters überwiegt, auf letztere insbesondere auch im Rahmen der Gesetzesformulierung und Reglementierung des Bilateral Monitoring Rücksicht zu nehmen wäre,[770] stellt sich die avisierte Implementierung daher als verhältnismäßig im engeren Sinne, mithin also angemessen, und damit als verhältnismäßig im Gesamten dar.

(4) ZWISCHENERGEBNIS

Die Untersuchung der rechtlichen Einordnung hat gezeigt, dass zur Wahrung des Opferschutzes, auch aus kriminologischer Sicht zur Verhinderung entsprechender häuslicher Gewaltdelikte im Lichte der Prävention, Bilateral Monitoring in erster Linie im zivilrechtlichen und öffentlich-rechtlichen Bereich implementiert werden sollte. Zwar wäre dies auch grundsätzlich im Strafrecht möglich. Diese würde, mit Ausnahme im Rahmen eines elektronisch

---

[767] Vgl. hierzu BVerfG, Beschl. v. 01.12.2020 – 2 BvR 916/11, 2 BvR 636/12, Rn.: 26.

[768] *Heinke/Frank* in: Familienrecht §§ 1297–1921 – GewSchG, § 1, Rn.: 4.

[769] Bundeskriminalamt, Partnerschaftsgewalt: Kriminalistische Auswertung – Berichtsjahr 2021, 2022, S. 8.

[770] S. bspw. Art. 34 PAG Bayern, wonach im Hinblick auf die Rechte des Betroffenen die Dauer der Maßnahme oder Erhebung der Daten genau reglementiert sind.

überwachten Hausarrestes, dem Opferschutz jedoch nicht in dem erforderlichen Maße gerecht werden können, zumindest nicht mehr als dies auf zivilrechtlicher Ebene der Fall wäre. Für eine gesetzliche Komponente aber wäre eine genaue Ausgestaltung dahingehend erforderlich, unter welchen Umständen ein solches Bilateral Monitoring angeordnet werden dürfte und in welchem Rahmen diesbezüglich Daten erhoben und auch verarbeitet würden, was sich im zulässigen Maße zu bewegen hätte, um dem Grundsatz der Verhältnismäßigkeit zu entsprechen. Zumindest aber wäre eine solche Implementierung auch im hiesigen Rechtssystem denkbar. Im Sinne der Einheit der Rechtsordnung wird man dabei auch die präventiven – kriminologischen – Aspekte im zivil- bzw. öffentlich-rechtlichen Bereich erfüllen können.

cc) Möglichkeit der technischen/praktischen Ausgestaltung

Neben der rechtlichen Einordnung müsste die Maßnahme des Bilateral Monitoring hierzulande aber auch in praktischer Hinsicht umsetzbar sein. Wie bereits unter Kapitel B.IV.2.b).bb).(2) ausgeführt, besteht die Maßnahme aus zwei Komponenten, einerseits der elektronischen Überwachung des Täters, andererseits der Mitführung eines Empfangsgerätes durch das Opfer. Da mit der Maßnahme nicht lediglich eine statische Verbotszone überwacht werden soll, beispielsweise die Annäherung des Täters an den Wohnsitz des Opfers, sondern gerade mobile Ge- und insb. Verbotszonen (also auch in Bewegung) überwacht werden sollen, bedarf es hierfür sinnlogisch, entsprechend zur bislang eingesetzten EAÜ im Rahmen der Führungsaufsicht, einer GPS-basierten Aufenthaltsüberwachung. Dies bereits deshalb, da bei reiner Nutzung der Radiofrequenztechnologie zur Überwachung der Annäherungen von Täter und Opfer eine genaue Lokalisierung dieser nicht stattfinden könnte.[771] Eine solche wäre jedoch aus Opferschutzgesichtspunkten zwingend erforderlich, da andernfalls ein effektives Eingreifen der zuständigen Behörden zum Schutze des Opfers nicht möglich wäre, was umso eher der Fall wäre, je größer die Ge- bzw. Verbotszonen ausgestaltet wären. Gemäß den ausländischen Anwendungsmodellen wäre daher eine kombinierte Anwendung aus GPS-basierter Aufenthaltsüberwachung und Radiofrequenztechnologie erforderlich, wodurch mit einem GPS-Gerät der genaue Aufenthalt des Täters (Sender) und des Opfers (Empfänger) erfasst

[771] Vgl. Kapitel B.III.1.b).

würde, der Täter aber gleichzeitig zur Mitführung des GPS-Senders durch ein Radiofrequenzgerät derart verpflichtet und überwacht würde, als letzteres als Form einer elektronischen Fußfessel manipulationssicher dem Täter angelegt würde. Da bereits sowohl die Radiofrequenztechnik als auch die GPS-basierte Aufenthaltsüberwachung in Deutschland genutzt werden bzw. wurden, wäre die Umsetzung dieser Maßnahme auch in der Praxis denkbar. Dies insbesondere hinsichtlich der Überwachungskomponenten des Täters. Hinsichtlich des Opfers, welches ein entsprechendes Empfangsgerät erhielte, dürfte auch dies im Rahmen der bereits vorhandenen GPS-Technik keinen Bedenken unterliegen, ebenfalls wie die entsprechende Verknüpfung zwischen Täter- und Opfergerät.[772] Zwar wäre auch eine reine EAÜ zur Überwachung des Täters denkbar. Ohne jedoch die Korrelation zum Aufenthaltsort des Opfers herzustellen, dürfte diese Maßnahme hinsichtlich des Schutzes des Opfers, auch bereits mangels Geeignetheit der Maßnahme, keine gesteigerte Rolle spielen können. Lediglich für repressive Zwecke, beispielsweise im Rahmen der Aufklärung einer Straftat, könnte diese sodann Relevanz besitzen, wodurch dem Opferschutz aber ein – nicht avisierter – nachträglicher Charakter zukommen würde.

dd) Voraussetzung: Mitwirkung des Opfers

Ein entscheidender Unterschied im Rahmen des Bilateral Monitoring zu den bisher existierenden elektronischen Überwachungsmaßnahmen ist allerdings die Voraussetzung, dass das Opfer einer solchen Maßnahme zustimmt, genauer gesagt an dieser entsprechend mitwirkt.[773] Anders als bei einer Anordnung gegenüber dem Täter kann das Opfer lediglich um dessen Mitwirkung ersucht werden, wobei hier zwischen zivilrechtlicher und öffentlich-rechtlicher Anwendungsweise zu unterscheiden sein dürfte.[774]

Das Gewaltschutzgesetz beispielsweise verlangt, dass die verletzte Person einen Antrag an das Gericht auf Anordnung einer entsprechenden

---

772 Zwar erläutert diese Arbeit nicht die technische Ausgestaltung im Detail. Jedoch aber dürfte aufgrund der bisherigen technischen Entwicklung der Einführung dieser Maßnahme auch in Deutschland in technischer Sicht nichts entgegenstehen, andernfalls aber auch ausländische Erfahrungen übertragen werden könnten.

773 Vgl. B.IV.2.b).bb).(2).

774 *Brechbühl/Hostettler/Manetsch-Imholz/Schaub/Scheidegger/Weber*, Electronic Monitoring im Kontext von häuslicher Gewalt, 2021, S. 63.

Schutzmaßnahme stellt, vgl. § 1 GewSchG.[775] Damit setzt es bereits gesetzlich die Voraussetzung, dass sich das Opfer gegen den die häusliche Gewalt ausübenden Täter aktiv erwehrt. Häusliche Gewalt jedoch beschreibt ein eigenes Phänomen, in welchem die Opfer in vielen Fällen „gefangen" sind in einer Gewaltspirale, ein Entrinnen der Situation also nicht ohne weiteres möglich ist, weder physisch noch psychisch.[776] Das Opfer wird dabei nicht selten psychisch durch den Täter beeinflusst, dass dadurch ein Machtgefälle entsteht, in welchem der Täter dem Opfer derart überlegen ist, dass sich das Opfer diesem fügt.[777] Die Wahrscheinlichkeit, dass das Opfer solchen Fällen häuslicher Gewalt entrinnt, dürfte dabei ohne weiteres Zutun eher gering sein, was insbesondere die Fallzahl der durch eine Maßnahme nach dem Gewaltschutzgesetz erledigten Verfahren der Familiengericht im Jahre 2021 mit bundesweit lediglich 4.16 Fällen verdeutlicht.[778] Betrachtet man für den selben Zeitraum die Opferzahlen häuslicher bzw. partnerschaftlicher Gewalt, so stellt diese mit 143.604 Opfern ein auffälliges Missverhältnis zu den durch eine Maßnahme nach dem Gewaltschutzgesetz erledigten Gewaltschutzverfahren dar.[779] Da aber zumindest die gesetzliche Konzeption bereits de lege lata die Mitwirkung des Opfers erfordert, dürfte eine Mitwirkung auch im Rahmen des Bilateral Monitoring grundsätzlich zu erwarten sein.

Allerdings gibt es auch von häuslicher Gewalt betroffene Personen, die entweder aus Angst oder mangelndem Vertrauen in den Justizapparat oder aufgrund des Gefangenseins in der häuslichen Gewaltspirale von einem Vorgehen gegen den Täter absehen.[780] Da diese Personen ebenfalls besonders schützenswert sind, darf der Opferschutzgedanke an dieser Stelle nicht stagnieren. Vielmehr muss, und dies wird bisweilen durch zuständige Polizeibehörden praktiziert, das Opfer über die diesem zustehenden rechtlichen Möglichkeiten, insbesondere solche des Zivilrechts, aufgeklärt werden.[781] Dies geht mit der öffentlich-rechtlichen Implementierungsmöglichkeit

---

775 *Heinke/Frank* in: Familienrecht §§ 1297–1921 – GewSchG, § 1, Rn.: 19.

776 Derks, 2020, S. 56 ff.

777 Derks, 2020, S. 58, 59.

778 DESTATIS – Statistisches Bundesamt, Rechtspflege Familiengerichte 2021, 2022, S. 22.

779 Bundeskriminalamt, Partnerschaftsgewalt: Kriminalistische Auswertung – Berichtsjahr 2021, 2022, S. 4.

780 Derks, 2020, S. 58; *Granja*, Comunicação e Sociedade 2/2021, S. 260.

781 Derks, 2020, S. 114.

einher, da diese grundsätzlich, wie bereits ausgeführt, lediglich bis zum Erreichen zivilrechtlichen Schutzes für lückenlosen Opferschutz sorgen könnte. Diesbezüglich normiert bereits das PolG NRW in § 34a Abs. 4, dass ein Opfer einer von dem Täter ausgehenden gegenwärtigen Gefahr auf die Beantragung zivilrechtlichen Schutzes hinzuweisen und diesem Hilfestellung bei der Kontaktierung einer entsprechenden Beratungseinrichtung zu leisten ist. Dies würde de lege ferenda auch die Aufklärung hinsichtlich der Möglichkeit einer bilateralen elektronischen Überwachung beinhalten, durch welche dem Opfer eine verbesserte Sicherheit für die eigene Person vermittelt werden könnte. Indes darf jedoch nicht vergessen werden, dass die Maßnahme des Bilateral Monitoring regelmäßig eine Eigeninitiative des Opfers erfordert, quasi im Sinne einer „Hilfe zur Selbsthilfe“[782]. Hierfür könnte deshalb alternativ, auch im Sinne des österreichischen Modells zum Schutze von Opfern häuslicher Gewalt, nicht die Initiative dem Opfer überlassen werden, sondern vielmehr den zuständigen Behörden bzw. Einrichtungen selbst. Dieses Modell nämlich beinhaltete eine pro-aktive Herangehensweise, wonach im Falle eines häuslichen Gewaltdeliktes die Polizei verpflichtet ist, bei jeder Beratung über zivilrechtliche Schutzmöglichkeiten eine Interventionsstelle zu informieren, welche sodann eigenständig auf das Opfer zugeht, um diesem zu einem vollumfänglichen Opferschutz zu verhelfen bzw. dieses dahingehend zu unterstützen.[783] Insbesondere könnte dieses Modell die seitens der Opfer häufig bestehende Hemmschwelle überwinden, seinerseits staatliche Hilfe zum eigenen Schutz in Anspruch zu nehmen, jedoch aber in erster Linie auch über das Phänomen der häuslichen Gewalt aufgeklärt zu werden, wodurch im Ergebnis die Opfermitwirkung ein zu bewältigender Faktor werden könnte. Ein ähnliches Modell stellt in Hessen das sog. Marburger Modell dar, welches jedoch, im Unterschied zum österreichischen Modell, nicht zwangsläufig eine pro-aktive Herangehensweise beinhaltet.[784]

ee) Harmonisierung von Opferschutz und Rückfallvermeidung

Neben rechtlichen und tatsächlichen Möglichkeit der Implementierung müsste die Maßnahme allerdings auch im Sinne der hiesigen Untersuchung

[782] Derks, 2020, S. 36.

[783] *Heinke/Frank* in: Familienrecht §§ 1297–1921 – GewSchG, Vorbemerkung zum Gewaltschutzgesetz, Rn.: 8.

[784] HMdJ, Pressemitteilung v. 13.04.2022 – „Marburger Modell“, 2022

geeignet sein, das Opfer wirksam vor (weiteren) Übergriffen eines Täters zu schützen. Dieser Umstand, der zwar nicht gleichbedeutend mit der Frage nach der Rückfallvermeidung durch diese Maßnahme ist,[785] ist bisweilen in einigen wissenschaftlichen Untersuchungen betrachtet worden. Da die Maßnahme des Bilateral Monitoring bislang allerdings nur vereinzelt zum Einsatz kommt, finden sich hinsichtlich der Effektivität dieser nur wenige solcher Untersuchungen, die zwar bisweilen keine erkennbar signifikanten Ergebnisse lieferten, jedoch aber eine – aus Sicht des Verfassers beachtenswerte – Tendenz aufweisen.

Zwar, und dies wurde in den entsprechenden Projekten jeweils auch den Opfern verdeutlicht, kann die Maßnahme für sich gesehen weitere Übergriffe eines Täters nicht gänzlich verhindern, geschweige denn im Sinne eines Schutzschildes abwehren.[786] Jedoch sorgte diese Maßnahme regelmäßig dafür, dass sich die Opfer, die sich für die Nutzung dieser Maßnahme entschieden, sicherer fühlten, insbesondere zu einer – halbwegs – normalen und entspannteren Lebensführung zurückkehren konnten.[787] Obschon dies nicht lediglich vorteilhaft sein muss (hierzu im weiteren der Arbeit mehr), so wird neben dem – subjektiven – Sicherheitsgefühl der Opfer eine tatsächliche Eindämmung von Übergriffen im Rahmen häuslicher Gewalt angenommen, bisweilen vereinzelt sogar festgestellt.[788] Insbesondere im Rahmen des spanischen Modells, welches sich seit dessen Einführung im Hinblick

---

785 Der wirksame Schutz des Opfers vor weiteren Übergriffen kann nämlich nichtsdestotrotz mit einer Rückfälligkeit des Täters einhergehen, wenn bspw. die Maßnahme dazu beiträgt das Opfer zu schützen, der Täter aber möglicherweise im Rahmen einer versuchten Straftat bereits die Schwelle zur Rückfälligkeit überschreiten würde.

786 *Arenas*, The Journal of Offender Monitoring 1/2019, S. 24; *Andujar/Velado/Rojas*, SOCIOLOGÍA Y TECNOCIENCIA 1/2022, S. 64.

787 *Erez/Ibarra*, The British Journal of Criminology 1/2007, S. 108, 109; *Andujar/Velado/Rojas*, SOCIOLOGÍA Y TECNOCIENCIA 1/2022, S. 63; *Erez/Ibarra/Lurie*, Federal Probation 1/2004, S. 18; *Erez/Ibarra/Bales/Gur*, GPS Monitoring Technologies and Domestic Violence: An Evaluation Study, 2012; *Arenas*, The Journal of Offender Monitoring 1/2019, S. 25; *Winter/Birgerson/Frey/Julian/Lucas/Norris/Matthewson*, Bilateral Electronic Monitoring of High-Risk Family Violence Perpetrators in an Australian jurisdiction, 2022, S. 56.

788 *Arenas*, The Journal of Offender Monitoring 1/2019, S. 25, 26; *Nancarrow/Modini*, Electronic Monitoring in the Context of Domestic and Family Violence, 2018, S. 81; *Natarajan*, Policing 4/2016, S. 389, wobei in diesem Fall kein Bilateral Monitoring, jedoch aber ein telefonisches Alarmsystem verwandt wurde, welches ähnlich zu einer

auf das Bilateral Monitoring stetig ausweitete, konnten bspw. Tötungen von Opfern, die durch die Maßnahme des Bilateral Monitoring überwacht wurden, nicht mehr verzeichnet werden.[789] Dies auch, obwohl die dortige durchschnittliche Tötungsrate von – weiblichen – Opfern in den Jahren 2009 bis 2018 55 Fälle betrug, der Durchschnitt getöteter Opfer unter gerichtlichen Schutzmaßnahmen hiervon 18 Prozent im Jahr 2010 und weiterhin bis zu 7 % im Jahr 2015 betrug.[790] Insoweit aber kam man in Spanien zu der Einschätzung, dass die Maßnahme des Bilateral Monitoring in der Lage ist, Leben potenzieller Opfer zu schützen.[791] Neben dem Opferschutz ist die Maßnahme darüber hinaus geeignet, Täter von der Begehung weiterer Straftaten abzuhalten, was durch den Umstand der Entdeckungsgefahr und damit einhergehend auch einer Abschreckung des Täters erreicht wird.[792] Letzterer Umstand deckt sich dabei mit der Maßnahme des elektronisch überwachten Hausarrestes, welcher ebenso geeignet ist von der Begehung von Straftaten abzuhalten. Sofern diese Maßnahme also einerseits geeignet ist Opfer häuslicher Gewalt hinlänglicher zu schützen, zum anderen aber gleichfalls auch im Rahmen der Abschreckung geeignet ist die Rückfallgefahr des Täters zu minimieren, so stellt dies eine Harmonisierung von Opferschutz und Rückfallvermeidung dar, welche die Maßnahme des Bilateral Monitoring zu leisten im Stande wäre.[793] Dies deckt sich bisweilen auch mit Erfahrungen sowohl von Opfer- als auch Täterseite, wonach selbst bei letzteren durch die Anordnung einer solchen Maßnahme ein besseres Bewusstsein für deren Verhalten geschaffen werden kann, was in der Folge zu entsprechenden Verhaltensänderung führen könnte.[794] Hinsichtlich der Wirksamkeit zugunsten des Opferschutzes und einer möglichen Rückfallvermeidung werden nichtsdestotrotz Ausnahmefälle nicht zu verhindern sein, in welchen selbst bei fehlerloser Überwachung ein Übergriff letztlich nicht wird verhindert

---

Alarmierung im Sinne einer Zuwiderhandlung im Rahmen des Bilateral Monitoring funktioniert und dabei Übergriffe verhindert werden konnten.

[789] *Arenas*, The Journal of Offender Monitoring 1/2019, S. 24.

[790] *Arenas*, The Journal of Offender Monitoring 1/2019, S. 24.

[791] *Arenas*, The Journal of Offender Monitoring 1/2019, S. 24.

[792] *Arenas*, The Journal of Offender Monitoring 1/2019, S. 24.

[793] Vgl. auch The Scottish Government, 2019, S. 67.

[794] *Winter/Birgerson/Julian/Frey/Lucas/Norris/Matthewson*, Evaluation of Project Vigilance: Electronic Monitoring of Family Violence Offenders, 2021, S. 35; *Arenas*, The Journal of Offender Monitoring 1/2019, S. 25.

werden können.[795] Die ausländischen Erfahrungen zeigen jedoch, dass das Potenzial dieser Maßnahme hin zu einem verbesserten Opferschutz, ausgehend vom hiesigen Status quo, durchaus vorhanden ist. Entgegen der Utopie, jegliche Übergriffe künftig vermeiden zu können, dürfte diese Maßnahme aber in jedem Falle dazu beitragen, mehr Opfer vor einer erneuten Verletzung durch den Täter zu bewahren als dies gegenwärtig in verhältnismäßiger Art und Weise möglich sein dürfte.[796] Dies kann sinnlogisch nur dann nicht gelten, wenn das Opfer trotz der Maßnahme des Bilateral Monitoring den Täter von sich aus aufsucht, bspw. ohne Mitnahme des für die Wirksamkeit der Maßnahme erforderlichen GPS-Empfängers. Ansonsten jedoch sollte das Opfer – im Optimalfall – von einer potenziellen Zuwiderhandlung des Täters gegen die Maßnahme des Bilateral Monitoring schon nichts mitbekommen.[797]

ff) Kritische Betrachtung

Jedoch sieht sich auch die Maßnahme des Bilateral Monitoring verschiedener Vorbehalte gegenüber, die eine Implementierung hemmen könnten. Richtigerweise werden – genauso wie im Rahmen des elektronisch überwachten Hausarrestes – auch im Rahmen dieser Maßnahme mögliche negative Auswirkungen kritisch beäugt, die nicht zuletzt auch der digitalen Überwachungskomponente selbst geschuldet sind. Nachfolgend sollen daher die relevantesten Problemfelder betrachtet werden.

(1) SEKUNDÄR- UND TERTIÄRVIKTIMISIERUNG

(a) **Begrifflichkeit und Bedeutung**

Die Sekundär- und Tertiärviktimisierung stellen Phänomene dar, die sich an eine sog. primäre Viktimisierung anschließen, was sich bereits sinnlogisch aus der Bezeichnung als sekundär bzw. tertiär ergibt. Die eigentliche (primäre) Viktimisierung bezeichnet dabei regelmäßig das im Rahmen einer Straftat für das Opfer erlebte Tatgeschehen samt dessen Folgen, mithin also das ursprüngliche Opferwerden.[798] Die sekundäre Viktimisierung stellt sodann

---

[795] *Brechbühl/Hostettler/Manetsch-Imholz/Schaub/Scheidegger/Weber*, Electronic Monitoring im Kontext von häuslicher Gewalt, 2021, S. 65.

[796] *Brechbühl/Hostettler/Manetsch-Imholz/Schaub/Scheidegger/Weber*, Electronic Monitoring im Kontext von häuslicher Gewalt, 2021, S. 65.

[797] *Fünfsinn/Kolz*, forum kriminalprävention 4/2016, S. 15.

[798] Kölbel/Bork, 2012, S. 39.

nicht etwa eine weitere durch den Täter begangene Verletzungshandlung, und somit also keine zweite Verletzungshandlung derselbigen Art, dar, sondern beschreibt vielmehr eine weitergehende, an die primäre Viktimisierung anknüpfende Viktimisierung, die in der Regel durch Dritte und gerade nicht durch den Täter selbst hervorgerufen wird.[799] Regelmäßig handelt es sich dabei um Handlungen, die bei dem Opfer ein im Hinblick auf die bereits erlittene Tat nochmaliges Opferwerden verursachen, zumindest also mittelbar der eigentlichen Straftat erwachsen.[800] Dies kann beispielsweise durch die erneute Konfrontation des Opfers im Rahmen der Aufarbeitung des Geschehenen innerhalb eines Strafprozesses, im Rahmen des vorgelagerten Ermittlungsverfahrens, möglicherweise aber auch im privaten Bereich, beispielsweise durch fehlende Sensibilität gegenüber dem Erlebten, der Fall sein.[801] *Kölbel/Bork* kommen in diesem Zusammenhang zu dem nachvollziehbaren Schluss, dass sekundäre Viktimisierung dabei auf einem Zusammenspiel zweier Teilstücke basiert, nämlich einem Verursachungs- und einem Folgenelement.[802] Allerdings besteht in der Forschungsliteratur hierzu kein einheitlicher Tenor, ab welchem Maße oder in welcher Intensität die Opferinteressen „erneut" beeinträchtigt sein müssen, geschweige denn in welcher Art und Weise, um einer sekundären Viktimisierung zu unterfallen, weshalb hierzu im Allgemeinen Beeinträchtigungen jeder Art, mithin physischer, psychischer, emotionaler oder auch nur moralischer Gestalt in Betracht kämen.[803] Die sekundäre Viktimisierung umfasst daher einen weiten Anwendungsrahmen.

Die tertiäre Viktimisierung stellt eine weitere Viktimisierungsebene dar, die sich an die Sekundärviktimisierung anschließt. Regelmäßig verfängt sich auf dieser Ebene das Opfer in seiner Rolle als solches, weshalb durch einen fehlenden adäquaten oder gescheiterten Umgang mit der primären und sekundären Viktimisierung das Opfer nachhaltig geschädigt wird, sodass es erneut, in Teilen womöglich auch dauerhaft, in seiner Opferrolle verbleibt, quasi also begünstigt durch die Primär- und Sekundärviktimisierung.[804] Die tertiäre

---

799 Kölbel/Bork, 2012, S. 39, 40.
800 Kölbel/Bork, 2012, S. 39.
801 Kleinert, 2008, S. 32 ff.; Bader, 2018, S. 32; Kölbel/Bork, 2012, S. 39, 40.
802 Kölbel/Bork, 2012, S. 40.
803 Bader, 2018, S. 153; Kölbel/Bork, 2012, S. 41.
804 Eisenberg/Kölbel, 2017, S. 1103.

Viktimisierung könnte daher auch als (dauerhafter) Folgeschaden bezeichnet werden, resultierend aus der erlebten Primär- bzw. Sekundärviktimisierung.[805] Begünstigt werden kann dieser Umstand hier ebenfalls, gleich wie im Rahmen der Sekundärviktimisierung, durch Einwirkung Dritter, beispielsweise im Ramen eines Opferentschädigungsprozesses.[806] Hierdurch kann sich der Opferstatus auch psychologisch bei dem Opfer manifestieren, wodurch die Gefahr der erneuten Viktimisierung erhöht werden kann.[807]

(b) Potenzielle Folge des Bilateral Monitoring?

Betrachtet man die Ausgestaltung des Bilateral Monitoring wird schnell klar, dass diese Maßnahme im Hinblick auf eine mögliche Sekundär- bzw. Tertiärviktimisierung eine Rolle spielen könnte. Das Bilateral Monitoring kommt, in Abhängigkeit dessen Anwendungsbereiches, im Zweifel erst zum Einsatz, wenn bereits eine Verletzung der Rechtsgüter des Opfers, mithin also eine primäre Viktimisierung, stattgefunden hat. Durch das Bilateral Monitoring, bei welchem das Opfer einen GPS-Empfänger bei sich tragen müsste (sollte) besteht die Gefahr, dass das Opfer hierdurch ständig an die erlebte Viktimisierung erinnert bzw. sich mit dieser konfrontiert sieht, dessen Effekt durch mögliche Fehlfunktionen der Maßnahme, beispielsweise falsche Alarme, oder aber auch der Erforderlichkeit des ständigen Aufladens des Akkus des Geräts regelmäßig verstärkt werden könnte.[808] Abhängig von der Konstitution des Opfers wäre daher eine (dauerhafte) psychische (oder andersartige, bspw. körperliche oder seelische) Beeinträchtigung nicht ausgeschlossen, die zu einer ständigen Belastung des Opfers führen könnte und im Ergebnis von der Maßnahme selbst und den damit verbundenen Akteuren ausgehen würde.[809] Dabei könnte insbesondere der Umstand eine Rolle spielen, dass, wie bereits ausgeführt, Opfer sich durch diese Maßnahme subjektiv sicherer fühlen und dadurch einem gewissen Mitwirkungszwang

[805] Eisenberg/Kölbel, 2017, S. 1103.

[806] Kleinert, 2008, S. 45; Eisenberg/Kölbel, 2017, S. 1103.

[807] *Bock* in: Bock, 2008, S. 176.

[808] *Andujar/Velado/Rojas*, SOCIOLOGÍA Y TECNOCIENCIA 1/2022, S. 67; *Hucklesby/Holdsworth*, Her Majesty's Inspectorate of Probation Academic Insights 8/2020, S. 5; *Fünfsinn/Kolz*, forum kriminalprävention 4/2016, S. 15.

[809] *Brechbühl/Hostettler/Manetsch-Imholz/Schaub/Scheidegger/Weber*, Electronic Monitoring im Kontext von häuslicher Gewalt, 2021, S. 63, 64.

unterliegen könnten, wodurch diese quasi in eine potenzielle sekundäre bzw. tertiäre Viktimisierung hineingesogen werden könnten.[810] Bisweilen wird dabei der Umstand der ständigen (digitalen) Konfrontation mit der tatsächlichen Präsenz des Täters verglichen, wodurch diese Maßnahme teilweise als dem Opferschutz nicht zuträglich angesehen wird.[811]

Es dürfte daher nicht von der Hand zu weisen sein, dass Bilateral Monitoring grundsätzlich geeignet wäre, eine sekundäre bzw. tertiäre Viktimisierung bei dem jeweiligen Opfer hervorzurufen. Umso eher aber läge es an den Funktionsträgern, solche möglichen negativen Konsequenzen zu vermeiden. Sollten beispielsweise in der Anfangsphase vermehrt Fehlalarme auftreten, so dürften sich solche bei Fortschreiten der Technik und stetiger Weiterentwicklung kontrollieren lassen. Hierfür bedarf es vielmehr, gerade in der Anfangszeit der Maßnahme, einer geeigneten Aufklärung, welche Risiken und mögliche Fehlerquellen diese Maßnahme mit sich bringt, damit das Opfer eigenständig im Sinne seines eigenen Schutzes entscheiden kann, ob es diese Maßnahme in Anspruch nehmen will oder nicht. Insbesondere wird das Opfer hierbei darauf hinzuweisen sein, dass die Maßnahme für sich gesehen höchstens eine bessere Durchsetzung der rechtlichen Schutzmaßnahmen gewähren könnte, eine tatsächliche Reviktimisierung jedoch nicht wird ausschließen können.[812] Das Opfer müsste daher im Vorhinein über mögliche sekundär- bzw. tertiärviktimisierende Umstände – sofern solche entsprechend voraussehbar sind – aufgeklärt werden, um für sich selbst entscheiden zu können, ob es unter diesen Umständen die Möglichkeit eines wirksameren Opferschutzes in Anspruch nehmen will, was insbesondere dann zu erwarten sein dürfte, wenn – wie in diesem Fall – die Vorteile die zu erwartenden Nachteile überwiegen.[813]

(2) STIGMATISIERUNG DES TÄTERS

Auch die Stigmatisierung des Täters durch die Tatsache, dass dieser zum Tragen einer elektronischen Fußfessel (GPS-Tracker) verpflichtet ist, findet

---

810 *Fünfsinn/Kolz*, forum kriminalprävention 4/2016, S. 15.

811 *Andujar/Velado/Rojas*, SOCIOLOGÍA Y TECNOCIENCIA 1/2022, S. 67; vgl. auch *Arenas*, The Journal of Offender Monitoring 1/2019, S. 25.

812 *Arenas*, The Journal of Offender Monitoring 1/2019, S. 24.

813 Vgl. *Brechbühl/Hostettler/Manetsch-Imholz/Schaub/Scheidegger/Weber*, Electronic Monitoring im Kontext von häuslicher Gewalt, 2021, S. 63; vgl. auch Tomasulo, 2021, S. 80.

sich als weiterer Kritikpunkt im Rahmen des Bilateral Monitorings wieder.[814] Eine Anwendung des Bilateral Monitoring wäre aber nur dann möglich, wenn dieses verhältnismäßig im Sinne des Gesetzes wäre. Hierbei sind, wie im Rahmen der Arbeit bereits untersucht, auch die Interessen des Täters zu berücksichtigen. Da die Maßnahme aber auch geeignet sein muss, was insbesondere dann der Fall sein dürfte wenn von dem Täter schwere Rechtsverletzungen zu Lasten des Opfers zu erwarten wären, wird man auf solche Situationen die Rechtsprechung des BVerfG (Kapitel B.III.3.d).bb).(4)) übertragen können, wonach der Täter konkret durch das verpflichtende Tragen einer elektronischen Fußfesseln unter Abwägung der Interessen des Opfers, insbesondere dessen Leben und körperliche Unversehrtheit, nicht über Gebühr belastet würde. Dies ist in Parallele zur Führungsaufsicht insbesondere auch bei Sexual- oder schweren Gewaltdelikten der Fall (vgl. § 68b Abs. 1, S. 4, Nr. 4 i. V. m. § 66 Abs. 3, S. 1 StGB), vor welchen – u. a. – auch ein Opfer im Rahmen der häuslichen Gewaltdelikte zu schützen wäre. In solchen Fällen aber, und auch dies stellt das BVerfG heraus, stellt die EAÜ, der auch ein Täter im Rahmen des Bilateral Monitoring unterliegen würde, keine unzulässige Grundrechtsbeeinträchtigung des Täters dar. Nicht außer Acht bleiben darf hier im Übrigen, dass die elektronische Überwachung auch einen entsprechenden Resozialisierungseffekt, beispielsweise in Form der Abschreckung,[815] mit sich brächte, der im Ergebnis sogar dem Täter zugutekäme.

(3) ZONENGRÖSSE

Zwar kann die Maßnahme des Bilateral Monitoring keine vollumfängliche Garantie für den Schutz des Opfers vor weiteren Übergriffen bieten (s.o.), denn will ein Täter diese Schutzmaßnahme umgehen, dürfte dies im Zweifel nicht zu verhindern sein, bspw. auch im Rahmen der Instrumentalisierung von Dritten.[816] Aber auch ohne Umgehung muss – so weit wie möglich – gewährleistet werden, dass trotz entsprechender bilateralen Überwachung ein Übergriff auf das Opfer

---

[814] *Ibarra/Erez*, Behavioral sciences & the law 2/2005, S. 272; *Winter/Birgerson/Julian/Frey/Lucas/Norris/Matthewson*, Evaluation of Project Vigilance: Electronic Monitoring of Family Violence Offenders, 2021, S. 25.

[815] *Arenas*, The Journal of Offender Monitoring 1/2019, S. 24.

[816] Tomasulo, 2021, S. 80.

so gut wie möglich verhindert wird.[817] Dies dürfte im Wesentlichen nur gelingen, wenn die Zonengrößen dabei durch die zuständigen Behörden so festgelegt werden, dass ein Eingreifen zur Verhinderung eines möglichen Übergriffs möglich ist, bevor der Täter die Möglichkeit zu einem solchen erhält.[818] Im Rahmen der konkreten Anordnung einer solchen Maßnahme könnte dabei im Wege der Verhältnismäßigkeit die Zonengröße von der Gefährlichkeit des Täters abhängig gemacht werden, denn nur eine ausreichend große Zone wäre geeignet, bspw. im Falle eines sog. omnimodo facturus, also einem zur Tat fest entschlossenen Täter, den verfolgten Zweck des Opferschutzes zu fördern, obschon auch dies keine Garantie für die Vermeidung jeglicher Übergriffe sein kann. Insofern würde es erforderlich sein, diesen Umstand dauerhaft einer Untersuchung zu unterziehen, und gegebenenfalls die Zonen im Laufe des Überwachungsprozesses individuell anzupassen.

(4) DATENSCHUTZKONFORMITÄT

Die Frage der Zulässigkeit der Erhebung und Verarbeitung personenbezogener Daten, die im Rahmen der elektronischen Überwachung des Täters zweifelsohne erfolgen würden, hatte auch das BVerfG in seiner Entscheidung über die Verfassungsmäßigkeit der EAÜ zu prüfen. Die Problematik stellt dabei der diesbezügliche Eingriff in das Recht auf informationelle Selbstbestimmung dar, welches eben diese Erhebung und Verarbeitung personenbezogener Daten schützt.[819] Da die Frage einer grundrechtlichen Beeinträchtigung bereits im Vorhin an das Urteil des BVerfG vom 1. Dezember 2020 die einschlägigen wissenschaftlichen Untersuchungen geprägt hat,[820] das BVerfG in seiner Entscheidung einen Eingriff aber insoweit als verfassungsrechtlich gerechtfertigt ansah, wird man vorliegend die im Hinblick auf die EAÜ im Rahmen der Führungsaufsicht normierten Voraussetzungen zur Erhebung und Verarbeitung personenbezogener Daten als Grundlage heranziehen können. Denn insoweit regelt § 463a Abs. 4 StPO detailliert – und gemäß dem

817 Vgl. *Hucklesby/Holdsworth*, Her Majesty's Inspectorate of Probation Academic Insights 8/2020, S. 5, wonach ein gewichtiger Nachteil wäre, wenn trotz elektronischer Überwachung die zuständigen Behörden potenzielle Übergriffe nicht verhindern könnten.

818 Ebenda.

819 *Kunig/Kämmerer* in: Münch/Kunig, Art. 2, Rn.: 75.

820 Vgl. Schlömer, 1998, S. 197 ff.; Hudy, 1999, S. 191 ff.; Haverkamp, 2002a, S. 182 ff.; Redlich, 2005, S. 135 ff.

BVerfG in verfassungsrechtlich nicht zu beanstandender Art und Weise – das Ob und Wie der Erhebung und Verarbeitung, insbesondere die gemäß Art. 5 Abs. 1, b) DSGVO erforderliche Zweckbindung der Datenerhebung und -verarbeitung. Auch hinsichtlich der Datenerhebung im Rahmen des Bilateral Monitoring, was gleichermaßen auch für andere Anwendungsgebiete elektronischer Überwachung gilt, wäre daher eine konkrete Normierung der Grenzen der Erhebung und Verarbeitung personenbezogener Daten erforderlich, um auch dem Recht auf informationelle Selbstbestimmung des Täters ausreichend Rechnung zu tragen. Dies auch, um einen Missbrauch der erhobenen Daten zu verhindern, insbesondere im Hinblick auf eine nicht erlaubte anlasslose Überwachung, Art. 5 Abs. 1, b) DSGVO. Die durch § 463a Abs. 4 StPO normierten verfassungsmäßigen Voraussetzungen könnten deshalb im Rahmen des Bilateral Monitoring zugrunde gelegt werden, da insbesondere die EAÜ im Rahmen der Führungsaufsicht zumindest strukturell mit der elektronischen Überwachung des Täters im Rahmen des Bilateral Monitorings (EAÜ) vergleichbar ist, Bedenken diesbezüglich also nicht entgegenstehen dürften.[821] Dass aber eine genaue Ausgestaltung der Erhebung und Verarbeitung personenbezogener Daten erforderlich wäre dürfte außer Frage stehen. So hat auch bereits der bayerische Gesetzgeber im Rahmen der polizeilichen Befugnisse zur EAÜ gemäß § 34c PAG Bayern, die auch für die Überwachung von Wohnungsverweisungen und Rückkehrverboten in Fällen von häuslicher Gewalt zulässig ist, parallel zu § 463a Abs. 4 StPO in den Absätzen drei bis fünf Voraussetzungen und Grenzen der Erhebung und Verarbeitung personenbezogener Daten normiert. Indes bleibt daher festzuhalten, dass, sofern die Frage der Erhebung und Verarbeitung der Daten im Rahmen der Zweckbindung verfassungskonform normiert würde, auch die Datenschutzkonformität, und somit das Recht des Täters auf informationelle Selbstbestimmung, in verhältnismäßiger Weise gewahrt bliebe.

gg) Zusammenfassung und Resümee

Ausgehend von der eingangs aufgeworfenen Frage, ob die Maßnahme des Bilateral Monitoring, hier in Form der elektronischen Überwachung mobiler Ge- und Verbotszonen, in das hiesige Rechtssystem implementiert werden könnte, dürfte diese Frage bejaht werden können. Obschon die konkrete

---

[821] Vgl. BVerfG, Beschl. v. 01.12.2020 – 2 BvR 916/11, 2 BvR 636/12, Rn.: 295 ff.

Ausgestaltung zur Erreichung des verfolgten Zwecks, des verbesserten Opferschutzes, im Wesentlichen seine Etablierung im zivilrechtlichen Gewaltschutzgesetz finden dürfte, so würde dies dennoch im Rahmen der Einheit der Rechtsordnung im Sinne der Prävention eine ernsthafte Möglichkeit zur Verhinderung von Straftaten – auch wenn nicht als Strafe im eigentlichen Sinne – darstellen können. Dass aber unter Betrachtung der gegenwärtigen Situation Opfer häuslicher Gewalt besser geschützt werden müssen zeigen bereits die gegenwärtig steigenden Opferzahlen häuslicher Gewaltdelikte, was gleichsam eine Offenbarung der Schwächen der derzeitigen Maßnahmen des Opferschutzes bedeutet. Diese Notwendigkeit erlangt bisweilen politische Brisanz, werden die Forderungen nach einem verbesserten Opferschutz mittlerweile auch auf politischer Ebene lauter. Hierbei zeigen die ausländischen Erfahrungen, dass eine Etablierung bereits über längere Dauer in subjektiver wie objektiver Hinsicht zu einem verbesserten Opferschutz beitragen kann, obschon aufgrund der Neuartigkeit der Maßnahme gesicherte signifikante Ergebnisse zu einem tatsächlich verbesserten Opferschutz bisweilen fehlen. Nichtsdestotrotz bietet die vorstehende Untersuchung zumindest hinlänglich Potenzial dafür, die Maßnahme des Bilateral Monitoring für die elektronische Überwachung mobiler Ge- und Verbotszonen auch für das hiesige Rechtssystem ernsthaft in Betracht zu ziehen. Denn einer rechtlichen wie tatsächlichen Implementierung stünden Bedenken grundsätzlich nicht entgegen, auch wenn die Maßnahme verschiedene Risiken offenbart. Die Untersuchung hat jedoch gezeigt, dass durchaus Möglichkeiten bestünden, solche Risiken zu minimieren. Indes darf auch nicht außer Betracht bleiben, dass das Phänomen häuslicher bzw. partnerschaftlicher Gewalt eine spezielle Verbindung zwischen Täter und Opfer beinhaltet, die bei herkömmlichen Straftaten – ausgenommen anderweitigen Beziehungstaten – so grundsätzlich nicht vorliegen dürfte. Insofern fällt die Frage der Opfermitwirkung hierbei umso mehr ins Gewicht, als dieses zu entscheiden hätte, ob es mögliche Einschränkungen oder Unannehmlichkeiten, bspw. hinsichtlich der Technologie oder auch einer möglichen Sekundär- bzw. Tertiärviktimisierung, akzeptieren würde, um dadurch jedoch die Möglichkeit zu erhalten ein unbeschwerteres Leben führen zu können.[822] Der Opfermitwirkung kommt im Rahmen dieser Maßnahme also eine für deren

[822] Vgl. *Arenas*, The Journal of Offender Monitoring 1/2019, S. 21.

Funktionsfähigkeit und Sinnhaftigkeit entscheidende Bedeutung zu, ohne die die Maßnahme von vornherein nicht die avisierte Wirkung erzielen, im Ergebnis daher auch keinen verbesserten Opferschutz bieten könnte. Insbesondere aber aufgrund der auch für einen Täter einschneidenden Beeinträchtigung dessen Rechte käme dem Gesetzgeber, wie hinsichtlich der Wirksamkeit dieser Maßnahme, eine besondere Beobachtungs- und notfalls entsprechende Nachbesserungspflicht zu.[823] Dies auch vor dem Hintergrund bislang nicht vorliegender signifikanter Wirksamkeitsstudien, wodurch dem Gesetzgeber gerade der Auftrag zukäme, die Maßnahme empirisch zu untersuchen und unter Umständen nachzubessern.[824] Nichtsdestotrotz ändert dies nichts an der Bewertung der Verhältnismäßigkeit dieser Maßnahme, im Rahmen derer für den Opferschutz gewichtigste Rechtsgüter wie der Schutz des Lebens, der körperlichen Unversehrtheit und der sexuellen Selbstbestimmung streiten. Im Rahmen einer zukünftigen Entwicklung dieser Maßnahme, die empirische Wirksamkeit einmal vorausgesetzt, wären darüber hinaus auch andere Anwendungsbereiche denkbar, bspw. im Rahmen von Nachstellungen (die ohne häusliche Gewaltdelikte hervorzurufen auch unter das Gewaltschutzgesetz fallen können) oder auch um anderweitige Personen, bspw. Richter und Staatsanwälte, vor etwaigen Bedrohungslagen zu schützen.[825] Auch unser Nachbarland die Schweiz hat jüngst Pilotprojekte für die Maßnahme eines dynamischen Electronic Monitoring, mithin also einer mobilen Überwachung von Täter wie Opfer im Rahmen häuslicher Gewalt auf den Weg gebracht.[826] Die diesbezüglichen Erkenntnisse hin zu der Frage einer festen Implementierung dieser Maßnahme dürften daher mit Spannung zu erwarten sein.

c) Elektronische Überwachung zur Kontrolle von Alkoholabstinenz – Remote (Transdermal) Alcohol Monitoring

Als letztes soll nachfolgend die Möglichkeit einer Integrierung der Maßnahme des Remote (Transdermal) Alcohol Monitoring in das deutsche Rechtssystem untersucht werden, wobei auch hier zu fragen ist, ob diese Maßnahme im

---

823 BVerfGE 112, 304 (316).

824 Vgl. BVerfG, Beschl. v. 01.12.2020 – 2 BvR 916/11, 2 BvR 636/12, Rn.: 265.

825 S. *Fünfsinn/Kolz*, forum kriminalprävention 4/2016, S. 15.

826 *Petrò*, Häusliche Gewalt: Nun erhalten auch die Opfer eine elektronische Fussfessel, 2023.

hiesigen Rechtssystem eingesetzt werden könnte, um durch diese Form der Überwachung ebenfalls einen positiven Beitrag zu nachhaltiger Sanktionierung bewirken zu können.

aa) Notwendigkeit einer solchen Maßnahme in Deutschland?

Das Remote Alcohol Monitoring stellt, ebenso wie das Bilateral Monitoring, eine neuere Maßnahme der elektronischen Überwachung dar, die in erster Linie dem technischen Fortschritt zu verdanken ist, bedenkt man insbesondere, dass die dieser Maßnahme zugrunde liegende Alkoholmessungsmethode zur Ermittlung des Alkoholgehaltes bereits eine längere Vergangenheit besitzt.[827] Anders jedoch als bei der Maßnahme des Bilateral Monitoring, welchem aufgrund der dargelegten Brisanz stetig ansteigender Fälle häuslicher Gewaltstraftaten und dem damit einhergehenden erforderlichen Schutz von – insbesondere – Frauen eine entsprechende Notwendigkeit offenkundig attestiert werden könnte, stellt sich zumindest eine – politische – Dringlichkeit, wie sie für die Problematik der häuslichen Gewalt gegenwärtig besteht, vorliegend nicht in selbem Maße ein, obwohl die Fallzahlen auch hier hellhörig werden lassen müssten. Historisch betrachtet stellt zwar die Zahl von Verletzten bzw. Getöteten durch Verkehrsunfälle in den letzten 70 Jahren einen Tiefstwert dar, dies gilt jedoch nicht für solche Unfälle, an denen Alkoholeinfluss einen maßgeblichen Faktor darstellte.[828] Vielmehr stieg im Jahre 2022 die Zahl solcher Unfälle, an denen mindestens ein Unfallbeteiligter unter Alkoholeinfluss stand, im Vergleich zum Vorjahr um 19 % auf 38.771 an, wobei die Zahl solcher Unfälle mit Personenschaden zum Vorjahr sogar um 23 % anstieg.[829] Auch dürfte darüber hinaus ein Alkoholeinfluss im Rahmen häuslicher Gewaltdelikte einen tatbegünstigenden Umstand darstellen, was zumindest der quotale Anteil von 23,8 % bei den männlichen und 20,5 % bei den weiblichen Tatverdächtigen in diesem Bereich, die bei Tatbegehung unter Alkoholeinfluss standen, vermuten lässt.[830] Mangels aber politischer und gesellschaftlicher Präsenz, wie dies zuletzt bei Fällen der häuslichen Gewalt der Fall war, drängt sich im Falle

[827] S. Kapitel B.IV.2.b).cc).(1).
[828] DESTATIS – Statistisches Bundesamt, Pressemitteilung Nr. 272 v. 12.07.2023, 2023.
[829] DESTATIS – Statistisches Bundesamt, Pressemitteilung Nr. 272 v. 12.07.2023, 2023.
[830] Bundeskriminalamt, Bundeslagebild Häusliche Gewalt 2022, 2023, S. 30.

des Remote Alcohol Monitoring daher grundsätzlich eine Implementierung dieser Maßnahme im deutschen Rechtssystem nicht zwangsläufig auf. Dies dürfte aber nicht zuletzt auch dem Umstand geschuldet sein, dass, bspw. im Rahmen des Straßenverkehrs, die Fallzahlen mit Personenschäden insgesamt zurückgehen, was aber auch der durch den technologischen Fortschritt zunehmenden Verkehrssicherheit der Fahrzeuge zu verdanken sein dürfte. Politisch scheint ebenfalls in Deutschland der Notwendigkeit für solch eine Maßnahme noch keine allzu große Bedeutung zuzukommen, betrachtet man beispielsweise den in anderen Ländern bereits teilweise großflächigen Einsatz sog. Alcolocks, also Wegfahrsperren für Fahrzeuge bei Alkoholeinfluss (Alkohol-Wegfahrsperre), die zwar auch in Deutschland seit vielen Jahren diskutiert, bisweilen aber nicht für solche Fälle eingesetzt werden.[831] Zwar existieren, wie bereits unter Kapitel B.IV.2.b).cc).(1) beschrieben, auch in Deutschland gegenwärtig bereits Alkoholmesseinrichtungen, welche jedoch nicht sonderlich praktikabel sind. Dies gilt insbesondere für eine kontinuierliche Alkoholüberwachung. Diese Lücke könnte jedoch die Maßnahme des Remote (Transdermal) Alcohol Monitoring schließen, bei welcher eine dauerhafte, kontinuierliche Alkoholüberwachung stattfinden könnte. Da Alkoholeinfluss (oder andere berauschende Mittel) nicht selten einen Umstand der Tatbegehung darstellen bzw. bedingen, was bereits die gesetzliche Konzeption der hierzu einschlägigen Normen, bspw. §§ 20, 21, 316, 323a StGB, suggeriert, dürfte es im allgemeinen Interesse liegen, sich diesem Umstand, insbesondere im Hinblick auf Prävention und Rückfälligkeit, anzunehmen.[832] Die Maßnahme des Remote (Transdermal) Alcohol Monitoring könnte hierbei, ähnlich wie im Rahmen der übrigen Maßnahmen elektronischer Überwachung, aufgrund des Abschreckungseffektes hinsichtlich eines erhöhten Entdeckungsrisikos möglicherweise auch das Verhalten der Täter nachhaltig beeinflussen.[833] Dies insbesondere dann, wenn die Maßnahme als „milderes Mittel", bspw. zu dem bislang normierten Fahrerlaubnisentzug, implementiert werden könnte.

Basierend also auf der bewusst als Frage betitelten Überschrift der Notwendigkeit einer solchen Maßnahme kann eine solche zwar aus den

[831] Tomasulo, 2021, S. 74; *McIvor/Graham* in: Dünkel/Thiele/Treig, 2017, S. 238.
[832] Dittmann/Nowak/Beck, 2011, S. 78.
[833] Dittmann/Nowak/Beck, 2011, S. 79.

oben genannten Erwägungen durchaus begründet werden, obschon eine gesellschaftspolitische Dringlichkeit nicht wie im Rahmen der häuslichen Gewaltdelikte gegeben ist. Die Untersuchung soll jedoch ohnehin zeigen, ob diese Maßnahme als erweiterte Sicherungsmöglichkeit geeignet wäre einen positiven Beitrag im Sinne nachhaltiger Sicherung der Gesellschaft zu leisten, insbesondere in Form der Erweiterung des Kataloges der Maßregeln der Besserung und Sicherung.

bb) Erforderlichkeit einer Rechtsgrundlage

Die Frage, ob dabei eine Rechtsgrundlage erforderlich wird, hängt dabei in erster Linie von der Ausgestaltung der Maßnahme per se ab. Bezugnehmend jedoch auf Kapitel B.IV.3.a).cc).(1) und B.IV.3.b).bb).(1) stellt auch die Maßnahme des Remote bzw. Transdermal Alcohol Monitoring einen Eingriff zumindest in das allgemeine Persönlichkeitsrecht dar, da auch bei dieser Maßnahme der Täter das Alkoholmessgerät im Sinne einer elektronischen Fußfessel angelegt bekäme. Insoweit also würde es sich um eine belastende Regelung, und damit um einen belastenden hoheitlichen Eingriff in die Rechte des Betroffenen, handeln. Nach dem Vorbehalt des Gesetzes wäre daher für diese Maßnahme ebenfalls eine gesetzliche Grundlage erforderlich. Dabei dürfte in Anlehnung an die im Rahmen des Bilateral Monitoring erforderliche Rechtsgrundlage aufgrund des grundrechtsrelevanten Eingriffscharakters die Notwendigkeit eines formellen Gesetzes bestehen. Auch insoweit dürfte der Richtervorbehalt maßgeblich sein, um eine missbräuchliche Verwendung zu vermeiden, den Betroffenen dahingehend also auch zu schützen. Die Frage der Gesetzgebungskompetenz allerdings hinge in diesem Fall grundsätzlich von der Art der möglichen Implementierung der Maßnahme ab. Obschon dies im Folgenden dieser Arbeit noch näher zu betrachten ist, steht die strafrechtliche Implementierung im Vordergrund, wonach gemäß Art. 72, 74 Abs. 1 Nr. 1 GG die Gesetzgebungskompetenz im Rahmen der konkurrierenden Gesetzgebung beim Bund liegt. Dies gilt vorliegend ebenso für die Frage einer möglichen Erweiterung der Maßregeln der Besserung und Sicherung, da auch diese dem strafrechtlichen Kompetenzbegriff i. S. d. Art. 74 Abs. 1 Nr. 1 GG zuzuordnen sind.[834]

---

[834] *Uhle* in: Dürig/Herzog/Scholz, § Art.74, Rn.: 101.

cc) Möglichkeit einer rechtlichen Implementierung

(1) STRAFRECHTLICHE IMPLEMENTIERUNG

Im Rahmen der strafrechtlichen Implementierung, auf welche vorliegend der Fokus gesetzt werden soll, ist aufgrund des Charakters der Maßnahme des Remote bzw. Transdermal Alcohol Monitoring im Rahmen der Zweispurigkeit des strafrechtlichen Sanktionensystems zwischen Strafen einerseits und den Maßregeln der Besserung und Sicherung andererseits zu unterscheiden.[835] Dies bedingt die Tatsache, dass diese Maßnahme grundsätzlich nicht als Strafe im eigentlichen Sinne ausgestaltet ist bzw. eine solche darstellt, sondern vielmehr den Charakter einer präventive Begleitmaßnahme besitzt.[836]

(a) **Strafe**

(aa) De lege lata

Im Rahmen der gegenwärtigen gesetzlichen Möglichkeiten des Strafenkataloges käme eine Anwendung konsequenterweise im Bereich der Freiheitsstrafe in Betracht. In erster Linie wäre dies im Rahmen einer Bewährungsweisung im Falle einer bedingten Freiheitsstrafe denkbar, möglicherweise aber auch als Vermeidung einer Inhaftierung im Bereich von (kurzen) Freiheitsstrafen.

Zwar normiert § 56c StGB, welcher Weisungen im Rahmen der Strafaussetzung zur Bewährung regelt, nicht explizit die Möglichkeit einer Weisung, auf Alkoholkonsum zu verzichten. Implizit ergibt sich dies zunächst nur aus § 56c Abs. 3 Nr. 1 StGB, wonach dem Verurteilten die Weisung auferlegt werden kann sich einer Entziehungskur zu unterziehen, wobei dies nicht ohne Einwilligung des Betroffene möglich ist. Da sich diese Weisung jedoch an suchtkranke Verurteilte richtet, werden gewöhnliche Alkoholverbotsweisungen als sog. nicht genannte Weisungen aufgefasst, da der Katalog des § 56c StGB gerade nicht abschließend ist, dem Gericht also eine weite Bandbreite an Weisungen offenhält.[837] Die Weisung, auf Alkoholkonsum zu verzichten, stellt dabei die eigentliche Weisung dar. Hinsichtlich der Ausgestaltung des Transdermal Alcohol Monitoring könnte diesem hierbei – ähnlich wie im Rahmen der EAÜ – die Aufgabe der

835 *Uhle* in: Dürig/Herzog/Scholz, Art. 74, Rn.: 97.
836 Dittmann/Nowak/Beck, 2011, S. 78.
837 *Groß/Kett-Straub* in: MüKo StGB, § 56c, Rn.: 30, 34.

Überwachung dieser Weisung zukommen, da diese Maßnahme geeignet ist, eine kontinuierliche Überwachung der Alkoholabstinenz zu gewährleisten. Gerade die bislang nur stationären Alkoholüberwachungstechniken in diesem Bereich, die oftmals am Wohnort des Verurteilten installiert werden, können eine solche flächendeckende Alkoholüberwachung im normalen Betrieb nicht gewährleisten, insbesondere, da es sich bei Alkohol um eine Substanz handelt, die nicht wie andere Drogen über einige Tage oder Wochen im Körper nachgewiesen werden kann.[838] Da § 56c StGB im Rahmen der nicht genannten Weisungen grundsätzlich die EAÜ als Kontrollmechanismus für die Weisungen aus § 56c Abs. 2 Nr. 1 StGB ermöglicht,[839] wäre auch eine „elektronische Überwachung zur Kontrolle von Alkoholabstinenz" als entsprechende Weisung denkbar. Zu beachten wäre aber, dass die gemäß § 56c StGB erteilten Weisungen gemäß Abs. 1 nur dann erteilt werden dürfen, wenn der Verurteilte dieser Hilfe bedarf, um keine Straftaten mehr zu begehen, die reine Überwachung einer Weisung daher nicht gestattet wäre.[840] Da die elektronische Überwachung aber per se, und auch das Remote Alcohol Monitoring im Speziellen, dergestalt spezialpräventiv ausgestaltet ist, dass es geeignet ist, Betroffene aufgrund des daraus resultierenden Entdeckungsrisikos abzuschrecken, könnte die Maßnahme auch geeignet sein, die Selbstdisziplin und Selbstkontrolle des Verurteilten zu stärken und damit auch der Vorbeugung weiterer Straftaten im Zusammenhang mit Alkoholeinfluss dienen. Andernfalls aber wäre die Maßnahme zumindest geeignet, Verstöße gegen die diesbezüglichen Weisungen festzustellen, wodurch aufgrund des erhöhten Entdeckungsrisikos eine gewisse Abschreckung in spezialpräventiver Weiser erfolgen könnte.

Hinsichtlich der Vermeidung einer Inhaftierung und damit als Alternative zur unbedingten Freiheitsstrafe wäre zunächst Voraussetzung, dass eine solche Möglichkeit gesetzlich verankert wäre, da es sich hierbei um ein Äquivalent zu der unbedingten Freiheitsstrafe, oder aber um eine Strafaussetzung handeln würde, wobei letztere dem Institut der Bewährung gleichen würde.[841] Dies wäre gegenwärtig als eigenständige Sanktion de lege lata nicht umsetzbar,

---

838 Dittmann/Nowak/Beck, 2011, S. 79; Tomasulo, 2021, S. 497.

839 Vgl. B.III.2.a); *Groß/Kett-Straub* in: MüKo StGB, § 56c, Rn.: 36.

840 *Groß/Kett-Straub* in: MüKo StGB, § 56c, Rn.: 7.

841 Vgl. hierzu auch Kapitel B.IV.3.a).cc).(1).

da dies einer dahingehenden Gesetzesänderung bedürfte. Allerdings wäre hierbei zu fragen, ob eine solche vorliegend überhaupt sinnvoll wäre. Die unbedingte Freiheitsstrafe stellt eine Hauptstrafe des deutschen Strafrechts dar und ist mit ihrer freiheitsentziehenden Wirkung als das schärfste Schwert des Strafenkatalogs anzusehen. Insofern würde bereits die Vergleichbarkeit der Maßnahme des Remote Alcohol Monitoring mit der Freiheitsstrafe hinsichtlich der straftheoretischen Zweckwirkung Fragen aufwerfen, dies aber auch hinsichtlich des Anwendungsbereiches, da diese Maßnahme lediglich auf solche Bereiche beschränkt werden könnte, in denen Alkoholeinfluss ein tatbedingender Umstand war. Die unbedingte Freiheitsstrafe hingegen kann grundsätzlich im Bereich jeder Strafbarkeit Anwendung finden, soweit diese – was überwiegend der Fall ist – als solche gesetzlich vorgesehen ist. Insofern würde sich der Anwendungsbereich des Remote Alcohol Monitoring auf einen kleinen Teilbereich beschränken, insbesondere alkoholbedingte Verkehrsstraftaten, bei welchen jedoch eine unbedingte Freiheitsstrafe bereits aufgrund des gesetzlichen Strafmaßes grundsätzlich seltener zu erwarten sein dürfte, ein Äquivalent damit nicht zwingend erforderlich wäre.[842] Denn insoweit bestünde in Anknüpfung an die obigen Ausführungen ohnehin die Möglichkeit, die Maßnahme als Bewährungsweisung im Rahmen der Strafaussetzung anzuordnen.

(bb) De lege ferenda

Da die Maßnahme des Remote bzw. Transdermal Alcohol Monitoring überwiegend eine Begleitmaßnahme darstellt, wäre eine Implementierung im Rahmen der in dieser Arbeit untersuchten anderen beiden Anwendungsvarianten elektronischer Überwachung, mithin des elektronisch überwachten Hausarrestes oder des Bilateral Monitoring, denkbar. Denn auch diese beiden Varianten könnten mit einer Weisung, auf Alkohol zu verzichten, begleitet werden, welche durch die Maßnahme des Remote bzw. Transdermal Alcohol Monitoring überwacht werden könnte. Anders als im Rahmen des § 56c StGB könnte hierbei, ähnlich wie § 68b Abs. 1 Nr. 12 StGB, eine Weisung der elektronischen Alkoholkontrolle schlicht als Überwachungsmöglichkeit der Alkoholabstinenz normiert werden. Bisweilen können die Technologie der Aufenthaltsüberwachung und der Alkoholüberwachung auch verknüpft

---

[842] Vgl. *Mohr* in: Dünkel/Thiele/Treig, 2017, S. 96, m.w.N.

werden, dies zumindest im Hinblick auf die Lokalisierung des Betroffenen an bestimmten Orten.[843] Da sich die hiesige Arbeit jedoch mit den einzelnen Maßnahmen separat befasst, stellt die Möglichkeit der Verknüpfung der Maßnahmen lediglich eine Zukunftsbetrachtung dar, welche ebenfalls maßgeblich von der technologischen Entwicklung in diesem Bereich abhängt, eine Untersuchung dieser Verknüpfung überdies den Rahmen dieser Arbeit sprengen würde, weshalb dies vorliegend nur am Rande Erwähnung findet.

(b) Maßregeln der Besserung und Sicherung

Weitreichendere Bedeutung könnte der Maßnahme des Remote bzw. Transdermal Alcohol Monitoring jedoch im Rahmen des Systems der Maßregeln der Besserung und Sicherung zukommen. Maßregeln dienen, im Vergleich zu den Strafen, gerade keiner Sühnefunktion, sondern bezwecken den Schutz der Allgemeinheit vor einer etwaigen Gefährlichkeit des Täters.[844] In diesem Rahmen sind insbesondere Eingriffe in die Rechte eines Täters dann gerechtfertigt, wenn im Vergleich zum schützenden Interesse der Allgemeinheit letzteres deutlich überwiegt.[845] Hierbei aber stellen die Maßregeln eine zusätzliche Komponenten zur Strafe dar (Zweispurigkeit des Sanktionensystems), welche somit in erster Linie spezialpräventiv ausgestaltet sind.[846] Das Gesetz normiert in § 61 StGB insgesamt sechs solcher Maßregeln abschließend, nämlich die Unterbringung in einem psychiatrischen Krankenhaus (Nr. 1), die Unterbringung in einer Entziehungsanstalt (Nr. 2), die Unterbringung in der Sicherungsverwahrung (Nr. 3), die Führungsaufsicht (Nr. 4), die Entziehung der Fahrerlaubnis (Nr. 5) sowie das Berufsverbot (Nr. 6). Insbesondere die Entziehung der Fahrerlaubnis gemäß §§ 61 Nr. 5, 69 StGB stellt hierbei ein mögliches Anwendungsfeld für das Remote bzw. Transdermal Alcohol Monitoring dar.

(aa) Alternative zu §§ 61 Nr. 2, 64 StGB

Zunächst jedoch ist auch die Maßregel gemäß §§ 61 Nr. 2, 64 StGB, die Unterbringung in einer Entziehungsanstalt, zu betrachten. Danach soll

---

843 *Graham/McIvor*, SCCJR The Scottish Centre for Crime & Justice Research 8/2015, S. 102, m.w.N.; *Naumann*, Drägerheft Spezial – Alkohol und Drogen 392, S. 20.

844 *van Gemmeren* in: MüKo StGB, § 61, Rn.: 1, 2; vgl. hierzu auch § 62 StGB.

845 *van Gemmeren* in: MüKo StGB, § 61, Rn.: 2.

846 *van Gemmeren* in: MüKo StGB, § 61, Rn.: 2.

gegenüber einer Person, die einen Hang hat – u. a. – alkoholische Getränke im Übermaß zu sich zu nehmen, von einem Gericht die Unterbringung in einer Entziehungsanstalt angeordnet werden, wenn die Person wegen einer rechtswidrigen Tat, die sie im Rausch begangen hat oder die auf ihren Hang zurückgeht, verurteilt oder nur deshalb nicht verurteilt wurde, weil ihre Schuldunfähigkeit erwiesen oder nicht auszuschließen ist und die Gefahr besteht, dass sie infolge ihres Hanges erhebliche rechtswidrige Taten begehen wird, § 64 S. 1 StGB. Hang zu alkoholischen Getränken meint dabei zwar nicht zwangsläufig eine dauernde Sucht, jedoch aber zumindest eine intensive Begierde, regelmäßig Alkohol im Überfluss zu konsumieren.[847] § 64 S. 2 StGB setzt dabei voraus, dass die Anordnung nur ergehen darf, wenn genügend Aussicht dahingehend besteht, die betroffene Person durch die Behandlung in der Entziehungsanstalt zu heilen oder für eine erhebliche Zeit vor dem Rückfall in diesen Hang zu bewahren und von der Begehung erheblicher rechtswidriger Taten abzuhalten die auf ihren Hang zurückgehen. Dies jedoch suggeriert, dass in den Fällen des § 64 StGB zumindest eine Behandlung des Täters zu erfolgen hat, die durch die Maßnahme des Remote bzw. Transdermal Alcohol Monitoring nicht geleitstet werden kann, da diese ausschließlich auf die Überwachung einer Alkoholabstinenz abzielt, was in diesen Fällen für die Besserung der Täter nicht ausreichend und damit ungeeignet sein dürfte.[848] § 64 S. 2 StGB selbst lässt sich dabei entnehmen, dass die pauschale Chance auf einen Behandlungserfolg gerade nicht ausreicht.[849] Da aber das Remote Alcohol Monitoring seiner gegenwärtigen Anwendungspraxis nicht den Erfordernissen einer Entziehungskur gleicht, insbesondere da die Maßregel des § 64 StGB eine sog. freiheitsentziehende Maßregel darstellt, dürfte eine alternative Anwendung insoweit nicht in Betracht kommen. Dies im Übrigen auch vor dem Hintergrund, als die (freiheitsentziehenden) Entziehungskuren ihrerseits auf eine Alkoholabstinenz, einschließlich deren Überwachung, abzielen.

---

[847] *van Gemmeren* in: MüKo StGB, § 64, Rn.: 28.

[848] *van Gemmeren* in: MüKo StGB, § 64, Rn.: 1; vgl. auch *Hucklesby/Holdsworth*, Her Majesty's Inspectorate of Probation Academic Insights 8/2020, S. 6, wonach im Rahmen ausländischer Anwendungsfälle alkoholabhängige Personen unberücksichtigt bleiben; s. auch *Pepper/Dawson*, Alcohol Abstinence Monitoring Requirement, 2016, S. 8.

[849] *van Gemmeren* in: MüKo StGB, § 64, Rn.: 76.

(bb) Alternative zu §§ 61 Nr. 5, 69 StGB

Als mögliche Alternativmaßnahme könnte das Remote Alcohol Monitoring jedoch für die Maßregel der Entziehung der Fahrerlaubnis gemäß §§ 61 Nr. 5, 69 StGB in Betracht kommen. Wie die anderen Maßregeln auch, dient auch diese dem Schutz der Allgemeinheit, in diesem Fall speziell der allgemeinen Verkehrssicherheit vor den von dem Betroffenen ausgehenden Gefahren.[850] Letztere müssen dabei die Wahrscheinlichkeit voraussetzen, dass der Täter ohne Entziehung der Fahrerlaubnis die Belange des Straßenverkehrs samt der Verkehrssicherheit beeinträchtigen würde.[851] Voraussetzung für die Entziehung ist dabei, dass der Täter zunächst wegen einer rechtswidrigen Tat, die er bei oder im Zusammenhang mit dem Führen eines Kraftfahrzeuges oder unter Verletzung der Pflichten eines Kraftfahrzeugführers begangen hat, verurteilt oder nur deshalb nicht verurteilt wird, weil seine Schuldunfähigkeit erwiesen oder nicht auszuschließen ist, und sich dabei aus der Tat ergibt, dass er zum Führen von Kraftfahrzeugen ungeeignet ist, § 69 Abs. 1 StGB. Die Ungeeignetheit stellt dabei einen unbestimmten Rechtsbegriff dar,[852] für welchen § 69 Abs. 2 StGB eine Regelvermutung dahingehend normiert, dass der Täter bei bestimmten rechtswidrigen Taten „in der Regel" als ungeeignet zum Führen von Kraftfahrzeugen anzusehen ist. Darüber hinaus liegt Ungeeignetheit vor, „wenn eine Würdigung der körperlichen, geistigen oder charakterlichen Voraussetzungen und der sie wesentlich bestimmenden objektiven und subjektiven Umstände ergibt, dass die Teilnahme des Tatbeteiligten am Kraftfahrzeugverkehr zu einer nicht hinnehmbaren Gefährdung der Verkehrssicherheit führen würde"[853]. Die insoweit durch § 69 Abs. 2 StGB normierte Regelvermutung kann dabei, ausweislich bereits des Wortlauts, nur durch besondere Ausnahmefälle entkräftet werden, was bspw. im Falle eines Notstandes oder in trivialen oder banalen Fällen grundsätzlich in Betracht käme.[854]

Die Anwendbarkeit des Remote Alcohol Monitoring würde sich im Rahmen des § 69 StGB konsequenterweise nur auf solche Fälle beschränken können, in welchen Alkoholeinfluss ein tatwesentlicher Umstand darstellt

---

850 *v. Heintschel-Heinegg/Huber* in: MüKo StGB, § 69, Rn.: 2–5.

851 *v. Heintschel-Heinegg/Huber* in: MüKo StGB, § 69, Rn.: 2.

852 *v. Heintschel-Heinegg/Huber* in: MüKo StGB, § 69, Rn.: 50.

853 Ebenda.

854 *v. Heintschel-Heinegg/Huber* in: MüKo StGB, § 69, Rn.: 76.

respektive sich die Ungeeignetheit zum Führen eines Kraftfahrzeuges auf einen solchen zurückführen lässt. Insofern aber könnte es in Relation zur Entziehung der Fahrerlaubnis eine weniger schwerwiegende Maßnahme darstellen. Fraglich ist daher, ob das Remote Alcohol Monitoring in der Lage wäre, die Zwecksetzung der Maßregel der Entziehung der Fahrerlaubnis in gleichwertigem Maße zu erreichen.

Die Maßnahme des Remote Alcohol Monitoring ermöglicht, wie im Rahmen dieser Arbeit bereits ausgeführt, über eine transdermale Messtechnik regelmäßig in kurzen Zeitabständen den genauen Alkoholgehalt im Körper zu bestimmen, um so einen Verstoß gegen eine angeordnete Alkoholabstinenz zu überwachen. Betrachtet man sich dabei die statistische Erhebung der Fahrerlaubnisentziehungen, so standen im Jahre 2021 knapp 83 % der insgesamt 42.504 entzogenen Fahrerlaubnisse in Verbindung mit Alkohol oder Drogen.[855] Die Maßnahme würde daher also als Alternative zu § 69 StGB nicht lediglich eine Randnische betreffen. Da insbesondere auch der Alkoholeinfluss bei gleich drei der fünf Regelbeispiele aus § 69 Abs. 2 StGB Tatbestandsmerkmal sein kann (muss),[856] dürfte nicht selten auch bereits bei Alkoholeinfluss im Rahmen dieser begangenen Taten die Ungeeignetheit zum Führen von Kraftfahrzeugen vermutet werden, die Widerlegung dieser Regelwirkung also regelmäßig schwerfallen, was in der Konsequenz die Entziehung der Fahrerlaubnis bedeutet. An dieser Schnittstelle könnte die Maßnahme des Remote Alcohol Monitoring zum Einsatz kommen, dies insofern, als sie dem Fahrerlaubnisentzug aufgrund von alkoholbedingt festgestellter Ungeeignetheit zum Führen von Kraftfahrzeugen zuvorkommen könnte.

Relevanz dürfte der Maßnahme daher überwiegend im Rahmen dieses Regelkataloges aus § 69 Abs. 2 StGB zukommen, da bereits die Begehung einer dort genannten Straftat die Anordnung der Maßregel aufgrund der sich aus der Regelvermutung ergebenden Indizwirkung, ohne die andernfalls (gemäß § 69 Abs. 1 StGB) erforderliche Gesamtwürdigung, zulässt.[857] Sofern daher besondere Umstände, die ausnahmsweise die Regelwirkung entfallen lassen, nicht vorliegen, wird die Maßregel angeordnet werden. Dies betrifft

---

[855] Statistisches Bundesamt (Destatis), Verkehrsunfälle, 2022, S. 13.

[856] § 69 Abs. 2, Nr. 1 (§ 315c Abs. 1, Nr. 1, a) StGB), Nr. 2 (§ 316 StGB), Nr. 4 (§ 323a StGB).

[857] *v. Heintschel-Heinegg/Huber* in: MüKo StGB, § 69, Rn.: 65.

auch Fälle, in denen die Tat lediglich einen erstmaligen Verstoß darstellt, der beispielsweise auf einem einzugestehenden Fehler des Täters beruhen kann, dieser eine Entziehung der Fahrerlaubnis in solchen Fällen nur schwerlich verhindern könnte.[858] Das Remote Alcohol Monitoring könnte hierbei dem Täter jedoch die Möglichkeit geben, pro-aktiv seine Ungeeignetheit zum Führen eines Kraftfahrzeuges zu widerlegen, mithin also seine Geeignetheit zu beweisen respektive zu bestätigen, indem er im Hinblick auf die unter Alkoholeinfluss begangene Straftat unter Führung eines Kraftfahrzeuges eine Alkoholabstinenz durch eine kontinuierliche elektronische Überwachung ermöglicht. Da der Fahrerlaubnisentzug ausweislich des ausgeführten Zwecks dieser Maßregel darauf beruht, die Allgemeinheit vor dem Täter dergestalt zu schützen als sichergestellt werden soll, dass dieser – hier – kein Kraftfahrzeug mehr im Zustand unter Alkoholeinflusses führen kann, so wäre dies gleichermaßen auch durch die Maßnahme des Remote (Transdermal) Alcohol Monitoring möglich. Dabei könnte diese Maßnahme sogar noch über den – bezweckten – Schutz des § 69 StGB hinausgehen, da letzterer in erster Linie dahingehend wirkt, dass dem Täter auf bestimmte Zeit nicht mehr erlaubt ist ein Fahrzeug zu führen, vgl. §§ 69, 69a Abs. 1 StGB. Die fehlende rechtliche Erlaubnis hindert naturgemäß jedoch nicht daran, auch das tatsächliche Führen eines Kraftfahrzeuges zu unterlassen, ungeachtet ob unter Alkoholeinfluss oder nicht. Dies belegen bereits die statistisch erhobenen Verstöße gegen eine Entziehung der Fahrerlaubnis bzw. ein Fahrverbot, die mit knapp 30 % für das Jahr 2021 nicht unbeachtet bleiben können.[859] Dies allerdings signalisiert, dass gerade das Führen eines Kraftfahrzeuges für viele Menschen eine solche Bedeutung hat, dass diese bereit wären, hierfür weitere Straftaten (Fahren ohne Fahrerlaubnis, § 21 StVG) zu begehen. Die Maßnahme des Remote Alcohol Monitoring könnte hierbei als mildere Maßnahme zur Entziehung der Fahrerlaubnis den Tätern die Teilnahme am Straßenverkehr weiterhin ermöglichen, dabei jedoch den die Anlasstat bedingenden Alkoholeinfluss hinsichtlich einer Alkoholabstinenz elektronisch überwachen. Letztere müsste sich dabei über eine gewisse Dauer erstrecken,

---

[858] Vgl. *Kinzig* in: Schönke/Schröder, § 69, Rn.: 46; s. auch *v. Heintschel-Heinegg/Huber* in: MüKo StGB, § 69, Rn.: 77.

[859] MOVING – International Road Safety Association e.V., Fahren ohne Fahrerlaubnis nimmt drastisch zu, 2021, S. 1, 3; vgl. auch Dittmann/Nowak/Beck, 2011, S. 86, m.w.N.

was ähnlich zu der bestimmbaren Dauer einer Sperre der Neuerteilung einer Fahrerlaubnis, § 69a Abs. 1 StGB, bemessen werden könnte.

Das Remote Alcohol Monitoring wäre dabei auch geeignet, die Sicherheit der Allgemeinheit, insbesondere hinsichtlich der Verkehrssicherheit, weitreichender zu schützen als es die Maßregel der Entziehung der Fahrerlaubnis könnte. Nicht nur, dass durch die Erhaltung der Fahrerlaubnis Fälle des Fahrens ohne Fahrerlaubnis verhindert werden könnten, so kann parallel während des Führens eines Kraftfahrzeuges – aufgrund der kontinuierlichen Alkoholabstinenzkontrolle – die Alkoholabstinenz überwacht werden, welche im Rahmen der Entziehung der Fahrerlaubnis gerade nicht überwacht werden könnte, jedenfalls nicht, wenn diese Maßregel nicht durch eine Freiheitsstrafe auf Bewährung und einer dahingehenden Bewährungsweisung flankiert würde, also beispielsweise im Falle einer Geldstrafe. § 62 StGB stellt dabei klar, dass sich die Maßregeln stets im Lichte der Verhältnismäßigkeit zu bewegen haben. Da im Rahmen der Maßregeln die Schuldkomponente – denn Maßregeln können auch gegenüber schuldlos handelnden Tätern angeordnet werden, §§ 63, 64, 69 StGB – nicht einschlägig ist, wird diese Regulierung durch den Grundsatz der Verhältnismäßigkeit vorgenommen.[860] Gemäß den Voraussetzungen[861] des Verhältnismäßigkeitsgrundsatzes dient das Remote Alcohol Monitoring dabei mit dem Schutz der Allgemeinheit einem legitimen Zweck. Die Maßnahme ist geeignet, diesen Zweck zumindest auch entsprechend zu fördern, da durch die kontinuierliche Alkoholüberwachung die Zwecksetzung, Gefahren für die Allgemeinheit durch das Führen eines Kraftfahrzeugs unter Alkoholeinfluss zu verhindern, entsprechend überwacht und aufgrund der diesbezüglichen Entdeckungsgefahr den Täter von einem solchen Verhalten abhalten kann. Die Maßnahme müsste auch erforderlich und damit das mildeste unter gleich geeigneten Mitteln darstellen. Ausweislich der großen Zahl von Fällen, in denen sich über die Entziehung der Fahrerlaubnis hinweggesetzt wird, was im Übrigen nur das Hellfeld darstellt, die Dunkelziffer damit naturgemäß erheblich größer sein dürfte, stellt die bisherige Maßnahme der Entziehung der Fahrerlaubnis zwar für sich gesehen eine mildere Maßnahme für den Umstand, dem Täter die Legitimation der Teilnahme am Straßenverkehr zu entziehen, dar. Jedoch

860 *van Gemmeren* in: MüKo StGB, § 62, Rn.: 1.

861 Vgl. hierzu Kapitel B.IV.3.b).bb).(3).

aber kann dies augenscheinlich nicht garantieren, dass ein Täter, dem die Fahrerlaubnis entzogen wurde, auch tatsächlich nicht mehr am Straßenverkehr teilnimmt, erst recht nicht, dass dies im Zustand der Alkoholabstinenz (bzw. innerhalb der gesetzlich erlaubten Grenzen) geschieht. Gerade aber die aus letzterem erwachsenden Gefahren sollen ausweislich der vorherigen Ausführungen durch die Entziehung der Fahrerlaubnis – zumindest in den hier relevanten Fällen der Begehung einer Anlasstat unter Alkoholeinfluss – verhindert werden. Das Remote Alcohol Monitoring wäre geeignet, die Alkoholabstinenz des Betroffenen zu kontrollieren und hierdurch eine Überwachung der Teilnahme am Straßenverkehr hinsichtlich der durch Alkoholeinfluss erwachsenden Gefahren zu gewährleisten, was die reine Entziehung der Fahrerlaubnis nicht leisten kann. Überdies verhindert das Remote Alcohol Monitoring durch die Belassung der Fahrerlaubnis – als mildere Maßnahme – ebenso Straftaten des Fahrens ohne Fahrerlaubnis und wäre geeignet, den Täter im Hinblick auf eine nach einem Verstoß gegen die mit dem Remote Alcohol Monitoring auferlegte Abstinenzpflicht potenziell folgende Entziehung der Fahrerlaubnis in dieser Hinsicht abzuschrecken, ein Kraftfahrzeug unter Alkoholeinfluss zu führen. Als milderes Mittel käme auch die Maßnahme eines sog. Alkohol-Interlocks in Betracht, eine Atemalkohol-Wegfahrsperre, bei der vor dem Starten des Motors ein fest in das Kraftfahrzeug installierter Atemalkoholtest durchzuführen ist, ohne dessen negatives Ergebnis sich das Fahrzeug nicht starten ließe.[862] Zwar würde hierdurch, ähnlich wie beim Remote Alcohol Monitoring, konkret der Bezug des Alkoholkonsum zum Führen eines Kraftfahrzeuges gesetzt werden können. Jedoch aber wäre diese Maßnahme lediglich in der Lage zu verhindern, dass der Betroffene mit seinem eigenen Fahrzeug nicht unter Alkoholeinfluss fährt, andere Fahrzeuge jedoch wären davon ausgenommen, diese Gefahr bestünde demnach weiterhin.[863] Insofern wäre ein mögliches Alkohol-Interlock sicherlich ein milderes Mittel. Gleiches gelte ebenso für die bereits eingangs erwähnten stationären Alkoholmesssysteme. Für den damit verfolgten Zweck wären diese jedoch nicht gleichermaßen geeignet diesen zu gewährleisten. Die Maßnahme dürfte darüber hinaus auch angemessen und damit verhältnismäßig im engeren Sinne sein. Mit der Sicherheit der Allgemeinheit,

---

862 Dittmann/Nowak/Beck, 2011, S. 86.
863 Dittmann/Nowak/Beck, 2011, S. 86.

insbesondere des Straßenverkehrs, sind zumindest mit Leib und Leben der allgemeinen Verkehrsteilnehmer bereits höchste Rechtsgüter dieser in die Abwägung einzustellen.[864] Insoweit dürfte die Maßnahme also nicht außer Verhältnis zu diesem Zweck stehen. Die elektronische Überwachung der Alkoholabstinenz greift zumindest auch in die allgemeine Handlungsfreiheit und das allgemeine Persönlichkeitsrecht des Betroffenen ein, indem dieser kontinuierlich auf dessen Alkoholabstinenz überwacht wird. Zwar wird man anführen können, dass eine kontinuierliche Alkoholüberwachung im Hinblick auf die gefahrerhöhende Wirkung „lediglich" im Zusammenhang mit dem Führen eines Kraftfahrzeuges außer Verhältnis zum Zweck der Maßnahme stünde. Andererseits genügt eine einmalige Anlasstat i. S. d. § 69 Abs. 2 StGB, dass die Fahrerlaubnis entzogen wird, da der Täter in diesen Fällen in der Regel als ungeeignet zum Führen von Kraftfahrzeugen gilt. Der Eingriff, der insoweit durch die Entziehung der Fahrerlaubnis stattfindet, dürfte daher nicht weniger schwer wiegen als die Abwendung einer solchen Entziehung durch eine elektronisch überwachte kontinuierliche Alkoholüberwachung. Überdies wäre es ebenfalls denkbar, wie bereits auch im Rahmen der EAÜ und diesbezüglich ständiger Evaluierungen der Maßnahme, dass die Maßnahme lediglich als mögliche Alternativmaßnahme zum Fahrerlaubnisentzug ausgestaltet sein könnte und dabei von einer Einwilligung des Betroffenen abhängig gemacht werden könnte. Dadurch würden zum einen die möglichen Beeinträchtigungen der Rechte durch den Betroffenen selbst akzeptiert werden können, zum anderen könnte dieser für sich selbst entscheiden, inwieweit er die Entziehung der Fahrerlaubnis oder eher die Anordnung des Remote Alcohol Monitoring duldet. Insbesondere auch hinsichtlich solcher Betroffenen, die im Rahmen ihrer beruflichen Tätigkeit auf die Fahrerlaubnis zwingend angewiesen sind, könnte diese Maßnahme einen erheblichen Vorteil dahingehend bieten, dass dadurch bspw. ein drohender Arbeitsplatzverlust verhindert werden könnte. Zwar normiert bisweilen § 69a Abs. 2 StGB die Möglichkeit, bestimmte Arten von Kraftfahrzeugen auszunehmen, bspw. also für Berufskraftfahrer. Allerdings bleibt auch hierbei die Ungeeignetheit zum Führen von Kraftfahrzeugen unteilbar bestehen.[865] Ebenso gilt dies nur für die Sperre der Erteilung einer

---

[864] *van Gemmeren* in: MüKo StGB, § 62, Rn.: 8.
[865] *v. Heintschel-Heinegg/Huber* in: MüKo StGB, § 69a, Rn.: 31.

Fahrerlaubnis, nicht jedoch für dessen eigentliche Entziehung. Auch könnte im Rahmen des Fortschritts der Technik das Remote Alcohol Monitoring mit einer Maßnahme, speziell einer Fußfessel, verknüpft werden, deren Technik im Stande ist, aufgrund der Fußbewegungen des Betroffenen zu erkennen, ob dieser ein Kraftfahrzeug führt oder nicht.[866] Der Fortschritt der Technik wäre dahingehend also dazu dienlich, die Maßnahme ständig anzupassen. Allerdings wäre hierbei zu beachten, dass eine gesetzliche Ausgestaltung bestenfalls dahingehend erfolgen sollte, dass die „verpflichtende" Entziehung der Fahrerlaubnis aus § 69 Abs. 1 StGB („so entzieht ihm das Gericht die Fahrerlaubnis") zur Wahrung der gesetzlichen Konzeption beibehalten werden sollte, „soweit" sich der Betroffene nicht der Maßnahme des Remote Alcohol Monitoring unterzieht, insofern also dem Betroffenen die Möglichkeit der Abwendung der Entziehung der Fahrerlaubnis gegeben wird, ähnlich wie im Rahmen der Bewährungsweisungen, bei deren Missachtung selbige widerrufen würde. Das Ziel der Maßnahme, die von dem Betroffenen ausgehenden Gefahren zu verhindern, dürfte insoweit im Rahmen des Remote Alcohol Monitoring die mit dieser Maßnahme einhergehenden Beeinträchtigungen des Täters überwiegen.

(c) **Nebenstrafe § 44 StGB – Fahrverbot**

Gemäß § 44 StGB besteht darüber hinaus die Möglichkeit, ein Fahrverbot als sog. Nebenstrafe gegenüber dem Verurteilten zu verhängen, wobei dieses aufgrund des Gesetzes zur effektiveren und praxistauglicheren Ausgestaltung des Strafverfahrens vom 17. August 2017[867] mittlerweile, im Gegensatz zu § 69 StGB, auch bei Straftaten verhängt werden kann, die nicht im Zusammenhang mit dem Führen eines Kraftfahrzeuges stehen, § 44 Abs. 1 StGB. Allerdings dürfte, jedenfalls in Bezug auf solche Taten, die mit dem Führen eines Kraftfahrzeuges in Zusammenhang stehen, die Entziehung der Fahrerlaubnis aufgrund der gesetzlichen Verpflichtung hierzu, sofern die Voraussetzungen vorliegen, Vorrang genießen, insbesondere da das Fahrverbot hierzu im Exklusivitätsverhältnis steht, diese Maßnahmen sich also gegenseitig ausschließen.[868] Obschon vorliegend der

[866] S. Tomasulo, 2021, S. 73, m.w.N.
[867] BGBl. I 2017, S. 3202.
[868] *v. Heintschel-Heinegg/Huber* in: MüKo StGB, § 44, Rn.: 2.

Fokus auf dem Remote Alcohol Monitoring als Alternative zur Maßregel der Entziehung der Fahrerlaubnis liegen soll, verfolgt das Fahrverbot ohnehin auch einen unterschiedlichen Zweck, da dieses dem Täter vielmehr als Warnung dienen soll und somit vorgelagert zum Fahrerlaubnisentzug zu sehen ist, die generalpräventive Wirkung respektive Schutzfunktion der Allgemeinheit hiermit gerade nicht bezweckt wird.[869] Aufgrund dessen, sowie aufgrund der geringeren praktischen Bedeutung im Zusammenhang mit dem Führen eines Kraftfahrzeuges unter Alkoholeinfluss begangener Straftaten aufgrund des Vorrangs des Fahrerlaubnisentzuges, scheidet das Remote Alcohol Monitoring aus Sicht des Verfassers vorliegend bereits als Alternativsanktion zur Nebenstrafe des Fahrverbotes aus.

(2) ANDERWEITIGE RECHTLICHE IMPLEMENTIERUNG

Auch im zivil- bzw. öffentlich-rechtlichen Bereich wäre eine Einführung der Maßnahme des Remote Alcohol Monitoring dem Grunde nach denkbar, weshalb dies nachfolgend noch am Rande erwähnt werden soll.

Im zivilrechtlichen Bereich käme eine Anwendung in Kombination mit der in dieser Arbeit untersuchten Maßnahme des Bilateral Monitoring in Betracht, soweit Taten häuslicher Gewalt auf eine alkoholbedingte Enthemmung zurückgeführt werden könnten, da andernfalls bereits ein konkreter Anlass für die Auferlegung einer solchen Maßnahme fehlen würde.[870] Dabei könnte das Remote Alcohol Monitoring als weitere mögliche Schutzmaßnahme im Sinne des Gewaltschutzgesetzes aufgenommen werden, welche bei begründetem Anlass mit der elektronischen Aufenthaltsüberwachung kombiniert werden könnte (Hybrid-Geräte)[871], sofern der technische Fortschritt dies zulassen würde.

Hinsichtlich öffentlich-rechtlicher Erwägungen käme auch hier eine Maßnahme im Gefahrenabwehrrecht, konkret des Polizei- und Ordnungsrechtes oder des Fahrerlaubnisrechtes, in Betracht. Allerdings ist hierbei zu berücksichtigen, dass gemäß § 3 Abs. 3 StVG das Strafverfahren Vorrang vor dem verwaltungsbehördlichen Verfahren des Entzuges der Fahrerlaubnis genießt,

---

869 *v. Heintschel-Heinegg/Huber* in: MüKo StGB, § 44, Rn.: 1.

870 S. Derks, 2020, S. 55, 259, wonach Alkoholeinfluss auch im Rahmen häuslicher Gewalt regelmäßig einen enthemmenden Umstand darstellt.

871 *Naumann*, Drägerheft Spezial – Alkohol und Drogen 392, S. 20, wonach dies bisweilen in den USA möglich ist und entsprechend praktiziert wird.

darüber hinaus auch bereits mit § 111a StPO, der vorläufigen Entziehung der Fahrerlaubnis, eine präventive Maßnahme im Sinne des Gefahrenabwehrrechtes im Bereich des Strafverfahrens existiert, obschon § 111a StPO nichtsdestotrotz vorrangig repressiven Zwecken dienen soll.[872] Insofern könnte eine Einführung der Maßnahme im Rahmen des § 111a StPO angedacht werden, welche sodann gleichfalls präventive und damit gefahrenabwehrrechtliche Wirkung entfalten würde. Ob darüber hinaus aber noch eine eigene gefahrenabwehrrechtliche Normierung erforderlich wäre stünde zu bezweifeln, zumindest, wenn die Maßnahme auf den Schutz der Allgemeinheit vor Gefahren durch den Betroffenen für die allgemeine Verkehrssicherheit abzielen soll.

dd) Praktische Ausgestaltung

Die praktische Ausgestaltung der Maßnahme würde sich dabei, da eine solche Maßnahme bislang in Deutschland noch nicht angewendet wird, an dem gegenwärtigen Stand der Technik orientieren müssen. Hierzu dürfte – derzeit – insbesondere das bereits unter Kapitel B.IV.2.b).cc) dargestellte SCRAM-Bracelet bzw. Anklet die erste Wahl darstellen, welches im Ausland bereits entsprechend erprobt ist und angewendet wird, bspw. flächendeckend in den Vereinigten Staaten. Hierbei wird der Alkoholgehalt transdermal im Schweiß des Betroffenen bestimmt. Insoweit wäre, sofern dieses System auch in Deutschland eingeführt werden würde, die Maßnahme auch in technischer Sicht entsprechend umsetzbar. Auch wäre hierbei denkbar, dass, im Rahmen des anzuwendenden Verhältnismäßigkeitsgrundsatzes für die hier fokussierten Maßregeln der Besserung und Sicherung, diese mit einer zusätzlichen Technik ausgestaltet werden könnte, die anhand der Fußbewegung feststellen kann, ob der Betroffene im Begriff ist ein Kraftfahrzeug zu führen.[873] Letzteres jedoch dürfte dem technischen Fortschritt anheimfallen, würde allerdings eine im Rahmen der Angemessenheit der Maßnahme erwägenswerte Komponente darstellen.

ee) Zielgruppe

Wie die vorstehenden Ausführungen bereits gezeigt haben, liegt der Fokus des Remote Alcohol Monitoring in erster Linie auf alkoholbedingten

---

[872] *Henrichs/Weingast* in: KK-StPO, § 111a, Rn.: 1.
[873] Tomasulo, 2021, S. 73, m.w.N.

Verkehrsstraftaten, da die Maßnahme hierbei geeignet ist, als mildere Maßnahme zu den bisher gesetzlich normierten Möglichkeiten entsprechende Straftaten unter präventiven Gesichtspunkten zu sanktionieren. Sofern die Maßnahme zukünftig aber auch eine Messung anderer berauschender Substanzen, mithin also anderer Drogen, zulassen würde, was insofern von der technischen Weiterentwicklung dieser abhängen würde, so könnte diese im Rahmen der Verkehrsdelikte auch für andere Substanzen als Alkohol eingeführt werden. Auch kommt gerade im Bereich der strafrechtlichen Einordnung eine Anordnung als Bewährungsweisung in Frage, weshalb der Anwendungsbereich hierdurch grundsätzlich weiter gefasst werden könnte, mithin auch abseits der Verkehrsstraftaten. Zu denken wäre bspw. an Gewaltdelikte, die maßgeblich durch Alkoholeinfluss begünstigt werden. Die Maßnahme dürfte jedoch nicht für solche Täter geeignet erscheinen, die einer Alkohol- bzw. Drogenabhängigkeit unterliegen. Ungeachtet dessen, dass für solche Fälle die Unterbringung in einer Entziehungsanstalt gemäß § 64 StGB geeigneter erscheint, dürfte das Remote Alcohol Monitoring aufgrund der Gefahr eines Verstoßes im Sinne eines erneuten – teilweise zwangsweisen – Konsumverhaltens bereits als von vornherein ungeeignet erscheinen.[874]

ff) Kritische Betrachtung

Die grundsätzlich positive Aussicht auf die transdermale Alkoholüberwachung muss nichtsdestotrotz auch kritisch beäugt werden. Der hierbei wohl gewichtigste Punkt dürfte der bereits unter Kapitel B.IV.2.b).cc).(3) angeführte Umstand sein, dass die transdermale Alkoholüberwachung im Vergleich zur Blutalkoholkonzentration erst mit einer Verzögerung von einer halben bis zu zwei Stunden festgestellt werden kann, was insoweit auf die Absorptions- und Diffusionszeit zurückzuführen ist. Bisweilen wurde daher in der Literatur teilweise die Auffassung vertreten, aus diesem Grund stelle das Remote bzw. Transdermal Alcohol Monitoring keine taugliche Alternative im Rahmen von Verkehrsstraftaten dar.[875] *Beck* führt dies zum damaligen Zeitpunkt darauf zurück, dass durch die transdermale

[874] Vgl. *Hucklesby/Holdsworth*, Her Majesty's Inspectorate of Probation Academic Insights 8/2020, S, S. 6; *Pepper/Dawson*, Alcohol Abstinence Monitoring Requirement, 2016, S. 8.

[875] Dittmann/Nowak/Beck, 2011, S. 89.

Alkoholüberwachung nicht die Konzentration des zeitgleich im Blut befindlichen Alkohols gemessen werden kann, da durch die Absorptions- und Diffusionszeit der Alkoholgehalt im Schweiß zeitlich erst später messbar ist, der diesbezügliche Messwert daher nicht die zum Messzeitpunkt zeitlich im Blut befindliche Alkoholkonzentration nachweisen kann.[876] Problematisch wäre hierbei, dass aufgrund der ungenaueren Messergebnisse der Betroffene seiner Möglichkeiten abgeschnitten würde, einen adäquaten Gegenbeweis zu erbringen, beispielsweise durch die „wissenschaftlich gesicherte" Bestimmung der Blutalkoholkonzentration.[877] Mittlerweile jedoch bildet die transdermale Bestimmung der Alkoholkonzentration die Alkoholkonzentration im Körper entsprechend ab, weshalb die Messmethoden als ebenbürtig angesehen werden können.[878] Dies jedoch relativiert die Auffassung *Becks* insoweit, als dem Betroffenen damit keine Nachteile mehr im Rahmen der Bestimmung der Blutalkoholkonzentration durch die transdermale Messtechnik erwachsen, zumindest soweit eine vollständige Alkoholabstinenz in Rede steht.[879] Der Aspekt der Verzögerung der Messung, der ausweislich der Abhängigkeit von Absorptions- und Diffusionszeit schwerlich zu beeinflussen ist, könnte aber eher dazu führen, dass dem Betroffenen das Führen eines Kraftfahrzeuges unter Alkoholeinfluss schwieriger nachzuweisen wäre, da hierdurch theoretisch die Möglichkeit bestünde, bei einer bereits bestehenden Blutalkoholkonzentration ein Kraftfahrzeug zu führen, bevor das transdermale Messgerät diese entsprechend erfassen kann bzw. erfasst. Allerdings wäre dies lediglich in solchen Fällen relevant, in denen der Betroffene dem Grunde nach noch Alkohol konsumieren dürfte, ihm dies also lediglich in Bezug auf das Führen eines Kraftfahrzeuges untersagt wäre. Da vorliegend jedoch die Maßnahme des Remote (Transdermal) Alcohol Monitoring als Alternativmaßnahme zum Fahrerlaubnisentzug anzusehen ist, dies auch mit einer entsprechenden Einwilligung des Probanden verknüpft werden könnte, wäre hierbei vielmehr ein generelles Alkoholverbot praktikabel, bei dessen Missachtung die „härtere"[880] Maßnahme der Entziehung der Fahrerlaubnis

---

876 Dittmann/Nowak/Beck, 2011, S. 89.

877 Dittmann/Nowak/Beck, 2011, S. 85.

878 *Naumann*, Drägerheft Spezial – Alkohol und Drogen 392, S. 20.

879 *Naumann*, Drägerheft Spezial – Alkohol und Drogen 392, S. 20.

880 Dies kann bisweilen auch aus dem Umstand geschlussfolgert werden, dass ein durchaus hohes Widersetzungspotenzial gegen die Entziehung der Fahrerlaubnis besteht.

greifen würde, womit die Frage des Messzeitpunktes damit nicht mehr von Bedeutung wäre. Außerdem, und dies wiederum gesteht auch *Beck* zu, ist es in diesen Fällen regelmäßig der Täter, der mit seinem Verhalten die entsprechende Ursache für diese Maßnahme setzt, insofern ein solches Vorgehen von diesem auch eher zu dulden wäre und dieses ohnehin durch den Grundsatz der Verhältnismäßigkeit eingegrenzt werden könnte.[881]

Da die Wissenschaft bisweilen davon ausgeht, dass die Messwerte der transdermalen Messtechnik mit denen der Blutalkoholmessung nahezu identisch sind, dürfte auch die Frage einer Verwertbarkeit der Daten vor Gericht geklärt sein, da ein Gericht sodann in freier richterlicher Beweiswürdigung (§ 261 StPO) solche Messwerte aus einem Remote bzw. Transdermal Alcohol Monitoring verwerten könnte.[882] Insbesondere ist der Betroffene hierdurch auch nicht dergestalt in seinen Rechten beschnitten, dass ihm die Möglichkeit eines Gegenbeweises abgeschnitten wird, da eine Benachteiligung bei Gleichwertigkeit der Messergebnisse schon nicht zu befürchten wäre.[883] Der Umstand des „zeitversetzten" Messens dürfte dabei eher einen die Strafverfolgungsbehörden als den Betroffene tangierenden Umstand darstellen, dem im Lichte der Effektivität von eben diesen zu begegnen wäre. Sofern aber die durch das Remote bzw. Transdermal Alcohol Monitoring erlangten Daten wissenschaftlich gesicherten Erkenntnissen entsprächen, so dürfte der diesbezüglich freien richterlichen Beweiswürdigung nichts entgegenstehen.[884]

Auch wurde bisweilen die Frage aufgeworfen, ob die Maßnahme des Remote Alcohol Monitoring ohne begleitende Betreuung bzw. therapeutische Unterstützung den gewünschten Einfluss auf den Betroffenen erzielen könnte.[885] Dieser grundsätzlich nachvollziehbare Gedanke dürfte allerdings auf die hier hauptsächlich untersuchte Maßnahme als Alternative zur Entziehung der Fahrerlaubnis nicht verfangen, da diese bereits die Zielgruppe solcher Täter, die einer solchen Betreuung bedürfen, nicht einschließt, insbesondere

---

881 *Beck*, Blutalkohol – Alcohol, Drugs and Behavior 4/2013, S. 161.
882 Dittmann/Nowak/Beck, 2011, S. 85; *Beck*, Blutalkohol – Alcohol, Drugs and Behavior 4/2013, S. 158.
883 So bspw. Tomasulo, 2021, S. 502; anders: Dittmann/Nowak/Beck, 2011, S. 85.
884 *Tiermann* in: KK-StPO, § 261, Rn.: 49.
885 *Graham/McIvor*, SCCJR The Scottish Centre for Crime & Justice Research 8/2015, S. 109; s. auch Dittmann/Nowak/Beck, 2011, S. 89, 90.

bspw. alkoholabhängige Täter. Vielmehr soll die Maßnahme ein milderes Mittel zu dem – in vielen Fällen – gemäß § 69 Abs. 2 StGB unumgänglichen Fahrerlaubnisentzug in solchen Fällen darstellen, in denen die Maßnahme auch als verhältnismäßig im hier untersuchten Rahmen angesehen werden kann, was bei alkoholabhängigen Personen schon nicht der Fall wäre.

gg) Beitrag zur Rückfallvermeidung

Da die Maßregeln der Besserung und Sicherung im Gegensatz zur Strafe im deutschen Sanktionensystem nicht bezwecken begangenes Unrecht zu sühnen, sondern vielmehr die Allgemeinheit vor dem Täter schützen sollen, mithin also präventive Maßnahmen darstellen, bezwecken diese implizit auch, dass der Täter von einem Rückfall abgehalten werden soll, andernfalls die Allgemeinheit hierdurch schon nicht geschützt wäre.[886] Gleiches müsste daher auch dem Remote Alcohol Monitoring attestiert werden können respektive dieses hierzu in der Lage sein. Ähnlich jedoch wie im Rahmen des Bilateral Monitoring ist auch im Bereich der elektronischen Abstinenzkontrolle, insbesondere der transdermalen, die Forschungsdichte hinsichtlich Wirksamkeit oder Rückfallvermeidung gering. Aufgrund der bisherigen ausländischen Anwendungspraxis existieren nichtsdestotrotz Erfahrungsberichte, welche die Auswirkungen des Remote Alcohol Monitoring näher betrachtet haben. Dabei konnten auch einige Untersuchungen eine gewisse Reduktion der Rückfallgefahr – teilweise bis zu 12 % – feststellen, wobei diese Ergebnisse zumeist nicht als signifikant gewertet werden konnten.[887] *Flango* und *Cheesman* konnten bisweilen ebenfalls feststellen, dass die Rückfallgefahr in Abhängigkeit zur Dauer der Maßnahme steht, indem eine erhöhte Wiederinhaftierungsquote für Verkehrsstraftaten unter Alkoholeinfluss bei solchen Tätern festgestellt werden konnte, die weniger als 90 Tage mit der sog. SCRAM-Technologie überwacht wurden.[888] Feststellbar war darüber hinaus, dass die Einhaltung der Anordnung der Alkoholabstinenz weitestgehend erfolgte, mithin selten Verstöße auftraten, jedenfalls nicht solche, die

---

[886] BVerfG NJW 2009, 980 (981).

[887] *Flango/Cheesman*, Drug Court Review 3/2007, S. 104; *Kilmer/Nicosia/Heaton/Midgette*, American Journal of Public Health 1/2013, S. 39; The Scottish Government, 2019, S. 24.

[888] *Flango/Cheesman*, Drug Court Review 3/2007, S. 105.

auf einen Alkoholkonsum zurückzuführen waren.[889] In diese Feststellung fügt sich auch die Intention der Maßnahme ein, die eigene Kontrolle des Täters nachhaltig zu beeinflussen und damit eine Verhaltensänderung herbeizuführen, was u. a. – ähnlich wie bei den anderen Maßnahmen der elektronischen Überwachung – durch das erhöhte Entdeckungsrisiko und der daraus erwachsenden Konsequenz einer Sanktionierung angetrieben wird, um weitere Straftaten zu verhindern.[890] Dieser Effekt konnte dabei jüngst in einer Untersuchung im Rahmen eines Pilotprojektes in England beobachtet werden, wonach knapp 60 % der überwachten Täter angaben, nach Beendigung der Überwachung weniger Alkohol zu konsumieren, ganze 23 % sogar wollten sich dem Alkohol insgesamt abwenden.[891]

Obschon diese Beobachtungen keine wissenschaftlich signifikanten Ergebnisse ausweisen, so lässt sich hieraus zumindest das Potenzial einer elektronisch überwachten Alkoholabstinenzkontrolle erkennen. Jedoch ist dies, obwohl die Maßnahme trotz ihrer mittlerweile schon einige Jahre andauernden Anwendung im Ausland noch wenig empirische Wirksamkeitsergebnisse aufweist, aufgrund der Neuartigkeit dieser Überwachungstechnologie wenig überraschend. Im Hinblick jedoch auf die vorliegende Zwecksetzung des Schutzes der Allgemeinheit dürfte neben der teilweise festgestellten reduzierten Rückfallgefahr insbesondere auch der Umstand der Befolgung bzw. Einhaltung der angeordneten Alkoholabstinenz einen wesentlichen Beitrag zur Erreichung dieses Zwecks darstellen. Dies umso mehr, als damit im Rahmen der vorliegend untersuchten Alternative zur Entziehung der Fahrerlaubnis auch die Begehung einer Straftat nach § 21 StVG, Fahren ohne Fahrerlaubnis, verhindert werden könnte. Damit wäre diese Maßnahme nicht nur geeignet einen Beitrag zur Rückfallvermeidung betreffend alkoholbedingt begangener Verkehrsstraftaten zu leisten, sondern gleichzeitig auch das

---

889 *Graham/McIvor*, SCCJR The Scottish Centre for Crime & Justice Research 8/2015, S. 109; vgl. auch *Pepper/Dawson*, Alcohol Abstinence Monitoring Requirement, 2016, S. 4, wonach sogar eine Einhaltungsquote von 92 % erreicht werden konnte; *McKelvie*, An Implementation of Remote Alcohol Monitoring in Alaska, 2005, S. 4.

890 *Beck*, Blutalkohol – Alcohol, Drugs and Behavior 4/2013, S. 160; *Vachal/Awasthi/Khan/Zhou/Choi/Tchakounte-Wakem*, Journal of Safety Research/2021, S. 274; *Brobbin/Deluca/Hemrage/Drummond*, JMIR Human Factors 4/2022, S. 9, 10.

891 *Roberts/Turley/Piggott/Lynch-Huggins/Wishart/Kerr*, Evaluation of the AAMR tagging pilot, 2019, S. 44, 45.

Risiko einer nicht legitimierten Teilnahme am Straßenverkehr aufzufangen. Trotz der bisweilen äußerst geringen Dichte an wissenschaftlich fundierten Wirksamkeitsstudien kann deshalb aber nicht von einer Ungeeignetheit dieser Maßnahme zur Rückfallvermeidung bzw. -verringerung und damit einem verbesserten Schutz der Allgemeinheit ausgegangen werden.[892] Vielmehr, und dies hob auch das BVerfG in seinem Beschluss zur Verfassungsmäßigkeit der EAÜ hervor, obliegen dem Gesetzgeber hierbei besondere Beobachtungs- und Nachbesserungspflichten, wonach dieser ohnehin verpflichtet wäre, eigens empirische Beobachtungen zur Wirksamkeit dieser Maßnahme anzustellen.[893]

hh) Zusammenfassung und Resümee

Das Remote bzw. Transdermal Alcohol Monitoring stellt, ebenso wie das Bilateral Monitoring, eine sowohl in rechtlicher als auch technischer Hinsicht neue Maßnahme elektronischer Überwachung dar. Insoweit ist es zunächst nicht verwunderlich, dass die wissenschaftlichen Erkenntnisse hierzu eher rar gesät sind. Auch scheint die – zumindest politische – Erforderlichkeit einer solchen Maßnahme, obschon die einschlägigen Fallzahlen einen anderen Schluss durchaus zulassen, gegenwärtig nicht gesehen zu werden. Nichtsdestotrotz aber hat die hiesige Untersuchung gezeigt, dass hinsichtlich gerade der im Verkehrsbereich durchaus alarmierenden Fallzahlen von im Zusammenhang mit Alkoholeinfluss begangener Straftaten die Maßnahme des Remote Alcohol Monitoring grundsätzlich geeignet wäre, solche Straftaten einzudämmen. Hierbei kommt insbesondere eine alternative – mildere – Anwendung zur Maßregel der Entziehung der Fahrerlaubnis gemäß § 69 StGB in Betracht. Denn die elektronische kontinuierliche Alkoholüberwachung könnte im Gegensatz zur Entziehung der Fahrerlaubnis den Zweck dieser Maßregel, die Sicherheit der Allgemeinheit, zuverlässiger und konsequenter erreichen, indem durch die kontinuierliche Alkoholüberwachung an der spezifischen Ursache der Delinquenz angesetzt wird und eine Entziehung der Fahrerlaubnis dadurch – vorerst – vermieden würde. Hierbei wäre eine Anwendung der im Ausland bisweilen teilweise flächendeckend eingesetzten SCRAM-Technologie in Form einer Fußfessel zumindest aus strafrechtlicher

---

[892] Vgl. BVerfG, Beschl. v. 01.12.2020 – 2 BvR 916/11, 2 BvR 636/12, Rn.: 264; Dittmann/Nowak/Beck, 2011, S. 90.

[893] BVerfG, Beschl. v. 01.12.2020 – 2 BvR 916/11, 2 BvR 636/12, Rn.: 265.

und kriminologischer Sicht denkbar. Die Betrachtung hat dabei ebenfalls gezeigt, dass die Maßnahme zumindest positive Auswirkungen auf den Betroffene haben kann, sowohl auf die Rückfälligkeit als auch im Wege eines Mittels zur Selbsthilfe, ähnlich wie dies ausweislich der in dieser Arbeit gewonnenen Erkenntnisse bei elektronischer Überwachung generell der Fall sein kann. Aus Sicht des Verfassers ließe sich daher mit dieser Alternative zur Maßregel der Entziehung der Fahrerlaubnis aus rechtlicher sowie kriminologischer Sicht ein potenziell effizienterer Weg ebnen um die Allgemeinheit, hier insbesondere in Form der allgemeinen Verkehrssicherheit, vor den alkoholbedingten Gefahren des Betroffenen angemessen zu schützen. Allerdings gilt auch insoweit, dass die Maßnahme hinsichtlich ihrer Effektivität und Wirksamkeit, aber auch ihrer grundrechtlichen Beeinträchtigungen zu beobachten wäre. Allerdings verspricht der Fortschritt der Technik hierbei, dass zumindest die bislang im Rahmen der Fußfessel gerügten Rechtsverletzungen durch alltagstauglichere Geräte, die bereits gegenwärtig einem Armband oder einem sog. Fitnesstracker ähneln, eher ab- als zunehmen dürften.[894]

4. Grenzüberschreitende elektronische (Aufenthalts-) Überwachung

Im Rahmen der elektronischen Überwachung per se, insbesondere aber auch solcher Überwachungsmaßnahmen, bei denen die elektronische Aufenthaltsüberwachung eine Rolle spielt, besteht bisweilen auch die Initiative, eine solche im grenzüberschreitenden Bereich zu etablieren.[895] Konkret kämen hier Regularien für eine grenzüberschreitende elektronische Aufenthaltsüberwachung mit den direkten Nachbarstaaten, bspw. Österreich, in Betracht, dies sodann im Wege einer entsprechenden Rechtshilfemaßnahme.[896] Auch eine EU-weite Lösung war hierbei angedacht, scheiterte bislang jedoch sowohl an grundsätzlich niedrigen Anwendungsraten dieser Maßnahme in anderen Mitgliedstaaten als auch dem Umstand, dass eine solche grenzüberschreitende EAÜ im Ausland nicht erforderlich ist, da Grenzübertritte von überwachten Personen ohnehin nicht gestattet

---

[894] *Wang/Fridberg/Leeman/Cook/Porges*, Alcohol/2019, S. 85.

[895] S. BMJ, Abfrage des bestehenden Bedarfs an einer Lösung v. 13.01.2021, Aktz.: II B 7 – 9360-21-27 265/2021.

[896] Ebenda.

wären.[897] Obschon eine solche „Erweiterung" des Überwachungsradius dem Betroffenen weitere Freiheiten einräumen könnte, bspw. könnte ein Urlaub im Ausland hierdurch ermöglicht werden, so stellt dies zunächst die beteiligten Staaten vor rechtliche und praktische Hürden, wie eine solche grenzüberschreitende Überwachung ausgestaltet sein kann und muss, da selbstredend ein Staat nicht ohne Weiteres auf dem Hoheitsgebiet eines andren Staates Überwachungsmaßnahmen durchführen könnte.[898] Allerdings zeigt diese Initiative, die durch das BMJ angetrieben wurde, auch, dass die elektronische Überwachung nicht zwangsläufig auf nationaler Ebene enden muss, vielmehr durch internationale Kooperationen auch eine Erweiterung der Rechte des Betroffenen, bzw. eine Minderung der Beeinträchtigung der Rechte eines Betroffenen, erreicht werden könnte, zugleich aber auch potenzielle Gefahren eines Grenzübertrittes – bspw. Flucht o. ä. – eingedämmt werden könnten. Jedoch dürfte es derzeit aufgrund der niedrigen Anwendungszahlen insgesamt, auch also im europäischen Ausland, an der Erforderlichkeit solcher bilateralen Übereinkommen fehlen, was sich allerdings durch eine zukünftig erweiterte Anwendung elektronischer Überwachung schnell ändern könnte.

5. Erweiterung der Sicherungsmöglichkeiten – Fazit

Ausgehend von den erweiterten Sicherungsmöglichkeiten, die bereits in anderen Ländern praktiziert werden, konnte die vorstehende Untersuchung zumindest insgesamt zeigen, dass erweiterte Sicherungsmöglichkeiten, welche elektronische Überwachung bietet, auch in Deutschland übernommen werden könnten. Ausschlaggebend war hierbei insbesondere das „Ob" der Implementierung dieser Maßnahmen in der hiesigen Rechtsordnung. Jede dieser Maßnahmen birgt dabei einen anderen Hintergrund, gleichen sich jedoch in dem grundlegend verfolgten Ziel und Zweck, bessere Resozialisierung und Prävention zu erreichen, welche im Ergebnis der Gesellschaft zugutekommen. Für jede Maßnahme ergab die Untersuchung für sich gesehen den Schluss, dass es aus eben diesen Zielen sinnvoll wäre, diese umzusetzen, obschon auch andere Aspekte in einen solchen Implementierungsprozess einzubeziehen wären, bspw. technische oder finanzielle, die dieser Arbeit jedoch nicht zugrunde liegen sollten. Ziel

[897] Ebenda.
[898] Ebenda.

war daher vielmehr die Untersuchung der – insbesondere – rechtlichen Möglichkeit, diese Maßnahmen hierzulande einzuführen, wobei der Fokus dabei auf der Frage lag, ob diese einen positiven Beitrag leisten können, nicht also nur gleichwertige Alternativmaßnahmen zu bestehenden Maßnahmen darstellen. Dies konnte die Untersuchung vorliegend zeigen, auch wenn die Ansatzpunkte und Hintergründe der Maßnahmen grundsätzlich unterschiedlich waren. Fokussiert sich die Strafe des elektronisch überwachten Hausarrestes bspw. auf die Besserung des Täters im Sinne einer gelungenen, effektiven Resozialisierung, so steht beim Bilateral Monitoring der Opferschutz und beim Remote Alcohol Monitoring der Schutz der Allgemeinheit an erster Stelle. Im Ergebnis jedoch zielt jede dieser Maßnahmen darauf ab, die Sicherheit der Gesellschaft im Allgemeinen auf ein höheres Niveau zu heben. Daher kann die ursprüngliche Frage, ob diese Maßnahmen als erweiterte Sicherungsmöglichkeiten auch im deutschen Rechtssystem integriert werden könnten, grundsätzlich bejaht werden.

V. Positiver Beitrag zu nachhaltiger Sanktionierung

Diese Arbeit steht im Weiteren unter der Frage, ob, oder inwieweit, die hier untersuchten Maßnahmen im Sinne erweiterter Sicherungsmöglichkeiten einen positiven Beitrag zu nachhaltiger Sanktionierung leisten könnten. Denn eine Maßnahme, die nicht grundsätzlich auch nachhaltige Effekte erzielt, würde bereits dem Sinn und Zweck des strafrechtlichen Sanktionensystems widersprechen. Dies lässt bereits das Vollzugsziel aus § 2 StVollzG erkennen, wonach auch der Gefangene befähigt werden soll, künftig in sozialer Verantwortung ein Leben ohne Straftaten zu führen. Hierbei ist jedoch zunächst darzustellen, was in Bezug auf Sanktionierung unter Nachhaltigkeit zu verstehen ist.

1. Nachhaltige Sanktionierung

a) Nachhaltigkeit

Der Begriff der Nachhaltigkeit ist derzeit allgegenwärtig, nicht zuletzt aufgrund der gegenwärtigen internationalen klimapolitischen Situation. Doch Nachhaltigkeit stellt im Grunde kein neuzeitliches Phänomen dar, wurden bereits ab dem Mittelalter Mittel und Wege gesucht, den wachsenden Bedarf an Ressourcen in Abhängigkeit einer stetig wachsenden Bevölkerung zu decken.[899] Der eigentliche Begriff der Nachhaltigkeit geht dabei auf den Forstwissenschaftler Hans Carl von Carlowitz aus dem Jahre 1713 zurück, welcher den Begriff der Nachhaltigkeit hierzulande erstmals formulierte.[900] Hohe politische Bedeutung erlangte die Nachhaltigkeit sodann Ende der 1980er Jahre, als im sog. „Brundtland-Bericht"[901] der Vereinten Nationen, genauer des Berichtes der Weltkommission für Umwelt und Entwicklung mit dem Titel „Unsere gemeinsame Zukunft", nachhaltige Entwicklung erstmals dahingehend formuliert wurde, „dass die Menschheit sicherstellt, dass sie die Bedürfnisse der Gegenwart befriedigt, ohne die Fähigkeit künftiger Generationen zu gefährden ihrerseits die eigenen Bedürfnisse zu befriedigen"[902]. Durch die Generalversammlung der Vereinten Nationen wurde daraufhin im Jahr 2015 mit der Resolution A/RES/70/1, der Agenda 2030 für nachhaltige Entwicklung, ein Zielkatalog mit 17 Zielen (Sustainable Development Goals) erlassen, welche bis zum Jahre 2030 weltweit umgesetzt werden sollen.[903] Per Ziel Nummer 16 soll dabei auch eine friedliche und inklusive Gesellschaft für eine nachhaltige Entwicklung gefördert, allen Menschen Zugang zur Justiz ermöglicht und leistungsfähige, rechenschaftspflichtige und inklusive Institutionen auf allen Ebenen aufgebaut werden.[904] Die hierbei erklärten Unterziele umfassen neben der Verringerung aller Formen von Gewalt (16.1) auch die Unterstützung zuständiger nationaler Institutionen beim Kapazitätsaufbau auf allen Ebenen zur Verhütung von Gewalt und zur Bekämpfung von Terrorismus und Kriminalität (16.a).[905] Obschon Nachhaltigkeit einen viele Bereiche umfassenden Begriff darstellt, überwiegend aber mit den Bereichen Umwelt und Entwicklung in Verbindung gebracht wird, stellt die Agenda 2030 nunmehr ausdrücklich auch allgemeine rechtlich relevante Nachhaltigkeitsziele auf, wodurch auch das Rechtswesen

---

899 Hupke, 2021, S. 19 ff.

900 Carlowitz, 2000, S. 106; Hupke, 2021, S. 23.

901 Benannt nach der norwegischen Ministerpräsidentin Gro Harlem Brundtland, die Vorsitzende der Weltkommission für Umwelt und Entwicklung war.

902 UN, Our Common Future, 1987, Rn.: 27.

903 UN-Generalversammlung Resolution A/RES/70/1 v. 21.10.2015, S. 3, auch als Sustainable Development Goals (SDG's) bekannt.

904 UN-Generalversammlung Resolution A/RES/70/1 v. 21.10.2015, S. 14.

905 UN-Generalversammlung Resolution A/RES/70/1 v. 21.10.2015, S. 26.

zu nachhaltigem Handeln, respektive einer solchen Entwicklung, angehalten ist. Für die vorliegende Arbeit begrenzt sich diese Form der Nachhaltigkeit dabei auf die Prävention, mithin die Verringerung und Verhütung von Gewalt und Kriminalität per se, weshalb Nachhaltigkeit hierbei als Verhütung und Prävention von Straftaten bzw. Kriminalität angesehen werden kann. Diese nämlich wäre geeignet, unter Berücksichtigung des Ziels Nr. 16 der Agenda 2030, zu einer friedlichen und inklusiven Gesellschaft beizutragen.

b) Bezug zu Sanktionierung

Dieser kontextuellen Nachhaltigkeit müsste aber auch ein entsprechender Bezug zur Sanktionierung zukommen. Durch die Agenda 2030 der Vereinten Nationen, durch welche auch das Rechtswesen in die Nachhaltigkeitsbestrebungen einbezogen wird, steht auch dieses vor der Aufgabe, dessen Entwicklung nachhaltig auszugestalten. In Bezug auf das Ziel einer friedlichen und inklusiven Gesellschaft erfordert dies – u. a. – auch eine funktionsfähige Rechtspflege in strafrechtlicher, aber auch zivilrechtlicher oder öffentlich-rechtlicher Hinsicht.[906] Hierbei richtet sich der Fokus sowohl auf den Opferschutz als auch die Prävention von Straftaten, unter deren Maßgabe bereits verschiedene Gesetze im Lichte des SDG 16 erlassen wurden, bspw. das Gesetz zur Verbesserung des Schutzes der sexuelle Selbstbestimmung.[907] Die Nachhaltigkeit steht dabei bereits in Bezug zur eigentlichen Sanktionierung, wie dies bspw. an dem bereits erwähnten Vollzugsziel zu sehen ist, welches auf eine Zukunftsperspektive des Gefangenen in Straffreiheit, und damit im hiesigen Sinne nachhaltig, gerichtet ist. Aber auch die regelmäßig ausgewiesenen Rückfallquoten einzelner Maßnahmen, nach denen u. a. die Wirkung von Sanktionierung bewertet wird, stellen einen Ausfluss der Nachhaltigkeit dar. Denn diese erfüllen den Zweck, die Wirksamkeit und Auswirkung der Maßnahme, auch in zeitlicher Hinsicht, nachzuvollziehen. Selbst im Rahmen von Resozialisierungsbestrebungen, welche jeder Sanktionierungsmaßnahme im deutschen Rechtssystem in irgendeiner Art zugrunde liegen, sind Nachhaltigkeitsaspekte immanent, dienen diese in

---

[906] Bundesministerium der Justiz und für Verbraucherschutz, Ressortbericht Nachhaltigkeit, 2020, S. 13.

[907] BGBl. I 52/2016, S. 2460; s. Bundesministerium der Justiz und für Verbraucherschutz, Ressortbericht Nachhaltigkeit, 2020, S. 21 ff.

der Regel dazu den Betroffenen zu bessern und dadurch die Allgemeinheit zukünftig, und damit ebenfalls in diesem Sinne nachhaltig, vor den von dem Verurteilten ansonsten ausgehenden Gefahren zu schützen. Grundsätzlich kann man daher festhalten, dass Nachhaltigkeit gerade in Bezug auf Sanktionierung eine längere Tradition genießt, betrachtet man allein die straftheoretischen, insbesondere die general- und spezialpräventiven, Zwecke.[908] Spätestens jedoch durch die Agenda 2030 steht nun das gesamte Rechtswesen unter dem Lichte der Nachhaltigkeit. Vor diesem Hintergrund wird man nachhaltige Sanktionierung damit als Mittel verstehen können, einen Täter einer Strafe oder Maßregel zuzuführen, die aber gleichzeitig auf diesen – individuell – einwirkt, um weitere Straftaten zu vermeiden, indem eine adäquate Eingliederung gewährleistet und dadurch die Gesellschaft vor der Begehung weiterer Straftaten geschützt wird.[909] Die Agenda 2030 der Vereinten Nationen ist daher nicht zuletzt ein Mittel, diese Maßgaben zu fördern.

2. Positiver Beitrag zu nachhaltiger Sanktionierung

Insoweit stellt sich die Frage, ob auch die in dieser Arbeit untersuchten Maßnahmen einen positiven Beitrag zu nachhaltiger Sanktionierung leisten können. Da nachhaltige Sanktionierung ausweislich der hiesigen Ausführungen auf eine friedliche, inklusive Gesellschaft abzielt, insbesondere auch durch Verhütung von Kriminalität, müssten auch die hiesigen Maßnahmen der Strafe des elektronisch überwachten Hausarrestes, des Bilateral Monitoring sowie der elektronischen Überwachung zur Kontrolle von Alkoholabstinenz in der Lage sein, einen positiven Beitrag hierzu zu leisten. Dass nachhaltige Sanktionierung, ungeachtet der spezifischen Herangehensweise wie der eigentlichen Einwirkungen auf den Betroffenen oder des primären Schutzes Dritter (Opfer), durch elektronische Überwachung in den hier untersuchten Formen erreicht werden kann, dürfte die hiesige Untersuchung gezeigt haben. Dabei ist der besondere Fokus auf rehabilitative Maßnahmen gegenüber dem Betroffenen, aber auch auf die Perspektive des Opfers oder anderer schutzbedürftiger Dritter, zu legen, was durch die zielgenauen Maßnahmen

---

[908] S. Kapitel B.IV.3.a).cc).(2).(a).

[909] Erkennbar dürfte hierbei sein, dass dies auch bereits der gegenwärtige straftheoretische Ansatz ist, vergleicht man bspw. allein das diesbezügliche Vollzugsziel. Allerdings auch erkennbar wird, dass eine diesbezügliche Notwendigkeit trotz der eigentlich bereits bestehenden Anwendungspraxis gegenwärtig ebenfalls gegeben ist.

der elektronischen Überwachung geleistet werden könnte. Zwar enthalten diese auch einen sanktionierenden Charakter, jedoch aber liegt der Fokus, im Vergleich beispielsweise zu einer reinen Gefängnisstrafe, vorliegend noch stärker auf dem Ansatz, durch gezieltere Einwirkung künftige Straftaten zu verhindern. Insofern können die hiesigen Maßnahmen durch Vermeidung von Inhaftierungen, ausreichender Betreuungs- und Behandlungsdichte, Erhaltung sozialer Verwurzelungen, Hilfe zur Selbsthilfe aber auch dem Umstand milderer oder geeigneterer Maßnahmen zur Zweckerreichung eine nachhaltige Sanktionierung begünstigen, insofern also in dem hier untersuchten Maße einen positiven Beitrag hierzu leisten. Dabei ist jeder dieser Effekte für sich gesehen geeignet, die Nachhaltigkeit der entsprechenden Maßnahmen zu gewährleisten, bedenkt man bspw., dass die Vermeidung einer Inhaftierung zugleich solchen Straftätern zugutekommen könnte, die einer Inhaftierung nicht mehr entgehen können (bspw. bei Schwerstverbrechen), da hierdurch wieder eine adäquate Behandlung mit geeignetem personellen Aufwand sowie aber generell bessere Haftbedingungen innerhalb der Vollzugsanstalt denkbar wären. Darüber hinaus ermöglicht der technische Fortschritt elektronischer Überwachung eine automatisierte, kontinuierliche Überwachung, die nicht nur (finanzielle) Ressourcen einsparen, sondern diese auch geeignet „umschichten" könnte, um diese an den hierzu erforderlichen und notwendigen Stellen, wie beispielsweise einer ausreichenden personellen Betreuung im Rahmen der Strafe des elektronisch überwachten Hausarrestes, einzusetzen. Da die hiesigen Maßnahmen auch aufgrund der bislang vorhandenen ausländischen Erfahrungsberichte insbesondere aus präventiven und resozialisierungstechnischen Gesichtspunkten verheißungsvoll erscheinen, wäre auch der positive Beitrag zu nachhaltiger Sanktionierung gegeben. Die guten Eigenschaften wird man diesen Maßnahmen somit nicht absprechen können. Allerdings darf auch nicht die Versuchung entstehen zu glauben, in diesen Maßnahmen ein Patentrezept zur Bewältigung von Delinquenz oder besserem Schutz der Gesellschaft gefunden zu haben.[910] Legt man jedoch den Fokus auf eine nachhaltige Sanktionierung, so wird man zugestehen müssen, dass diese Maßnahmen grundsätzlich in der Lage sind zu einer solchen langfristig beizutragen.

---

910 *Dünkel/Thiele/Treig* in: Dünkel/Thiele/Treig, 2017, S. 527.

Ergebnis und Ausblick

1. Wesentliches Ergebnis der Untersuchung

Elektronische Überwachung von Straftätern ist ein Mittel, welches seit mittlerweile fast einem halben Jahrhundert – zumindest international – die Jurisprudenz, und im Besonderen die Kriminologie, beschäftigt. Dabei zeigen ausländische Erfahrungen, dass elektronische Überwachung ein probates und in vielen Bereichen immer häufiger eingesetztes Mittel ist, die Überwachung von Straftätern effektiver zu gestalten. Die Beweggründe hierbei sind vielseitig und reichen von finanziellen und personellen bis hin zu Resozialisierungs- oder Opferschutzinteressen. Deutschland allerdings muss in diesem Bereich im internationalen Vergleich als Nachzügler bezeichnet werden, obwohl auch hierzulande gegenwärtig bereits elektronische Überwachung, vor allem im Rahmen der Führungsaufsicht, praktiziert wird. Spätestens aber seit der Entscheidung des BVerfG vom 1. Dezember 2020, wonach dieses die elektronische Fußfessel, genauer die elektronische Aufenthaltsüberwachung, für verfassungsgemäß erklärte, dürfte die elektronische Überwachung von Straftätern wieder mehr in den Mittelpunkt gerückt sein.

Im Rahmen dieser Arbeit sollte die Fragestellung erörtert werden, ob und inwiefern die bereits im Ausland praktizierten und teilweise etablierten Maßnahmen der Strafe des elektronisch überwachten Hausarrestes, des Bilateral Monitoring (elektronische Überwachung mobiler Ge- und Verbotszonen) sowie des Remote bzw. Transdermal Alcohol Monitoring (elektronische Überwachung zur Kontrolle von Alkoholabstinenz) eine Erweiterung der bisher in Deutschland angewandten Sicherungsmöglichkeiten in Form von elektronischer Überwachung darstellen können. Die Erkenntnisse der vorliegenden Arbeit haben dabei gezeigt, dass die jeweils untersuchten Maßnahmen elektronischer Überwachung die rechtlichen und kriminologischen Hürden einer Implementierung in die deutsche Rechtsordnung überwinden könnten.

Die Strafe des elektronisch überwachten Hausarrestes kann dabei grundsätzlich als mildere Alternativsanktion zur Inhaftierung, und damit zur (bedingten) Freiheitsstrafe, in den Strafenkatalog aufgenommen werden.[911] Hierfür ist die strafrechtliche und kriminologische Zwecksetzung der zu ersetzenden Sanktion für das letztendliche Ersetzungspotenzial maßgeblich. Eine Umsetzung im Rahmen einer Vollzugslösung wäre dabei zwar im Sinne des österreichischen Modells denkbar, zur Wahrung der Unabhängigkeit entsprechender Entscheidungen aber nachrangig zu erwägen. Da die Maßnahme der elektronischen Fußfessel aus sich heraus lediglich die elektronische (Aufenthalts- bzw. Präsenz-)Überwachung des Betroffenen, nicht aber eine darüberhinausgehende aktive Einwirkung auf den Delinquenten leisten kann, empfiehlt es sich diese Maßnahme mit der Sozialtherapie zu ergänzen. Letztere nämlich kann – u. a. orientiert an Rückfalluntersuchungen – die höchsten Resozialisierungschancen im Rahmen des gegenwärtigen Behandlungsvollzuges aufweisen, weshalb die hierdurch erlangten positiven Wirkungen mit denen der elektronischen Fußfessel kombiniert werden könnten. Hierdurch könnte eine bestmögliche Resozialisierung des Straftäters und in Konsequenz dazu eine nachhaltige Prävention geschaffen werden.[912] Die Fokussierung nämlich allein auf die Überwachungskomponente und damit verbundener – bewältigbarer – Gefahren, ohne den Fokus auf die Ursache der Delinquenz, also den Täter selbst, zu legen, würde das eigentliche Potenzial dieser Maßnahme in fahrlässiger Weise unberücksichtigt lassen.[913]

Auch die Untersuchung des Bilateral Monitoring, der elektronischen Überwachung mobiler Ge- und Verbotszonen, hat gezeigt, dass die Einführung einer elektronischen Überwachung mobiler Ge- und Verbotszonen grundsätzlich geeignet ist, häusliche bzw. partnerschaftliche Gewalt einzudämmen. Da die Problematik häuslicher Gewalt ausweislich der vorliegenden Feststellungen

---

911 Anders: Redlich, 2005, S. 373.

912 Ähnlich: Tomasulo, 2021, S. 546.

913 So bereits *Walker*, Federal Probation 2/1990, S. 19; s. auch Redlich, 2005, S. 369, 375; ebenso Tomasulo, 2021, S. 549; a.A.: Lindenberg, 1992, S. 19.

äußerst virulent ist, wäre diese Maßnahme auch erforderlich und gleichermaßen geboten. Die effektivste und praktikabelste Möglichkeit empfiehlt sich dabei intradisziplinär im Wege einer Änderung des Gewaltschutzgesetzes, welches bereits gegenwärtig verschiedene, jedoch nicht ausreichende, Schutzmaßnahmen für Opfer häuslicher Gewalt bereithält. Allerdings stünde und fiele diese Maßnahme mit der Mitwirkungsbereitschaft des Opfers, die nicht zwangsläufig zu erwarten wäre. Folglich hinge die Wirksamkeit dieser Maßnahme maßgeblich von diesem Umstand ab, was zu einer eingeschränkten Anwendbarkeit führen könnte. Da eine verpflichtende Mitwirkung mangels rechtlicher Handhabe ausgeschlossen ist, müsste die Mitwirkung anderweitig erreicht werden, beispielsweise über Aufklärung und aktive Überzeugungsarbeit. Mit einer anfänglichen Überzeugtheit dürfte daher nicht zwangsläufig zu rechnen sein, sollte aber, wie dies die Untersuchung letztendlich gezeigt hat, aufgrund der fühl- und messbaren Steigerung des Opferschutzes perspektivisch, auch mangels gleich geeigneterer Mittel, zu erwarten sein. Eine strafrechtliche Anwendbarkeit dürfte sich de lege lata hingegen nicht aufdrängen, was jedoch aufgrund der Intradisziplinarität keinen Bedenken unterliegt, da der zivilrechtliche Schutz dem Schutz im Rahmen einer strafrechtlichen Implementierung nicht nachstünde.

Weniger virulent, aber nicht weniger sinnvoll, gestaltet sich die Einführung einer elektronischen Überwachung zur Kontrolle von Alkoholabstinenz, das Remote bzw. Transdermal Alcohol Monitoring. Durch diese Maßnahme könnte der Katalog der Maßregeln der Besserung und Sicherung dahingehend ergänzt werden, als diese Maßnahme eine mildere und besser geeignete Alternative zur Maßregel des Fahrerlaubnisentzuges gemäß §§ 61 Nr. 5, 69 StGB darstellen kann, indem der Straftäter im Besitz seiner Fahrerlaubnis verbleiben könnte. Bisweilen nämlich haben Straftäter nur geringfügige Möglichkeiten im Rahmen einer aus § 69 Abs. 2 StGB begangenen Katalogstraftat der dortigen Regelwirkung der Ungeeignetheit zum Führen von Kraftfahrzeugen zu entgehen. Diesem Umstand kann mit der transdermalen Alkoholabstinenzkontrolle begegnet werden. Gleichermaßen ist die Maßnahme dabei in der Lage, Folgestraftaten, wie dem Fahren ohne Fahrerlaubnis, vorzubeugen. Dies kann zugleich resozialisierend wirken, indem dem Betroffenen aufgrund des Alkoholverbotes vor Augen geführt wird, Straßenverkehr und Alkoholkonsum voneinander zu trennen und damit eine Verhaltensänderung herbeizuführen. Allerdings wiegt der diesbezügliche

Eingriff des Alkoholverbotes, auch unabhängig vom Straßenverkehr kein Alkohol zu konsumieren, nicht leicht, weshalb diese Maßnahme als Form einer Alternativsanktion zur Maßregel des Fahrerlaubnisentzuges zu empfehlen wäre. Auszuschließen jedoch ist eine Anwendung bei Personen, die einer Alkoholabhängigkeit unterliegen.

Gemein ist den Maßnahmen dabei, dass diesen de lege lata kein erwägenswerter praktikabler Anwendungsspielraum zukäme, folglich für jede dieser Maßnahmen eine gesetzliche Grundlage geschaffen werden müsste. Dass eine solche gesetzliche Implementierung keinen unüberwindbaren rechtlichen oder kriminologischen Bedenken unterliegt zeigen die hiesigen Ergebnisse. Eine Gesetzesänderung allerdings bedarf einer entsprechenden Initiative, deren Umsetzung ausweislich der historischen Betrachtung gerade in Deutschland schwerfällig anmutet. Lediglich in Fällen, die einer gewissen Brisanz nicht entbehrten, wurden Gesetzesvorhaben entsprechend konsequent umgesetzt, so beispielsweise im Rahmen der Führungsaufsicht. Insoweit bliebe auch die weitere Entwicklung im Rahmen der häuslichen Gewaltproblematik mit Spannung zu erwarten.

Herausgestellt werden muss aber auch, dass die hiesigen Ergebnisse keinen Anspruch auf Vollständigkeit erheben, da diese vordergründig die rechtlichen und kriminologischen Aspekte zum Gegenstand haben. Ebenso notwendige Facetten wie finanzielle, technische oder auch organisatorische Aspekte bedürften daher weiterer Untersuchungen, bilden diese nämlich im Rahmen der tatsächlichen Durchführbarkeit zusätzliche Voraussetzungen der Integration dieser Maßnahmen. Gleichfalls dürften die ausländischen Erkenntnisse mangels identischer Grundvoraussetzungen nicht vorbehaltlos auf Deutschland übertragbar sein.[914] Nichtsdestotrotz kann aufgrund der vorliegenden Ergebnisse die Frage, ob diese Maßnahmen einen positiven Beitrag zu nachhaltiger Sanktionierung bieten können, mit Bedacht bejaht werden.

2. Ausblick

Die digitale Revolution und die damit einhergehende stetige Weiterentwicklung elektronischer Überwachungsmethoden werfen die Frage auf, wie zukünftig gesellschaftspolitisch mit der Thematik der elektronischen

---

914 So auch Tomasulo, 2021, S. 552.

Überwachung von Straftätern umzugehen sein wird. Spätestens die Entscheidung des BVerfG vom 1. Dezember 2020 dürfte hierzu eine Grundrichtung vorgegeben haben, obschon diese Thematik die Literatur seit längerem beschäftigt. Die hiesigen Erkenntnisse sollten daher zum Anlass genommen werden, die digitale Revolution nicht als Risiko, sondern vielmehr als Chance zu begreifen, so wie es bisweilen in den praktizierenden Bereichen der Fall ist. Hierzu beitragen dürften auch die Sustainable Development Goals, im Speziellen SDG 16, welches durch eine strikte Fortsetzung des bestehenden Systems seiner Zwecke beraubt würde. Eine Erweiterung der Sicherungsmöglichkeiten in Form von elektronischer Überwachung hätte das Potenzial einen maßgeblichen Beitrag hierzu leisten zu können, dessen positiver Einfluss nicht lediglich auf rechtliche oder kriminologische Aspekte begrenzt bleiben dürfte. Nichtsdestotrotz müsste aber zukünftig durch entsprechende Untersuchungen die Frage beantwortet werden, ob der Aufwand solcher Maßnahmen im Verhältnis zum Ertrag stünde, auch um dem Nachhaltigkeitsgedanken gerecht werden zu können. Insbesondere aber gegenüber dem Straftäter selbst könnte hierdurch der Resozialisierungsanspruch verwirklicht werden, der ihm bereits verfassungsrechtlich zugestanden wird, in der Praxis allerdings nur in unzureichendem Maße erfüllt wird. In diesen Kontext reiht auch *Galli* seine Gedanken ein, indem er jüngst ausführt:

> Fangen wir an hinzusehen und die Alternativen zu erkennen.[915]

[915] Galli, 2020, S. 274.

Literaturverzeichnis

Albrecht, Hans-Jörg/*Arnold*, Harald/*Schädler*, Wolfram: Der hessische Modellversuch zur Anwendung der „elektronischen Fußfessel". Darstellung und Evaluation eines Experiments, Zeitschrift für Rechtspolitik 11/2000, S. 466–469.

Allaband, Nicole: Using Electronic Monitoring to enhance the protection offered by civil protection orders in cases of domestic violence: A new technology offers new protection, Richmond Journal of Law & Technology 3/2018, S. 1–32.

Allgayer, Peter/*Arnoldi*, Olaf/*Cierniak*, Jürgen/*Kreicker*, Helmut/*Miebach*, Klaus/*Moldenhauer*, Gerwin M./*Quentin*, Andreas, Münchener Kommentar zur Strafprozessordnung, München 2016.

Al-Wahedi, Saif, The Implementation and Potential Impact of Electronic Monitoring (EM) of Offenders in the United Arab Emirates. A Comparative Case-Study, Cambridge 2019.

Andersen, Lars H./*Andersen*, Signe H.: Effect of Electronic Monitoring on Social Welfare Dependence, American Society of Criminology – Criminology & Public Policy 3/2014, S. 349–379.

Andersen, Synøve N./*Telle*, Kjetil: Better out than in? The effect on recidivism of replacing incarceration with electronic monitoring in Norway, European Journal of Criminology 1/2022, S. 55–76.

Anderson, Joseph C./*Hlastala*, Michael P.: The kinetics of transdermal ethanol exchange, Journal of Applied Physiology 2/2006, S. 649–655.

Andujar, Clara Sainz-de-Baranda/*Velado*, Irene de-Lamo/*Rojas*, Patricia Nieto: Use of Technological Devices and (Re)victimization in Gender-based Crimes in Spain – A Qualitive Study on Professionals Perceptions, SOCIOLOGÍA Y TECNOCIENCIA 1/2022, S. 56–72.

Arenas, Lorea: GPS Monitoring in Domestic Violence: The Spanish Experience, The Journal of Offender Monitoring 1/2019, S. 17–26.

Arloth, Frank: Schrifttum – Joachim Nibbeling, Die Privatisierung des Haftvollzugs. Die neue Gefängnisfrage am Beispiel der USA, Goltdammer's Archiv für Strafrecht/2001, S. 307–324.

Arloth, Frank/*Krä*, Horst, Strafvollzugsgesetze von Bund und Ländern. Kommentar, 5. Auflage, München 2021.

Auer, Cornelia/*Bartsch*, Tillmann/*Isenhardt*, Anna/*Lehmann*, Lena: Der Einsatz elektronischer Überwachung. Gemeinsamkeiten und Unterschiede beim Einsatz der sogenannten „Fußfessel" im deutschen und österreichischen Recht, SIAK-Journal – Zeitschrift für Polizeiwissenschaft und polizeiliche Praxis 4/2021, S. 58–71.

Austin, James/*Krisberg*, Barry: NCCD Research Review: Wider, Stronger, and Different Nets: the Dialectics of Criminal Justice Reform, Journal of Research in Crime and Delinquency 1/1981, S. 165–196.

Bader, Jutta, Legitime Verletzteninteressen im Strafverfahren, Wiesbaden 2018.

Baird, S. Christopher/*Wagner*, Dennis: Measuring Diversion: The Florida Community Control Program, Crime & Delinquency 1/1990, S. 112–125.

Bartels, Lorana/*Martinovic*, Marietta: Electronic monitoring: The experience in Australia, European Journal of Probation 1/2017, S. 80–102.

Battis, Ulrich/*Bethge*, Herbert/*Brinktrine*, Ralf/*Coelln*, Christian von/*Huber*, Peter M, Grundgesetz. Kommentar, 9. Auflage, München 2021.

Beck, Benjamin: Klinische und rechtliche Aspekte einer Abstinenzkontrolle unter besonderer Berücksichtigung kontinuierlicher transdermaler Alkoholmessung, Blutalkohol – Alcohol, Drugs and Behavior 4/2013, S. 153–167.

Belur, Jyoti/*Thornton*, Amy/*Tompson*, Lisa/*Manning*, Matthew/*Sidebottom*, Aiden/*Bowers*, Kate: A systematic review of the effectiveness of the electronic monitoring of offenders, Journal of Criminal Justice 1/2020, S. 1–48.

Bennefeld-Kersten, Katharina, Ausgeschieden durch Suizid – Selbsttötungen im Gefängnis. Zahlen, Fakten, Interpretationen, Lengerich, Berlin, Bremen, Viernheim 2009.

Bentham, Jeremy, The Panopticon writings, London/New York 1995.

Bergmann, Jan/*Dienelt*, Klaus/*Bauer*, Ina/*Dollinger*, Franz-Wilhelm/*Kolber*, Ingo/*Krämer*, Walter/*Nusser*, Anna/*Nusser*, Julian/*Röcker*, Isabel/*Samel*, Kai-Christian/*Stephan*, Carina/*Winkelmann*, Holger/*Wunderle*, Simone, Ausländerrecht. Aufenthaltsgesetz, Freizügigkeitsgesetz/EU und ARB 1/80 (Auszug), Grundrechtecharta und Artikel 16a GG, Asylgesetz: Kommentar, 13. Auflage, München 2020.

Bernsmann, Hayo, Elektronisch überwachter Hausarrest unter besonderer Berücksichtigung von Privatisierungstendenzen, Göttingen 2000.

Beumer, Soraya/*Trinks*, Anneke/*Staal*, Eric: Der Einsatz des elektronischen Monitorings in den Niederlanden, Bewährungshilfe 3/2016, S. 257–269.

Bickel, Steven, Clankriminalität als Gefahr für die Innere Sicherheit (I). Hintergründe eines kriminellen Phänomens, Nr. 434, Berlin 2021.

Blanck, Thes Johann, Die Ausbildung von Strafvollzugsbediensteten in Deutschland, Bd.: 54, Mönchengladbach 2015.

Bock, Michael (Hrsg.), Kriminologie, 6. Auflage, München 2008.

Bock, Steve: Michigan DOC Runs BETA Test of NEW Remote Transdermal Alcohol Monitoring System, The Journal of Offender Monitoring 1/2003, S. 2–6.

Bonta, James/*Wallace-Capretta*, Suzanne/*Rooney*, Jennifer, Electronic monitoring in Canada, Ottawa 1999.

Bösling, Thies: Elektronisch überwachter Hausarrest als Alternative zur kurzen Freiheitsstrafe?, Monatsschrift für Kriminologie und Strafrechtsreform 2/2002, S. 105–125.

Bräuchle, Anne, Die elektronische Aufenthaltsüberwachung gefährlicher Straftäter im Rahmen der Führungsaufsicht. Eine Studie zur Rechtsdogmatik und Rechtswirklichkeit, Bd.: 37, Tübingen 2016.

Brauneisen, Achim: Die elektronische Überwachung des Aufenthaltsortes als neues Instrument der Führungsaufsicht, Strafverteidiger 5/2011, S. 311–316.

Breuer, Maike M./*Endres*, Johannes/*Vornholt*, Esther/*Müller*, Christina: Elektronische Aufenthaltsüberwachung. Erkenntnisse aus einem bayerischen Pilotprojekt im offenen Vollzug, Bewährungshilfe – Soziales Strafrecht Kriminalpolitik 2/2013, S. 146–158.

Brobbin, Eileen/*Deluca*, Paolo/*Hemrage*, Sofia/*Drummond*, Colin: Acceptability and Feasibility of Wearable Transdermal Alcohol Sensors. Systematic Review, JMIR Human Factors 4/2022, S. 1–14.

Brown-Waite, Ginny: The Effectiveness of the Department of Correction's Community Control Program, The Florida Senate 29/2000, S. 1–8.

Brüchert, Oliver: Modellversuch Elektronische Fußfessel. Strategien zur Einführung einer umstrittenen Maßnahme, Neue Kriminalpolitik 1/2002, S. 32–35.

Byrne, James M.: The Control Controversy: A Preliminary Examination of Intensive Probation Supervision Programs in the United States, Federal Probation 50 2/1986, S. 4–16.

Carlowitz, Hans Carl von, Sylvicultura oeconomica. Anweisung zur wilden Baum-Zucht, Bd.: 135 – Reprint der Ausg. Leipzig: Braun, 1713, Freiberg 2000.

Chang, Jinhwan, Die verfassungsrechtliche Begrenzung und rechtspolitische Perspektive der elektronischen Aufenthaltsüberwachung im Rahmen der Führungsaufsicht in Deutschland als zusätzlicher Schutzmechanismus, Bd.: 10, Berlin 2019.

Clemmer, Donald, The prison community, New York 1958.

Department of Corrections: Corrections News November 2007, Corrections News 11/2007, S. 1–12.

Derks, Andreas, Häusliche Gewalt. Leitfaden für Studium und polizeiliche Praxis, 2. Auflage, Wiesbaden/Baden-Baden 2020.

Derks, Andreas/*Frießnegg*, Sebastian, Gefährdungsanalyse Häusliche Gewalt. Hochrisikofälle erkennen, Gefährderansprachen nutzen, Femizide verhindern, Wiesbaden 2022.

Di Tella, Rafael/*Schargrodsky*, Ernesto: Criminal Recidivism after Prison and Electronic Monitoring, Journal of Political Economy 1/2013, S. 28–73.

Dittmann, Sara Sophie/*Nowak*, Katharina/*Beck*, Benjamin, Elektronische Fußfessel. Fluch oder Segen der Kriminalpolitik?, Bd.: 2, Göttingen 2011.

Dodel, Hans/*Häupler*, Dieter, Satellitennavigation, 2. Auflage, Berlin 2010.

Drenkhahn, Kirstin, Sozialtherapeutischer Strafvollzug in Deutschland, Bd.: 25, Mönchengladbach 2007.

Dünkel, Frieder, Legalbewährung nach sozialtherapeutischer Behandlung. Eine empirische vergleichende Untersuchung anhand der Strafregisterauszüge von 1503 in den Jahren 1971–1974 entlassenen Strafgefangenen in Berlin-Tegel, Bd.: 7, Berlin 1980.

Dünkel, Frieder/*Thiele*, Christoph/*Treig*, Judith (Hrsg.), Elektronische Überwachung von Straffälligen im europäischen Vergleich – Bestandsaufnahme und Perspektiven, Bd.: 63, Mönchengladbach 2017.

Dürig, Günter/*Herzog*, Roman/*Scholz*, Rupert, Grundgesetz. Kommentar, München 2023.

Egg, Rudolf, Sozialtherapie und Strafvollzug. Eine empirische Vergleichsstudie zur Evaluation sozialtherapeutischer Maßnahmen, Frankfurt/Main 1979.

Egg, Rudolf (Hrsg.), Sozialtherapie in den 90er Jahren. Gegenwärtiger Stand und aktuelle Entwicklung im Justizvollzug, Bd.: 7, Wiesbaden 1993.

Eisenberg, Ulrich/*Kölbel*, Ralf, Kriminologie, 7. Auflage, Tübingen 2017.

Epping, Volker/*Hillgruber*, Christian, BeckOK Grundgesetz, 53. Auflage, München 2022.

Epping, Volker/*Lenz*, Sebastian/*Leydecker*, Philipp, Grundrechte, 9. Auflage, Berlin/Heidelberg 2021.

Erb, Volker/*Esser*, Robert/*Franke*, Ulrich/*Graalmann-Scheerer*, Kirsten/*Hilger*, Hans/*Ignor*, Alexander, Die Strafprozessordnung und das Gerichtsverfassungsgesetz, Bd.: 4, 26. Auflage, Berlin 2007.

Erb, Volker/*Schäfer*, Jürgen, Münchener Kommentar zum Strafgesetzbuch, Bd.: 2, 4. Auflage, München 2020.

Erbguth, Wilfried/*Mann*, Thomas/*Schubert*, Mathias, Besonderes Verwaltungsrecht. Kommunalrecht, Polizei- und Ordnungsrecht, Baurecht, 12. Auflage, Heidelberg 2015.

Erez, Edna/*Ibarra*, Peter R.: Making Your Home a Shelter. Electronic Monitoring and Victim Re-entry in Domestic Violence Cases, The British Journal of Criminology 1/2007, S. 100–120.

Erez, Edna/*Ibarra*, Peter R./*Lurie*, Norman A.: Electronic Monitoring of Domestic Violence Cases. A study of two Bilateral Monitoring Programs, Federal Probation 1/2004, S. 15–20.

Fahl, Christian/ *Müller*, Eckhart/ *Satzger*, Helmut/*Swoboda*, Sabine (Hrsg.), Festschrift für Werner Beulke zum 70. Geburtstag, Heidelberg 2015.

Fink, Daniel/*Jehle*, Jörg-Martin/*Pilgram*, Arno: Strafrechtliche Sanktionen im internationalen Vergleich. Deutschland – Österreich – Schweiz, Journal für Strafrecht (JSt) 2/2015, S. 81–94.

Fischer, Karla/*Rose*, Mary: When „Enough is Enough“: Battered Women's Decision Making Around Court Orders of Protection, Crime & Delinquency 4/1995, S. 414–429.

Flango, Victor E./*Cheesman*, Fred L.: When Should Judges Use Alcohol Monitoring as a Sentencing Option in DWI Cases?, Drug Court Review 3/2007, S. 102–106.

Foucault, Michel, Überwachen und Strafen. Die Geburt des Gefängnisses, 19. Auflage, Frankfurt am Main 2014.

Fünfsinn, Helmut/*Kolz*, Alexander: Gar nicht erst ausgliedern. Stand und Möglichkeiten „elektronischer Fußfesseln", forum kriminalprävention 4/2016, S. 12–16.

Galli, Thomas, Weggesperrt. Warum Gefängnisse niemandem nützen, Hamburg 2020.

Geiran, Vivian/*Durnescu*, Ioan, Implementing Community Sanctions and Measures. Guidelines, Straßburg 2019.

Graham, Hannah/*McIvor*, Gill: Scottish and International Review of the Uses of Electronic Monitoring, SCCJR The Scottish Centre for Crime & Justice Research 8/2015, S. 1–137.

Granja, Rafaela: As Implicações Invisibilizadas do Tecno-Otimismo da Vigilância Eletrónica em Portugal, Comunicação e Sociedade 2/2021, S. 247–267.

Gratz, Wolfgang: Das System Gefängnis oder: Ist das Gefängnis mit System zu ändern?, Neue Kriminalpolitik 2/1995, S. 30–34.

Greco, Luís, Lebendiges und Totes in Feuerbachs Straftheorie. Ein Beitrag zur gegenwärtigen strafrechtlichen Grundlagendiskussion, Berlin 2009.

Guthke, Kai: Ersatzfreiheitsstrafe abschaffen?, Zeitschrift für Rechtspolitik 2/2018, S. 58.

Hannich, Rolf, Karlsruher Kommentar zur Strafprozessordnung: StPO. mit GVG, EGGVG und EMRK, 8. Auflage, München 2019.

Harders, Immo, Die elektronische Überwachung von Straffälligen. Entwicklung, Anwendungsbereiche und Erfahrungen in Deutschland und im europäischen Vergleich, Bd.: 46, Mönchengladbach 2014.

Hassemer, Winfried/ *Kempf*, Eberhard/*Moccia*, Sergio (Hrsg.), In dubio pro libertate. Festschrift für Klaus Volk zum 65. Geburtstag, München 2009.

Haverkamp, Rita: Elektronisch überwachter Hausarrest. Europa und die Schweiz, Neue Kriminalpolitik 4/1999, S. 4–6.

Haverkamp, Rita, Elektronisch überwachter Hausarrestvollzug. Ein Zukunftsmodell für den Anstaltsvollzug? Eine rechtsvergleichende, empirische Studie unter besonderer Berücksichtigung der Rechtslage in Schweden, Bd.: 107, Freiburg im Breisgau 2002a.

Haverkamp, Rita, Implementing electronic monitoring. A comparative, empirical study on attitudes towards the measure in Lower Saxony/ Germany and in Sweden, Bd.: 14, Freiburg im Breisgau 2002b.

Haverkamp, Rita/*Schwedler*, Andreas/*Wößner*, Gunda: Führungsaufsicht mit satellitengestützter Überwachung, Neue Kriminalpolitik 2/2012, S. 62–68.

Hawthorne, J. S./*Wojcik*, M. H.: Transdermal Alcohol Measurement: A Review of the Literature, Canadian Society of Forensic Science Journal 2/2006, S. 65–71.

Hochmayr, Gudrun: Elektronisch überwachter Hausarrest. Zur Regelung in Deutschland und Österreich, Zeitschrift für Internationale Strafrechtsdogmatik ZIS 11/2012, S. 537–544.

Hoshen, J./*Sennott*, J./*Winkler*, M.: Keeping tabs on criminals, IEEE Spectrum 2/1995, S. 26–32.

Höynck, Theresia/ *Neubacher*, Frank/ *Ernst*, Stephanie/*Zähringer*, Ulrike (Hrsg.), Internationale Menschenrechtsstandards und das Jugendkriminalrecht. Dokumente der Vereinten Nationen, des Europarates und der Europäischen Union, Bd.: 45, Mönchengladbach 2020.

Hucklesby, Anthea/*Holdsworth*, Ella: Electronic Monitoring in probation practice, Her Majesty's Inspectorate of Probation Academic Insights 8/2020, S. 1–17.

Hudy, Marc, Elektronisch überwachter Hausarrest. Befunde zur Zielgruppenplanung und Probleme einer Implementation in das deutsche Sanktionensystem, Bd.: 14, Baden Baden 1999.

Hupke, Klaus-Dieter, Warum Nachhaltigkeit nicht nachhaltig ist, Berlin/ Heidelberg 2021.

Ibarra, Peter R./*Erez*, Edna: Victim-centric diversion? The electronic monitoring of domestic violence cases, Behavioral sciences & the law 2/2005, S. 259–276.

Illert, Haike, Aspekte einer Implementierung des elektronisch überwachten Hausarrests in das deutsche Recht. Elektronische Kontrolle als Alternative zum stationären Freiheitsentzug, Bd.: 1, Göttingen 2005.

Jarass, Hans D./*Kment*, Martin/*Pieroth*, Bodo, Grundgesetz für die Bundesrepublik Deutschland. Kommentar, 17. Auflage, München 2022.

Jehle, Jörg-Martin/*Albrecht*, Hans-Jörg/*Hohmann-Fricke*, Sabine/*Tetal*, Carina, Legalbewährung nach strafrechtlichen Sanktionen. Eine bundesweite Rückfalluntersuchung 2013 bis 2016 und 2004 bis 2016, Mönchengladbach 2020.

Kaiser, Anna, Auf Schritt und Tritt – Die elektronische Aufenthaltsüberwachung, Wiesbaden 2015.

Kaiser, Dagmar/*Schnitzler*, Klaus/*Schilling*, Roger/*Sanders*, Anne, Familienrecht. §§ 1297–1921, Bd.: 4, 4. Auflage, Baden-Baden/Berlin 2021.

Kilmer, Beau: The Future of DIRECT Surveillance: Drug and alcohol use Information from REmote and Continuous Testing, Journal of Drug Policy Analysis 1/2008, S. 1–10.

Kilmer, Beau/*Nicosia*, Nancy/*Heaton*, Paul/*Midgette*, Greg: Efficacy of Frequent Monitoring With Swift, Vertain, and Modest Sanctions for Violations. Insights From South Dakota's 24/7 Sobriety Project, American Journal of Public Health 1/2013, S. 37–43.

Kinzig, Jörg: Die elektronische Aufenthaltsüberwachung: verfassungsmäßig, aber unter Beobachtung, NStZ 8/2021, S. 467–473.

Kleinert, Tino, Persönliche Betroffenheit und Mitwirkung. Eine Untersuchung zur Stellung des Deliktsopfers im Strafrechtssystem, Bd.: 196, Berlin 2008.

Koç, Ziya: Elektronik İzleme ile Hapis Cezasının Konutta Çektirilmesi, Ankara Barosu Dergisi 2/2013, S. 172–220.

Koçoğlu, Safa: COMBATTING VIOLENCE AGAINST WOMEN IN TURKEY: „LEGISLATION AND INSTANCES OF IMPLEMENTATION", Sosyoloji Araştırmaları Dergisi / Journal of Sociological Research 2/2019, S. 62–93.

Kölbel, Ralf/*Bork*, Lena, Sekundäre Viktimisierung als Legitimationsformel, Bd.: 230, Berlin 2012.

Krahl, Matthias: Der elektronisch überwachte Hausarrest, NStZ 10/1997, S. 457–461.

Kretzschmann, Sebastian/*Armenat*, Christian: Aktuelles Gesetzesvorhaben: Ausweitung des Maßregelrechts, JuS 7/2017, S. 647–650.

Kudlich, Hans, Münchener Kommentar zur Strafprozessordnung, München 2014.

Kury, Helmut/*Kuhlmann*, Annette: Zu den Auswirkungen der Inhaftierung Straffälliger auf Familienangehörige, Monatsschrift für Kriminologie und Strafrechtsreform 4/2020, S. 285–299.

Laubenthal, Klaus, Strafvollzug, 8. Auflage, Berlin 2019.

Leipold, Klaus: Der Richtervorbehalt in der Praxis, NJW Spezial 16/2010, S. 504–505.

Lindenberg, Michael, Überwindung der Mauern. Das elektronische Halsband, Bd.: 114, München 1992.

Lindenberg, Michael, Ware Strafe. Elektronische Überwachung und die Kommerzialisierung strafrechtlicher Kontrolle, München 1997.

Lösel, Friedrich/*Köferl*, Peter/*Weber*, Florian, Meta-Evaluation der Sozialtherapie. Qualitative und quantitative Analysen zur Behandlungsforschung in sozialtherapeutischen Anstalten des Justizvollzugs, Bd.: 45, Stuttgart 1987.

Maelicke, Bernd/*Suhling*, Stefan (Hrsg.), Das Gefängnis auf dem Prüfstand. Zustand und Zukunft des Strafvollzugs, Wiesbaden 2018.

Maidment, MaDonna R.: Toward a „Woman-Centered“ Approach to Community Based Corrections. A Gendered Analysis of Electronic Monitoring (EM) in Eastern Canada, Women & Criminal Justice 4/2002, S. 47–68.

Mainprize, Stephen: Electronic Monitoring in Corrections: Assessing cost effectiveness and the potential for widening the net of social control, Canadian Journal of Criminology 4/1992, S. 161–180.

Mandera, Anna, Führungsaufsicht bei ehemaligen Sicherungsverwahrten. Folgen des Urteils des Europäischen Gerichtshofs für Menschenrechte im Fall M. ./. Deutschland, Bd.: 2, Wiesbaden 2014.

Marklund, Fredrik/*Holmberg*, Stina: Effects of early release from prison using electronic tagging in Sweden, Journal of Experimental Criminology 1/2009, S. 41–61.

Marks, Erich/*Steffen*, Wiebke (Hrsg.), Sicher leben in Stadt und Land. Ausgewählte Beiträge des 17. Deutschen Präventionstages, 16. und 17. April 2012 in München, Mönchengladbach 2013.

Mauch, Gerhard/*Mauch*, Roland, Sozialtherapie und die Sozialtherapeutische Anstalt. Erfahrungen in der Behandlung Chronisch-Krimineller: Voraussetzungen, Durchführung und Möglichkeiten, Stuttgart 1971.

Mayer, Markus, Modellprojekt elektronische Fußfessel. Studien zur Erprobung einer umstrittenen Maßnahme, Bd.: 119, Freiburg im Breisgau 2004.

Meier, Bernd-Dieter: Reform der Ersatzfreiheitsstrafe. Ein Beitrag zur aktuellen Diskussion, Strafverteidiger 11/2022, S. 759–764.

Meuer, Katharina, Legalbewährung nach elektronischer Aufsicht im Vollzug der Freiheitsstrafe. Eine experimentelle Rückfallstudie zum baden-württembergischen Modellprojekt, Bd.: 183, Berlin 2018.

Meuer, Katharina/*Wößner*, Gunda: Does electronic monitoring as a means of release preparation reduce subsequent recidivism? A randomized controlled trial in Germany, European Journal of Criminology 5/2020, S. 563–584.

Mommsen, Theodor, Römisches Strafrecht. Part 1, Cambridge 1899.

Montenbruck, Axel, Deutsche Straftheorie I–IV. Lehrbuch in vier Teilen, 4. Auflage, Berlin 2020.

Müller, Henning Ernst/ *Sander*, Günther M./*Válková*, Helena (Hrsg.), Festschrift für Ulrich Eisenberg zum 70. Geburtstag, München 2009.

Müller, Philipp/*Ulrich*, Ina/*Zietlow*, Bettina, „Rockerkriminalität“. Empirische und rechtliche Einordnung, Hannover 2022.

Münch, Ingo von/*Kunig*, Philip, Grundgesetz Kommentar, 7. Auflage, München 2021.

Nass, G.: Haftreaktionen bei Kriminellen, Monatsschrift für Kriminologie und Strafrechtsreform/1954, S. 139–170.

Natarajan, Mangai: Police Response to Domestic Violence: A Case Study of TecSOS Mobile Phone Use in the London Metropolitan Police Service, Policing 4/2016, S. 378–390.

Naumann, Regina: Durch die Haut, Drägerheft Spezial – Alkohol und Drogen 392, S. 20–21.

Nellis, Mike: The Electronic Monitoring of offenders in England and Wales Recent Developments and Future Prospects. Recent Developments and Future Prospects, The British Journal of Criminology 2/1991, S. 165–185.

Nellis, Mike: Understanding the electronic monitoring of offenders in Europe: expansion, regulation and prospects, Crime, Law and Social Change 4/2014, S. 489–510.

Nellis, Mike/*Beyens*, Kristel/*Kaminski*, Dan (Hrsg.), Electronically Monitored Punishment. International and Critical Perspectives, Hoboken 2013.

Nellis, Mike/*Bungerfeldt*, Jan: Electronic monitoring and probation in Sweden and England and Wales. Comparative policy developments, Probational Journal 3/2013, S. 278–301.

Neubacher, Frank: Gewalt unter Gefangenen, NStZ 7/2008, S. 361–366.

Nyman, E./*Palmlöv*, A.: The Elimination of Ethyl Alcohol in Sweat, Skandinavisches Archiv Für Physiologie 2/1936, S. 155–159.

Öne*l*, Günes, Verfassungsmäßigkeit und Effektivität der „elektronischen Fußfessel“, Bd.: 1, Hannover 2012.

Opitz-Welke, Annette/*Konrad*, Norbert: Suizide im deutschen Strafvollzug: Häufigkeit, Risikofaktoren und Prävention, Bundesgesundheitsblatt, Gesundheitsforschung, Gesundheitsschutz 1/2022, S. 18–24.

Ortmann, Rüdiger, Sozialtherapie im Strafvollzug. Eine experimentelle Längsschnittstudie zu den Wirkungen von Strafvollzugsmaßnahmen auf Legal- und Sozialbewährung, Bd.: 103, Freiburg im Breisgau 2002.

Orwell, George, 1984, Boston 1983.

Paetzmann, Karsten, Corporate Governance. Strategische Marktrisiken, Controlling, Überwachung, Berlin 2008.

Papy, Joseph E./*Nimer*, Richard: Electronic Monitoring in Florida, Federal Probation 55 1/1991, S. 31–33.

Payne, Brian K./*Gainey*, Randy R.: Electronic Monitoring: Philosophical, Systemic, and Political Issues, Journal of Offender Rehabilitation 31/2000, S. 93–111.

Peter Rieß (Hrsg.), Die Strafprozessordnung und das Gerichtsverfassungsgesetz. Großkommentar, Bd.: 3, 25. Auflage, Berlin 2004.

Radtke, Henning: Ersatzfreiheitsstrafe abschaffen?, Zeitschrift für Rechtspolitik 2/2018, S. 58.

Rau, Alan S./*Schwartz*, Michael W.: Anthropotelemetry: Dr. Schwitzgebel's Machine, Harvard Law Review 80/1966, S. 403–421.

Redlich, Manja, Die elektronische Überwachung. Entwicklung, Bestandsaufnahme und Perspektiven, Frankfurt am Main, Berlin, Bern, Wien 2005.

Rengier, Rudolf, Strafrecht Allgemeiner Teil, 11. Auflage, München 2019.

Renzema, Marc/*Mayo-Wilson*, Evan: Can electronic monitoring reduce crime für moderate to high-risk offenders?, Journal of Experimental Criminology 1/2005, S. 215–237.

Ritter, Ernst-Hasso (Hrsg.), Handwörterbuch der Raumordnung, 4. Auflage, Hannover 2005.

Robertson, Robyn D/*Simpson*, H. M/*Vanlaar*, Ward, Continuous transdermal alcohol monitoring. An agency administrator's guide, Ottawa 2008.

Roxin, Claus/*Greco*, Luís, Grundlagen, der Aufbau der Verbrechenslehre, Bd.: 1, 5. Auflage, München 2020.

Rudolphi, Hans-Joachim/*Wohlers*, Wolfgang/*Degener*, Wilhelm, Systematischer Kommentar zur Strafprozessordnung, Bd.: 3, 4. Auflage, Köln 2011.

Schlömer, Uwe, Der elektronisch überwachte Hausarrest. Eine Untersuchung der ausländischen Erfahrungen und der Anwendbarkeit in der Bundesrepublik Deutschland, Bd.: 37, Frankfurt am Main/Berlin 1998.

Schmucker, Martin, Kann Therapie Rückfälle verhindern? Metaanalytische Befunde zur Wirksamkeit der Sexualstraftäterbehandlung, Herbolzheim 2004.

Schönke, Adolf/*Schröder*, Horst/*Eser*, Albin/*Perron*, Walter/*Sternberg-Lieben*, Detlev/*Eisele*, Jörg/*Hecker*, Bernd/*Kinzig*, Jörg/*Bosch*, Nikolaus/*Schuster*, Frank/*Weißer*, Bettina/*Schittenhelm*, Ulrike, Strafgesetzbuch. Kommentar, 30. Auflage, München 2019.

Schüler-Springorum, Horst, Strafvollzug im Übergang. Studien zum Stand der Vollzugsrechtslehre, Göttingen 1969.

Schumann, Karl F. (Hrsg.), Vom Ende des Strafvollzugs. Ein Leitfaden für Abolitionisten, Bielefeld 1988.

Schwind, Hans-Dieter/*Böhm*, Alexander/*Jehle*, Jörg-Martin/*Laubenthal*, Klaus/*Baier*, Helmut, Strafvollzugsgesetze – Bund und Länder. Kommentar, 7. Auflage, Berlin/Boston 2020.

Schwitzgebel, Ralph K./*Beck*, Bernard: Issues in the Use of an Electronic Rehabilitation System with Chronic Recidivists, Law and Society Review 3/1969, S. 597–615.

Seebode, Manfred, Der Vollzug der Untersuchungshaft, Berlin/New York 1985.

Seelich, Andrea, Handbuch Strafvollzugsarchitektur. Parameter zeitgemäßer Gefängnisplanung, Wien/New York 2009.

Spöhr, Melanie, Sozialtherapie von Sexualstraftätern im Justizvollzug. Praxis und Evaluation, Mönchengladbach 2009.

Stewart, James K.: National Institute of Justice: 1986–1987, National Institute of Justice/1987, S. 24–25.

Straubhaar, Thomas (Hrsg.), Neuvermessung der Datenökonomie, Hamburg 2021.

Streng, Franz: Modernes Sanktionenrecht?, Zeitschrift für die gesamte Strafrechtswissenschaft 4/1999, S. 827–862.

Tamm, Gerrit/*Tribowski*, Christoph, RFID, Berlin 2010.

The Scottish Government, Electronic monitoring: Uses, challenges and successes, Edinburgh 2019.

Tomasulo, Cornelia, Elektronische Präsenzkontrolle. überholte Technik oder neue Chance für junge Straftäter?, Berlin, Bern, Bruxelles, New York, Oxford, Warszawa, Wien 2021.

Vachal, Kimberly/*Awasthi*, Shantanu/*Khan*, Ihsan Ullah/*Zhou*, Yun/*Choi*, Bong-Jin/*Tchakounte-Wakem*, Seguy: Evaluating 24/7 Sobriety Program participant reoffense risk, Journal of Safety Research/2021, S. 270–275.

Vanhaelemeesch, Delphine/*Vander Beken*, Tom/*Vandevelde*, Stijn: Punishment at home: Offenders' experiences with electronic monitoring, European Journal of Criminology 3/2014, S. 273–287.

Volbert, Renate/*Steller*, Max (Hrsg.), Handbuch der Rechtspsychologie, Bd.: 9, Göttingen 2008.

von Liszt, Franz: Kriminalpolitische Aufgaben, Zeitschrift für die gesamte Strafrechtswissenschaft 1/1889, S. 737–782.

Walker, James L.: Sharing the Credit, Sharing the Blame: Managing Political Risks in Electronically Monitored House Arrest, Federal Probation 2/1990, S. 16–20.

Walter, Michael, Strafvollzug. Lehrbuch, Stuttgart 1991.

Wang, Yan/*Fridberg*, Daniel J./*Leeman*, Robert F./*Cook*, Robert L./*Porges*, Eric C.: Wrist-worn alcohol biosensors: Strengths, limitations, and future directions, Alcohol/2019, S. 83–92.

Weick, Theophil/*Jacoby*, Christian/*Germer*, Stefan M. (Hrsg.), Monitoring in der Raumordnung. Beispiele für Ansätze zur Überwachung der Umweltauswirkungen bei der Plandurchführung aus Hessen, Rheinland-Pfalz und Saarland, Hannover 2007.

Williams, Jenny/*Weatherburn*, Donald James, Can electronic monitoring reduce reoffending?, Bd.: 12122, Bonn 2019.

Winzker, Marco, Elektronik für Entscheider. Grundwissen für Wirtschaft und Technik, 3. Auflage, Wiesbaden 2023.

Wirth, Wolfgang (Hrsg.), Steuerung und Erfolgskontrolle im Strafvollzug. Zur evidenzbasierten Gestaltung freiheitsentziehender Sanktionen, Wiesbaden 2022.

Wischka, Bernd (Hrsg.), Behandlung von Straftätern. Sozialtherapie, Maßregelvollzug, Sicherungsverwahrung, Bd.: 26, 2. Auflage, Freiburg im Breisgau 2012.

Wittstamm, Katja, Elektronischer Hausarrest? Zur Anwendbarkeit eines amerikanischen Sanktionsmodells in Deutschland, Bd.: 10, Baden-Baden 1999.

Wolter, Jürgen, Systematischer Kommentar Strafprozessordnung. Mit GVG und EMRK, Bd.: 2, 4. Auflage 2010.

Wößner, Gunda/*Schwedler*, Andreas: Aufstieg und Fall der elektronischen Fußfessel in Baden-Württemberg. Analysen zum Modellversuch der elektronischen Aufsicht im Vollzug der Freiheitsstrafe, Neue Kriminalpolitik 1/2014, S. 60–78.

Yekutieli, Yuval: Is Somebody Watching You? Ancient Surveillance Systems in the Southern Judean Desert, Journal of Mediterranean Archaeology 1/2006, S. 65–89.

Zurawski, Nils (Hrsg.), Surveillance Studies. Perspektiven eines Forschungsfeldes, Opladen/Farmington Hills 2007.

Internetquellen

Albrecht, Hans-Jörg: Electronic Monitoring in Europe. A Summary and Assessment of Recent Developments in the Legal Framework and Implementation of Electronic Monitoring, 2005, unter: https://static.mpicc.de/shared/data/pdf/albrecht.pdf (zuletzt abgerufen am: 26.08.2021) (zitiert als: *Albrecht*, Electronic Monitoring in Europe, 2005).

Amnesty International; Gesellschaft für Freiheitsrechte: Übersicht über die Änderungen der Polizeigesetze in den einzelnen Bundesländern. Stand 11. November 2019, 2019, unter: https://freiheitsrechte.org/uploads/documents/Freiheit-im-digitalen-Zeitalter/Polizeigesetze/2019-Uebersicht-Polizeigesetze-Gesellschaft_fuer_Freiheitsrechte-2019-PG-Freiheit_im_digitalen_Zeitalter.pdf (zuletzt abgerufen am: 11.11.2025) (zitiert als: Amnesty International/Gesellschaft für Freiheitsrechte, Übersicht über die Änderungen der Polizeigesetze in den einzelnen Bundesländern, 2019).

Association of Sheriffs & Police Chiefs Washington: Washington State 24/7 Sobriety Program. Guidelines for participating agencies, 2016, unter: https://www.waspc.org/assets/247SobrietyProgram/wa%20 24-7%20sobriety%20program-guidelines%20for%20participating%20 agencies%20revised%20august%202016.pdf (zuletzt abgerufen am: 01.12.2022) (zitiert als: Association of Sheriffs & Police Chiefs Washington, Washington State 24/7 Sobriety Program, 2016).

Baars, Christian/*Flade*, Florian/*Mascolo*, Georg: Wie autoritäre Staaten ihre Gegner ausspähen, 2021, unter: https://www.tagesschau.de/investigativ/ndr-wdr/spaeh-software-pegasus-projekt-101.html (zuletzt abgerufen am: 06.08.2021) (zitiert als: *Baars/Flade/Mascolo*, Wie autoritäre Staaten ihre Gegner ausspähen, 2021).

Bales, William/*Mann*, Karen/*Blomberg*, Thomas/*Gaes*, Garry/*Barrick*, Kelle/*Dhungana*, Karla/*McManus*, Brian: A Quantitative and Qualitative Assessment of Electronic Monitoring, 2010, unter: https://www.ojp.gov/pdffiles1/nij/grants/230530.pdf (zuletzt abgerufen am: 28.04.2023) (zitiert als: *Bales/Mann/Blomberg/Gaes/Barrick/Dhungana/McManus*, A Quantitative and Qualitative Assessment of Electronic Monitoring, 2010).

Brechbühl, Alain/*Hostettler*, Ueli/*Manetsch-Imholz*, Rahel/*Schaub*, Jann/*Scheidegger*, Nora/*Weber*, Jonas: Electronic Monitoring im Kontext von häuslicher Gewalt. Untersuchung der Universität Bern zuhanden des Bundesamts für Justiz (BJ) – Schlussbericht vom 5. Februar 2021, 2021, unter: https://www.newsd.admin.ch/newsd/message/attachments/81551.pdf (zuletzt abgerufen am: 06.11.2022) (zitiert als: *Brechbühl/Hostettler/Manetsch-Imholz/Schaub/Scheidegger/Weber*, Electronic Monitoring im Kontext von häuslicher Gewalt, 2021).

Bundeskriminalamt: Organisierte Kriminalität. Bundeslagebild 2021, 2022, unter https://www.bka.de/SharedDocs/Downloads/DE/Publikationen/JahresberichteUndLagebilder/OrganisierteKriminalitaet/organisierteKriminalitaetBundeslagebild2021.pdf?__blob=publicationFile&v=3 (zuletzt abgerufen am: 05.04.2023) (zitiert als: Bundeskriminalamt, Organisierte Kriminalität, 2022).

Bundeskriminalamt: Partnerschaftsgewalt: Kriminalistische Auswertung – Berichtsjahr 2021, 2022, unter https://www.bka.de/SharedDocs/Downloads/DE/Publikationen/JahresberichteUndLagebilder/Partnerschaftsgewalt/Partnerschaftsgewalt_2021.pdf?__blob=publicationFile&v=10 (zuletzt abgerufen am: 14.06.2022) (zitiert als: Bundeskriminalamt, Partnerschaftsgewalt: Kriminalistische Auswertung – Berichtsjahr 2021, 2022).

Bundeskriminalamt: Bundeslagebild Häusliche Gewalt 2022, 2023, unter https://www.bka.de/SharedDocs/Downloads/DE/Publikationen/JahresberichteUndLagebilder/HaeuslicheGewalt/HaeuslicheGewalt2022.pdf?__blob=publicationFile&v=11 (zuletzt abgerufen am: 12.07.2023) (zitiert als: Bundeskriminalamt, Bundeslagebild Häusliche Gewalt 2022, 2023).

Bundeskriminalamt: Definition Rockerkriminalität, 05.04.2023, unter: https://www.bka.de/DE/UnsereAufgaben/Deliktsbereiche/Rockerkriminalitaet/rockerkriminalitaet_node.html (zuletzt abgerufen am: 05.04.2023) (zitiert als: Bundeskriminalamt, Definition Rockerkriminalität, 2023).

Bundesministerium der Justiz und für Verbraucherschutz: Ressortbericht Nachhaltigkeit. Bericht zum Stand der Integration der Rechts- und Verbraucherpolitik in die Agenda 2030, 2020, unter: https://www.bmj.de/SharedDocs/Publikationen/DE/Fachpublikationen/2020_Ressortberich_Nachhaltigkeit.pdf?__blob=publicationFile&v=3 (zuletzt abgerufen am: 04.08.2023) (zitiert als: Bundesministerium der Justiz und für Verbraucherschutz, Ressortbericht Nachhaltigkeit, 2020).

Bundesministerium für Justiz Österreich: Sicherheitsbericht 2019. Bericht über die Tätigkeit der Strafjustiz, 2020, unter: https://www.bmi.gv.at/508/files/SIB_2019/4_SiB_2019_Justizteil.pdf (zuletzt abgerufen am: 09.06.2023) (zitiert als: Bundesministerium für Justiz Österreich, Sicherheitsbericht 2019, 2020).

Bundesministerium für Justiz Österreich: Abschlussbricht Arbeitsgruppe „Strafvollzugspaket – NEU / Sichere Wege aus der Kriminalität", 2021, unter: https://www.bmj.gv.at/dam/jcr:779233fd-02ea-4858-b967-44f4bce914e5/Abschlussbericht%20AG%20Strafvollzugspaket%20NEU.pdf (zuletzt abgerufen am: 10.06.2023) (zitiert als: Bundesministerium für Justiz Österreich, Abschlussbricht Arbeitsgruppe „Strafvollzugspaket – NEU / Sichere Wege aus der Kriminalität", 2021).

Bundesministerium für Justiz Österreich: Sicherheitsbericht 2020. Bericht über die Tätigkeit der Strafjustiz, 2022, unter: https://www.justiz.gv.at/file/2c94848525f84a630132fdbd2cc85c91.de.0/Sicherheitsbericht%20 2020.pdf?forcedownload=true (zuletzt abgerufen am: 09.06.2023) (zitiert als: Bundesministerium für Justiz Österreich, Sicherheitsbericht 2020, 2022).

Bundespräsidialamt: Zugang zu Informationen des Bundespräsidialamtes nach dem Informationsfreiheitsgesetz (IFG), Statistik über die seit 1. Juli 1974 entschiedenen Gnadenverfahren, 2021, unter: https://fragdenstaat.de/files/foi/593068/arne-bpra_geschwaerzt.pdf?download (zuletzt abgerufen am: 13.11.2025) (zitiert als: Bundespräsidialamt, Statistik: Anzahl der Gnadenentscheidungen von Bundespräsidenten in den Jahren von 1974 bis 2017, 2021).

Caldwell, John W/*Pitts*, H. J.: United States Patent Office. Behavioral Supervision System with wrist carried transceiver, 11.11.1969, unter: https://patentimages.storage.googleapis.com/61/13/fe/c8d7b2a0ad1b42/US3478344.pdf (zuletzt abgerufen am: 14.08.2021) (zitiert als: *Caldwell/Pitts*, United States Patent Office, 1969).

DESTATIS – Statistisches Bundesamt: Rechtspflege Familiengerichte 2021, 2022, unter: https://www.destatis.de/DE/Themen/Staat/Justiz-Rechtspflege/Publikationen/Downloads-Gerichte/familiengerichte-2100220217004.pdf?__blob=publicationFile (zuletzt abgerufen am: 23.06.2023) (zitiert als: DESTATIS – Statistisches Bundesamt, Rechtspflege Familiengerichte 2021, 2022).

DESTATIS – Statistisches Bundesamt: Pressemitteilung Nr. 272 vom 12. Juli 2023, 2023, unter: https://www.destatis.de/DE/Presse/Pressemitteilungen/2023/07/PD23_272_46241.html (zuletzt abgerufen am: 13.07.2023) (zitiert als: DESTATIS – Statistisches Bundesamt, Pressemitteilung Nr. 272 v. 12.07.2023, 2023).

Die österreichische Justiz: Elektronisch überwachter Hausarrest, 08.06.2023, unter: https://www.justiz.gv.at/strafvollzug/elektronisch-ueberwachter-hausarrest.2c94848544ac82a60144c0789c900912.de.html (zuletzt abgerufen am: 08.06.2023) (zitiert als: Die österreichische Justiz, Elektronisch überwachter Hausarrest, 2023).

Direção-Geral de Reinserção e Serviços Prisionais: Um instrumento para controlo dos agressores de violência doméstica e um contributo para melhor proteção das vítimas, 2018, unter: https://dgrsp.justica.gov.pt/Portals/16/Justica%20Adultos/Vigil%C3%A2ncia%20eletr%C3%B3nica/Informacao%20Espec%C3%ADfica/VE_VD%20%20FOLHETO%20 2018.pdf?ver=2018-11-26-165429-673 (zuletzt abgerufen am: 20.10.2022) (zitiert als: Direção-Geral de Reinserção e Serviços Prisionais, Um instrumento para controlo dos agressores de violência doméstica e um contributo para melhor proteção das vítimas, 2018).

Duden: bilateral, 16.05.2018, unter: https://www.duden.de/rechtschreibung/bilateral (zuletzt abgerufen am: 23.09.2022) (zitiert als: Duden, bilateral, 2018).

Duden: Hausarrest, 13.05.2022, unter: https://www.duden.de/rechtschreibung/Hausarrest (zuletzt abgerufen am: 19.05.2022) (zitiert als: Duden, Hausarrest, 2022).

Erez, Edna/*Ibarra*, Peter R/*Bales*, William D/*Gur*, Oren M.: GPS Monitoring Technologies and Domestic Violence: An Evaluation Study, 2012, unter: https://criminology.fsu.edu/sites/g/files/upcbnu3076/files/2021-03/GPS-Monitoring-Technologies-and-Domestic-Violence-Introduction.pdf (zuletzt abgerufen am: 06.10.2022) (zitiert als: *Erez/Ibarra/Bales/Gur*, GPS Monitoring Technologies and Domestic Violence: An Evaluation Study, 2012).

Esdorf, Anette/*Sandlie*, Jan-Erik: Executing prison sentences at home with electronic monitoring. advantages and disadvantages of the Scandinavian Model, 2014, unter: https://www.cep-probation.org/wp-content/uploads/2018/10/EM14Workshop-B-Annette-Esdorf-Scandinavian-model-1.pdf (zuletzt abgerufen am: 04.05.2023) (zitiert als: *Esdorf/Sandlie*, Executing prison sentences at home with electronic monitoring, 2014).

Flade, Florian: Was bringt die elektronische Fußfessel?, 2020, unter: https://www.tagesschau.de/faktenfinder/fussfessel-125.html (zuletzt abgerufen am: 13.10.2021) (zitiert als: *Flade*, Was bringt die elektronische Fußfessel?, 2020).

Gather, Lucretia: Personalmangel hinter Gittern: Auch im Knast fehlen Fachkräfte, 20.01.2023, unter: https://www.tagesschau.de/inland/innenpolitik/fachkraefte-mangel-justiz-101.html (zuletzt abgerufen am: 11.05.2023) (zitiert als: *Gather*, Personalmangel hinter Gittern: Auch im Knast fehlen Fachkräfte, 2023).

Gies, Stephen V/*Gainey*, Randy R/*Cohen*, Marcia I/*Healy*, Eoin/*Duplantier*, Dan/*Yeide*, Martha/*Bekelman*, Alan/*Bobnis*, Amanda/*Hopps*, Michael: Monitoring High-Risk Sex Offenders with GPS Technology. An Evaluation of the California Supervision Program, Final Report, 2012, unter: https://www.ojp.gov/pdffiles1/nij/grants/238481.pdf (zuletzt abgerufen am: 04.05.2023) (zitiert als: *Gies/Gainey/Cohen/Healy/Duplantier/Yeide/Bekelman/Bobnis/Hopps*, Monitoring High-Risk Sex Offenders with GPS Technology, 2012).

Hammerschick, Walter: Die elektronische Fußfessel als Ressource modernen Haftmanagements – Ausweitungsmöglichkeiten, Chancen und Grenzen. Executive Summary und Schlussfolgerungen zum KIRAS Projekt ELFUM, 2019, unter: https://www.uibk.ac.at/media/filer_public/94/c5/94c5eeff-5b55-4f7d-bfaf-222551584fad/elfum_executive-summary.pdf (zuletzt abgerufen am: 09.06.2023) (zitiert als: *Hammerschick*, Die elektronische Fußfessel als Ressource modernen Haftmanagements – Ausweitungsmöglichkeiten, Chancen und Grenzen, 2019).

Hänel, Lisa: Phänomen Clankriminalität: Was steckt dahinter?, 05.04.2023, unter: https://www.dw.com/de/ph%C3%A4nomen-clankriminalit%C3%A4t-was-steckt-dahinter/a-55652522 (zuletzt abgerufen am: 05.04.2023) (zitiert als: *Hänel*, Phänomen Clankriminalität: Was steckt dahinter?, 2023).

Henneguelle, Anaas/*Monnery*, Benjamin/*Kensy*, Annie: Better at Home than in Prison? The Effects of Electronic Monitoring on Recidivism in France, 2016, unter: https://halshs.archives-ouvertes.fr/halshs-01251347v2/document (zuletzt abgerufen am: 27.08.2021) (zitiert als:

Henneguelle/Monnery/Kensy, Better at Home than in Prison? The Effects of Electronic Monitoring on Recidivism in France, 2016).

Hessische Zentrale für Datenverarbeitung: Organisationsplan HZD, 2021, unter: https://hzd.hessen.de/sites/hzd.hessen.de/files/2025-11/hzd_organisationsplan_2025-11.png (zuletzt abgerufen am: 28.10.2021) (zitiert als: Hessische Zentrale für Datenverarbeitung, Organisationsplan HZD, 2021).

Hucklesby, Anthea/*Beyens*, Kristel/*Boone*, Miranda/*Dünkel*, Frieder/*McIvor*, Gill/*Graham*, Hannah: Creativity and Effectiveness in the use of electronic monitoring: a case study of five jurisdictions, 2016, unter: https://emeu.leeds.ac.uk/wp-content/uploads/sites/87/2016/06/EMEU-Creativity-and-effectiveness-in-EM-Long-version.pdf (zuletzt abgerufen am: 06.10.2022) (zitiert als: *Hucklesby/Beyens/Boone/Dünkel/McIvor/Graham*, Creativity and Effectiveness in the use of electronic monitoring: a case study of five jurisdictions, 2016).

Kordaczuk-Was, Marzena/*Putka*, Magdalena: Integrated System of Monitoring Cases of Domestic Violence. Spanish experience, 2011/2012, unter: https://www.policja.pl/download/1/186464/PublikacjaENGLISH.pdf (zuletzt abgerufen am: 24.09.2022) (zitiert als: *Kordaczuk-Was/Putka*, Integrated System of Monitoring Cases of Domestic Violence, 2011/2012).

Kylstad Øster, Marianne/*Beumer*, Soraya: EM and Human Rights – Conference report, 2014, unter: https://www.cep-probation.org/wp-content/uploads/2018/10/EM14Final-report-EM-2014.pdf (zuletzt abgerufen am: 12.05.2023) (zitiert als: *Kylstad Øster/Beumer*, EM and Human Rights – Conference report, 2014).

Mainprize, Steve: Elective Affinities in the Engineering of Social Control: The Evolution of Electronic Monitoring, New York 1996, unter: https://web.archive.org/web/20210415140935/https://www.sociology.org/ejs-archives/vol002.002/mainprize.html (zuletzt abgerufen am: 12.11.2025) (zitiert als: *Mainprize*, Elective Affinities in the Engineering of Social Control: The Evolution of Electronic Monitoring, 1996).

McKelvie, Alan R.: An Implementation of Remote Alcohol Monitoring in Alaska, 2005, unter: https://scholarworks.alaska.edu/bitstream/handle/11122/4192/0410.01.scram.pdf?sequence=1&isAllowed=y (zuletzt abgerufen am: 12.11.2025) (zitiert als: *McKelvie*, An Implementation of Remote Alcohol Monitoring in Alaska, 2005).

McKnight, A. Scott/*Fell*, James C/*Auld-Owens*, Amy: Transdermal alcohol monitoring – case studies, 2012, unter: https://www.ajc.state.ak.us/acjc/docs/resources/dui/nhst12monitor.pdf (zuletzt abgerufen am: 12.11.2025) (zitiert als: *McKnight/Fell/Auld-Owens*, Transdermal alcohol monitoring – case studies, 2012).

MOVING – International Road Safety Association e.V.: Fahren ohne Fahrerlaubnis nimmt drastisch zu, 2021, unter: https://www.moving-roadsafety.com/wp-content/uploads/2021/06/21_06_PM_Fahren-ohne-Fahrerlaubnis_17_19_kurz.pdf (zuletzt abgerufen am: 21.07.2023) (zitiert als: MOVING – International Road Safety Association e.V., Fahren ohne Fahrerlaubnis nimmt drastisch zu, 2021).

Munzinger-Archiv: Snowden, Edward – amerikanischer Computerexperte und Systemoperator; „Whistleblower" der NSA-Abhörprogramme, 2020, unter: https://online.munzinger.de/document/00000029616 (zuletzt abgerufen am: 12.11.2025) (zitiert als: Munzinger-Archiv, Snowden, Edward – amerikanischer Computerexperte und Systemoperator; „Whistleblower" der NSA-Abhörprogramme, 2020).

Nancarrow, Heather/*Modini*, Tanya: Electronic Monitoring in the Context of Domestic and Family Violence, 2018, unter: https://cabinet.qld.gov.au/documents/2019/Apr/NNNE/Attachments/Evaluation.PDF (zuletzt abgerufen am: 03.11.2022) (zitiert als: *Nancarrow/Modini*, Electronic Monitoring in the Context of Domestic and Family Violence, 2018).

Nellis, Mike: Standards and Ethics in Electronic Monitoring. Handbook for professionals responsible for the establishment and the use of Electronic Monitoring, 2015, unter: https://rm.coe.int/handbook-standards-ethics-in-electronic-monitoring-eng/16806ab9b0 (zuletzt abgerufen am: 02.06.2023) (zitiert als: *Nellis*, Standards and Ethics in Electronic Monitoring, 2015).

New Zealand Government: Electronic-Monitoring for adult offenders, Evidence Brief, December 2018, 2018, unter: https://www.justice.govt.nz/assets/Electronic-Monitoring-Evidence-Brief.pdf (zuletzt abgerufen am: 12.11.2025) (zitiert als: New Zealand Government, Electronic-Monitoring: Evidence Brief December 2018, 2018).

Niedersächsisches Justizministerium: Sozialtherapie im niedersächsischen Justizvollzug. Rahmenkonzept, 2011, unter: https://jva-lingen.niedersachsen.de/download/57410 (zuletzt abgerufen am: 12.11.2025) (zitiert als: Niedersächsisches Justizministerium, Sozialtherapie im niedersächsischen Justizvollzug, 2011).

North Dakota Attorney General: 24/7 Sobriety Program Guidelines, 2021, unter: https://attorneygeneral.nd.gov/wp-content/uploads/2023/02/24-7-Sobriety-Program-Guidelines.pdf (zuletzt abgerufen am: 12.11.2025) (zitiert als: North Dakota Attorney General, 24/7 Sobriety Program Guidelines, 2021).

Pepper, Melissa/*Dawson*, Paul: Alcohol Abstinence Monitoring Requirement. A process review of the proof of concept pilot, 2016, unter: https://www.london.gov.uk/sites/default/files/aamr_final.pdf (zuletzt abgerufen am: 20.07.2023) (zitiert als: *Pepper/Dawson*, Alcohol Abstinence Monitoring Requirement, 2016).

Petrò, Lorenzo: Häusliche Gewalt: Nun erhalten auch die Opfer eine elektronische Fussfessel, 26.05.2023, unter: https://www.tagesanzeiger.ch/zuerich-weitet-ueberwachung-mit-elektronischer-fussfessel-aus-695533655642 (zuletzt abgerufen am: 08.07.2023) (zitiert als: *Petrò*, Häusliche Gewalt: Nun erhalten auch die Opfer eine elektronische Fussfessel, 2023).

Präsidien von CDU und CSU: Unsere Agenda für Deutschland. Erklärung der Präsidien von CDU und CSU. München, 30. Juni 2023, 2023, unter: https://assets.ctfassets.net/nwwnl7ifahow/j4Ds29NxdI6z35hKNdRwO/d30d0b26a38af8c08a078851ca84cc82/UnsereAgendafuerDeutschland.pdf (zuletzt abgerufen am: 01.07.2023) (zitiert als: Präsidien von CDU und CSU, Unsere Agenda für Deutschland, 2023).

Roberts, Ellie/*Turley*, Caroline/*Piggott*, Hannah/*Lynch-Huggins*, Sarah/*Wishart*, Robert/*Kerr*, Jane: Evaluation of the AAMR tagging pilot. Year 2 process evaluation findings, 2019, unter: https://www.northyorkshire-pfcc.gov.uk/content/uploads/2020/01/Evaluation-of-the-AAMR-tagging-pilot.pdf (zuletzt abgerufen am: 28.07.2023) (zitiert als: *Roberts/Turley/Piggott/Lynch-Huggins/Wishart/Kerr*, Evaluation of the AAMR tagging pilot, 2019).

Schneider, Daniel: Elektronische Fußfessel: Eingesperrt im virtuellen Raum, 2011, unter https://www.lto.de/recht/hintergruende/h/elektronische-fussfessel-eingesperrt-im-virtuellen-raum (zuletzt abgerufen am: 12.11.2025) (zitiert als: *Schneider*, Elektronische Fußfessel: Eingesperrt im virtuellen Raum, 2011).

Statistisches Bundesamt (Destatis): Verkehrsunfälle. Unfälle unter dem Einfluss von Alkohol oder anderen berauschenden Mitteln im

Straßenverkehr 2021, 2022, unter: https://www.destatis.de/DE/Themen/Gesellschaft-Umwelt/Verkehrsunfaelle/Publikationen/Downloads-Verkehrsunfaelle/unfaelle-alkohol-5462404217004-1_2021449.pdf?__blob=publicationFile (zuletzt abgerufen am: 21.07.2023) (zitiert als: Statistisches Bundesamt (Destatis), Verkehrsunfälle, 2022).

Tennessee Board of Probation and Parole: Monitoring Tennessee's Sex Offenders Using Global Positioning Systems. A Project Evaluation, 2007, unter: https://ccoso.org/sites/default/files/import/BOPP-GPS-Program-Evaluation%2C-April-2007.pdf (zuletzt abgerufen am: 12.05.2023) (zitiert als: Tennessee Board of Probation and Parole, Monitoring Tennessee's Sex Offenders Using Global Positioning Systems, 2007).

UK Government: ‚Sobriety tags' come into force, 19.05.2020, unter: https://www.gov.uk/government/news/sobriety-tags-come-into-force (zuletzt abgerufen am: 16.11.2022) (zitiert als: UK Government, 'Sobriety tags' come into force, 2020).

UN: Our Common Future. Report of the World Commission on Environment and Development, 1987, unter: https://www.are.admin.ch/dam/de/sd-web/oUREniCte9uh/our_common_futurebrundtlandreport1987.pdf (zuletzt abgerufen am: 13.11.2025) (zitiert als: UN, Our Common Future, 1987).*Weisburd*, Kate/*Bhadha*, Varun/*Clauson*, Matthew/*Elican*, Jeanmarie/*Kahn*, Fatima/*Lawrenz*, Kendall/*Pemberton*, Brooke/*Ringler*, Rebecca/*Schaer*, Jordan/*Sherman*, Mikayla/*Wohlsdorf*, Sarah: ELECTRONIC PRISONS: The Operation of Ankle Monitoring in the Criminal Legal System, 2021, unter: https://papers.ssrn.com/sol3/Delivery.cfm/SSRN_ID3930296_code810317.pdf?abstractid=3930296&mirid=1 (zuletzt abgerufen am: 13.11.2025) (zitiert als: *Weisburd/Bhadha/Clauson/Elican/Kahn/Lawrenz/Pemberton/Ringler/Schaer/Sherman/Wohlsdorf*, ELECTRONIC PRISONS: The Operation of Ankle Monitoring in the Criminal Legal System, 2021).

Winter, Romy/*Birgerson*, Ebba Herrlander/*Frey*, Ron/*Julian*, Roberta/*Lucas*, Peter/*Norris*, Kimberley/*Matthewson*, Mandy: Bilateral Electronic Monitoring of High-Risk Family Violence Perpetrators in an Australian jurisdiction, Melbourne 2022, unter: https://www.anzsebp.com/wp-content/uploads/2022/03/science-summer_compressed-1.pdf (zuletzt abgerufen am: 13.11.2025) (zitiert als: *Winter/Birgerson/Frey/Julian/Lucas/Norris/Matthewson*, Bilateral Electronic Monitoring of High-Risk Family Violence Perpetrators in an Australian jurisdiction, 2022).

Winter, Romy/*Birgerson*, Ebba Herrlander/*Julian*, Roberta/*Frey*, Ron/*Lucas*, Peter/*Norris*, Kimberley/*Matthewson*, Mandy: Evaluation of Project Vigilance: Electronic Monitoring of Family Violence Offenders, 2021, unter: https://www.utas.edu.au/__data/assets/pdf_file/0011/1551782/Evaluation-of-Project-Vigilance-Electronic-Monitoring-of-Family-Violence-Offenders-Final-Report-July-2021.pdf (zuletzt abgerufen am: 13.11.2025) (zitiert als: *Winter/Birgerson/Julian/Frey/Lucas/Norris/Matthewson*, Evaluation of Project Vigilance: Electronic Monitoring of Family Violence Offenders, 2021).

Anlagen

Anlage 1: Stellungnahme des BKA vom 5. Januar 2022 auf Anfrage des Verfassers vom 3. Januar 2022

Von: buergerservice@bka.bund.de
Gesendet: Mittwoch, 5. Januar 2022 08:17
An: maximilian_thoma@gmx.de
Betreff: Ihre Anfrage an das Bundeskriminalamt vom 03.01.2022
– V2022-0000029102

Sehr geehrter Herr Thoma,

bezugnehmend auf Ihre Anfrage vom 03.01.2021 kann ich Ihnen mitteilen: Maßnahmen nach § 56 BKAG wurden seit Bestehen der Norm bislang noch nicht angeordnet.

Mit freundlichen Grüßen
Im Auftrag
Dr. Basel

Bürgerservice
Bundeskriminalamt
Postanschrift: 65173 Wiesbaden
Fax: +49 611 55-45294
E-Mail: buergerservice@bka.bund.de
Internet: www.bka.de

-----Ursprüngliche Nachricht-----

Name : Thoma, Maximilian
Strasse und Hausnummer: Carl-von-Ossietzky Str. 10 PLZ und Ort: 65197, Wiesbaden
Telefon:
E-Mail: maximilian_thoma@gmx.de
Betreff: Doktorarbeit über elektronische Überwachung
Nachricht:

Sehr geehrte Damen und Herren,

mein Name ist Maximilian Thoma und ich arbeite derzeit an meiner Dissertation zum Oberthema der elektronischen Überwachung (von Straffälligen) mit dem Blick darauf, ob diese erweiterte Sicherungsmöglichkeiten bieten kann.

Im Rahmen dieser Arbeit befasse ich mich ebenfalls mit § 56 BKAG, welcher im Jahre 2017 im Rahmen der Neustrukturierung des BKAG eingeführt wurde. Diesbezüglich möchte ich gerne anfragen, ob es statistische Erhebungen darüber gibt, wie oft bereits das Mittel der elektronischen Aufenthaltsüberwachung im Sinne des § 56 BKAG bis dato eingesetzt respektive angeordnet wurde. Sofern es darüber statistische Erhebungen oder auch valide Anwendungszahlen gäbe, würde ich mich sehr über eine Anwort [sic], gerne auch samt Übermittlung einer solchen Statistik, freuen.

Über eine kurze Rückmeldung würde ich mich sehr freuen! Sofern ich hierbei das falsche Kontaktformular verwendet haben sollte, so wäre ich sehr dankbar, wenn meine Nachricht an die zuständige Stelle weitergeleitet werden könnte.

Mit freundlichen Grüßen
Maximilian Thoma

Anlage 2: Stellungnahme des tschechischen Justizministeriums vom 17. August 2022 auf Anfrage des Verfassers vom 15. Juli 2022

Von: Cieslar Tomáš Mgr.
Gesendet: Mittwoch, 17. August 2022 15:51
An: maximilian_thoma@gmx.de
Cc: Forejt Petr Mgr.; Trešlová Lenka Mgr.
Betreff: Re: Question in the context of my doctoral thesis

Dear Mr Thoma,

I am replying to your question regarding the Czech regulation of electronic monitoring in connection with the sentence of home confinement.

As you correctly state, the sentence of home confinement, and the general conditions when it may be imposed, are regulated primarily in Section 60 of the Criminal Code. The possibility of monitoring the execution of the home confinement sentence is regulated in Section 334b of the Criminal Procedure Code.

According to Section 60 (3) of the Criminal Code, the sentence of home confinement consists in the obligation of the convicted person to remain within designated premises or their part in the time period determined by the court. According to Section 334b (1) of the Criminal Procedure Code, there are two ways of monitoring the execution of home confinement: by means of electronic monitoring system, or by means of random inspections performed by a probation officer of the Probation and Mediation Service (or by their combination in individual cases).

In addition, the court may also impose adequate restrictions or adequate obligations to the convicted person, according to Section 48 (4) of the Criminal Code (such as the duty to refrain from consuming alcoholic beverages or other addictive substances), and these restrictions or obligations may be also monitored using the electronic monitoring system, if it is appropriate and the nature of the case allows it.

When a court imposes the sentence of home confinement, it does not explicitly rule whether the sentence should be monitored by electronic monitoring or by random inspections. Simply, a sentence of home confinement is imposed and no additional authorisation for the court to decide on electronic monitoring is needed. The probation officer chooses the type of monitoring in each case individually.

Pursuant to Sections 34 and 34a of Ministry of Justice Decree No. 37/1992 Sb. on Rules of Procedure for District and Regional Courts, before imposing a sentence of home confinement, the court may request the Probation and Mediation Service centre competent for the place of residence of the accused to arrange for a written promise of the accused pursuant to Section 60 (1)(b) of the Criminal Code. Before signing the written promise, the accused must be informed of the nature of the execution and monitoring of the sentence of home confinement, the manner of their cooperation and the restrictions imposed on them and the persons living with them in the same dwelling. If the court receives a written promise from the accused in circumstances which do not sufficiently indicate that the accused is aware of the nature of the sentence of home confinement and the restrictions on their way of life associated with it, the court shall, before imposing that sentence, instruct the accused or entrust the Probation and Mediation Service with that task.

Additionally, if the court imposes the sentence of home confinement on the accused person using a criminal order (a special procedure of ruling without hearing the case in a trial), according to Section 314e (4) of the Criminal Code, a report must be requested in advance from the probation officer containing findings on the possibilities of executing this sentence, including the defendant's opinion on the imposition of this type of sentence. The sanction of home confinement shall be imposed taking into account this report.

Best Regards,

Mgr. Bc. Tomáš Cieslar
oddělení trestně právní legislativy / Criminal Law Legislation department

Ministerstvo spravedlnosti ČR
Vyšehradská 16, Praha 2,
tel: +420 221 997 361
email: tcieslar@msp.justice.cz
www.justice.cz

Od: maximilian_thoma@gmx.de
Komu: posta@msp.justice.cz
Kopie:
Předmět: Question in the context of my doctoral thesis

Dear ladies and gentlemen,

my Name is Maximilian Thoma and I'm a german doctoral student of the University of Frankfurt/Main working on my doctoral thesis about Electronic Monitoring of Offender and its positive influence on the society.

Regarding this i have a question about your criminal code in view of electronic monitoring. In a german source (Dünkel/Thiele/Treig, Elektronische Überwachung von Straffälligen im europäischen Vergleich – Bestandsaufnahme und Perspektiven, 2017) i found a report about electronic monitoring in your country (p. 469 cont.).

There the author H. Válková states, with the new czech criminal code 40/2009 in force since 01.01.2010 electronic monitoring was anchored in the criminal code as a possibility of control for the new sentence of home confinement.

According to my research, i found the implemented home confinement in section 60 and 61 of your criminal code. But i don't find a Regulation about the possibility for the court to impose electronic monitoring. I also know that section 334b of your Code of criminal procedure regulates the enforcement of home confiment in case of surveillance with electronic monitoring, but if I'm rigth this is not the authorization to impose electronic monitoring. Regarding to my Research and the source i titeld before, this should be regulated in the czech criminal Code. But therein i couldn't find such a regulation.

So this is why i would like to ask, if there is any regulation in your criminal code that allows a court to impose electronic monitoring regarding to the sentence of house arrest?

It would be a great help and i would be very pleased if you can answer me this Question.

Many thanks in advance!
Sincerly,
Maximilian Thoma

www.ingramcontent.com/pod-product-compliance
Ingram Content Group UK Ltd.
Pitfield, Milton Keynes, MK11 3LW, UK
UKHW021922290926
8980IPUK00016B/1400

9 783631 938515